Aschmann/Waldhoff (Hrsg.)
Die spanische Verfassung von 1978

Birgit Aschmann | Christian Waldhoff (Hrsg.)

DIE SPANISCHE VERFASSUNG VON 1978

Entstehung – Praxis – Krise?

Aschendorff
Verlag

SPANISCHE FORSCHUNGEN DER GÖRRESGESELLSCHAFT

Begründet von Heinrich Finke, Wilhelm Neuss, Georg Schreiber,
fortgeführt von Johannes Vincke und Odilo Engels

Herausgegeben von Birgit Aschmann, Klaus Herbers
und Christoph Strosetzki

44. Band

Umschlagfoto:
König Juan Carlos unterzeichnet die Spanische Verfassung am 27.12.1978.
Copyright: Central Press, Getty Images

300 Jahre Aschendorff

www.aschendorff-buchverlag.de

Printed in Germany
Gedruckt auf säurefreiem, alterungsbeständigem Papier ∞

ISBN 978-3-402-14872-3
ISBN 978-3-402-14873-0 (E-Book PDF)

Inhaltsverzeichnis

Einleitung

„Stimmen Sie dem Verfassungsprojekt zu?" (¿Aprueba el proyecto de Constitución?) Mit dieser Frage sollte die spanische Bevölkerung am 6. Dezember 1978 über die politische Zukunft des Landes entscheiden und die Transition, den Übergang in die Demokratie, besiegeln. Es sollte ein historischer Tag in der spanischen Geschichte werden. Bei einer Wahlbeteiligung von 67 Prozent votierten 88 Prozent der Abstimmenden mit „Ja" und verliehen damit dem Demokratisierungsprozess eine noch größere Legitimation: Wenige Wochen zuvor hatten sich bereits die beiden Kammern des im Juni 1977 gewählten Parlaments, den *Cortes*, ebenfalls mit überwältigender Mehrheit für die Verfassung ausgesprochen. Nachdem die Bürger in den Jahrzehnten der Franco-Diktatur von den politischen Entscheidungsprozessen im Grunde ausgeschlossen gewesen waren, erhielten sie in diesem Referendum buchstäblich das letzte Wort. König Juan Carlos unterzeichnete die Verfassung am 27. Dezember 1978. Zwei Tage später trat sie mit der Veröffentlichung im *Boletín Oficial de Estado* in Kraft. Nach einer vierzigjährigen Diktatur und einem dreijährigen Übergangsprozess war Spanien damit ein demokratischer und sozialer Rechtsstaat geworden.

Die Verfassung von 1978 stellt gleichermaßen das Resultat *und* das Symbol des ganz spezifischen „constitutional moment" (Bruce Ackermann) des spanischen Postfranquismus dar. Sie spiegelt die Entschlossenheit des Großteils der Bürgerinnen und Bürger sowie ihrer Politiker, nach dem Tod des Diktators Francisco Franco im Jahr 1975 möglichst schnell den Anschluss an die westeuropäischen Demokratien zu finden. Zugleich aber lassen einige Passagen des Verfassungstextes bzw. konkrete Formulierungen auf die besondere Notwendigkeit schließen, Kompromisse einzugehen. Schließlich galt es, einerseits zwischen unterschiedlichen politischen Vorstellungen innerhalb des demokratischen Lagers der ehemaligen Oppositionellen zu vermitteln und andererseits auch denjenigen eine Brücke zu bauen, die die Diktatur bis zum Ende unterstützt hatten. Die Erinnerung an den Bürgerkrieg und die Sorge vor einer Intervention des Militärs, dessen Führungskräfte allesamt im Franquismus Karriere gemacht hatten, gaben der Suche nach einem Konsens in dieser Zeit des Umbruchs eine besondere Dringlichkeit. Der Eindruck eines „revolutionären Bruches" sollte auf jeden Fall vermieden werden. Insofern kam auch dieser Verfassung die Aufgabe einer „Zukunftsbewältigung aus Vergangenheitserfahrung"[1] zu.

Konkret schlug sich dieser Wunsch nach möglichst breiter Akzeptanz der Verfassung in einigen überaus vagen Formulierungen nieder, die durchaus divergierende Deutungen ermöglichten. Die Furcht, womöglich nach kurzer Zeit wieder um die Früchte der Demokratisierung gebracht zu werden, spiegelte sich zudem in den äußerst hohen Hürden, die für signifikante Veränderungen in die Verfassung eingebaut wurden. Auf Ewigkeitsklauseln, wie sie das Bonner Grundgesetz kennt, wurde verzichtet. Aber um die Grundlagen des spanischen politischen Systems, wie z. B. die Staatsform, zu verändern, bedarf es einer Zweidrittelmehrheit der beiden Kammern, einer Neuwahl der Cortes, einer erneuten Zweidrittelmehrheit im neugewählten Parlament sowie eines anschließenden bestätigenden Referendums. Für weniger essentielle Artikel sind die Hürden geringer, aber immer noch qualifiziert.

1 *Michael Kloepfer*, Verfassunggebung als Zukunftsbewältigung aus Vergangenheitserfahrung. Berlin 1993. Siehe dazu auch den Beitrag von Christian Waldhoff.

Diese Bewehrung führte letztlich dazu, dass die Verfassung von 1978 in den mehr als vierzig Jahren ihrer Gültigkeit weitgehend unverändert geblieben ist. Damit unterscheidet sie sich signifikant vom deutschen Grundgesetz, bei dem seit 1949 mehr als 60 Änderungsgesetze dazu geführt haben, dass inzwischen nur noch weniger als die Hälfte der Artikel dem Ursprungstext entspricht. Hingegen wurde die spanische Verfassung bis heute nur zweimal verändert, weil durch die europäische Integration Anpassungen erforderlich waren. Gleichwohl ist selbst das Grundgesetz immer wieder mit dem Vorwurf konfrontiert worden, es sei nicht mehr zeitgemäß.[2] Schon Ende der 1960er Jahre, also nach zwanzigjähriger Gültigkeit, wurde es für „antiquiert" gehalten und eine „Gesamtrevision" gefordert.[3]

Dass entsprechende Reformforderungen heute an die spanische Verfassung gerichtet werden, kann daher nicht wirklich verwundern. Zu sehr hat sich die Gesellschaft seit den 1970er Jahren verändert, als dass nicht der Ruf nach Anpassung des Verfassungstextes an die neuen Verhältnisse plausibel erschiene. Was die Debatte jedoch brisant macht, ist die Vehemenz, mit der die Verfassung und damit auch das politische System Spaniens in jüngerer Zeit von Teilen der Gesellschaft angegriffen wurden. Verfassung und Politik sind vor allem aus zwei Richtungen unter Druck geraten: Zum einen forderten linke Populisten der 2014 gegründeten Partei Podemos eine „neue Transition", um sich vom „Regime von 1978" zu lösen, das durch Kontinuität zum Faschismus geprägt sei.[4] Zum anderen distanzierten sich die katalanischen Nationalisten explizit vom spanischen Staat, indem sie die Verfassung von 1978 nicht mehr als bindend betrachteten. So setzten sich die katalanischen Regierungsparteien im Herbst 2017 über die Verfassung und das Verfassungsgericht hinweg, organisierten ein Unabhängigkeitsreferendum und proklamierten schließlich die Loslösung Kataloniens aus dem spanischen Staatsverband. Diese Krise des spanischen Staates war zugleich eine Krise der spanischen Verfassung.

Innerhalb Spaniens beförderte diese Krise Überlegungen, ob die politische Aporie womöglich auch durch Reformen der Verfassung überwunden werden könnte. In diese Phase fiel im Jahr 2018 der „40. Geburtstag" der spanischen Verfassung. Schon allein die konträren Deutungen, die von Lobeshymnen auf die Erfolge der Verfassung bis zu massiver Ablehnung reichen, weil sie veraltet sei oder durch die vielen Kompromisse spätere Konflikte unausweichlich gemacht habe, lassen es als ebenso reizvoll wie notwendig erscheinen, sich vertieft mit dieser Verfassung von 1978 auseinander zu setzen.

Es war das Anliegen eines am 13. und 14. Dezember 2018 in Berlin von den Herausgebern organisierten Symposiums, der Entstehung, der Bedeutung, der Anwendung und Infragestellung dieses Verfassungstextes noch einmal auf den Grund zu gehen. Der besondere Reiz dieser Veranstaltung lag in der internationalen und interdisziplinären Ausrichtung: Spanische und deutsche Historiker und Historikerinnen, Juristinnen und Juristen rangen erstmals gemeinsam um die Deutung bzw. Einordnung der Verfassung von 1978. Bereichert wurde die Debatte durch die Erinnerungen des Zeitzeugen Hans-Peter Schneider, der zu jenem Kreis deutscher Juristen zählte, die während des Entstehungsprozesses von den spanischen „Verfassungsvätern" konsultiert wurden. Konnten dank seiner Erinnerungen die deutsch-spanischen Verflechtungen thematisiert werden, ermöglichte die Anwesenheit

2 Vgl. *Dieter Grimm*, Auf Bewährung, in: FAZ, 10.12.2018; *Christian Waldhoff*, Das andere Grundgesetz. München 2019, 29f.

3 Ebd.

4 *Pablo Iglesias*, Una nueva Transición. Materiales del año de cambio. Madrid 2015.

von aktuellen und ehemaligen Richtern am spanischen und deutschen Verfassungsgericht – wie Andreas Paulus, Dieter Grimm oder Pedro Cruz Villalón – immer wieder Vergleiche zwischen dem spanischen und dem deutschen Verfassungsrecht bzw. der jeweiligen Verfassungsgerichtsbarkeit.[5]

Die hier vorgelegten Texte gehen auf die Referate oder Kommentare zurück, die während dieser Konferenz präsentiert und diskutiert wurden. Die Herausgeber haben es den Autoren überlassen, sich für die deutsche oder spanische Sprache zu entscheiden. Dabei ist die Bilingualität des Bandes nicht das einzige Bekenntnis zur Vielfalt. So ist auch die unterschiedliche Handhabung des Anmerkungsapparats den verschiedenen akademischen bzw. disziplinären Traditionen geschuldet. Auf Versuche einer strikten Homogenisierung ist von Beginn an verzichtet worden.

Aber gerade weil womöglich nicht alle Leser und Leserinnen dieses Sammelbandes des Spanischen ebenso mächtig sind wie des Deutschen, sollen zentrale Aussagen der Beiträge kurz zusammengefasst werden.

Die Historikerin *Birgit Aschmann* ordnet die Verfassung von 1978 in die bewegte spanische Verfassungsgeschichte ein, zumal vor allem das 19. Jahrhundert zahlreiche Verfassungen hervorgebracht hat. Dabei kann sie verschiedene Verbindungen zum einen zu den liberalen Verfassungen des 19. Jahrhunderts und zum anderen zu der republikanischen Verfassung von 1931 ausmachen. Gleichwohl wird gerade durch den diachronen Vergleich das Alleinstellungsmerkmal der aktuellen Verfassung deutlich: ihr Konsenscharakter. Am Ende geht Aschmann auf die Relevanz affektiver Einstellungen gegenüber Verfassungstexten ein. Schließlich wirft der katalanische Fall die Frage auf, was langfristig passieren mag, wenn sich nennenswerte Teile der Gesellschaft gar nicht mehr mit der spanischen Verfassung, sondern nur noch mit einem peripheren nationalen Kollektiv identifizieren.

Die Beiträge von *Alejandro Saiz Arnaiz* und *Andreu Mayayo i Artal* sind der Entstehung der Verfassung gewidmet. Der Verfassungsjurist Saiz Arnaiz arbeitet anhand des „Gesetzes für die politische Reform" die entscheidende Strategie der zentralen politischen Akteure der Transition heraus, den fundamentalen Bruch mit dem Franquismus hinter einer vordergründig legalen Kontinuität zu verbergen. Geht es Saiz Arnaiz eher um die juristischen Mechanismen, widmet sich der Historiker Mayayo i Artal den gesellschaftlichen und ökonomischen Problemkonstellationen. Plastisch schildert er das komplexe Zusammentreffen von innergesellschaftlichen Konfliktlagen wie dem Terror der ETA und die Gegenmaßnahmen der Sicherheitsorgane einerseits und den Folgen der europäischen Wirtschaftskrise am Ende der 1970er Jahre andererseits. Neben den Orten der Politik weist er auf die Bedeutung öffentlicher Räume hin: Der Franquismus sei auf der Straße gestorben. Präsent waren dort vor allem die Katalanen, so dass Barcelona schließlich zur „Hauptstadt der Transition" wurde. Auf Distanz zum Zentralstaat gingen die katalanischen Nationalisten erst nach dem Gesetz (LOAPA) aus dem Jahr 1982, das die Territorialpolitik hin zu einer symmetrischen Föderalisierung und damit zu Lasten der Privilegien der historischen Nationalitäten veränderte.

Um das Spezifische der Konstellation von 1978 auszuloten, hilft nicht nur ein Blick in die spanische Geschichte. Ebenso weiterführend sind Vergleiche mit anderen europäischen Ländern, die sich in derselben Zeit ähnlichen Verhältnissen gegenübersahen. Zunächst prüft der Verfassungsrechtler *Christian Waldhoff*, ob sich beim „Wie" und „Wann" der Entstehung

5 Zu den Erinnerungen Schneiders an seinen Aufenthalt in Madrid siehe: *Hans-Peter Schneider*, Verfassungszeit. Ortstermine von Jena bis Tripolis. Jena 2012, 75.

von Verfassungen Muster erkennen lassen, die eine Typologie von Verfassunggebungen erlauben. Schließlich grenzt er revolutionäre von oktroyierten oder paktierten Verfassungen ab und unterscheidet zwischen „herrschaftsbegründenden“ und „herrschaftsmodifizierenden“ Verfassunggebungen oder Prozessen, in denen Bundesstaaten entstehen. Als Institutionen, die Verfassungen stiften bzw. legitimieren, lassen sich Verfassunggebende Versammlungen, Konvente oder Volksabstimmungen identifizieren. Am Ende bleibt die Erkenntnis, dass der spanische Fall so besonders ist, dass er durch seine Kombination von Bruch und Kontinuität in keine der Kategorien dieser Typologie fällt.

Der Jurist *Karl-Peter Sommermann* unternimmt einen systematischen Vergleich der spanischen, portugiesischen und griechischen Transformationsverfassungen aus den 1970er Jahren. Innerhalb weniger Jahre haben diese drei südeuropäischen Länder mit demokratischen Verfassungen die frühere Diktatur hinter sich lassen wollen. Das Bemühen in Spanien um einen „geordneten“ Übergang wird vor dem Hintergrund der portugiesischen revolutionären Entwicklung, die in einen „jakobinischen Moment“ abzugleiten drohte, umso plausibler: Es galt, die „convivencia“, das friedliche Zusammenleben, zu fördern und bürgerkriegsartige Entgleisungen zu verhindern. Die Ausarbeitung einer Verfassung nahm in Spanien – im Vergleich zu Portugal und Griechenland – die meiste Zeit in Anspruch. Aber das Ergebnis war überzeugend. Als besonders gelungen hebt Sommermann die „Normativitätsdistinktion“ hervor, das heißt die Untergliederung von Grundrechten in Gruppen mit unterschiedlicher Verbindlichkeit bzw. Einklagbarkeit. Letztere gilt nur für die besonders geschützten „Grundrechte und öffentlichen Freiheiten“, nicht aber für die sozialen Rechte wie z.B. das Recht auf Arbeit.

Den Grundrechten innerhalb der spanischen Verfassung sind auch die Beiträge von *Luis López Guerra* und *Itziar Gómez Fernández* gewidmet. Doch das, was Sommermann als besonders positiv hervorhebt, weil es Rechtsprechung und Politik erhebliche Gestaltungsräume lässt, wird in diesen Beiträgen kritisch beurteilt. Beide Juristen monieren den fehlenden Schutz für soziale Rechte. Die Staffelung von a) besonders geschützten liberalen Freiheitsrechten über b) die subjektiven sozialen Rechte bis zu c) den allgemeinen Leitlinien für Wirtschafts-, Sozial- und Umweltpolitik gilt bei López Guerra als Folge der damaligen Kompromisssuche, die Festlegungen nicht zuletzt gerade dort vermied, wo sozialistische Vorstellungen mit Ansprüchen aus dem Umfeld der katholischen Kirche kollidierten. Bestimmungen über Schwangerschaftsabbruch, Konfessionsschule oder die Ehe blieben so vage formuliert, dass es zwangsläufig immer wieder der späteren Interpretation durch entweder den Gesetzgeber oder das Verfassungsgericht bedurfte.

Beide Autoren weisen auf Schwachstellen innerhalb der spanischen Justiz hin, deren Behebung von europäischen Gerichten regelmäßig angemahnt werde: Gerade die im Antiterrorkampf zuweilen angeordnete „detención incomunicada“, also eine Verhaftung ohne Möglichkeit, zu Menschen außerhalb des Gefängnisses Kontakt aufzunehmen, steht als eine Maßnahme, die Folter begünstige, in der Kritik. Nicht nur diese Missstände gelte es abzuschaffen. Gómez Fernández hält es darüber hinaus für nötig, in der Verfassung den Schutz für die besonders Schwachen der Gesellschaft stärker zu verankern: für Frauen, Migranten, Minderjährige und Behinderte. Der aktuellen Verfassung wirft sie vor, nicht angemessen auf die wachsenden sozialen Spannungen reagieren zu können.

Doch nicht nur die soziale, vor allem die nationale Kohäsion steht derzeit auf dem Spiel. Die Beiträge von *Xosé M. Núñez Seixas* und *José Manuel Sánchez Saudinós* loten die Zusammenhänge von Verfassung, Identität und Nationalismus aus. Dabei steht die Frage im

Raum, ob die Verfassung nicht ihrerseits zum affektiven Bindeglied der spanischen Gesellschaft hätte werden können. Bezugspunkt ist dabei das von Dolf Sternberger und Jürgen Habermas in die bundesrepublikanische Debatte der späten 1970er Jahre eingebrachte Konzept des „Verfassungspatriotismus". Darin spiegelte sich die neue Wertschätzung des Grundgesetzes, das nach Jahren der Kritik zum dreißigjährigen Jubiläum neue Strahlkraft entfaltete. Demokratische Verfassungen als gesellschaftliche Integrationsfaktoren an die Stelle von nationalen Angeboten treten zu lassen, war gerade für diejenigen Staaten besonders attraktiv, deren jüngere Diktaturgeschichte keine bruchlosen Traditionsbezüge ermöglichte. Doch entfalten Verfassungstexte nicht das emotionale Potential, das für Identitätsbildungen nötig ist, zumal wenn die Verfassungen in die Jahre gekommen und die demokratischen Errungenschaften selbstverständlich geworden sind. Um wieviel attraktiver nationale Identitätsangebote sein können, zeigt sich gerade in jüngerer Zeit in der spanischen Peripherie. Der katalanische Nationalismus forcierte in der spanischen Geschichtswissenschaft eine neue Auseinandersetzung mit den spanischen Nationalismen. Der Historiker Núñez Seixas rekonstruiert die verschiedenen Vorstellungen von der „spanischen Nation", mit denen Vertreter verschiedener politischer Parteien die Spannung zwischen nationaler Vielfalt und staatlicher Einheit in den Griff bekommen wollten – ohne in den Krisenjahren neue Ideen entwickelt zu haben. Der Jurist Sánchez Saudinós vermutet die Ursachen der durch den katalanischen Separatismus ausgelösten territorialen Krise einerseits in der Wirtschaftskrise seit 2008, andererseits in der Verfassung. Mit Blick auf die Lösungsmöglichkeiten für die territorialen Konflikte habe die Verfassung vollkommen versagt.

Angesichts dieser Krisendiagnose verwundert es nicht, dass die meisten Beiträge immer wieder auf diesen wunden Punkt der Verfassung zu sprechen kommen. Die territoriale Frage steht auch im Vordergrund derjenigen Beiträge, die abschließend mögliche Verfassungsreformen erwägen. Am ausführlichsten setzt sich *Pedro Cruz Villalón* mit dem territorialen Konzept des nachfranquistischen Spanien auseinander. Mit den Problemen des „Autonomiestaates" ist der Verfassungsrechtler schon deshalb bestens vertraut, weil er als langjähriger Präsident des spanischen Verfassungsgerichts jener Institution vorstand, die seit Inkrafttreten der Verfassung immer wieder damit beauftragt worden war, die offenen Formulierungen des Verfassungstextes auszulegen. Dessen Spannungsgehalt gipfelt in Artikel 2, der einerseits die Einheit und Unteilbarkeit der spanischen Nation festlegt, zugleich aber „historische Nationalitäten" anerkennt, ohne deutlich zu machen, inwiefern sich das Nationskonzept von „Nationalitäten" unterscheidet. Cruz Villalón arbeitet heraus, dass in der spanischen Verfassung zwei konträre territoriale Konzepte optional angelegt sind, deren Widersprüchlichkeit hinter dem Begriff „Autonomiestaat" verborgen bleibt: einerseits das Konzept des „Staates der Nationalitäten" und andererseits das eines „Staates der Regionen". Aus dem ersten Prinzip folgt eine Asymmetrie der territorialen Kompetenzen, weil den historischen Nationalitäten ein höherer Grad an Autonomie zugeschrieben wird als den Autonomen Gemeinschaften, die nicht als „historische Nationalitäten" gelten können. Das zweite Prinzip geht von einer symmetrischen Verteilung von Kompetenzen aus, die allen Autonomen Gemeinschaften in gleichem Maße zustünden. Konflikte sind daraufhin unausweichlich geworden, auch weil der von der Politik ausgestaltete Prozess der Autonomieentwicklung zunächst die eine (asymmetrische), dann die andere Option begünstigte. Dabei können sich die Vertreter beider Konzepte auf die Verfassung berufen. Für eine Befriedung der aktuellen Konflikte schlägt Cruz Villalón eine „Renationalisierung" des Autonomiestaates vor. Dafür sei eine Verfassungspolitik nötig, die den Weg zurück zum „Staat der Nationalitäten" einschlage. Es sei die Aufgabe des Staates, Katalonien (und Spanien insgesamt) aus der aktuell festgefahrenen Situation herauszuhelfen. Die Schwierigkeit bestehe bei dieser politischen Perspektive darin, einerseits das Bestreben der Nationalitäten nach Unabhängigkeit anzuerkennen und gleichzeitig den Separatismus aus der Verfassungsreform herauszuhalten.

Dass es eine umfassende Reform geben müsse, entspricht auch der Überzeugung des Historikers *Walther L. Bernecker* – schon weil der Wunsch nach einer Reform der Verfassung inzwischen in Spanien weit verbreitet sei. In Umfragen sprechen sich rund 70 Prozent der Befragten für eine solche Reform aus. Konkretere Überlegungen liegen sowohl in akademischen als auch politischen Kreisen längst vor. Dass – neben der Neujustierung der territorialen Ordnung des Staates – der Senat in eine authentische Vertretung der Autonomen Gemeinschaften umgewandelt und die Bevorzugung männlicher Thronfolger abgeschafft werden müssten, ist weitgehend common sense. Welche Rolle dem spanischen Monarchen in der Zukunft zukommen wird, ist ungewiss. Der Historiker *Jordi Canal* zeigt in seinem Beitrag, wie sehr die Debatten über die spanische Verfassung und die Monarchie mit dem Unabhängigkeitsprozess verflochten sind. Gilt doch der Monarch gemäß Art. 56 der spanischen Verfassung als Symbol der Einheit und Dauer des Staates. Entsprechend wurde der König zum Fluchtpunkt einer negativen Emotionspolitik der katalanischen Nationalisten, die einer politischen Sezession durch eine vorangehende affektive Entkoppelung den Weg bereiten wollten. Canal dekonstruiert einige der Vorwürfe als haltlos, darunter die Vermutung, dass die Monarchie den Staat finanziell besonders belaste. Zudem würdigt er die Bemühungen von Felipe VI., sich als „König einer neuen Zeit" die Anerkennung der Spanier durch einen strikt bürokratischen Herrschaftsstil zu erarbeiten. Doch wird sein Streben nach Vorbildlichkeit, Transparenz und Verfassungstreue immer wieder durch Skandale in der Königsfamilie konterkariert, die dem Ruf nach einer Republik neue Nahrung geben. Allerdings weichen die katalanischen Empfindungen, die sich durch die Rede des Königs nach dem Unabhängigkeitsreferendum im Oktober 2017 verletzt zeigten, signifikant von denen der gesamtspanischen Mehrheit ab: In einer Umfrage aus demselben Jahr gaben nur 0,7 Prozent der Befragten an, dass sie die Frage „Monarchie oder Republik" überhaupt für wichtig hielten. Nicht die territorialen Probleme, sondern soziale und wirtschaftliche Fragen sollten der Umfrage zufolge bei einer Verfassungsreform zuvorderst berücksichtigt werden.

Ob es wirklich bald zu einer Verfassungsreform bzw. gar einem zweiten „constitutional moment" kommt, ist allerdings alles andere als sicher. Schon vor zehn Jahren hatte sich der damalige Ministerpräsidenten José Luis Rodríguez Zapatero (PSOE) eine Verfassungsreform auf die Fahnen geschrieben. Allerdings hatte er dann von dem Vorhaben Abstand nehmen müssen, als sich abzeichnete, dass er angesichts der starken Polarisierungen in Parlament und Gesellschaft nicht die nötige Mehrheit erhalten würde. Nachdem sich der katalanische und gesamtspanische Nationalismus in wechselseitigen Rückkoppelungsprozessen weiter radikalisiert haben, ist gerade in dieser für den spanischen Staat essentiellen Frage aktuell noch weniger Kompromissbereitschaft in Sicht.

So spricht viel dafür, dass die spanische Verfassung auch nach vierzig Jahren vorerst weitgehend unverändert bleibt. Das ist als solches kein Nachteil, schließlich ist die Verfassung von 1978 als die beste bezeichnet worden, die Spanien je gehabt hat.[6] Außerdem sind Verfas-

6 Vgl. *Roberto L. Blanco Valdés*, La Constitución de 1978, Madrid 2003; ders., Luz tras las tinieblas. Vindicación de la España constitucional. Madrid 2018. Siehe auch der Beitrag von Jordi Canal in diesem Band.

sungen aufgrund ihrer Funktionen ohnehin auf Dauer angelegt. Aber die Akzeptanz einer Verfassung hängt nicht zuletzt davon ab, dass ihr zugetraut wird, auf die zentralen Fragen der Gegenwart weiterführende Antworten geben zu können. Eine fortschreitende Versteinerung der Verfassung würde letztlich ein Dokument, das von einer bemerkenswerten Konsensbereitschaft und Zukunftsorientierung am Ende der 1970er Jahre zeugt, in einen Spiegel aktueller politischer Kompromisslosigkeit und Unbeweglichkeit verwandeln.

Dass die Konferenz im Dezember 2018 stattfinden und der Sammelband publiziert werden konnte, ist das Ergebnis einer guten Zusammenarbeit vieler Beteiligter. An erster Stelle gilt unser Dank der Botschaft von Spanien in Berlin, in deren Räumlichkeiten die Tagung stattfinden konnte. Ohne die Gastfreundschaft Seiner Exzellenz Botschafter *Ricardo Martínez* und die immer zuverlässige Unterstützung durch die Leiterin der Kulturabteilung Botschaftsrätin *Dr. Rosa Velázquez Álvarez* wäre die Begegnung von Historikerinnen und Historikern, Juristen und Juristinnen aus Deutschland und aus Spanien in dieser Form nicht möglich gewesen. Profitiert hat der Band zudem von den wie immer anregenden Gesprächen mit Monika Wienfort. Darüber hinaus war die kollegiale Unterstützung durch Xosé M. Nuñez Seixas für dieses zweisprachige Projekt von besonderer Bedeutung. Bei der Vorbereitung der Publikation haben sich Frau Alba Hernández Weiss sowie die Mitarbeiterinnen und Mitarbeiter am Lehrstuhl für Europäische Geschichte des 19. Jahrhunderts Clara Maier, Anja Maria Hamann, Sophia Freitag, Lea Frese-Renner und Jan-Martin Zollitsch engagiert. Ihnen allen sei herzlich gedankt!

Berlin, im Mai 2020
Birgit Aschmann — Christian Waldhoff

Die Verfassung von 1978 im Kontext der spanischen Geschichte

Birgit Aschmann

In der durch die katalanische Unabhängigkeitsbewegung ausgelösten Krise des spanischen Staates geriet auch die spanische Verfassung unter Druck. Zwar begegneten Vertreter der spanischen Politik und Justiz wie die sozialistische Justizministerin Dolores Delgado den Vorwürfen der katalanischen Separatisten immer wieder mit dem Argument, dass Spanien ein untadeliger Rechtsstaat sei und die Verfassung einen „in unserer Geschichte beispiellosen demokratischen, institutionellen und wirtschaftlichen Fortschritt" bedeutet habe.[1] Doch so wie die Transition in die Kritik geraten war, so wurden auch die Forderungen nach einer Reform der Verfassung immer lauter.[2] Insofern fielen die Würdigungen anlässlich des 40-jährigen Jubiläums der spanischen Verfassung von 1978 im Dezember 2018 deutlich verhaltener aus als die Jubeltöne zum 70. Geburtstag des Grundgesetzes im Mai 2019.

Um besser beurteilen zu können, inwiefern es sich bei diesem Verfassungstext einerseits um einen „demokratischen Fortschritt" handelt und wo andererseits mögliche Schwachpunkte liegen, die im Zusammenhang mit den Herausforderungen des aktuellen katalanischen Separatismus stehen, wird im Folgenden eine dreifache Historisierung vorgenommen: Erstens wird die Geschichte der Verfassungen in Spanien rekonstruiert. Schließlich stellt sich bei der Beschäftigung mit der Verfassung von 1978 immer wieder die Frage, inwiefern sie eine Zäsur in der spanischen Verfassungsgeschichte darstellt oder ob sich nicht verfassungsgeschichtliche Kontinuitätslinien aufweisen lassen, die sie mit früheren Verfassungen verbinden.[3] Zweitens geht es um die Einbettung dieser Verfassungen in die europäische und spanische Geschichte. Die Verfassungstexte selbst reflektieren zentrale politische und gesellschaftliche Ordnungsvorstellungen der Zeit und sind ohne die Einbettung in einen weiteren Kontext nicht hinreichend zu verstehen.[4] Schließlich sind Verfassungen innerhalb eines nicht nur juristischen, sondern auch machtpolitischen sowie sozioökonomischen, ideen-, mentalitäts- und emotionsgeschichtlichen Beziehungsgeflechts einzuordnen. Genau dieses Geflecht macht die Beschäftigung mit Verfassungen für die Historiographie so reizvoll. Letztlich bedarf es der Berücksichtigung all dieser Konstellationen, um den Stellenwert der jeweiligen Verfassung angemessen beurteilen zu können.

1 Vgl. u.a. den Beitrag der spanischen Justizministerin *Dolores Delgado*, Spanien erfüllt alle Rechtsstaatsnormen, in: Frankfurter Allgemeine Zeitung, 8.02.2019, 8.

2 Vgl. u.a. Titel wie *Emmanuel Rodríguez López*, Por qué fracasó la democracia en España. La Transición y el régimen del '78. Madrid 2015. Tatsächlich zeigte sich innerhalb der spanischen Teilnehmer der dem Sammelband zugrundeliegenden Tagung eine Mehrheit von der Notwendigkeit überzeugt, dass die Verfassung reformiert werden müsse. Die unter den deutschen Juristen dominierende dezidiert positive Bewertung der spanischen Verfassung spiegelt sich auch in *Rainer Arnold*, El derecho constitucional europeo a comienzos del siglo XXI y la Constitución Española, in: Francisco Fernández Segado (Hrsg.), The Spanish Constitution in the European Constitutional Context. Madrid 2003, 491–503; sowie *Karl-Peter Sommermann*, El federalismo cooperativo, in: ebd., 2279–2294, hier 2279.

3 Zu dieser Frage vgl. das Kapitel „La Constitución de 1978 en la historia constitucional española", in: *Joaquín Varela Suanzes-Carpegna*, Política y Constitución en España (1808–1978). 2. Aufl. Madrid 2014, 847.

4 Vgl. u.a. *Dieter Grimm*, Recht und Staat der bürgerlichen Gesellschaft. Frankfurt am Main 1987, 424.

Dabei muss eine Kontextualisierung des Verfassungstextes auch immer danach fragen, wer bzw. was die jeweilige Verfassunggebung vorangetrieben hat, auf welche gesellschaftlichen Problemlagen die Verfassung eine Antwort gab und wie es um ihre Reichweite bzw. Akzeptanz in der Praxis bestellt war.

Drittens soll einem Phänomen nachgegangen werden, welchem die spanische Verfassung selbst eine historische Dimension beimisst, der es in der Rechtssprechung Rechnung zu tragen gilt: Es geht um die „historischen Nationalitäten". In diesen Abschnitten soll einerseits deutlich werden, wie die Frage der historischen Nationalitäten in früheren Verfassungen geregelt wurde. Andererseits gilt es aufzuzeigen, wie die „nationale Frage" seit dem Ende des 19. Jahrhunderts an Schärfe zunehmen konnte, und welche Probleme ihrer Lösung aktuell im Wege stehen.

I. Die Geschichte spanischer Verfassungen

Ende Dezember 2018 erschien in der Zeitschrift Central European History (CEH) ein Dossier über die Relevanz des 19. Jahrhunderts in der aktuellen Historiographie.[5] Darin äußerte der Osteuropahistoriker Alexander M. Martin die Vermutung, dass es sich bei der Entwicklung der liberalen Nationalstaaten um einen nordwesteuropäischen Sonderweg gehandelt haben könnte.[6] Schon um diese Vorstellung zu entkräften und den „Süden" in die Entwicklung eines europäischen Weges hereinzuholen, lohnt ein Blick auf die Geschichte Spaniens. Immerhin gilt die Verfassung von Cádiz aus dem Jahr 1812 nach den französischen Revolutionsverfassungen als einer der Ursprünge des westeuropäischen Konstitutionalismus.[7]

Die Geschichte des spanischen Konstitutionalismus ist tatsächlich lang und bewegt. Als in Preußen nach der Revolution von 1848 die erste (und bis 1918 letzte) Verfassung proklamiert wurde, gab es in Spanien schon die vierte.[8] Wenn man die von Napoleon für das besetzte Spanien erlassene Verfassung von Bayonne aus dem Jahr 1808 nicht mitzählt, ist die heutige Verfassung von 1978 die achte seit Beginn des 19. Jahrhunderts: Auf die Verfassung von Cádiz aus dem Jahr 1812 folgte das Königliche Statut (Estatuto Real) von 1834, welches drei Jahre später durch die Verfassung von 1837 ersetzt wurde. Diese wurde wiederum abgelöst von der Verfassung von 1845, der die Verfassung von 1869 folgte, bis 1876 eine neue Verfassung beschlossen wurde, die von ungewöhnlich langer Dauer war. Selbst während der Diktatur von Miguel Primo de Rivera (1923–30) wurde sie offiziell nicht außer Kraft gesetzt. Erst die (Zweite) Spanische Republik gab sich 1931 eine neue Verfassung, auf welche – nach

5 *Karen Hagemann/Simone Lässig* (Hrsg.), Discussion Forum: The Vanishing Nineteenth Century in European History?, in: CEH 51, 2018, 611–695.

6 *Alexander M. Martin*, Russia's Nineteenth Century: Thoughts on the State of the Field, in: CEH 51, 2018, 635–639, hier 638.

7 *Ignacio Czeguhn/Francesc Puértolas* (Hrsg.), Die spanische Verfassung von 1812. Der Beginn des europäischen Konstitutionalismus. Regensburg 2014.

8 Zur Verfassungsgeschichte Spaniens im 19. Jahrhundert vgl. *Walther L. Bernecker/Sören Brinkmann*, Spanien, in: Peter Brandt/Martin Kirsch/Arthur Schlegelmilch (Hrsg.), Handbuch der europäischen Verfassungsgeschichte im 19. Jahrhundert. Institutionen und Rechtspraxis im gesellschaftlichen Wandel. Bd. 1: Um 1800. Bonn 2006, 601–639; *Walther L. Bernecker/Jens Späth*, Spanien, in: Werner Daum (Hrsg.), Handbuch der europäischen Verfassungsgeschichte im 19. Jahrhundert. Bd. 2: 1815–1847. Bonn 2012, 719–779.

dem Franquismus – die noch heute geltende Verfassung von 1978 folgte.[9]

Der Historiker und Jurist Francisco Tomás y Valiente (1986–1992 Präsident des Verfassungsgerichts und 1996 von ETA ermordet) sah in der Verfassung von 1978 das Erbe und die Fortsetzung einer Tradition, die 1812 begonnen habe und 1869 fortgeschrieben worden sei.[10] Damit reihte Tomás y Valiente nur diejenigen Verfassungen in eine Traditionskette ein, die gemeinhin als „fortschrittlich" gelten. Dabei wechselte gerade in der ersten Hälfte des 19. Jahrhunderts die Regierung häufig zwischen fortschrittlichen Liberalen (den sogenannten „Progresistas") und konservativeren Liberalen (den sogenannten „Moderados"). Diejenigen, die gerade an der Macht waren, versuchten, die Machtverhältnisse durch eine neue Verfassung zu zementieren. So führten in Spanien nicht nur Systemwechsel (wie die Ablösung des Absolutismus durch ein konstitutionelles System oder die Restauration der Monarchie nach der Ersten Republik 1873/74), sondern auch Regierungswechsel von den Moderados zu den Progresistas und andersherum zum Verfassungswechsel.[11]

Die Verfassungen 1812, 1869 und 1931 waren Produkte „progressiver" Persönlichkeiten und Parteien bzw. Parteibündnisse, die nicht zuletzt auf ausführliche Grundrechtskataloge, die Relevanz des Parlaments und ein großzügiges Wahlrecht Wert legten. Demgegenüber akzentuierten die „konservativen" Verfassungen von 1834, 1845 und 1876 den Vorrang des Monarchen und schränkten den Kreis der Wahlberechtigten ein.

Diese (durchaus berechtigte) Gegenüberstellung von progressiven und konservativen Verfassungen verdeckt allerdings – so der spanische Rechtshistoriker Joaquín Varela Suanzes-Carpegna – andere Brüche und Kontinuitäten.[12] Er hebt stärker die Unterschiede zwischen der demokratischen Verfassung von 1812, die die Souveränität ausschließlich der Volksvertretung überlassen wollte, und den folgenden Verfassungen des 19. Jahrhunderts hervor, die allesamt der Monarchie (im Rahmen der zwischen König und Cortes „geteilten Souveränität") eine relativ starke Position zuschrieben und dadurch mehr Gemeinsamkeiten aufwiesen, als üblicherweise wahrgenommen wird.[13] Darüber hinaus unterstreicht er den Bruch zwischen den Verfassungen des 19. Jahrhunderts und denen von 1931 und 1978. Auch wenn sie große Ähnlichkeiten zur Verfassung von 1869 aufweise, so stelle die „Avantgarde-Verfassung" („Constitución de vanguardia"[14]) des Jahres 1931 etwas radikal Neues dar; verglichen mit dem Konstitutionalismus des 19. Jahrhunderts sei das eine „kopernikanische Wende".[15]

9 Zu all diesen Verfassungen siehe das umfassende Standardwerk von *Varela Suanzes-Carpegna*, Política y Constitución.

10 Verfassungen wie das Statut von Bayonne oder das Königliche Statut von 1834 wiesen mangels echter Gewaltenteilung und Garantie von Freiheitsrechten nicht das „konstitutionelle Minimum" auf, welches Tomás y Valiente für die Bezeichnung „Verfassung" unabdinglich war. *Francisco Tomás y Valiente*, La Constitución de 1978 y la Historia del Constitucionalismo Español, in: Anuario de Historia del Derecho Español 50, 1980, 721–751, hier 724.

11 Vgl. die Verfassung von 1845 oder 1854, als die Progressistische Partei an einer neuen Verfassung arbeitete, die allerdings nicht mehr zur Geltung kam.

12 *Joaquín Varela Suanzes-Carpegna*, La Constitución de 1978 en la historia constitucional española, in: ders., Política y Constitución, 864f.

13 Zu den Konzepten der nationalen Souveränität, die – nicht zuletzt ausgehend von Spanien – in Europa zu Beginn des 19. Jahrhunderts diskutiert wurden, vgl. *Ulrike Müßig*, Souveränität um 1813 – die Nationalsouveränität im Verfassungsdiskurs um die Cortes-Verfassung 1810–1814 und 1820–1823, in: Birgit Aschmann/Thomas Stamm-Kuhlmann (Hrsg.), 1813 im europäischen Kontext. Stuttgart 2015, 139–162.

14 *Joaquín Varela Suanzes-Carpegna*, La Constitución española de 1931. Reflexiones sobre una constitución de Vanguardia, in: ders., Política y Constitución, 735–750.

15 Ebd., 739.

Folgende Aspekte waren wegweisend[16]: Erstens wurde die Monarchie abgeschafft und durch eine Republik ersetzt. Diese war zweitens als Rechtsstaat konzipiert, der sich insofern von den Vorgängersystemen unterschied, als die Verfassung in der Hierarchie erstmals über alle anderen Gesetze gestellt wurde. Damit gewann die Verfassung nunmehr eine erhöhte Wertigkeit, war sie doch zuvor immer als etwas betrachtet worden, was durch Parlamentsgesetze auch unterlaufen werden konnte. Nun wurde die Verfassung als bindende Norm über alle anderen politischen Institutionen gesetzt und mit einer Verfassungsgerichtsbarkeit eine Institution geschaffen, die es ermöglichte, die Einhaltung dieser Norm einzuklagen. Drittens sollte dieser Rechtsstaat erstmals wirklich demokratisch sein und auf diese Weise der Liberalismus mit der Demokratie versöhnt werden. Hatte doch selbst die fortschrittlichste Verfassung des 19. Jahrhunderts, die von 1812, die Souveränität zwar der „Nation", nicht aber dem „Volk" zugesprochen. Ohne Wahlrecht blieb, wer (wie das Hauspersonal) keinen eigenen Haushalt führen konnte oder weiblichen Geschlechts war. Auch der kulturelle und politische Pluralismus war einerseits durch die katholische Konfessionalität des Staates und andererseits durch fehlende Garantien von Versammlungs- und Vereinigungsfreiheit deutlich eingeschränkt.

Zwar hatten die Verfassung von 1869 und der Entwurf von 1873 Versammlungs- und Vereinigungsfreiheit sowie das universale Wahlrecht vorgesehen, aber weiterhin waren Frauen ausgeschlossen geblieben. So auch in den Gesetzesänderungen der Restaurationsregierung von 1887, welche Vereinigungsfreiheit gewährten, und von 1890, die das allgemeine Männerwahlrecht einführten. Erst mit der Verfassung von 1931 wurde die Souveränität allen volljährigen Männern und Frauen übertragen. Viertens integrierte der jetzige Staat auch soziale Vorstellungen und Forderungen, indem Spanien gleich im ersten Artikel der Verfassung definiert wurde als demokratische Republik aus „Arbeitern aller Klassen"[17]. Schließlich versuchte die Republik fünftens das territoriale Problem durch das Konzept eines „integralen Staates" zu lösen, womit sie auf Distanz ging zum rigorosen Zentralismus der früheren Verfassungen. Auch hier spiegelt sich die Relevanz der Thematik darin, dass der „Estado integral", der die Selbstregierung („régimen de autonomía") von Gemeinden und Regionen ermöglichte, bereits im ersten Artikel festgeschrieben wurde.[18]

Alle diese Elemente wurden in der Verfassung von 1978 aufgegriffen. Sie konstituierte das Spanien der Nachfranco-Ära als sozialen und demokratischen Rechtsstaat; sie beendete den franquistischen Zentralismus, indem sie den Regionen zugestand, autonome Regierungen bilden zu können; und sie schaltete – auch wenn die Monarchie wiedereingesetzt wurde – die Krone als politischen Machtfaktor (weitgehend) aus: Sie wurde aus dem Regierungsgeschäft herausgehalten und die „nationale Souveränität" ausschließlich „dem spanischen Volk" übertragen. In Anbetracht dieser Einschränkungen der Monarchie bezeichnete Joaquín Varela Suanzes-Carpegna die Staatsform sogar als „republikanische Monarchie" („monarquía republicana").[19] Evident ist jedenfalls, dass sich die Verfassung von 1978 erstens von denen des 19. Jahrhunderts signifikant unterscheidet und zweitens in einer bemerkenswerten Kontinuität zur republikanischen Verfassung von 1931 steht.

16 Zum Folgenden vgl. ebd., 739–746.

17 Vgl. Título preliminar, Artículo primero, in: Constitución de la República Española, in: http://www.congreso.es/docu/constituciones/1931/1931_cd.pdf, 4 [19.02.2019].

18 Ebd. Weiteres zum Thema der Regionen im dritten Teil des Beitrags.

19 *Varela Suanzes-Carpegna*, La Constitución 1978, 878.

II. Kontext und Bedingungsfaktoren – Verfassungen im Geflecht von Politik und Gesellschaft

Schon weil Verfassungen immer Teil von Bestrebungen sind, neue politische Ordnungen zu stiften, kann die Verfassungsgeschichte eine Möglichkeit sein, politische Konjunkturen und gesellschaftlichen Wandel neu in den Blick zunehmen. Welcher Bruch bzw. Wandel spiegelt sich in den Verfassungen, und inwiefern verändern sie Politik und Gesellschaft, oder wo, wann und warum blieben sie womöglich wirkungslos?

Gerade für das 19. Jahrhundert bieten Verfassungen ein ergiebiges Untersuchungsfeld, hat doch dieses – wie Ernst-Wolfgang Böckenförde schrieb – „juristische Jahrhundert"[20] wie kein anderes Verfassungstexte hervorgebracht. Diese besondere Konjunktur von Verfassungen im Europa dieser Zeit lag daran, dass sie zu Instrumenten und Symbolen für die Abkehr vom Ancien Régime wurden und zugleich die damit verbundene soziale Umwälzung einhegen sollten. Die Etablierung des Rechtsstaates mit seinen geschriebenen Verfassungen markiert damit eine Zäsur zwischen der Vormoderne und dem 19. und 20. Jahrhundert. Die Herauslösung des Individuums aus den durch Geburt, Beruf oder Religion zugewiesenen Gruppen bedeutete grundsätzlich einen Freiheitsgewinn, der zunächst durch die Begrenzung des staatlichen Machtzugriffs mit Hilfe einer Verfassung gesichert werden musste und auf diese Weise neue Orientierung stiftete.[21] Insofern wurde die Verfassungsgesetzgebung zum Projekt aller Liberalen, die sich die „Freiheit" auf die Fahnen geschrieben hatten.

Aber das, was unter „Freiheit" verstanden wurde, veränderte sich im Laufe des 19. Jahrhunderts ebenso wie die Leitideen der „Liberalen". Setzten die französischen Revolutionäre und ihre internationalen Anhänger (so auch die Väter der Verfassung von Cádiz) auf Verfassungen, die die Souveränität der Nation hochhielten, neigten große Teile des Liberalismus in der nachrevolutionären Zeit zu Modellen, die neben Freiheit auch „Ordnung" und „Sicherheit" zu gewährleisten versprachen. Den neuen bürgerlichen Staat galt es nicht nur von dem Privilegienstaat des Ancien Régimes abzugrenzen, sondern zugleich vor den „Massen" zu schützen, deren ordnungsgefährdendes Potential seit der Französischen Revolution das Bürgertum beunruhigte.[22] Die spanischen Verfassungen ab 1834 spiegeln diese Bedenken. Hatten sich die Liberalen von 1812 noch durch besondere Progressivität vom britischen Konstitutionalismus abgrenzen wollen, galt dieser denjenigen Liberalen, die nach 1823 einige Zeit im englischen Exil verbracht hatten, fortan als vorbildlich.[23] Die starke Stellung der Monarchie und die dauerhafte Einrichtung eines Zweikammersystems in allen weiteren Verfassungen des 19. Jahrhunderts lassen sich nicht zuletzt darauf zurückführen. Sie spiegeln

20 So Böckenförde mit Verweis auf Franz Schnabel vgl. *Ernst-Wolfgang Böckenförde*, Verfassungsprobleme und Verfassungsbewegung des 19. Jahrhunderts, in: ders., Recht, Staat, Freiheit. Studien zur Rechtsphilosophie, Staatstheorie und Verfassungsgeschichte. Frankfurt am Main 1991, 244–262, hier 244.

21 Vgl. ebd., 246f.

22 Vgl. *Edmund Burke*, Reflections on the Revolution in France (1790). London 2003; *Adam Zamoyski*, Phantome des Terrors. Die Angst vor der Revolution und die Unterdrückung der Freiheit 1789–1848. München 2016.

23 Siehe *Christiana Brennecke*, Von Cádiz nach London. Spanischer Liberalismus im Spannungsfeld von nationaler Selbstbestimmung, Internationalität und Exil (1820–1833). Göttingen 2010; *Joaquín Varela Suanzes-Carpagna*, La Constitución de Cádiz y el liberalismo español del siglo XIX, in: ders., Política y Constitución, 39–102, hier 60ff.

die verbreitete Furcht der Liberalen vor „dem Volk", die auch aus den Beschränkungen des Wahlrechts sprach.

Diese Bezogenheit der Verfassungsentwicklung auf den Liberalismus barg überall in Europa das Problem, dass sich das liberale Partizipationsversprechen nicht an die vermeintlich marginalen, minderwertigen oder bedrohlichen Bevölkerungsgruppen wie Frauen, koloniale Völker oder die Unterschichten richtete. In Spanien wurde die Bevölkerung der lateinamerikanischen Kolonien zwar als gleichwertig betrachtet, sie stellte aber nach dem Verlust der meisten Kolonien seit 1824 keine allzu große Gruppe mehr dar. Der Niedergang des Kolonialreichs verweist auf ein Prestigeproblem der spanischen Monarchie, welches eine Verfassungskrise intensivierte, mit der auch andere europäische Länder am Ausgang des 19. Jahrhunderts zu ringen hatten.[24] Begann doch die individuelle rechtliche Freiheit, die die Verfassungen versprachen, angesichts der Unfreiheit, die die Arbeiter täglich in ihren wirtschaftlichen Abhängigkeitsverhältnissen erlebten, an Relevanz zu verlieren. Fraglich war, wie die zunehmend brennende „soziale Frage" in die Verfassungen integriert werden konnte.[25]

Weder die spanische Verfassung von 1869 noch die von 1876 fanden darauf eine überzeugende Antwort. Dass sich die Regionen mit der größten Industriearbeiterschaft wie das Baskenland und Katalonien zunehmend an alternativen, nämlich regionalen Identifikationsangeboten orientierten, dürfte auch an diesem Unvermögen gelegen haben. Bezeichnenderweise reagierte die Verfassung von 1931 sowohl auf die sozialen als auch auf die regionalen Bedürfnisse. Die sozialen Zugeständnisse der von linken Liberalen und demokratischen Sozialisten ausgearbeiteten Verfassung gingen jetzt so weit, dass diese von einem ihrer Väter als „Verfassung der Linken" („Constitución de izquierdas") bezeichnet worden ist. Das verweist allerdings schon deshalb auf ein Akzeptanzproblem, weil weite Teile der Bevölkerung sich eben nicht als „links" verstanden und sich daher nicht mit der Verfassung identifizierten.[26] Dieses Akzeptanzproblem, das in unmittelbarer Wechselwirkung mit der Reichweite und Dauer der Verfassungen stand, hat die spanischen Verfassungen seit Beginn des 19. Jahrhunderts begleitet.

Schon die Verfassung von Cádiz war das Werk einer kleinen Minderheit, die sich gleich dreifach behaupten musste: gegen a) die Vormacht des französischen Militärs, das zum Zeitpunkt der Ausarbeitung der Verfassung die Iberische Halbinsel nahezu vollständig besetzt hatte; b) gegen die mit dem französischen König kooperierenden Liberalen, die sogenannten „Afrancesados", die überzeugt waren, dass diese Zusammenarbeit zuverlässiger zur Liberalisierung Spaniens führen würde; und c) diejenigen Spanier, die in jedem Verfassungsdokument den Niedergang der göttlichen Weltordnung und das Keimen revolutionären Aufruhrs befürchteten und daher dem Absolutismus treu blieben.

Die soziale Reichweite dieser Verfassung entsprach damit in etwa ihrer territorialen: Sie blieb marginal, wie die Lage von Cádiz in der andalusischen Peripherie. Ihre realpolitische

24 Zur innerspanischen Wahrnehmung der Ereignisse von 1898 vgl. u.a. *Christoph Strosetzki*, 1898 en la prensa española de 1908, 1918 y 1928, in: Iberoamericana 8, 2008, 51–60; *Sören Brinkmann*, Aufstieg und Niedergang Spaniens. Das Dekadenzproblem in der spanischen Geschichtsschreibung von der Aufklärung bis 1898. Saarbrücken 1999.

25 Böckenförde bezeichnet dies als das „soziale Verfassungsproblem", *Böckenförde*, Verfassungsprobleme, 259f.

26 So der Sozialist Luis Jiménez de Asúa, Professor für Strafrecht an der Universität Madrid, dem die Leitung der von den Cortes ernannten Kommission zur Erarbeitung der Verfassung übertragen worden war. Vgl. *Varela Suanzes-Carpegna*, La Constitución 1978, 856.

trat hinter ihrer symbolischen Bedeutung zurück. Nachdem der 1814 aus dem Exil zurückgekehrte Ferdinand VII. sie aufgehoben hatte, entwickelte sie sich zu einem Sehnsuchtsort der Liberalen, die 1820 in einem Putsch die erneute Einsetzung der Verfassung von 1812 erzwangen. Plötzlich war ihre territoriale Reichweite immens: Auch italienische Staaten und Portugal führten exakt diese Verfassung von Cádiz ein.[27]

Innerhalb Spaniens aber gelang es nicht, eine stabile Regierung zu bilden, mit der Folge, dass die französischen Truppen ein unerwartet leichtes Spiel hatten, als sie im Auftrag der Heiligen Allianz 1823 das spanische Verfassungsexperiment beendeten.[28] Schon damals standen derart viele absolutistisch gesonnene Spanier hinter den Franzosen, dass man Züge eines Bürgerkrieges erkennen konnte. Ein solcher brach tatsächlich 1833 über eine dynastische Frage aus, die sich spätestens mit der Verfassung von 1834 zur Systemalternative Konstitutionalismus versus Absolutismus entwickeln sollte. Auf der einen Seite standen die ultrakonservativen Katholiken vor allem aus den nördlichen Provinzen, die sich hinter Karl, dem Bruder Ferdinands VII., versammelt hatten, der zugesagt hatte, sich für die absolutistische Monarchie, die Religion und die Fueros, die regionalen Gesetzestraditionen in der nördlichen spanischen Peripherie, stark zu machen. Auf der anderen Seite fanden die Liberalen zusammen, die angesichts der gemeinsamen Front gegen die „Karlisten" die eigenen Streitigkeiten zwischen Moderados und Progresistas zurückstellten.

Der siebenjährige Bürgerkrieg in den 1830er Jahren war der erste von drei Karlistenkriegen, die das europäische Publikum als Stellvertreterkriege zwischen „Konstitutionalismus" und „Absolutismus" gebannt verfolgte und die das 19. Jahrhundert in Spanien prägten.[29] Auch die Verfassungsentwicklung wurde von den Kriegen beeinflusst: Während der militärischen Auseinandersetzungen konnten Verfassungen mit Kompromisscharakter entstehen, die die liberalen Untergruppen vereinten (wie 1837). Nach einem Sieg aber setzte der Gewinner Verfassungen durch (wie 1845), die den eigenen parteipolitischen Präferenzen entsprachen. Wenn es nicht sein musste, waren die einander zunehmend feindlich gegenüberstehenden liberalen Fraktionen zu keinem Konsens bereit. Seit der Mitte des Jahrhunderts ging diese Haltung zu Lasten der Progresistas. Diese zogen umso bereitwilliger gewaltsame Putsche als Option in Erwägung, um einen Regierungs- und Verfassungswechsel zu erzwingen. Die sogenannte „Glorreiche Revolution" (La Gloriosa), die 1868 Königin Isabella II. stürzte und in die Verfassung von 1869 mündete, ist dafür ein Beispiel.[30]

Diese Verfassung von 1869 gilt im Rückblick als mustergültig liberal, konnte aber schon deshalb kaum Wirkung entfalten, weil sie vier Jahre später überholt war. 1873 wurde die erste spanische Republik ausgerufen und eine neue Verfassung erarbeitet, die allerdings niemals

27 *Jens Späth*, Revolution in Europa 1820–23. Verfassung und Verfassungskultur in den Königreichen Spanien, beider Sizilien und Sardinien-Piemont. Köln 2012.

28 Zur Politik der Heiligen Allianz bezüglich Spanien vgl. *Ulrike Schmieder*, Preußen und der Kongress von Verona. Eine Studie der Heiligen Allianz in der spanischen Frage. Frankfurt am Main 1993. Zur Invasion siehe auch *María Teresa Puga García*, Fernando VII. Barcelona 2004, 171–180.

29 Vgl. *Mark Lawrence*, Spain's First Carlist War, 1833–40. New York 2014. Zur Wahrnehmung des Karlistenkrieges als europäische Auseinandersetzung zwischen Absolutismus und Konstitutionalismus vgl. *Franz Grillparzer*, Mit-Leiden an Spanien, zitiert in: *Hans Hinterhäuser* (Hrsg.), Spanien und Europa. Stimmen zu ihrem Verhältnis von der Aufklärung bis zur Gegenwart. München 1979, 139. Als Beispiel für das Engagement der europäischen Intellektuellen vgl. *Mariano José de Larra, Oscar Wilde, Ramón de Valle-Inclán*, Tres cuentos carlistas. Pamplona 2010.

30 Vgl. *Gregorio de la Fuente Monge/Rafael Serrano García*, La revolución gloriosa. Un ensayo de regeneración nacional (1868–1874). Madrid 2005.

geltendes Recht wurde. Die Restauration kam ihr zuvor: Die Rückkehr der Bourbonen auf den spanischen Thron machte ihrerseits eine neue Verfassung erforderlich: die von 1876. Es sollte die langlebigste der (bisherigen) spanischen Geschichte werden.

Es würde naheliegen, von ihrer Dauer auf die Akzeptanz zu schließen. Aber gerade das wäre ein Trugschluss. Sie war vermutlich gerade deshalb so lange gültig, weil sich niemand um sie scherte.[31] Fern jeder Rücksichtnahme auf den Verfassungstext hebelten führende Politiker in Kombination mit gesellschaftlichen Oligarchen das Kernelement der Verfassung aus, nämlich die Ermöglichung politischer Partizipation durch Wahlen: Erstens sprachen sich die großen führenden Parteien dahingehend ab, dass sie im Wechsel die Regierung stellen sollten, und zweitens wurden die Wahlergebnisse durch den Einfluss lokaler Kaziken skrupellos manipuliert.[32] Aus dieser Rechtspraxis spricht eine kolossale Geringschätzung der Verfassung, die darin gipfelte, dass Miguel Primo de Rivera, der ab 1923 als Diktator herrschte, es nicht einmal für nötig hielt, die Verfassung formal aufzuheben.[33] Aber auch die allgemeine Akzeptanz, auf der die Diktatur zunächst stieß, verrät, wie sehr der liberale Verfassungsstaat an Popularität verloren hatte. Von 1923 bis 1975 lebten die Spanier – mit einer Unterbrechung von sechs Jahren – in einer Diktatur.

Auf die Hochkonjunktur der Verfassungen im 19. Jahrhundert war ein verfassungspolitisches Vakuum gefolgt. Das von Miguel Primo de Rivera initiierte und bis 1929 ausgearbeitete Verfassungsprojekt wurde nicht mehr realisiert – es spiegelte Machtverhältnisse, die den verschiedenen traditionellen Kräften breite Anschlussmöglichkeiten geboten und den liberalen Tendenzen einige wenige Konzessionen gemacht hatten.[34] Dabei hatte der Diktator eine Volksvertretung (Asamblea Nacional) wählen lassen, die für sich reklamieren konnte, etwas Neues zu schaffen, weil erstmals im Nachkriegseuropa die Abgeordneten Vertreter von Korporationen und nicht Parteien waren. Eine Distanz zum alten, diskreditierten parlamentarischen System der Restaurationszeit war schon dadurch gewährleistet, dass 84 Prozent der neuen Abgeordneten noch niemals zuvor einem Parlament angehört hatten.[35]

Die franquistische Diktatur verzichtete auf einen kohärenten Verfassungstext und erließ stattdessen eine Reihe von „Fundamentalgesetzen“, mit denen sie flexibel auf innen- und außenpolitische Entwicklungen reagieren konnte.[36] Eine Verfassung, die über dem Dikta-

31 *Francisco Tomás y Valiente*, La resistencia constitucional y los valores, in: Doxa, 15–16, 1994, 635–650, hier 636; ebenso *Joaquín Varela Suanzes-Carpagna*, ¿Qué ocurrió con la ciencia del derecho constitucional en la España del siglo XIX?, in: ders., Política y Constitución, 161–220, hier 217; *ders.*, La Constitución de 1978, 854f.

32 Zu Wahlabsprachen und Kaziquismus vgl. u.a. *Ramón Villares/Javier Moreno Luzón*, Restauración y dictadura. Historia de España, Bd. 7, 96–122.

33 Zur Verfassungsrealität des Restaurationssystems und seiner Rechtspraxis vgl. u.a. *Mariano García Canales*, El problema constitucional en la Dictadura de Primo de Rivera. Madrid 1980, 20; *Friso Ross*, Justiz im Verhör. Kontrolle, Karriere und Kultur während der Diktatur von Primo de Rivera (1923–1930). Frankfurt am Main 2006. Letzterer mahnte zu Recht an, man müsse „sich noch mehr mit den Diktaturen Europas und ihren Beziehungen zur Justiz beschäftigen“. Ebd., 161.

34 Vgl. *García Canales*, El problema constitucional, 23.

35 Siehe *Shlomo Ben-Ami*, El cirujano de hierro. La dictadura de Primo de Rivera (1923–1930). Barcelona 2012, 212.

36 Vgl. das Kapitel „Las leyes fundamentales en el Franquismo“ in: *José Agustín González-Ares*, Las constituciones de la España contemporánea: del Estatuto de Bayona a las leyes fundamentales del Franquismo. Santiago de Compostela 2010, 167–198.

tor gestanden und der Bevölkerung einklagbare Rechte gesichert hätte, gab es entsprechend nicht.[37]

Vor diesem Hintergrund, dem langen Fehlen einer funktionstüchtigen Verfassung und dem Umstand, dass diese zuvor zumeist die politischen Ansichten der herrschenden Partei spiegelten, ist das Verfassungswerk von 1978 einzuordnen.

Niemals zuvor hat es eine solche Bereitschaft zu Kompromiss und Konsens gegeben wie im Zuge der Entstehung und Einsetzung dieser Verfassung. Der Rechtswissenschaftler Francisco Rubio Llorente, der damals im Beratungsgremium der Gruppe arbeitete, die den Verfassungsentwurf vorbereitete, sprach vom „Konsensgeist", der die Gespräche zwischen den Parteien ermöglicht habe.[38] Die Parteien der Rechten (Alianza Popular) und der rechten Mitte (Unión de Centro Democrático) besaßen zwar rechnerisch die Mehrheit, beharrten aber darauf, dass die Entscheidungen in den Verhandlungen mit den Vertretern der Linksparteien (Sozialdemokraten und Kommunisten) und der katalanischen und baskischen Nationalisten einstimmig gefällt wurden, zumal den einstigen antifranquistischen Oppositionsparteien eine hohe Legitimität zugebilligt wurde – unabhängig vom Ausgang der Parlamentswahl von 1977.[39]

Mit Blick auf die Konsensbereitschaft bietet sich einzig die Verfassung von 1837 zum Vergleich an, weil auch sie auf der Basis eines Kompromisses zwischen „Moderados" und „Progresistas" zustande gekommen war. Dies schlug sich nicht zuletzt in vagen Formulierungen nieder, die später auch die Konsensverfassung von 1978 prägen sollten. So wurde z.B. 1837 die „nationale Souveränität" in der Präambel beschworen, aber innerhalb der Verfassungsartikel nicht wieder aufgegriffen und auch keinerlei Anstalten gemacht, das Parlament entsprechend aufzuwerten. Eine derartige „Verfassungsflexibilität" („flexibilidad constitucional"[40]) verbindet die Verfassungen von 1837 und 1978. Doch die „Flexibilität" barg zugleich große Probleme. Schließlich wurden durch den Verzicht darauf, Differenzen sofort zu klären, die Probleme nur in die Zukunft verschoben. Der Konsens war, so Rubio Llorente, „nur um dem Preis von Unbestimmtheit zu haben"[41], deren bedenkliche Folgen sich erst jetzt offenbaren.

Was aber selbst die Verfassungen von 1837 und 1978 noch unterschied, war der gesellschaftliche Rückhalt. So hatten sich 1837 zwar die beiden Strömungen des spanischen Liberalismus einigen können, aber nach wie vor konnte rund die Hälfte der damaligen Bevölkerung, die politisch nicht dem Liberalismus, sondern dem Karlismus zuneigte, mit einer Verfassung nichts anfangen. Das war einer der Gründe, warum die Verfassung von 1837 nach acht Jahren ersetzt wurde und heute so gut wie vergessen ist.[42] Nach Francos Tod hingegen sah die Situation gänzlich anders aus. Die Verfassung von 1978 erhielt nicht nur in den beiden Kammern des Parlaments, sondern auch im Referendum vom 6. Dezember 1978

37 Entsprechend hielt es Tomás y Valiente für ausgeschlossen, die franquistischen „Grundgesetze" als Verfassung zu bezeichnen, vgl. *Tomás y Valiente*, La Constitución de 1978, 725.

38 *Francisco Rubio Llorente*, Der verfassunggebende Prozeß, in: Walther L. Bernecker/Carlos Collado Seidel (Hrsg.), Spanien nach Franco. Der Übergang von der Diktatur zur Demokratie 1975–1982. München 1993, 127–149, hier 137.

39 Ebd.

40 *Varela Suanzes-Carpegna*, La Constitución 1978, 850.

41 Ebd., 138.

42 Zum Karlismus vgl. u.a. *Jordi Canal*, El carlismo. Dos siglos de contrarevolución en España. Madrid 2000.

eine überwältigende Mehrheit der Stimmen. Diese integrative Leistung konnte die aktuelle spanische Verfassung entwickeln, gerade weil sie – wie Varela Suanzes-Carpegna hervorhob – erstens eklektizistisch ist, indem Elemente früherer Verfassungen zusammengeführt wurden, zweitens vage Formulierungen beinhaltet, so dass verschiedene, z.T. widersprüchliche Anschlussstellen angeboten werden, und weil sie drittens eine offene, unabgeschlossene Konstruktion hat.[43]

Diese Vagheit und Offenheit wurden gerade in diejenigen Passagen des Textes hineingeschrieben, die die territoriale Konstellation Spaniens behandelten. Besonders augenfällig wird dies gleich zu Beginn der Verfassung, wenn in Artikel 2 einerseits die „unauflösliche Einheit der spanischen Nation" beschworen, zugleich aber das Recht der „Nationalitäten" auf Autonomie bekräftigt wird, ohne dass präzisiert würde, was das eine vom anderen unterscheidet.[44]

III. Periphere Nationen und emotionale Gemeinschaften

Dabei handelt es sich gerade bei der territorialen Ordnung um einen neuralgischen Punkt der Verfasstheit des spanischen Staates. Er wolle nicht andere Probleme geringschätzen, aber – so Joaquín Valera Suanzes-Carpegna – „ich glaube, dass die territoriale Organisation des Staates das größte Problem ist, an dem Spanien leidet, und das am schwierigsten zu lösen ist."[45]

Dieses Problem ist allerdings nicht neu. Im Grunde besteht die Problematik der Integration der Landesteile, seitdem die Reyes Católicos aus mehreren mittelalterlichen Königreichen eine „zusammengesetzte Monarchie" („monarquía compuesta") gemacht haben.[46] Diese Grundproblematik zieht sich bis in die Moderne, zumal einige Elemente der damaligen Selbstregierung lange erhalten blieben: in Katalonien etwa bis zum Erbfolgekrieg im 18. Jahrhundert, im Baskenland bis zur Niederlage im dritten Karlistenkrieg 1876.[47]

Schon dieser kurze Rückblick ergibt: Spanien ist kein Zentralstaat nach französischem Modell. Zwar wurden auch in Frankreich erst im 19. Jahrhundert „aus Bauern Franzosen"[48], aber im Ganzen verlief der französische Zentralisierungs- und Nationalisierungsprozess erfolgreich, während ähnliche Ansätze in Spanien scheiterten.

43 *Varela Suanzes-Carpegna*, La Constitución, 862.

44 Vgl. Art. 2 der spanischen Verfassung von 1978, offizielle Übersetzung in: https://www.boe.es/legislacion/documentos/ConstitucionALEMAN.pdf [19.02.2019].

45 „Sin minusvalorar otros muchos problemas", schrieb Joaquín Varela Suanzes-Carpegna, „creo que el de la organización territorial del Estado es el más grave que sufre España y el más difícil de resolver". Vgl. *Joaquín Varela Suanzes-Carpegna*, La Cuestión territorial en España (1873–1936): Del fracaso del federalismo a la liquidación del Estado integral, in: ders., Política y Constitución, 775–811, hier 775.

46 Vgl. *Jon Arrieta Alberdi*, Entre monarquía compuesta y estado de las autonomías. Rasgos básicos de la experiencia histórica española en la formación de una estructura política plural, in: Ius Fugit 16, 2009–2010, 9–72; *John H. Elliott*, A Europe of Composite Monarchies, in: ders., Spain, Europe and the Wider World, 1500–1800. New Haven/London 2009, 3–24.

47 Wobei die baskischen Fueros nicht ersatzlos aufgehoben wurden, sondern ersetzt wurden durch „conciertos", die Privilegien zugestanden, in deren Tradition die noch heute geltende finanzielle Privilegierung zu stellen ist.

48 *Eugen Weber*, Peasants into Frenchmen: The Modernization of Rural France, 1870–1914. Stanford 1976.

Das ganze liberale 19. Jahrhundert war durch den Versuch gekennzeichnet, diese homogene Zentralisierung herbeizuführen. Von der Iberischen Halbinsel bis Lateinamerika sollten die Rechtsverhältnisse möglichst angeglichen und die Sonderrechte der Regionen zugunsten der Einheitlichkeit des Imperiums zurückgedrängt werden.[49] Schon in den Cortes von Cádiz wurden z.B. die Bestrebungen von Katalanen, die alten Rechte Aragóns wiederherzustellen, rigoros zugunsten eines einheitsstaatlichen Modells abgeblockt. 1833 wurde Spanien in – bis heute existierende – Provinzen eingeteilt, die eine einheitliche, auf den Zentralstaat ausgerichtete territoriale Grundstruktur festlegen sollten.

Es waren Splittergruppen am linken Rand des politischen Spektrums, die seit der Mitte des Jahrhunderts eine stärker föderale Lösung präferierten. Ihr Moment war gekommen, als 1873 der nach dem Sturz Isabellas zum König gekrönte Amadeus I. zurücktrat und die linken politischen Kräfte in Spanien die (Erste) Republik ausriefen. Weil sich die konservativen Parteien diesem Projekt verweigerten, hatten die Linken freie Hand. Plötzlich saßen in den neu gewählten verfassunggebenden Cortes Abgeordnete, die mit überwältigender Mehrheit für eine föderale Lösung votierten.[50] Spanien sollte eine „República democrática federal" werden, ein Bundesstaat nach US-amerikanischem Vorbild.[51] Die ungewöhnlich ausführliche Präambel des nie in die Praxis umgesetzten Verfassungsentwurfs verwies auf die Notwendigkeit einer territorialen Gliederung, die einerseits die nationale Einheit wahren, aber zugleich „unseren historischen Erinnerungen und unseren Unterschieden" („nuestros recuerdos históricos y [...] nuestras diferencias")[52] gerecht werden sollte. Im ersten Artikel wurde sodann festgehalten, aus welchen „Staaten" sich die „spanische Nation" zusammensetzen sollte. Abgesehen davon, dass auch Kuba und Puerto Rico genannt wurden, entspricht diese Gliederung weitgehend den heute bekannten Autonomen Gemeinschaften. Diese Staaten sollten sich eigene Verfassungen geben dürfen, die aber nicht mit der Bundesverfassung kollidieren dürften und darüber hinaus von den Cortes federales (als einer Art „Bundestag") angenommen werden müssten.

Diese Verfassung blieb ein Entwurf, schon weil die Erste Republik nicht lange genug währte, um sie überhaupt umzusetzen. Die Regierung hatte mit zu vielen Schwierigkeiten gleichzeitig zu kämpfen: Es wurde erstens Krieg geführt gegen die Unabhängigkeitsbewegung auf Kuba, zweitens Krieg gegen die Karlisten, und drittens forderten auch die sich im Sommer wie ein Flächenbrand ausbreitenden Aufstände der Kantonalisten (von den Anarchisten gestützte, extreme Föderalisten) das Gewaltmonopol des Staates heraus. Keine zwölf Monate nach Ausrufung der Republik wurde sie 1874 durch Militärintervention beendet.[53]

49 *Bernecker/Späth*, Spanien, 722.

50 Am 11. Februar war Amadeus I. zurückgetreten. Im Mai waren die Cortes gewählt worden, die eine Verfassung erarbeiten sollten. An den Wahlen hatten sich allerdings nur 40 % der Wahlberechtigten beteiligt. Da sich an der Wahl vor allem die linken Gruppierungen beteiligt hatten, waren plötzlich von 391 Abgeordneten 343 Personen für eine föderale Lösung, vgl. *Varela Suanzes-Carpegna*, Política y Constitución, 779.

51 Schon die Verfassung von 1869 war an den USA orientiert, vgl. *Joaquín Oltra*, La influencia norteamericana en la Constitución española de 1869. Madrid 1972. Das Lob der Präambel von 1873 auf „los grandes fundadores de la Federación en el mundo moderno", deren Beispiel man folge, bezog sich auf die USA, vgl. *Varela Suanzes-Carpegna*, Política y Constitución, 780. Siehe Vorwort zum „Proyecto de Constitución Federal de la República Española", in: http://www.congreso.es/docu/constituciones/1869/cons1873_cd.pdf [19.02.2019].

52 Ebd.

53 Vgl. *Villares/Moreno Luzón*, Restauración y dictadura, 24–32.

Folgenlos blieb die Kombination aus politischer Erfahrung und Verfassungsentwurf nicht. Für die einen wurde der Föderalismus zum Teil ihres Erwartungshorizontes.[54] Für die anderen wurde er etwas, was nicht erwartet, sondern befürchtet wurde. Durch die Erfahrungen in der Republik wurden „Föderalismus" und „Anarchie" so miteinander verkoppelt, dass die überwältigende Mehrheit der spanischen Bürgerlichen mit dem einen zugleich auch das andere ablehnte. Vielmehr wurde das föderale Konzept mit Vorstellungen beantwortet, die die unauflösliche, naturgegebene Einheit der spanischen Gesamtnation beschworen.[55] Die Verfassung von 1873 hatte noch nach einer Balance gesucht zwischen der „Liebe zum Lokalen" („amor a la localidad"), die auch durch alle Zentralisierungsbemühungen und durch die Gewalt des Absolutismus nicht hätte ausgelöscht werden können, und dem „heiligen Fanatismus" für die Nation, „la gran Patria española".[56] In der Verfassung von 1876 jedoch trat das regionale Element ganz zugunsten des zentralstaatlichen Zuschnitts zurück: Hier war nicht mehr die Rede von Regionen oder gar „Staaten", sondern ausschließlich von Rathäusern und Provinzen.[57] Dies war gleichbedeutend mit der Rückkehr zum zentralistischen System von 1833.

Gerade aber dies provozierte die Katalanen, die bereits zu Beginn der Ersten Republik den „katalanischen Staat" ausgerufen hatten.[58] Die neuerliche Zurücksetzung forcierte die Umorientierung von Konzepten eines katalanischen Staates innerhalb der spanischen Nation hin zu Konzepten einer katalanischen Nation innerhalb des spanischen Staates.[59] Diese wurde umso mehr Referenzpunkt, je stärker die katalanische Politik und Kultur durch den spanischen Staat unter Druck gerieten. Insofern formierte sich der Katalanismus gerade in der Zeit der Unterdrückung durch die zentralistisch ausgerichtete Diktatur Miguel Primo de Riveras (1923–1929).

Als nach der Abdankung des Diktators im Anschluss an Gemeindewahlen im April 1931 die Zweite Republik ausgerufen wurde, witterten die Katalanen ihre Chance. Sofort wurde in Barcelona abermals ein katalanischer Staat ausgerufen. Zwar wurde dieser Schritt auf Intervention der Zentralregierung hin rückgängig gemacht, aber die Katalanen erhielten im Gegenzug unter dem alten Begriff der „Generalitat" das Recht einer autonomen Regierung. Ohne zu zögern machte sich diese daran, ein Autonomiestatut auszuarbeiten, das sie durch ein Referendum von der katalanischen Bevölkerung annehmen ließ und dem neu gewählten Parlament der Republik vorlegen konnte, noch bevor dort überhaupt über die territo-

54 Zum Zusammenhang von Erfahrungsraum und Erwartungshorizont und den Verschiebungen nach der Revolution von 1789 vgl. den klassischen Beitrag von *Reinhart Koselleck*, „Erfahrungsraum" und „Erwartungshorizont" – zwei historische Kategorien, in: Ulrich Engelhardt/Volker Sellin/Horst Stuke (Hrsg.), Soziale Bewegung und politische Verfassung. Stuttgart 1976, 13–33.

55 So Cánovas del Castillo: „El vínculo de nacionalidad que sujeta y conserva las naciones es, por su naturaleza, indisoluble" in: Discurso im Ateneo, 6.11.1882, in: Problemas Contemporáneos. Bd. 2. Madrid 1884, 57; bzw. *Antonio Cánovas del Castillo*, Discurso sobre la nación. Madrid 1987.

56 Vgl. http://www.congreso.es/docu/constituciones/1869/cons1873_cd.pdf [19.02.2019].

57 Vgl. Abschnitt 10 zu „las diputaciones provinciales y de los ayuntamientos", in der Verfassung von 1876, in: http://www.senado.es/web/wcm/idc/groups/public/@cta_senhis/documents/document/mdaw/mde5/~edisp/senpre_018546.pdf [19.02.2019].

58 *Varela Suanzes-Carpegna*, La cuestión territorial, 786.

59 Als Beispiel dafür und zu frühen Konzepten eines Föderalismus siehe *Valentí Almirall*, Bases para la Constitución federal de la nación española y para la del Estado de Cataluña. Observaciones sobre el modo de plantear la confederación de España (1868), in: Juan José Trías Vejarano/Antonio Elorza, Federalismo y reforma social en España (1840–1870). Madrid 1975, 432–450.

riale Verfasstheit der spanischen Republik diskutiert worden war. In der Nacht vom 25. auf den 26. September 1931 wurden diese Fragen in einer extrem hitzigen Debatte diskutiert. Schließlich war die territoriale Frage neben der Religion *das* Streitthema dieser Cortes.[60] Dabei konzentrierte sich die Aufmerksamkeit vor allem auf die Katalonienfrage. Letztlich wurde Einigkeit erzielt über die Formulierung, die als goldener Kompromiss einen dritten Weg zwischen Zentralismus und Föderalismus weisen sollte: Die spanische Republik sollte ein „integraler Staat“ werden, ein „estado integral“[61] – ohne dass klar wurde, was das genau bedeuten sollte.

Offenbar entlieh man den Begriff der deutschen Integrationslehre, so wie die Weimarer Verfassung von 1919 eines der Vorbilder für die republikanische Verfassung war.[62] Die bedeutende Rolle der Weimarer Verfassung für die spanischen Verfassungsväter von 1931 war einerseits das Ergebnis der Suche der Spanier nach Vorbildern im europäischen Umfeld, ergab sich andererseits aber auch aus dem Umstand, dass die spanischen Intellektuellen dieser Zeit noch sehr von der deutschen Kultur geprägt waren. So hatte es vor dem Ersten Weltkrieg im spanischen Bürgertums zum guten Ton gehört, den Nachwuchs zumindest für kurze Zeit am deutschen Bildungssystem teilhaben zu lassen.[63]

Als nach vierzigjährigem zentralistischen Regime unter Francisco Franco die Frage nach der territorialen Verfasstheit Spaniens abermals diskutiert wurde, konnte auf vieles von dem zurückgegriffen werden, was 1931 entwickelt worden war.

So lassen sich in doppelter Hinsicht deutsche Einflüsse nachweisen: über die Wiederaufnahme von Elementen, die schon 1931 von Weimar inspiriert waren, und über die direkte Beratung der spanischen Verfassungsväter von 1978.[64] Erneut entschied man sich gegen eine klare föderale Lösung, wollte aber jene Elemente nicht vernachlässigen, die 1873 als „Liebe zum Lokalen“ bzw. als „Unterschiede“ bezeichnet worden waren, die „unsere historischen Erinnerungen“ prägen würden.[65] Insofern kam es zu einer Lösung, die sich an dem „integralen Staat“ von 1931 orientierte: Spanien wurde jetzt ein „Staat der Autonomen Gemeinschaften“.

Schon 1931 hatte die Republik keine territoriale Lösung fixiert, sondern eine Option angeboten: So sei es – formulierte Artikel 11 – aneinandergrenzenden Provinzen möglich, sich zu einer „autonomen Region“ zusammenzuschließen, um „innerhalb des spanischen

60 Vgl. Diario de Sesiones de las Cortes Constituyentes de la República Española, Sesión celebrada el día 25 de septiembre de 1931, 45, 1163–1258, in: https://app.congreso.es/est_sesiones/ [19.02.2019].

61 „La República constituye un Estado integral, compatible con la autonomía de los Municipios y las Regiones“, hieß es im Artikel 1 der Verfassung von 1931, siehe: http://www.congreso.es/docu/constituciones/1931/1931_cd.pdf [19.02.2019].

62 *Varela Suanzes-Carpegna,* La Constitución española de 1931, 737.

63 Einer der bekanntesten Mittler deutscher Kultur war José Ortega y Gasset, vgl. u.a. *Birgit Aschmann*, Der Kult um den massenphobischen spanischen Geistesaristokraten Ortega y Gasset in den 1950er Jahren, in: Axel Schildt (Hrsg.), Von draußen. Ausländische intellektuelle Einflüsse in der Bundesrepublik bis 1990. (Hamburger Beiträge zur Sozial- und Zeitgeschichte, Bd. 55.) Göttingen 2016, 28–55.

64 Vgl. dazu u.a. den Bericht von Hans-Peter Schneider, der als einer von drei deutschen Juristen vom Verfassungsausschuss gebeten worden war, an den Beratungen teilzunehmen. Vgl. das Kapitel „Madrid – Von der Diktatur zur Monarchie“, in: *Hans-Peter Schneider*, Verfassungszeit. Ortstermine von Jena bis Tripolis. Jena 2012, 67–83.

65 Siehe oben sowie vgl. das Verfassungsprojekt von 1873 in: http://www.congreso.es/docu/constituciones/1869/cons1873_cd.pdf [19.02.2019].

Staates“ einen „politisch-administrativen Kern“ zu bilden.[66] Die entscheidenden Passagen übernahm die Verfassung 1978 in Artikel 143, der nunmehr „Autonome Gemeinschaften“ mit Selbstregierung in Aussicht stellte, wenn sich – so die identische Formulierung – „die aneinandergrenzenden Provinzen mit gemeinsamen historischen, kulturellen und wirtschaftlichen Gegebenheiten“ dazu entschlössen. Aus der „autonomen *Region*“ war dadurch eine „autonome *Gemeinschaft*“ geworden. Die stärkere affektive Relevanz wurde durch die mehrfache Betonung historischer Wurzeln unterstrichen. So hieß es, dass auch „Provinzen, welche eine historisch begründete regionale Gemeinsamkeit bilden“, der Weg zur Autonomie geöffnet war.[67]

De facto hatte sich vor allem in Katalonien und im Baskenland, aber auch – wenn auch in geringerem Maße – in Galicien längst das Selbstverständnis verbreitet, aufgrund historischer, kultureller und nicht zuletzt sprachlicher Gemeinsamkeiten bzw. Besonderheiten eine Nation zu sein. Über diese Realität gingen und gehen die Passagen der Verfassung, die „die territoriale Gliederung des Staates“ und ganz besonders die „Autonomen Gemeinschaften“ regeln (Titel VIII, Kapitel III), vollkommen hinweg. Ausschließlich in Artikel 2 der Verfassung blitzt die Problematik kurz auf, indem plötzlich vom „Recht auf Autonomie der Nationalitäten und Regionen“ die Rede ist, die allesamt „Bestandteil der Nation“ seien, deren „unauflösliche Einheit“ festgeschrieben wird. Schon sprachlich wurde zwischen „Regionen“ und „Nationalitäten“ unterschieden – die offenbar etwas anderes waren als nur eine geographisch naheliegende Verwaltungseinheit. Hatte der Verfassungsentwurf von 1873 von „Staaten“ gesprochen, aus denen sich die Nation zusammensetzte, und die Verfassung von 1931 von „autonomen Regionen“ innerhalb des spanischen „integralen Staates“, war nun – ohne, dass Konsequenzen oder Folgen in den Blick genommen worden wären – von „Nationalitäten“ innerhalb der „Nation“ die Rede.

Der Verzicht darauf, die Unterschiede zwischen „Nationalität“ und „Nation“ zu klären, ermöglichte es, divergierende Erwartungshaltungen zu entwickeln. Die dadurch angelegten Konflikte traten offen zu Tage, als die katalanische Regierung im Jahr 2006 ein neues Autonomiestatut vorlegte, das Katalonien als Nation bezeichnete. Nachdem das spanische Verfassungsgericht dies vier Jahre später als unvereinbar mit der Verfassung zurückgewiesen hatte, wurde schließlich für die Präambel des Autonomiestatuts eine Formulierung gefunden, wonach das katalanische Parlament Katalonien als Nation anerkennt, während die „nationale Realität“ gemäß der spanischen Verfassung als „Nationalität“ zu verstehen ist.[68]

Bezeichnenderweise beruft sich das katalanische Parlament bei der Bezeichnung Kataloniens als „Nation“ heute auf „das Gefühl und den Willen“ der katalanischen Bürgerinnen und Bürger. Das Gefühl wird hier zur zentralen Legitimationsgrundlage politischen Handelns nobilitiert. Dabei gelingt es der nationalen „Gemeinschaft“ leichter, Emotionen zu aktivieren als dem bürokratischen Staat, ein Zusammenhang, dessen Bedeutung in den letzten Dekaden des 20. Jahrhunderts aus dem Blick geriet.

66 So Artikel 11 der Verfassung von 1931; siehe http://www.congreso.es/docu/constituciones/1931/1931_cd.pdf [19.02.2019].

67 Zu den zwei verschiedenen Wegen, die Autonomie zu erlangen (über Art. 143 oder 151 der spanischen Verfassung), vgl. *Alexander Tacer*, Die territoriale Struktur Spaniens. Der Weg zum asymmetrischen Föderalismus. Frankfurt am Main 2010, 155–180. Zum Autonomiestaat vgl. *María Acracia Núñez Martínez* (Hrsg.), Poder y organización territorial en España. Madrid 2014, 361–408.

68 Vgl. Preámbulo des Autonomiestatus von 2006, in: http://www.congreso.es/consti/estatutos/estatutos.jsp?com=67&tipo=1&ini=1&fin=1&ini_sub=1&fin_sub=1 [21.02.2019].

Anlässlich des 25-jährigen Jubiläums der spanischen Verfassung im Jahr 2003 hob der ehemalige Verfassungsvater Gregorio Peces-Barba (PSOE) hervor, wie sehr es doch dieser Verfassung gelungen sei, „Gesellschaft" und „Gemeinschaft" zusammenzubringen – mit explizitem Bezug auf Ferdinand Tönnies.[69] Diese Dichotomie baute er dann allerdings so aus, dass erkennbar wurde, welchen Elementen seine Sympathien galten: Zu „Gesellschaft" gehörten offenbar Staat, Vernunft und Verfassungspatriotismus; zu „Gemeinschaft" Nation, Emotionen und „patriotismo tradicional". Insgesamt sei es das Anliegen der spanischen Verfassung, durch „Rationalisierungsbemühungen" („esfuerzo de racionalización") den „emotionalen Bewegungen" („movimientos emocionales y afectivos") entgegenzutreten, die die „eigenen Vaterländer" („patrias propias") nicht in Einklang leben lassen wollen mit dem „gemeinsamen Vaterland" („patria común").

In den späteren Ausführungen wird deutlich, dass Peces-Barba – in der Folge von Dolf Sternberger – nach den „pathologischen" und „irrationalen" Exzessen des Nationalismus in den europäischen Faschismen zu einem rationalen Verfassungspatriotismus der Aufklärungszeit zurückkehren wollte, der sich nicht an Emotionen, sondern an Rationalität und Zivilisation halte und dadurch Freiheit gewährleiste. Damit stellte er sich in die Tradition jener Liberaler, die gerade den Zentralstaat für den Ausweis von Zivilisation und Freiheit hielten. Doch die Rationalität, die Peces-Barba noch als eine Errungenschaft des spanischen Staates und seiner Verfassung pries, könnte sich im 21. Jahrhundert als Defizit erweisen. Längst hat sich gezeigt, dass nationale „Gemeinschaften" ein emotionales Alternativprogramm darstellen, dessen Attraktivität immer wieder unterschätzt wurde. Nicht der zentrale Staat, sondern die periphere nationale Gemeinschaft konnte innerhalb der letzten Dekade in Spanien eine spezifische Dynamik von Zugehörigkeitsgefühlen einerseits und Exklusionsgefühlen andererseits generieren.

Wie wirkmächtig nationale Emotionen sein können, zeigt sich beispielhaft in der jüngsten Entwicklung Kataloniens. Das hat mit konkreten sozioökonomischen und politischen Entwicklungen innerhalb Spaniens zu tun, wie der Finanz-, Immobilien- und Korruptionskrise, ist aber zugleich einzubetten in eine globale Hochkonjunktur emotionaler Politik, die von der Hass-Kultur in den Vereinigten Staaten über die Wut-Bürger in Chemnitz oder Dresden bis zu den empörten „Gelbwesten" in Frankreich reicht.[70]

Für den spanischen Staat und seine Verfassung ist die hochemotionalisierte Haltung vieler Katalanen in zweifacher Hinsicht eine existenzielle Gefährdung: Zum einen, weil die „convivencia", das friedliche Zusammenleben der Bürger, immer schwieriger wird, zum anderen, weil bei vielen Katalanen eine umfassende emotionale Entfremdung vom spanischen Staat zu beobachten ist. Bei rund der Hälfte der Katalanen löst der spanische Zentralstaat offenbar keine affirmativen Emotionen der Identität mehr aus, sondern nur noch aversive Gefühle der Alterität. Ein funktionierendes Staatswesen ist aber auf eine wenigstens minimale Zustimmung angewiesen. Der spanische Staat hat dabei quasi ein katalanisches Böckenförde-Dilemma: Er lebt von Voraussetzungen, die er nicht selbst garantieren kann. Affektive Einstellungen lassen sich nicht erzwingen, sind aber von elementarer Bedeutung.

69 *Gregorio Peces-Barba Martínz,* El patriotismo constitucional. Reflexiones en el vigésimo quinto aniversario de la Constitución española, in: Anuario de filosofía del derecho 20, 2003, 39–63, hier 40.

70 Vgl. *Birgit Aschmann*, Kulturkampf der Gegenwart. Emotionen in Geschichte, Politik und Historiographie, in: Joachim Klose (Hrsg.), Wohlfühlpolitik und Protest: Was hält die Gesellschaft zusammen? Dresden 2018, 69–82.

Ob derartige affirmative Emotionen mit einer Verfassungsreform noch geweckt werden können, scheint angesichts der verhärteten Fronten in der spanisch-katalanischen Politik allerdings fraglich.

La Ley para la Reforma Política: de la legalidad fundamental del franquismo a la Constitución democrática

Alejandro Saiz Arnaiz

I. Introducción

La llegada de la democracia a España no se puede explicar, desde luego no puede hacerse en términos jurídicos, sin la Ley para la Reforma Política. Se trató, con la que en la práctica fue la octava Ley Fundamental, de hacer posibles unas elecciones a un Congreso de los Diputados y a un Senado (hasta entonces inexistentes) que estaban llamados más o menos implícitamente a llevar a cabo una «reforma constitucional» (así aludida en la Ley para la Reforma Política) algunos de cuyos principios se enunciaban en el artículo 1 de la misma Ley. Unos principios, por lo demás, poco compatibles con la legalidad fundamental desde la que el régimen autoritario, salido de un golpe de Estado y de la posterior guerra civil, había organizado y ejercido el poder público a lo largo de cuarenta años.

La Ley para la Reforma Política (LRP) es previa al consenso constitucional; se situó extramuros del gran pacto que, en las Cortes Generales salidas de las elecciones del 15 de junio de 1977, hizo posible la vigente Constitución. Las razones no son puramente temporales y tienen que ver, antes bien, con los protagonistas de uno y otra, además de, por supuesto, con los procedimientos mediante los que ambos se concretaron.

Los actores del consenso, cronológicamente ubicado en la legislatura que alumbró la Constitución, y no más allá, fueron, por un lado, la mayoría de la que había sido oposición clandestina al régimen desde 1939 y, por otro, quienes integrados en las élites del tardofranquismo tenían una cierta idea de la transformación democrática de España. Por el contrario, la LRP fue una decisión avalada por autoridades (a partir del Rey Juan Carlos I) e instituciones (Gobierno, Cortes Españolas, Consejo Nacional del Movimiento) cuya existencia traía causa de las Leyes Fundamentales y que fue adoptada en aplicación de la legalidad del régimen y al margen de toda intervención, y desde luego del acuerdo, de protagonistas ajenos a esa legalidad. En otros términos: los partidos políticos de oposición al franquismo no tuvieron ninguna participación en el diseño reformista.

Se trató, en afortunada expresión de una de las personas entonces más próximas al Rey, Torcuato Fernández-Miranda, Presidente de las Cortes y del Consejo del Reino desde diciembre de 1975, y autor material de uno de los primeros borradores de lo que luego sería la LRP, de pasar «de la ley (las Leyes Fundamentales franquistas) a la ley (un nuevo orden constitucional), a través de la ley (la LRP)».

En las próximas páginas analizaré la Ley que hizo posible la transición tal y como la conocemos. Mi tratamiento de la LRP evitará (casi) toda referencia al agitado contexto político en el que fue discutida y aprobada, aunque soy muy consciente de que la memoria de algunos hechos relevantes sucedidos en el año 1976 facilitaría el entendimiento del proceso de elaboración y del contenido de la propia Ley. Tampoco me ocuparé de las razones que pudieron llevar a los procuradores de las Cortes franquistas a votar muy mayoritariamente a favor de una Ley que suponía el suicidio del régimen, su *hara-kiri*, como tituló algún medio de información de la época.

Partiré de una breve referencia a la *supralegalidad* en la dictadura del General Franco, que dio perfecta cobertura, al menos en su dimensión formal, a la aprobación de la LRP. A continuación, expondré el origen de esta Ley, el contenido del proyecto y su discusión en los distintos niveles institucionales del aparato de poder franquista, que permanecía en aquel momento inalterado desde la muerte del dictador. Analizaré también el texto de la Ley finalmente aprobada en referéndum en diciembre de 1976 y concluiré con una reflexión sobre el valor de la LRP en el proceso constituyente iniciado después de las elecciones del 15 de junio de 1977.

II. La legalidad fundamental del franquismo

Durante la dictadura, España no dispuso de una Constitución formalmente denominada como tal ni tampoco, obvio es el recordatorio, de un conjunto de reglas y principios (escritos o no) que aproximaran el modo de ejercicio del poder público a los parámetros propios del constitucionalismo de derivación liberal.

Existió, eso sí, una *supralegalidad* concretada en las conocidas como *Leyes Fundamentales*, identificadas en el artículo 10 de la Ley de Sucesión en la Jefatura del Estado, de 1946, a tenor del cual «[S]on Leyes Fundamentales de la Nación: el Fuero de los Españoles [1945], el Fuero del Trabajo [1938], la Ley Constitutiva de Cortes [1942], la presente Ley de Sucesión, la del Referéndum Nacional [1945] y cualquiera otra que en lo sucesivo se promulgue confiriéndola tal rango». Tal fue el caso de la Ley de Principios del Movimiento Nacional, de 1958, y de la Ley Orgánica del Estado, de 1967. Y sería también el de la LRP, publicada en el BOE el día 5 de enero de 1977.

El preámbulo de la Ley Orgánica del Estado resumía la materia *constitucional* (sin emplear este término, obviamente) y la situaba en cada uno de los textos normativos recién mencionados del siguiente modo: «derechos y deberes de los españoles» en los dos Fueros; «directrices que inspiran nuestra política y que han de servir de guía permanente [...] a toda acción legislativa y de gobierno», en los Principios del Movimiento; organización de los poderes en las Leyes de Cortes, de Sucesión y Orgánica del Estado,.

El citado artículo 10 de la Ley de Sucesión, en su apartado segundo, precisaba que para derogar o modificar una de aquellas Leyes «será necesario, además del acuerdo de las Cortes, el referéndum de la Nación». Para el acuerdo de las Cortes se exigía «el voto favorable de los dos tercios de los Procuradores presentes, que habrá de equivaler, por lo menos, a la mayoría absoluta del total de Procuradores» (artículo 15.I Ley de Sucesión). Además, el Consejo Nacional del Movimiento tenía que «conocer e informar, antes de su remisión a las Cortes, cualquier proyecto o modificación de Ley Fundamental» (artículo 23.b Ley Orgánica del Estado). La *rigidez*, resultaba evidente para la modificación y derogación de alguna de las Leyes Fundamentales, aunque nada se decía sobre los requisitos para su aprobación. No se trataba de un olvido, sino de un implícito reconocimiento de la suprema potestad normativa del Jefe del Estado, como se verá más abajo.

Añádase, a cuanto acaba de dejarse escrito, que en este esquema normativo rígido y supraordenado al resto de fuentes del Derecho[1], existían unos contenidos «permanentes e inalterables», a saber, los principios del Movimiento Nacional, definidos como tales en el artículo 1 de la respectiva Ley de 1958. Se trataba de un conjunto variopinto de enunciados (numerados de I a XII) de contenido muy diverso[2] y de «estricta observancia» para todos «los órganos y autoridades» (artículo 2), con sanción de nulidad para las «leyes y disposiciones de cualquier clase que vulneren o menoscaben» tales principios (artículo 3). La condición de permanencia e inalterabilidad de tales principios, repetida en la Ley Orgánica del Estado (artículo 3), llevó a algunos juristas del régimen a predicar de los mismos una especie de estatuto privilegiado resultado de su imposible modificación, al modo cómo sucede en algunas democracias liberales con los límites materiales a la reforma que sus Constituciones incorporan al propio articulado.

El panorama hasta aquí descrito resultaría incompleto sin una referencia a las Leyes de 30 de enero de 1938 (innominada) y de 8 de agosto de 1939, «modificando la organización de la Administración Central del Estado establecida por las de 30 de enero y 29 de diciembre de 1938». La primera, atribuía al Jefe del Estado, «que asumió todos los Poderes por virtud del Decreto de la Junta de Defensa Nacional de 29 de septiembre de 1936, [...] la suprema potestad de dictar normas jurídicas de carácter general», que, previa deliberación del Gobierno, «adoptarán la forma de Leyes cuando afecten a la estructura orgánica del Estado *o 'constituyan las normas principales del ordenamiento jurídico del País'*, y Decretos en los demás casos» (artículo 17, la cursiva se ha añadido). La segunda, hacía posible la emanación de esas normas jurídicas de carácter general sin la previa deliberación del Consejo de Ministros, «cuando razones de urgencia así lo aconsejen» (artículo 7).

Estas leyes, conocidas como leyes de prerrogativa, y nunca formalmente derogadas durante el franquismo, definían a su único firmante como suprema autoridad normativa del «Estado nuevo». Una condición que solo en virtud del «principio de autolimitación», tal y como se afirma en el Preámbulo de la Ley Constitutiva de las Cortes, de 1942, el «Caudillo» decidió compartir con las Cortes no sin recordar, en el mismo Preámbulo, que continuaba en la Jefatura del Estado la suprema potestad de dictar normas jurídicas de carácter general. Tan es así, que algunas de las Leyes Fundamentales fueron obra de Franco en ejercicio de dicha potestad. Es el caso, además de la recién mencionada Ley de Cortes, de la Ley de Principios del Movimiento Nacional, del Fuero del Trabajo y de la Ley del Referéndum Nacional. En el caso de las otras tres Leyes Fundamentales queda claro en la fórmula de promulgación que la respectiva Ley es expresión del acuerdo entre el Jefe del Estado y las Cortes.

1 La Disposición Transitoria cuarta de la Ley Orgánica del Estado obligaba a publicar los textos refundidos de las Leyes fundamentales incorporando a estas las modificaciones que resultaran de las disposiciones adicionales contenidas en la propia Ley Orgánica del Estado. El 21 de abril de 1967 se publicó el Decreto 779/1967, «por el que se aprueban los textos refundidos de las Leyes Fundamentales del Reino». El artículo 2 de dicho Decreto establecía: «Las Leyes Fundamentales del Reino continúan ininterrumpidamente en la plenitud de su vigencia y en la forma que se contienen en los Textos Refundidos, *quedando derogadas cuantas disposiciones se opongan a lo establecido en las mismas*» (la cursiva se ha añadido).

2 Algún ejemplo: «La Nación española considera como timbre de honor el acatamiento a la Ley de Dios, según la doctrina de la Santa Iglesia Católica [...], que inspirará su legislación» (II). «La unidad entre los hombres y las tierras de España es intangible» (IV). «El pueblo español, unido en un orden de Derecho, informado por los postulados de autoridad, libertad y servicio, constituye el Estado Nacional» (VII). «Todos los españoles tendrán acceso a los cargos y funciones públicas según su mérito y capacidad» (VIII). «Se reconoce al trabajo como origen de jerarquía, deber y honor de los españoles...» (X).

En definitiva: el poder constituyente (al igual que el de reforma), concentrado, desde la Guerra Civil, en una sola persona. Aunque después del ya conocido artículo 10.2 de la Ley de Sucesión existiera un procedimiento de reforma cuyo ejercicio era posible en ausencia (por fallecimiento, obviamente) de Franco. En este sentido, la Ley de Sucesión lo era en sentido físico y jurídico, si se me permite la expresión. Regulaba la vacancia en la Jefatura del Estado y ordenaba los modos de producción y renovación de la legalidad fundamental.

Hasta aquí el repaso a las Leyes Fundamentales, a las materias en ellas reguladas y a sus modos de producción. Esta era la situación en noviembre de 1975, cuando fallece el General Franco.

III. La elaboración y el contenido de la LRP

1. Elaboración

Tras el fallecimiento de Franco, Arias Navarro continuó como presidente del Gobierno.[3] «Solo se reforma aquello que se quiere conservar», afirmó Arias en una de sus primeras intervenciones públicas tras ser confirmado por el Rey. Las distintas iniciativas reformistas presentadas por su Gobierno (ley de asociaciones políticas, reforma del Código Penal y ley de reunión, entre otras) solo pretendían, tal y como afirmó P. Lucas Verdú, «acomodar las viejas instituciones franquistas a los nuevos tiempos». Eran, se dijo, una apertura controlada. A pesar de ello, no fueron bien recibidas en las Cortes.

El proyecto de reforma de las Leyes Fundamentales, impulsado por Manuel Fraga y que afectaba en buena medida a la Ley de Cortes, se bloqueó en el Consejo Nacional del Movimiento, llamado a informar sobre el mismo de acuerdo con la Ley Orgánica del Estado. El Rey, por su parte, tampoco apoyaba el continuismo del que era el primer Gobierno de la Monarquía, y explicitó en algún medio de comunicación su falta de apoyo al presidente del Gobierno.

Todas estas circunstancias llevaron a la dimisión de Arias Navarro y a la designación por Juan Carlos I, a partir de la terna que le fue presentada por el Consejo del Reino, de Adolfo Suárez como nuevo presidente del Gobierno. Muy pocos días después de su nombramiento, Suárez, que era el candidato querido por el Rey, llevó a cabo, el 16 de julio de 1976, una declaración programática de la que resulta indubitada su voluntad reformista. Afirmó entonces la convicción de su Gobierno de que «la soberanía reside en el pueblo» y expresó su propósito de instaurar «un sistema político democrático basado en la garantía de los derechos y libertades, en la igualdad de oportunidades políticas para todos los grupos democráticos y en la aceptación del pluralismo real». Se comprometió a «hacer las reformas legales necesarias» y a «someter a la decisión de la Nación las cuestiones relativas a la reforma constitucional y celebrar elecciones generales antes del 30 de junio de 1977».

El Presidente del Gobierno encargó inmediatamente borradores de la posible reforma a tres departamentos ministeriales y a Carlos Ollero, Catedrático de Derecho Político. Habían de ser breves y no complejos técnicamente. Muy poco tiempo después solicitó otro texto al Presidente de las Cortes, Fernández-Miranda, calificado por Jorge de Esteban como «el guionista de la transición».

3 Arias fue nombrado Presidente del Gobierno por Franco en 1973, tras el fallecimiento en atentado de ETA de quien hasta entonces ocupaba el cargo, el almirante Carrero Blanco.

El documento de Fernández-Miranda, titulado «Ley básica de reforma política», constaba de un preámbulo, cuatro artículos y una transitoria. Su contenido se refería a la estructura de las Cortes, a su modo de elección y a la «reforma constitucional» (*sic*). El borrador aludía además a la democracia «en la organización política del Estado español» y a la ley como «expresión de la voluntad del pueblo». El texto fue retocado por una comisión gubernamental que, entre otras modificaciones[4], sustituyó una preposición en el título de la futura ley, que pasó de ser Ley *de* Reforma Política a ser Ley *para* la Reforma Política, un cambio para nada menor, y añadió una disposición final en la que se afirmaba el rango de Ley Fundamental de la Ley para la Reforma Política.

Aprobado el anteproyecto de Ley por el Consejo de Ministros en el mes de septiembre de 1976, Suárez lo presentó ante la ciudadanía en un discurso televisado en el que aclaró que la iniciativa «arranca de la legalidad fundamental vigente, llevándose a cabo a través de los procedimientos previstos», e insistió en que «no puede existir ni existirá un vacío constitucional, ni mucho menos un vacío de legalidad. No puede producirse ese vacío porque España es un Estado de derecho que se basa en la primacía de la ley». Se trataba, en una intervención en la que el lenguaje constitucional puede darse por plenamente normalizado, de garantizar la plena regularidad jurídica de la operación, evitando a toda costa cualquier apariencia de ruptura del ordenamiento.

Las Leyes Fundamentales imponían, como ya sabemos, que toda iniciativa de modificación de las mismas se sometiera a Informe del Consejo Nacional del Movimiento. Remitido el texto, el Pleno del Consejo aprobó tres semanas después un Informe que contenía algunas recomendaciones que rebajaban claramente el tenor reformista de la iniciativa gubernamental. Así, por ejemplo, se hacía constar que el proyecto formaba parte «de un proceso de desarrollo político» iniciado «el 18 de julio», y se proponía suprimir la condición «soberana» de la voluntad popular o excluir de la reforma constitucional la forma monárquica el Estado, la unidad de España y los «ideales e intereses supremos en la vida de la nación». Se sugería, también, la introducción de una disposición que aclarara los preceptos de las Leyes Fundamentales que se verían «afectados, derogados o modificados por la nueva Ley Fundamental». El Gobierno no aceptó ninguna de estas propuestas y se limitó a suprimir de su proyecto el texto del Preámbulo, que había recibido críticas en el Informe por algunas de las afirmaciones contenidas en el mismo sobre la democracia.

El Proyecto de LRP se publicó en el Boletín Oficial de las Cortes del día 21 de octubre.[5] En el plazo habilitado para la presentación de enmiendas se aceptaron para su tramitación un total de diecinueve, tres de ellas de totalidad. La Ponencia, designada por Fernández-Miranda, rechazó las enmiendas a la totalidad y, al margen de otras correcciones técnicas o menos relevantes, propuso la aceptación de tres enmiendas parciales de no poca importancia: incorporar una referencia a los derechos fundamentales y a su fuerza vinculante; hacer obligatorio el referéndum en la reforma constitucional, y corregir la proporcionalidad que el proyecto imponía para las elecciones al Congreso, con el fin de «evitar fragmentaciones inconvenientes de la Cámara».

4 Por ejemplo: se precisó que la voluntad popular, de la que la ley había de ser expresión, era soberana; se eliminó la representación orgánica en el futuro Senado; se simplificó el procedimiento de «reforma constitucional» y se añadió el referéndum de iniciativa real.

5 Las Cortes se habían elegido en octubre de 1971, en pleno franquismo. Su mandato finalizaba en octubre de 1975. Sin embargo, fueron prorrogadas en un primer momento hasta marzo de 1976 y llegada esta fecha, hasta junio de 1977.

En el debate plenario, a mediados del mes de noviembre, uno de los enmendantes a la totalidad, Blas Piñar, afirmó que la reforma era una «ruptura, aunque la ruptura quiera perfilarse sin violencia y desde la legalidad». Como algunos otros procuradores, sostuvo que la ruptura era consecuencia de la violación por la LRP de los principios «permanentes e inalterables» del Movimiento Nacional. Por su parte, y en sentido contrario, uno de los miembros de la Ponencia, Miguel Primo de Rivera, afirmó que «lo que se pretende es hacer una nueva Constitución basada en la legalidad de la Constitución vigente». La intervención final en el Pleno correspondió al Ministro de Justicia, Landelino Lavilla, que insistió en que la LRP no suponía una «derogación del ordenamiento constitucional existente, sino una nueva pieza que se inserta en el conjunto de las siete Leyes Fundamentales anteriores». La votación de totalidad arrojó un resultado claramente favorable a la aprobación de la Ley, superándose las condiciones establecidas en la Ley de Sucesión más arriba mencionadas (artículo 15.I).[6]

El 15 de diciembre de 1976 el texto aprobado por las Cortes fue refrendado por la ciudadanía. El Real Decreto 2635/1976, de 24 de noviembre, «por el que se somete a Referéndum de la Nación el Proyecto de Ley para la Reforma Política» contiene un muy breve preámbulo, antes de reproducir el texto del Proyecto, del que merece la pena destacar un doble dato. Por un lado, el esfuerzo por justificar el texto en la legalidad fundamental franquista desde un punto de vista procedimental. Se alude, así, al ya conocido artículo 10 de la Ley de Sucesión, y se reproduce el artículo 7.c de la Ley Orgánica del Estado[7], al tiempo que se precisa que el Proyecto de LRP ha sido «acordado por las Cortes Españolas [...] previo dictamen del Consejo Nacional». En otras palabras: se han observado todos los trámites previstos en las Leyes Fundamentales. Por otro lado, en fin, ese preámbulo reconoce que mediante la LRP «se modifican algunas de las Leyes que integran nuestro ordenamiento constitucional», lo que no deja de ser relevante porque se admite así que la LRP supone una reforma de «algunas» Leyes Fundamentales y, también, porque se trata de la primera norma jurídica en la que desde el origen del franquismo esas Leyes son aludidas como «ordenamiento constitucional».

Las condiciones de celebración de la consulta distaron de ser las ideales en términos democráticos. Muchos de los partidos políticos que habían luchado contra la dictadura actuaban en diciembre de 1976 únicamente tolerados, aunque el presidente Suárez ya se había reunido con algunos de sus líderes. La oposición al franquismo, que defendía la ruptura frente a la propuesta reformista y que criticó desde el primer momento la unilateralidad de

6 A tenor de las cuales el acuerdo de las Cortes para derogar o modificar una Ley Fundamental (... y ahora para aprobarla) necesitaba del voto favorable de dos tercios de los procuradores presentes, que debería equivaler, como mínimo, a la mayoría absoluta de los miembros de la Cámara. La votación fue nominal y pública por decisión del Presidente de las Cortes. El número total de procuradores era de 531, de los que 497 estaban presentes en el momento de la votación. La mayoría absoluta de los procuradores eran 266; los dos tercios de los votantes, 331. Votaron a favor 425.

7 Que hacía facultad del Jefe del Estado el sometimiento a referéndum de los proyectos de ley a que se referían los artículos 10.2 de la Ley de Sucesión y 1 de la Ley de Referéndum (aunque esta última referencia resultaba perfectamente prescindible). Por cierto que en este caso se trataba más de una obligación (en virtud de la primera de las disposiciones citadas, conforme a la cual para derogar o modificar una Ley Fundamental «será necesario [...] el referéndum de la Nación») que de una facultad (artículo 1 Ley de Referéndum: «Cuando la trascendencia de determinadas Leyes lo aconseje o el interés público lo demande, *podrá* el Jefe del Estado, para mejor servicio de la Nación, someter a referéndum los proyectos de Leyes elaborados por las Cortes». La cursiva está añadida).

la iniciativa de Suárez, promovió el voto negativo o la abstención sin demasiado interés por el referéndum.

Los resultados del referéndum fueron contundentes: acudió a las urnas casi el 78% de los inscritos en el censo, expresándose a favor de la LRP algo más del 94% de los votantes. Estos números reforzaron al Gobierno, que a partir de ese momento intensificó los contactos con la oposición para hacer posible la celebración de las elecciones el 15 de junio de 1977. Mientras tanto, le legitimaron para llevar a cabo ciertas reformas necesarias para transitar hacia la nueva Constitución.

2. *Contenido*

La LRP era, tal y como deseaba el Presidente Suárez, un texto breve y con un contenido bien definido. En el preámbulo del borrador elaborado por Fernández-Miranda (y que, como sabemos, fue suprimido del proyecto), se afirmaba que «las modificaciones que se contienen en esta ley se ciñen estrictamente a los mínimos, pero necesarios aspectos exigidos por un auténtico proceso democrático [...]» y se aludía expresamente a los «órganos de representación, el sistema electoral y el procedimiento de reforma de las leyes». Se evitaba así un texto prolijo y más complicado técnicamente, lo que resultaba compatible con su condición de Ley *para* (y no *de*) la reforma; se corregían así, al margen de las evidentes diferencias ideológicas, los errores de la previa iniciativa reformista Arias-Fraga, que se había atascado en las Cortes y en el Consejo Nacional del Movimiento.

La LRP se integraba por cinco artículos, tres disposiciones transitorias y una final, como el texto del proyecto remitido a las Cortes por el Gobierno. La tramitación parlamentaria modificó el contenido de la iniciativa, pero sin afectar a su esencia. La Ley era casi exclusivamente de carácter organizativo, con la sola excepción de su disposición de apertura. Es importante notar que a pesar de ello nada se decía en la LRP de la posición del Gobierno, al que solo se mencionaba para reconocerle la iniciativa de reforma constitucional y para atribuirle la competencia para regular las primeras elecciones a las nuevas Cortes bicamerales. Parece obligado concluir que la voluntad de los padres de la reforma era la de preservar la libertad de acción del Gobierno y de su Presidente, evitando regulaciones que pudieran producir como efecto su limitación, y también la de mantener su imagen de Gobierno del Rey, tal y como resultaba de las Leyes Fundamentales.

El artículo 1 enunciaba en su primer apartado los fundamentos orientadores de la reforma: la democracia y los derechos fundamentales, toda una declaración de principios. De la primera (en la que el sustantivo no se acompaña de adjetivo alguno), se dice que «se basa en la supremacía de la ley, expresión de la voluntad soberana del pueblo», con lo que en la práctica se estaba afirmando la soberanía popular. De los segundos, se predica su inviolabilidad y la vinculación a los mismos de todos los órganos del Estado. La referencia a los derechos fundamentales (una categoría incompatible con la legalidad fundamental del franquismo) no aparecía en el texto del proyecto; su incorporación a la Ley fue consecuencia de una enmienda del procurador Meilán Gil, catedrático de Derecho Administrativo que más tarde sería diputado de la Unión del Centro Democrático. El párrafo segundo del artículo primero atribuía la potestad legislativa a las Cortes, y al Rey la sanción y promulgación de las leyes.

El artículo 2 define la estructura de las nuevas Cortes, su modo de elección y condición representativa (el Congreso, elegido por sufragio universal; el Senado, en representación de las entidades territoriales), la duración del mandato de los diputados y senadores y la autonomía reglamentaria de las Cámaras. El bicameralismo es una novedad, al igual que la existencia de una sede para la representación territorial. El papel del Rey no es ignorado: nombra al Presidente de las Cortes y del Consejo del Reino y «podrá designar» un número de senadores en cada legislatura no superior a la quinta parte del de los elegidos. El jefe del Estado, en definitiva, se concibe como parte de la integración de un poder legislativo que se ve radicalmente alterado en su modo de legitimación.

El artículo 3 establece el procedimiento para la *reforma constitucional*, un término de nueva acuñación en el ordenamiento jurídico español de la época. Es importante destacar que no se enunciaban en la LRP límites a la reforma. Se atribuye la iniciativa al Gobierno y al Congreso (no al Senado), se exige la mayoría absoluta en cada Cámara para la aprobación de la reforma, aunque el Senado deliberará siempre una vez que el texto haya sido votado en el Congreso, y se establece un procedimiento para resolver los desacuerdos entre ambas Cámaras. Finalmente, y antes de sancionar la «Ley de Reforma Constitucional» (*sic*), el Rey deberá someter el proyecto a referéndum. El referéndum obligatorio no estaba previsto en el texto remitido por el Gobierno a las Cortes, que dejaba en manos del Rey la decisión sobre la eventual consulta. Se trataba, con esta disposición, de hacer manifiesta una voluntad de reforma constitucional amplia, aunque sin explicitar la eventual apertura de un proceso constituyente, al que tampoco se cierra la puerta, máxime si se tiene presente que, como se acaba de recordar, no se definieron límites materiales a la reforma. Ambigüedad calculada.

El artículo 4 fijaba el procedimiento legislativo ordinario: que era expresión de un bicameralismo imperfecto que privilegiaba la posición del Congreso, ante el que siempre se iniciaba el procedimiento y que en los casos de desacuerdo entre ambas Cámaras podía, si así lo solicitaba el Gobierno, imponer su voluntad por mayoría absoluta.

Finalmente, el artículo 5 atribuía al Rey la potestad de «someter directamente al pueblo una opción política de interés nacional, sea o no de carácter constitucional, para que decida mediante referéndum» vinculante. Con esta previsión se evitaba el eventual recurso por parte del Rey a la Ley del Referéndum Nacional dictada por el general Franco, aunque se tratara, también ahora, de un referéndum plebiscitario. La condición vinculante de los resultados de la consulta se concretaba en una cláusula a tenor de la cual, si la materia objeto del referéndum fuera de competencia de las Cortes y estas no tomaran la decisión correspondiente de acuerdo con el resultado del referéndum, «quedarán disueltas» y se convocarán nuevas elecciones. El artículo 5 sería una especie de salvaguarda para hacer posible la reforma (o, al menos, una cierta reforma) en el caso de que las Cortes salidas de las elecciones tuvieran una actitud hostil hacia la misma.

De las tres disposiciones transitorias de la LRP, solo la primera de ellas es relevante. La segunda y la tercera regulaban materias estrictamente técnicas y no fueron polémicas.[8] La primera, que remitía al Gobierno la regulación de las primeras elecciones, fue objeto de notable discusión en las Cortes por cuanto incorporó los principales criterios del sistema electoral al Congreso que serviría para las primeras elecciones democráticas. El proyecto del Gobierno se limitaba a fijar el número de diputados (350) y de senadores a elegir (214), además de las

8 La segunda, aludía a la comisión que, en las nuevas Cortes, habría de asumir las competencias a las que se referían los artículos 12 y 13 de la Ley de Cortes, y a la elección por cada Cámara de cinco Consejeros del Reino. La tercera, a la aplicación transitoria y parcial a cada Cámara del entonces vigente Reglamento de las Cortes.

características del sufragio (universal, directo y secreto) para las elecciones al Senado, sin que se mencionara su naturaleza libre e igual. En el caso del Congreso esas tres características se explicitaban en el artículo 2.2 LRP, sin que tampoco allí se aludiera al voto libre e igual. Unos silencios que, al menos en lo tocante a la condición igual del voto, no fueron seguramente fortuitos o resultado de un despiste.

La disposición transitoria primera declaraba, además, que las elecciones al Congreso «se inspirarán en criterios de representación proporcional» y las correspondientes al Senado «en criterios de escrutinio mayoritario». Así era desde el proyecto del Gobierno. El debate en este punto se generó por la voluntad de un importante grupo de procuradores, organizados como Alianza Popular (un partido inscrito desde unas semanas antes en el registro de asociaciones políticas) de introducir correctivos al sistema proporcional previsto para el Congreso.

Para garantizar el apoyo a la LRP de estos ciento cincuenta miembros de las Cortes, se añadieron algunos criterios para limitar la proporcionalidad: en particular, se estableció la provincia como circunscripción electoral y se decidió el establecimiento de «un número mínimo inicial de Diputados para cada una de ellas». Parece bastante claro que Alianza Popular era muy consciente de la importancia clave de la futura normativa electoral, una vez aprobada la LRP, para el desarrollo de la reforma. No puede dejar de reconocerse que estos procuradores acertaron al anticipar la trascendencia del contenido de la legislación electoral, máxime si se piensa que sus propuestas sobre la circunscripción y el mínimo de diputados de cada una, llegaron hasta la vigente Constitución (artículo 68, apartados 2 y 3).

La disposición final de la Ley otorgaba a la LRP el «rango de Ley Fundamental», dejando así constancia, sin margen para la duda, de la adecuación al ordenamiento jurídico entonces vigente de la operación reformista. En ningún caso, como ya se ha dejado escrito, se identificaban los contenidos de las otras Leyes Fundamentales afectados por la nueva Ley, aunque era más que evidente que la entrada en vigor de la LRP producía la derogación tácita de una parte de la legalidad fundamental del franquismo. Así lo debió de entender el propio constituyente en 1978 por cuanto en el apartado primero de la disposición derogatoria de la Constitución Española se afirma, además de la derogación de la «Ley 1/1977, de 4 de enero, para la Reforma Política», la del resto de las Leyes Fundamentales, que se enuncian *nominatim*, «en tanto en cuanto no estuvieran ya derogadas por la anteriormente mencionada Ley».

IV. La Ley para la Reforma Política y el proceso constituyente

Tres momentos sucesivos, vinculados todos ellos a la existencia de la LRP, explican la transición que llevó a la elaboración de la Constitución de 1978. En primer lugar, el de iniciativa; en segundo lugar, el de preparación y, finalmente, el de conclusión o decisión. Los actores de cada uno de ellos, y la intensidad de su participación, son distintos.

La transición *se inicia* con el nombramiento de Adolfo Suárez, en julio de 1976. En ese momento, y a partir de las declaraciones y de las primeras decisiones del nuevo Presidente del Gobierno, apoyado por el Rey, se explicita una clara voluntad de cambio democrático. Se insiste en que la reforma lo será a partir de las Leyes Fundamentales, es cierto, pero no lo es menos que los fundamentos ideológicos en los que se sustenta la propuesta (democracia, soberanía popular, derechos humanos) son sustancialmente incompatibles con aquellas. El proyecto de la LRP y su procedimiento de elaboración formarían parte de este momento inicial, en el que los (aún no legales) partidos políticos democráticos, en un contexto de notable inestabilidad e incertidumbre, estuvieron ausentes por completo de la toma de decisiones.

La *preparación* se concreta en la aprobación de la LRP y la subsiguiente convocatoria y celebración de las elecciones al Congreso de los Diputados y al Senado del 15 de junio de 1977. La iniciativa se consolidó con el referéndum de la LRP, momento a partir del cual los partidos se hicieron más presentes como interlocutores del Gobierno. La Plataforma de Organizaciones Democráticas, que desde octubre de 1976 reunía a las fuerzas políticas de la oposición, nombró la conocida como Comisión de los Nueve para negociar distintos temas con Suárez, entre otros, la legalización de los partidos, la amnistía y las elecciones a Cortes. En particular, la normativa electoral, que se concretaría a partir de las previsiones contenidas en la LRP en el Real Decreto-Ley 20/1977, de 18 de marzo, se aprobó por el Gobierno, sin que los representantes de aquella Comisión fueran más que oídos e informados. El Gobierno, se ha reconocido después por alguno de los intervinientes en la elaboración de aquel texto, quería unas normas electorales que le garantizaran la mayoría absoluta en las Cámaras.

La *conclusión* se expresa en la aprobación de la Constitución, tras las elecciones y el debate constituyente, siguiendo el procedimiento y en cumplimiento de los requisitos fijados en la LRP. Aunque los comicios no fueron formalmente convocados con ese carácter (como sabemos, la LRP se refería únicamente a la «reforma constitucional»), nadie dudaba de que las Cortes que se elegían el 15 de junio tendrían como principal función la de elaborar una Constitución. La práctica totalidad de los partidos que concurrieron a las elecciones (con la excepción de Alianza Popular) basaron su campaña en esa idea. El Presidente Suárez, principal candidato de la Unión de Centro Democrático (UCD), fue también muy claro al respecto en su último discurso de propaganda electoral, televisado a todo el país el 13 de junio, en el que afirmó: «puedo prometer y prometo intentar elaborar una Constitución en colaboración con todos los grupos representados en las Cortes, cualquiera que sea su número de escaños».

En este tercer momento intervinieron, en igualdad de condiciones, todos los actores parlamentarios: partidos y coaliciones electorales que obtuvieron representación parlamentaria. Las Cortes se constituyeron el día 13 de julio. Poco después, el Boletín Oficial de las Cortes publicaba en fecha 6 de agosto una resolución de la Presidencia del Congreso de los Diputados en la que se informaba de la Constitución de distintas Comisiones, entre ellas, la de «Constitución», al tiempo que se hacía pública la composición de todas ellas y se añadía que las Comisiones de Reglamento y de Constitución habían elegido «las Ponencias que han de preparar los correspondientes Informes». Frente a distintas opciones barajadas previamente desde el Gobierno, y rechazadas todas ellas por los principales partidos de la oposición, se acabó imponiendo la tesis del PSOE para que el proyecto de Constitución saliera de una Ponencia parlamentaria.[9] De aquella Ponencia, formada por tres diputados de la UCD, uno del PSOE, uno del PCE, uno de Alianza Popular, y un nacionalista catalán, que se reunió por vez primera el 1 de agosto de 1977, salió el borrador de Constitución que se debatió en el Congreso y se remitió posteriormente al Senado.

9 El Gobierno, en concreto el Ministerio de Justicia, llegó a preparar un borrador con la intención de remitirlo al Congreso. Además, se sugirió, alternativamente, que fuera una comisión de expertos la que redactara un primer texto o, también, que la redacción se llevara a cabo por una comisión integrada por los líderes de los grupos parlamentarios asesorados por expertos juristas. Todas estas propuestas, salidas de sectores gubernamentales, fueron desechadas por el PSOE y el PCE.

Los dos primeros momentos formarían parte de lo que De Vergottini ha denominado procedimiento constituyente *provisional*. Aunque es cierto que hasta julio de 1977 no se iniciaron las discusiones sobre los contenidos de la Constitución, en los doce meses precedentes «se percibe la afirmación de una concepción del Derecho y del Estado inconciliable con la anteriormente vigente que conduce a la introducción de un diverso fundamento de la validez del ordenamiento positivo». En ese período podría hablarse de una suerte de Constitución provisional resultado de una decisión formal (la LRP) de los órganos del sistema político franquista.

Por su parte, el procedimiento constituyente inaugurado en julio de 1977 culmina la transición en un tiempo en el que antes incluso de la aprobación de la Constitución, el viejo ordenamiento jurídico se vio progresivamente desplazado por decisiones adoptadas ahora ya por instituciones de investidura democrática. El Programa de actuación jurídica y política de los Pactos de la Moncloa (octubre de 1977), una ambiciosa y necesaria iniciativa en materia de derechos fundamentales y de reforma del Derecho represivo, o la Ley de regulación provisional de las relaciones entre las Cortes y el Gobierno (noviembre de 1977), que anticipaba la forma parlamentaria de gobierno, son dos buenos ejemplos de esa situación.

La Ley para la Reforma Política *anunció* (más o menos implícitamente) *un nuevo poder constituyente* que desplazaba al preexistente, transformado ya tras la defunción del dictador, principal detentador del mismo. Al hacerlo, y al orientar ideológicamente en su artículo primero el ejercicio de ese poder, la LRP alteró de modo radical el estado de cosas en la legalidad fundamental franquista, aunque sin acabar formalmente con ella, y despejó el camino hacia las Cortes constituyentes. Poco puede sorprender, así las cosas, que la LRP haya sido considerada por uno de los estudiosos más rigurosos del período 1975–1977, Sánchez-Cuenca, como «el episodio más importante de la transición».

Bibliografía utilizada

Walther L. Bernecker, El papel político del Rey Juan Carlos en la transición, en: Rev. Estudios Políticos, n. 92, 1996.

Manuel Contreras Casado y *Enrique Cebrián Zazruca*, La ley para la Reforma Política: Memoria y legitimidad en los inicios de la Transición española a la democracia, en: Rev. Estudios Políticos, n. 168, 2015.

Jorge de Esteban Alonso, Una visión personal de la transición y del proceso constituyente, en: Pablo Pérez Tremps y Alejandro Saiz Arnaiz (dirs.), Comentario a la Constitución Española. 40 aniversario 1978–2018. Libro homenaje a L. López Guerra, tomo I, Valencia 2018.

Giuseppe De Vergottini, Diritto Costituzionale Comparato, Milán 2019.

Rafael del Aguila Tejerina, La transición a la democracia en España: reforma, ruptura y consenso en: Rev. Estudios Políticos, n. 25, 1982.

Soledad Gallego-Díaz y Bonifacio de la Cuadra, Crónica secreta de la Constitución, Madrid 1989.

Javier Jiménez Campo, Crisis política y transición al pluralismo en España (1975–1978), en: Eduardo García de Enterría y Alberto Predieri, La Constitución Española de 1978. Estudio sistemático, Madrid 1981.

Santos Juliá, Transición, Madrid 2017.

Claude Klein y *András Sajó*, Constitution-Making: Process and Substance, en: Michel Rosenfeld y András Sajó (eds.), The Oxford Handbook of Comparative Constitutional Law, Oxford 2012.

Enrique Linde Paniagua y *Miguel Herrero Lera*, El referéndum: de las leyes fundamentales al Anteproyecto de Constitución en: Rev. Estudios Políticos, n. 2, 1978.
Pablo Lucas Verdú, La singularidad del proceso constituyente español, en: Rev. Estudios Políticos, n. 1, 1978.
Gregorio Peces-Barba Martínez, La elaboración de la Constitución de 1978, Madrid, 1988.
Javier Pérez Royo, La reforma constitucional inviable, Madrid 2015.
Pablo Pérez Tremps, La ley para la reforma política en: Rev. de la Facultad de Derecho de la Univ. Complutense, n. 54, 1978.
Ángel Sánchez Navarro, La transición española en sus documentos, Madrid 1998.
Ignacio Sánchez-Cuenca, Atado y mal atado, Madrid 2014.

La ruptura con el franquismo

Andreu Mayayo i Artal

La Constitución Española cumple 40 años con una salud precaria. La Transición ha perdido la batalla del relato emparedada entre la apropiación obscena de la derecha y la estupidez de la nueva izquierda, que ha comprado la falsa visión de la derecha para construir su discurso contra el llamado *Régimen del 78* e imputarle la culpa de todas las insuficiencias e insatisfacciones del presente. No cabe un tonto más o, como diría Goethe, aprendices de brujo, que pueden enviar al vertedero de la Historia uno de los momentos estelares de nuestro pasado reciente. Con demasiada frecuencia e inconsciencia muchos de nuestros jóvenes vindican como héroes a sus abuelos que perdieron la guerra y la revolución mientras reniegan de sus padres que ganaron la democracia. La Historia parte de los hechos, explica el contexto, presenta y discute la pluralidad de interpretaciones y matizaciones y se renueva constantemente a partir de nuevas preguntas y de nuevas aportaciones documentales de todo tipo. En definitiva, la mirada histórica trata de comprender no de convencer, quizás sea menos épica pero más útil. Me permitirán que, con esta voluntad y con este espíritu, exponga unos comentarios con brevedad y, seguramente, demasiada concisión.

El concepto de Transición[1] nos remite al tránsito de la Dictadura franquista a un Estado social y democrático de derecho, tal como sanciona el artículo primero de la Constitución, constituyendo la prueba más evidente de la ruptura jurídico-política con el Régimen anterior. Imputar a la Transición la obligatoriedad de imponer el advenimiento de la Tercera República es desconocer las estrategias de largo recorrido planteadas por la oposición antifranquista, del PCE en el año 1956, con la aprobación de la Política de Reconciliación Nacional, y de los acuerdos entre democristianos y socialistas (PSOE) desde 1962 en el IV Congreso del Movimiento Europeo celebrado en Múnich. Para los que pusieron en peligro su vida, su integridad física, su sustento y el bienestar de sus familias– no de aquellos que se despertaron, en algunos casos después de 40 años de hibernación, tras la muerte de Franco –el dilema esencial era entre dictadura y democracia, no entre monarquía y república. Para el antifranquismo militante la Segunda República era vindicada y la Tercera República era deseada pero lo único innegociable era la recuperación de las libertades democráticas.

La cronología de la Transición política abarca desde la muerte de Franco hasta la victoria socialista en las elecciones generales de octubre de 1982, cuando pasa a gobernar una fuerza política que forma parte de los vencidos en la guerra civil, del exilio republicano y de la oposición antifranquista, desplazando a una clase política procedente del franquismo. En Catalunya y Euskadi, con las elecciones a los respectivos parlamentos autonómicos y la

1 La bibliografía historiográfica sobre la Transición es hoy en día abundante. Al texto clásico de Álvaro Soto, Transición y Cambio en España (1975–1996). Madrid 2005, cabe destacar el reciente de Carme Molinero y Pere Ysàs, La Transición Historia y relatos. Madrid 2018. Desde un punto de vista más crítico Ferran Gallego, El mito de la Transición. La crisis del franquismo y los orígenes de la democracia en España (1973–1977) Barcelona 2008. La visión más completa de sus protagonistas se encuentra en Rafael Aracil, Andreu Mayayo y Antoni Segura (eds.), Memòria de la Transició a Espanya i a Catalunya. 6 vols. Barcelona 2000–2005.

Constitución de los gobiernos nacionalistas, puede adelantarse el período democrático al año 1980. Con demasiada ligereza se achaca a la Transición lo que resulta en el debe de la Democracia. El propio Felipe González, en un alarde inusual de autocrítica, reconoció el error de la nula reparación moral de las víctimas de la dictadura y la ausencia de políticas públicas de memoria democrática. Cabe recordar que más de cinco mil españoles perdieron la vida en los campos de concentración nazis, principalmente en el complejo de Mauthausen-Gusen, tras lavarse las manos como Pilatos el gobierno español, que los consideró no tan sólo enemigos del Estado sino también apátridas. Cabría esperar hasta el año 2005 para que asistiese por primera vez un presidente del Gobierno español, José Luis Rodríguez Zapatero, a los actos conmemorativos de la liberación de los campos y, concretamente, el central de Auschwitz y el particular de Mauthausen. Tampoco Jordi Pujol, que gobernó veintitrés largos años (1980–2003), tuvo tiempo de depositar un ramo de flores en el campo de Mauthausen donde fueron asesinados cerca de dos mil compatriotas, entre ellos, Josep Miret, exconsejero (ministro) del gobierno catalán y dirigente del *Partit Socialista Unificat de Catalunya* (comunista).

Producciones televisivas de gran audiencia, como la serie documental *La Transición* (1995), dirigida por Victoria Prego o los dos capítulos de la mini *serie 23-F, el día más difícil del Rey* (2009), dirigida por Silvia Quer (que continua siendo, con 7 millones de espectadores, la serie más vista en España), han proyectado los paradigmas explicativos de una Transición pilotada por el Rey, fruto del desarrollismo franquista, pacífica y consensual. Nada más lejos de la realidad. Lo que preocupaba principalmente a Juan Carlos I era la continuidad de la Corona y, cuando fracasó la reforma franquista del gobierno Arias-Fraga, no fue obstáculo para el cambio democrático, al que supo ligar con habilidad la suerte de la monarquía. Siguiendo la metáfora del Rey como motor del cambio, repetida hasta la saciedad, podemos matizar que más bien el Rey levantó el pie del pedal del freno y puso el coche en punto muerto. Utilizando un lenguaje más castizo: «No voy, que me llevan». Con una capacidad de adaptación envidiable, un fino jurista, Torcuato Fernández-Miranda, y un ambicioso animal político, Adolfo Suárez, el Rey consiguió pasar de una monarquía de legitimidad franquista (llamada del 18 de Julio o de los Azules) a una monarquía parlamentaria sancionada por una Constitución democrática, incorporando la legitimidad histórica de la casa de Borbón, tras la renuncia a su favor de su padre, depositario de los derechos dinásticos, el 14 de mayo de 1977. Parafraseando la famosa sentencia *lampedusiana* («se vogliamo che tutto rimangi come è, bisogna che tutto cambi»), para la legitimación de la monarquía era indispensable el cambio democrático.

El modelo de tránsito a la democracia, a diferencia de Grecia o Portugal, fue mucho más continuista en la política pero al mismo tiempo fue, también a diferencia de Grecia y Portugal, mucho más rupturista en la sociedad, con un proceso extraordinario y sorprendente de laicización y de pérdida de influencia de la Iglesia Católica.[2] Los seminarios se vaciaron a la misma velocidad que se llenaban las discotecas. Solamente la sombra alargada de la guadaña de la droga oscurecía la radiante *movida* de libertad cultural y de costumbres. El concepto de revolución pasiva, acuñado por Antonio Gramsci en su análisis del *Risorgimento* italiano,

2 Merece la pena destacar las contribuciones académicas en el ámbito de la Transición a la democracia en España, sobre todo, innovadoras desde la perspectiva social del profesor Rafael Quirosa-Cheyrouze (ed.), La sociedad española en la Transición. Los movimientos sociales en el proceso democratizador. Madrid 2011.

nos sirve para etiquetar una Transición donde se produce una ruptura con el franquismo espoleada por la movilización social pero dirigida por la clase política franquista. El dirigente comunista italiano también la definirá como la revolución sin revolución, es decir, donde se materializan las propuestas de cambio asumidas por la vieja clase dominante.[3]

Los juristas hablan de la ley y del espíritu de la ley mientras los historiadores nos referimos a los hechos y el contexto. En este sentido, cabe situar la Transición en el contexto internacional de Guerra Fría y de recesión económica y en el contexto nacional marcado por una presencia viva de la Guerra Civil, la tutela del Ejército, la violencia política y la conflictividad laboral y ciudadana.

La Guerra Fría no era un recuerdo de los años cincuenta sino una presencia paralizante a finales de los años setenta y principios de los ochenta. Se recalentó, entre 1979 y 1982, con la instalación de mísiles nucleares norteamericanos en cinco países de la OTAN. El éxito de la película *The day after* (1983), dirigida por Nicolas Meyer, reflejaba con nitidez la creencia fatal de la inmediatez de una confrontación nuclear. Con lo cual, las bases militares estadounidenses en España cobraban una importancia vital. No ha de extrañar que el presidente Gerald Ford recibiera con todos los honores– cena de gala en la Casa Blanca, incluida –a los Reyes de España. Una fotografía, por cierto, imposible de obtener en los palacios presidenciales europeos. Todavía estaba demasiado reciente en la retina la imagen del primer ministro sueco Olof Palme con un cartel tipo sándwich y blandiendo una hucha por las calles de Estocolmo pidiendo el óbolo para los presos políticos españoles. Para los gobernantes europeos, muchos de ellos socialdemócratas[4], el Rey era el heredero de Franco. Mientras el interés de los americanos[5] era la estabilidad del Régimen, que no pusiera en peligro la plena utilización de las bases militares, los europeos exigían democracia para su incorporación en la anhelada Comunidad Económica Europea (CEE).

Se le atribuye al ministro catalán Laureano López Rodó la afirmación según la cual la democracia sería una realidad en España cuando se alcanzaran los dos mil dólares de renta per cápita. Sólo hace falta ver las primeras temporadas de *Cuéntame cómo pasó*, la longeva y exitosa serie televisiva de RTVE iniciada en el año 2001, para constatar el paradigma del determinismo económico– llamada también *la teoría del SEAT 600*, por el modelo de coche más popular de la incipiente automoción de masas –que asocia la democracia al desarrollo del capitalismo. No obstante, el flamante *desarrollismo* franquista (el milagro económico de los años sesenta) era un gigante con los pies de barro que se vino abajo, primero, por la escalada en el precio del barril de petróleo iniciado en el año 1973, y, segundo, por la arrogancia del propio Gobierno que despreciaba las medidas drásticas de ahorro tomadas por los países europeos. También es verdad que, en plena decadencia física del dictador que aventuraba un final no muy lejano, la clase dirigente franquista no estaba en condiciones de amargar el dulce del sueño desarrollista vendido a bombo y platillo al sufrido pueblo español.

La Transición, como el periodo democrático precedente (la Segunda República), transitó en medio de fuertes turbulencias generadas por una acentuada crisis económica.

3 *Antonio Gramsci*, Antología. Madrid 2013. Se trata de la selección, traducción y notas realizada por el filósofo marxista Manuel Sacristán en 1970 para la editorial Siglo XXI Editores.

4 El papel jugado por la Internacional socialista y, en particular, por el SPD alemán puede seguirse en Abdón Mateos y Antonio Muñoz (eds.), Transición y democracia. Los socialistas en España y Portugal. Madrid 2015.

5 El papel jugado por los estadounidenses queda reflejado en *Charles Powell*, El amigo americano. España y los Estados Unidos: de la dictadura a la democracia. Barcelona 2011.

Tras un crecimiento espectacular del PIB en los años 1962–1973, con una media anual del 7%, en los años de la Transición la desaceleración reduce la media anual al 1,3%, con un frenazo el año 1979 que pone el marcador a cero e incluso con un ligero retroceso del 0,2% dos años más tarde. La devaluación de la moneda, para favorecer las exportaciones y dificultar las importaciones, sobre todo de bienes de consumo, fue inevitable pasando de las 57 pesetas por dólar de 1975 a las 110 de 1982. La escalada vertiginosa continuaría y, tres años después, el cambio del dólar rozaría las 200 pesetas. Los Pactos de la Moncloa, firmados por las fuerzas políticas en octubre de 1977, consiguieron estabilizar la inflación alrededor del 14% tras haberse disparado al 26% en ese mismo año. El gran perdedor de la estabilización económica fue el paro que se multiplicó por cuatro hasta alcanzar un 16% de la población activa, con lo cual se entiende que la promesa de crear 800.000 puestos de trabajo fuera una de las propuestas estrellas del programa electoral del PSOE en el año 1982. A pesar que el PCE redondeó la cifra hasta el millón, el descalabro electoral fue antológico provocando prácticamente su desaparición del Congreso de los Diputados, así como la renuncia del liderazgo de Santiago Carrillo. En 1982 estaba en juego mucho más que el crecimiento económico. Las elecciones fueron un plebiscito a favor del proceso de cambio democrático amenazado por el golpe de Estado del 23-F (de 1981) y de una nueva intentona desarticulada la propia vigilia electoral, el 27 de octubre de 1982. El PSOE, con diez millones de votos y 202 diputados sobre un total de 350, aglutinó los votos de cambio en medio del naufragio centrista y comunista, sumidos en disputas internas y diversas escisiones. Una vez más el resultado de unas elecciones, estás plenamente democráticas y con una participación del 80% del electorado, darían un empujón decisivo a la consolidación de la democracia en España.

La Guerra Civil no era un hecho del pasado sino de un presente traumatizado por su recuerdo permanente. En este sentido, el paradigma explicativo de la amnesia resulta falso. El diagnóstico más preciso sería la neurosis, el dolor intenso por un recuerdo que nos hace daño. Con lo cual no se trata tanto de explicar lo que sucedió sino de reparar moralmente a los vencidos del conflicto fratricida y a los represaliados por la dictadura que, tal como hemos avanzado, no fue una prioridad institucional en la construcción de la democracia española salvo la emprendida, con más o menos intensidad, por los ayuntamientos gobernados por las fuerzas democráticas y, principalmente, de izquierdas.

La sombra alargada de unas Fuerzas Armadas profundamente franquistas (todos los altos mandos debían sus galones a su actuación represiva en la Guerra Civil y la Dictadura) sobrevoló amenazante durante toda la Transición y sólo empezó a perder garra tras el fallido golpe de Estado del 23-F de 1981. Hasta el propio Antonio Tejero Molina, el protagonista televisivo de la entrada, pistola en mano, en el hemiciclo parlamentario, reconoció su percepción errónea de la voluntad popular tras recabar un apoyo electoral de 28.451 votos (el 0,14%) en toda España por la candidatura Solidaridad Española, que el mismo encabezaba, en las elecciones de 1982. El varapalo fue demoledor para Tejero, que substituyó la pistola por los pinceles en una reclusión más bien cómoda, y el resto de *salvapatrias* uniformados. La estrategia de la tensión espoleada con el grito de «Ejército al poder», jaleado ante las numerosas víctimas del terrorismo de ETA y, en menor medida, del GRAPO, fue perdiendo fuelle con el temple de la sociedad española y con la consolidación de la democracia. Y, también cabe decirlo, por la férrea disciplina de la mayoría de los militares ligada a su lealtad y obediencia al Rey, tal como les había ordenado Franco. En estos años, los militares no eran demócratas, ni constitucionalistas, sino simplemente *juancarlistas*, por franquistas. En cinco palabras: «Lo que mande el Rey», tal como se pudo comprobar la angustiosa noche del 23-F.[6]

La violencia política impregnó la Transición dejando un rastro sangriento de más de 600 muertos, miles de heridos (mutilados o que necesitaron atención hospitalaria), y de muchos más a quienes nunca se les quitó el miedo del cuerpo de unas manifestaciones que acababan casi siempre con la intervención de las Fuerzas de Orden Público.[7] En el crucial año de 1977, el 76,6% de las manifestaciones (788 de un total de 1028) , según la Memoria de la Fiscalia del Reino , acabaron dispersadas por los antidisturbios.[8] Ese mismo año, la impresionante (y legal, por supuesto) manifestación de la Diada Nacional de Catalunya (el 11 de septiembre) se saldó con un muerto, al que habría que añadir otro al año siguiente. La violencia desatada por la extrema derecha, amparada por los cuerpos y fuerzas de seguridad del Estado, y la respuesta represiva de las autoridades gubernativas ante el aumento de la conflictividad obrera y ciudadana caldeó las calles y plazas, los polígonos industriales y los campus universitarios. La visión edulcorada de la Transición plasmada en muchas memorias y, de una manera especial, en el relato oficial difundido, publicado y filmado, dista mucho de la realidad que vivieron, por lo menos, los antifranquistas militantes.

Franco murió en la cama pero el franquismo murió en la calle. La unidad de la oposición alrededor de Coordinación Democrática y la movilización laboral y ciudadana hicieron inviable la continuidad del régimen franquista en la primera mitad del año 1976. No obstante, la nueva apuesta del Rey por Adolfo Suárez[9] como nuevo presidente del Gobierno consiguió lo que parecía imposible pasar a la ofensiva con la aprobación de la Ley para la Reforma Política y derrotar a los inmovilistas (el llamado búnker) en el referéndum del 15 de diciembre de 1976 dejando a la oposición, que había pedido la abstención en la consulta, en una situación subordinada y sin poder de negociación. Suárez impuso el marco del proceso electoral, con centenares de presos políticos[10] y los partidos a la izquierda del PSOE, republicanos o carlistas, sin legalizar, y, de una manera especial y determinante, el sistema electoral que consagraba el bipartidismo imperfecto con la presencia de los partidos nacionalistas peri-

6 La mejor aproximación al golpe del 23-F sigue siendo la obra del exmilitar y profesor de Derecho Constitucional *Javier Fernández López,* Diecisiete horas y media. El enigma del 23-F. Madrid 2000. Una aproximación literaria, pero con una solida base documental, se puede leer en *Javier Cercas,* Anatomía de un instante. Madrid 2009.

7 Ignacio Sánchez-Cuenca en el artículo «La violencia terrorista en la transición española a la democracia» (Historia del Presente, nº 14, 2009) establece la cifra de 647 víctimas mortales, 485 de atentados terroristas (354 atribuidas a ETA) y 162 a la acción de las Fuerzas y Cuerpos de Seguridad del Estado. Más recientemente, Sophie Baby aumenta la cifra a 714, 536 a la denominada «violencia contestataria» y 178 al Estado: *Sophie Baby,* Le mythe de la transition pacifique. Violence et politique en Espagne (1975–1982). Madrid 2012.

8 *David Ballester y Manuel Vicente,* Corre, Democràcia, Corre. Manifestacions i repressió policial a la Catalunya de la Transició (1975–1980). Barcelona 2019. Los autores subrayan que «A pesar de los cambios acaecidos, entre febrero y marzo de 1977 aún fueron detenidos 2.745 ciudadanos por motivos sociopolíticos, según cifras del mismo Ministerio de la Gobernación. Y hasta la celebración de las elecciones, el 15 de junio, todavía fueron detenidas 2.834 personas más».

9 La figura política del presidente Adolfo Suárez con el tiempo, como el buen vino, gana solidez en la historiografía española. Véase *Juan Francisco Fuentes,* Adolfo Suárez. Biografía política. Barcelona 2011.

10 El indulto, que no amnistía, otorgado por Adolfo Suárez en julio de 1976 excluía a los condenados por banda armada y terrorismo. No fue hasta la Ley de amnistía aprobada (con la abstención de Alianza Popular, la coalición franquista encabezada por Manuel Fraga) por las nuevas Cortes, el 15 de octubre de 1977, que pudieron salir a la calle, principalmente, los militantes de ETA.

féricos, especialmente catalanes y vascos. Todo indica que antes se procederá a la reforma constitucional que a la reforma de la Ley electoral establecida por el Real Decreto-Ley de 18 de marzo de 1977, que establecía la provincia como distrito electoral, con una prima inicial de dos escaños para el Congreso independientemente de la población y una proporcionalidad restrictiva y beneficiaria para las candidaturas mayoritarias a partir de la aplicación del conocido, centenario y popularizado, Sistema d'Hondt, que se generalizaría en el resto de procesos electorales, autonómicos y municipales. Visto lo visto, extraña que no se hayan levantado todavía monumentos en memoria del jurista belga Víctor d'Hondt. Para el Senado se estableció cuatro senadores por provincia y el sistema mayoritario con listas abiertas y una elección máxima de tres candidatos por elector, con lo cual se abría las puertas a una representación minoritaria de la segunda fuerza política. La función conservadora y vigilante, de segunda lectura legislativa, de la llamada Cámara Alta también fue reforzada por la designación real de una quinta parte de sus miembros. El Rey votó, con la relación de los 41 senadores designados, por primera y única vez en una consulta partidaria y, además, pudimos conocer sus preferencias ideológicas decantadas mucho más a la derecha que la expresada aquel día por el pueblo español.

La Ley para la Reforma Política, inspirada en el axioma «de la ley a la ley a través de la ley» de Torcuato Fernández Miranda, era necesaria pero no suficiente para garantizar el cambio democrático. Las elecciones del 15 de junio de 1977 no se convocaron con carácter constituyente y, además, cuando se utiliza, en la mencionada Ley y en el programa electoral del presidente Suárez, la expresión de reforma de la Constitución hace referencia en aquel contexto a las Leyes Fundamentales del Movimiento, las cuales no serán derogadas de forma explícita hasta la aprobación de la Constitución de 1978 empezando por la propia Ley para la Reforma Política, considerada jurídicamente como la octava ley de las Leyes Fundamentales del Régimen franquista. Ni el marco legal, ni el control total y absoluto del proceso electoral por parte del Gobierno– desde los poderosos medios de comunicación de titularidad pública (incluido el único canal televisivo) y la subordinación y castración informativa de los medios radiofónicos privados obligados (hasta el mes de octubre de 1977) a conectar con los informativos públicos, hasta la totalidad de la administración pública y electoral, –ni la exclusión de facto de los ochocientos mil residentes en el extranjero, ni los múltiples errores (bajo sospecha de clara manipulación) del censo y de las actas electorales, ni la falta de resultados oficiales de actas de escrutinio por un total de más de 400.000 electores (un 2,5% del total), ni los partidos sin legalizar obligados a presentarse bajo la fórmula de agrupaciones de electores, ni los presos políticos, ni.... permiten otorgar el calificativo de democráticas a estas primeras elecciones generales libres.[11] Cabe subrayar que los comunistas (PCE-PSUC) impusieron su tardía legalización y que debemos a la tarea, esta si heroica y digna de reconocimiento, de los interventores y apoderados de las candidaturas democráticas la mayor limpieza y trasparencia en la plasmación de la voluntad real de los ciudadanos y ciudadanas. Aquella noche la celebración de los resultados fue en la intimidad de los locales de partido o sedes electorales ya que la presencia en las calles se prohibió a grupos de más de cincuenta personas (en Barcelona hubo dos cargas policiales en las Ramblas), unas medidas anunciadas el día de reflexión por televisión por el vicepresidente Manuel Gutiérrez Mellado, vestido de

11 Este argumento se sustenta fundamentalmente en mi libro: *Andreu Mayayo i Artal,* La ruptura catalana. Les eleccions del 15-J de 1977 a Catalunya. Catarroja 2002.

militar y con toda solemnidad, al desgranar el contenido de la Operación Ariete.[12] Un aviso claro y contunde para navegantes dirigido a las fuerzas políticas catalanas para que tuvieran en cuenta que su previsible triunfo esta vez no conduciría a los balcones de las instituciones de la Plaza de Sant Jaume y, mucho menos, conseguirían alterar el ordenamiento jurídico vigente.

El factor fundamental y determinante de las elecciones del 15-J fueron los resultados, que fueron acogidos con sorpresa, contrariedad y preocupación, por el propio Gobierno, que no daba crédito a la obtención de una escasa tercera parte de los votos válidos lejos de la prevista mayoría absoluta. La oposición, a pesar de todo lo dicho, los dio por buenos dándose por satisfecha ya que recuperaba la iniciativa y obligaba a pactar al Gobierno la ruptura democrática con el Régimen franquista. En este sentido, las tres principales consecuencias del resultado fueron: en primer lugar, la Ley de Amnistía, aprobada con celeridad el 14 de octubre; en segundo lugar, los Pactos de la Moncloa, rubricados el mismo mes, que no tan sólo intentaban estabilizar la economía sino implementar una serie de medidas políticas siendo la de mayor calado la apertura, ahora sí sin tapujos, de un proceso constituyente a partir de una propuesta parlamentaria (no gubernamental) de amplio consenso; y en tercer lugar, el restablecimiento de la Generalitat de Cataluña y el retorno del exilio del presidente Josep Tarradellas que ostentaba la legitimidad histórica, tras un resultado abrumador de cerca del 80% que sumaban las candidaturas contrarias a la creación (en el mes de febrero) del Consejo General de Cataluña, una especie de Mancomunidad de naturaleza administrativa de las cuatro provincias catalanes sin ningún poder legislativo ni, mucho menos, reconocimiento simbólico de la identidad nacional catalana. La conocida como «Operación Tarradellas» emprendida con audacia por el presidente Suárez conseguía, por una parte, aguar la victoria de la izquierda (la famosa «mancha roja») y, por la otra, legitimar indirectamente a la monarquía que reconocía la institución histórica de la Generalitat ligada a la legalidad de la Segunda República. Con la legalización del Partido Comunista y de la Generalitat de Catalunya, los dos factores netamente rupturistas de la Transición, la monarquía daba señales de su aceptación de convertirse en una monarquía parlamentaria– en donde el rey reina pero no gobierna –facilitando su legitimación en la futura Constitución.

Barcelona se convirtió en la capital de la Transición y los catalanes, una vez más, la punta de lanza de un nuevo proyecto– español, por supuesto –democrático y de superación del centralismo estatal. La hegemonía del antifranquismo catalán con una prestigiosa y poderosa plataforma unitaria, la *Assemblea de Catalunya* creada en el año 1971, de fuerzas políticas y movimientos sociales había tejido complicidades con el resto de fuerzas políticas y organismos de la oposición democrática española. Si en el año 1930 se consiguió, en el famoso Pacto de San Sebastián entre las fuerzas republicanas, el reconocimiento del derecho al autogobierno, ahora conseguía que Coordinación Democrática, la gran plataforma unitaria de partidos españoles creada en marzo de 1976, incluyera en uno de sus puntos fundacionales el derecho al autogobierno «de las nacionalidades y regiones del Estado español». Con este concepto, que sería el que se acabaría introduciendo en el artículo segundo de la Constitución, se reconocía por primera vez el carácter plurinacional de España. Así mismo, la Asamblea de Parlamentarios, constituida el 25 de junio por diputados y senadores catalanes electos y designados por el Rey, aprobaba el derecho a la autonomía de todas las nacionalidades y re-

12 La Operación Ariete movilizaba a las Fuerzas Armadas en las tareas de control y seguridad públicas reforzando a los Cuerpos y Fuerzas de Seguridad del Estado.

giones del Estado español. El espíritu del pacto era evidente: España reconocía su pluralidad nacional y, por consiguiente la singularidad (asimetría) catalana (también vasca y gallega) y Cataluña aceptaba la generalización del derecho al autogobierno de las regiones.

El espíritu y la letra de la Constitución de 1978 constituyen un triunfo de la izquierda.[13] Más allá del amplio reconocimiento de los derechos individuales y sociales o el mismo derecho a la autonomía, la Constitución supera con un proyecto inclusivo la división franquista entre vencedores y vencidos enterrando el espectro guerra civilista. Así mismo, se trata de una Constitución abierta y flexible, a veces, demasiado ambigua, que permite gobernar a un amplio abanico de fuerzas políticas y poder plasmar sus propuestas programáticas. Finalmente, con la vista puesta en nuestra historia constitucional convulsa, expresa el mandato de perdurabilidad, de no cambiar la Constitución sino de reformarla para adaptarla y que continúe siendo útil a las futuras generaciones, aunque para ello exige unas mayorías cualificadas difíciles de obtener, sobre todo, si las fuerzas políticas constituyentes desaparecen o mutan en otras donde impera una cultura política profundamente polarizada y divisiva– una vez más, entre vencedores y vencidos –alérgica y reacia al acuerdo, visto como una debilidad cuando no, directamente, una traición.

Más allá del Gobierno y, principalmente, de su presidente Adolfo Suárez, los partidos, sindicatos y movimientos sociales antifranquistas, fueron los grandes protagonistas de la campaña a favor del SI a la Constitución. Merece la pena subrayar la gran movilización de los jóvenes que habían conseguido plasmar su gran reivindicación en el artículo 12 del texto constitucional que sancionaba la mayoría de edad (y por consiguiente el derecho de voto) a los 18 años. Los jóvenes de 18 a 21 años habían quedado excluidos de la participación electoral en las elecciones del 15 de junio de 1977. Las encuestas que manejaban los asesores de Suárez daban una proporción de dos a una las preferencias a la izquierda respecto a la derecha. Los jóvenes españoles era el segmento de población más dispuesto a dejar atrás la dictadura y la moral del nacionalcatolicismo. Incluso de manera sorprendente para los encuestadores en busca del perfil más sociológico y de valores con finalidades más comerciales que políticas, los jóvenes españoles urbanos (residentes en Madrid y Barcelona) resultaban mucho más «progres» en relación a temas como la sexualidad o los roles de género, más permisivos con las drogas, el divorcio y el aborto. En definitiva, los jóvenes eran un factor social, político y electoral, claro a favor de la ruptura democrática y, la cohorte entre los 18 y los 21 años, representaban más del 10% del censo electoral. De esta manera el censo electoral, respecto a las elecciones generales, pasó de los 23,6 a los 26,6 millones de electores. Por la misma razón que el presidente Suárez no aceptó la participación electoral de los jóvenes menores de 21 años en las elecciones del 15-J, aprovechó su voluntad de cambio para apuntalar el Si a la Constitución. El ejemplo de los jóvenes subraya, una vez más, la teoría de la revolución

13 El catedrático de Derecho Constitucional Jordi Solé Tura fue ponente en la redacción de la Constitución por el Grupo Comunista (PCE-PSUC) y ha desarrollado una labor académica reconocida internacionalmente sobre la Constitución de 1978 con muchos de sus libros traducidos en varias lenguas. Me gustaría referirme aquí a una visión más política y coetánea a su elaboración que, de una manera u otra, exponía el posicionamiento del PCE y del PSUC: *Jordi Solé Tura*, Los comunistas y la Constitución. Madrid 1978. Recientemente, coincidiendo con el 40 aniversario de la Carta Magna española y los debates sobre la necesidad de cambio o reforma, la Fundación Nous Horitzons, heredera del PSUC y situada ahora en el espacio político del Partido Verde Europeo y de Catalunya en Comú (la referencia política catalana de Unidos Podemos), ha publicado un número monográfico de su revista con valiosas contribuciones: 40 anys de Constitució: una revisió crítica, Nous Horitzons, núm 220, Barcelona 2018.

pasiva, un cambio democrático empujado desde la sociedad pilotado por políticos procedentes de las instituciones franquistas. No era necesaria la mayoría de edad, como se aducía para negar esta posibilidad en las elecciones generales del año anterior, sino simplemente su inclusión en el decreto-ley de normas electorales. Así, por decreto-ley, los jóvenes a partir de los 18 años pudimos ejercitar el derecho al sufragio en el mismo referéndum aprobatorio de la Carta Magna.

El análisis de los resultados del referéndum constitucional del 6 de diciembre de 1978 confirma el apoyo mayoritario de las fuerzas de izquierda contra una parte remisa y beligerante de la derecha posfranquista, como se trasluce en Galicia (con un 50% de abstención) y en la provincia de Madrid (con más del 10% de votos negativos, el doble que Cataluña). La excepción fue Euskadi (no Navarra), con un escaso 45% de participación y un 23,5% de votos negativos, debido al rechazo de las fuerzas políticas nacionalistas, tanto de derechas como de izquierdas, y, en particular, del propio Partido Nacionalista Vasco, de carácter democratacristiano. A la abstención rozando el 60% de Guipúzcoa y de Vizcaya, cabe añadir el rechazo de un 30% y de un 20%, respectivamente, de los votantes. Por el contrario, la participación y los votos afirmativos en Cataluña superan la media española destacando el bajo porcentaje (sólo superado por Canarias) de votos negativos. El análisis microscópico de mesas, municipios y comarcas, no deja lugar a dudas. La ciudad de Barcelona es un buen ejemplo: mientras la Constitución es respaldada en mayor proporción en los barrios populares con una amplia mayoría de izquierdas (superando el 60% del censo en los distritos de Sant Martí, Sant Andreu y Nou Barris) en aquéllos de rentas más altas obtiene sus peores resultados (Sarrià-Sant Gervasi es el único distrito donde los votos afirmativos no llegan al 50% del censo electoral). Lo mismo sucederá al año siguiente con la aprobación del Estatuto de Autonomía. Por cierto, con un menor apoyo que en el caso de la comunidad autónoma vasca donde el PNV y parte de la izquierda vasca (Euskadiko Ezquerra) defenderán sin tapujos el Estatuto de Guernika, con lo cual se incorporan de lleno en el llamado bloque constitucional constituido por la Constitución y los estatutos de autonomía.

El caso de José María Aznar es paradigmático del rechazo de un sector de jóvenes procedentes del franquismo sociológico[14] y del falangismo ideológico. La impugnación del espíritu y de la letra del texto constitucional lleva al joven madrileño, al poco de iniciar su carrera funcionarial como inspector de Hacienda en Logroño (la Rioja), a iniciar su militancia en la postfranquista Alianza Popular, siguiendo los pasos de su compañera de estudios y esposa Ana Botella, criticando a la UCD del presidente Suárez en una serie de artículos publicados en el diario *La Nueva Rioja*. En el segundo artículo aparecido el 23 de febrero de 1979, José María Aznar torpedeaba la línea de flotación de la Constitución abjurando de la política de consenso propiciada por las fuerzas democráticas y aceptada de buena gana por el Gobierno. En este sentido, opinaba que el consenso había provocado «la desconfianza de una enorme masa de españoles en el buen funcionamiento del sistema democrático». La desconfianza, a su parecer, se había plasmada en el alto índice de abstención, lo cual le llevaba a subrayar y aplaudir aquéllos que habían dado la espalda a las urnas. En conclusión: «En determinadas ocasiones, la abstención puede estar justificada, incluso puede el caso (sic) de una abstención beligerante como en el pasado referéndum constitucional». Cómo se podía apoyar un texto

14 Franquismo sociológico es una expresión utilizada para evidenciar la pervivencia de rasgos sociales propios del franquismo en la sociedad española posterior a la muerte de Franco. Políticamente, aquellos que están de acuerdo en una liberalización del Régimen pero se oponen al cambio democrático.

que, a diferencia del franquismo que dejaba todo atado y bien atado, abría tantas puertas y permitía una interpretación flexible para que tuvieran cabida programas de gobierno de diferentes y distintas fuerzas políticas. El blanco y negro se imponía en el pensamiento poco sutil de un joven Aznar que, pocos años más tarde, elegiría el Cid Campeador, un guerrero, que combate, antes que a un político, que pacta, como personaje histórico favorito: «Tal como está redactada la Constitución, los españoles no sabemos si nuestra economía va a ser de libre mercado o por el contrario va a deslizarse por peligrosas pendientes estatificadoras y socializantes; si vamos a poder escoger libremente la enseñanza que vamos a dar a nuestros hijos o nos encaminamos hacia la escuela única; si el desarrollo de las autonomías va a realizarse con criterios de unidad y solidaridad o prevalecerán las tendencias gravemente disolventes agazapadas en el término nacionalidades».[15]

A pesar del revés electoral sufrido por Alianza Popular, en las segundas elecciones generales de marzo y las primeras elecciones municipales de abril de 1979, José María Aznar no abandonó el barco pilotado por Manuel Fraga y continuó su cruzada periodística, ahora contra los nuevos ayuntamientos democráticos. En un artículo publicado el día 9 de mayo (siempre en Nueva Rioja) atribuía a vientos de revancha el cambio de nombres de calles y plazas dedicadas al Generalísimo Franco y al fundador de falange José Antonio Primo de Rivera. El ayuntamiento de Gernika, señalaba Aznar, «aprueba por unanimidad retirar la medalla de la villa así como todos los honores concedidos al anterior Jefe del Estado, que aunque moleste a muchos gobernó durante 40 años y se llamaba Francisco Franco [...] En Coslada (Madrid), las calles dedicadas a Franco y José Antonio lo estarán a partir de ahora a la Constitución. Y no hemos hecho más que comenzar...».[16] No se trataba tan sólo de defender la memoria histórica del franquismo sino su concepción sobre la organización política y, sobre todo, territorial. En otro artículo, en mayo de 1979, dejaba clara cuál era su verdadera opinión sobre el llamado Estado de las Autonomías: «En lugar de concebir un plan serio y razonable de organización territorial de España, se ha montado una charlotada intolerable que ofende al buen sentido».[17] Una cuestión que, con el tiempo, se convertiría en su principal bestia negra y que contaminó la política futura del Partido Popular. José María Aznar nunca aceptó el espíritu del artículo segundo y del Título VIII de la Constitución que no tan sólo reconocía el derecho a la autonomía de las regiones y de las nacionalidades sino la defensa y promoción, por constitucional y españolas, de las diversas lenguas y culturas que conforman el Reino de España.

La Constitución no es solo un texto sino fundamentalmente su interpretación y su aplicación. El golpe de timón anunciado por los golpistas el 23-F tuvo como consecuencia una interpretación restrictiva del estado de las autonomías por parte de las fuerzas políticas procedentes del centralismo franquista (UCD y AP) pero también, y esta es la novedad, del principal partido de izquierdas, el PSOE, que dejaba en papel mojado no tan sólo el derecho a la autodeterminación de los pueblos de España defendido por el partido sino una concepción de una España plurinacional con una organización federal. La España de nación de naciones pregonada por dirigentes históricos como Anselmo Carretero. Un acuerdo que se plasmó

15 *José Mª Aznar*, La abstención. La lección de la Historia, en: La Nueva Rioja, 23.02.1979. Aznar pone dos ejemplos que la abstención de la derecha propicia la victoria de la izquierda: las elecciones de febrero de 1936 que, con un índice del 30% de abstención, vencieron las candidaturas del Frente Popular (entonces no culpaba a la izquierda de pucherazo) y el triunfo en 1970 de la Unidad Popular en Chile.

16 *José Mª Aznar*, Vientos que destruyen, en: La Nueva Rioja, 9.05.1979.

17 *José Mª Aznar*, Unidad y Grandeza, en: La Nueva Rioja, 30.05.1979.

con la aprobación de la Ley Orgánica de Armonización del Proceso Autonómico (LOAPA) el 30 de julio de 1982. Comunistas (PCE-PSUC) y nacionalistas catalanes (CiU) y vascos (PNV) pusieron el grito en el cielo y presentaron un recurso de inconstitucionalidad ante el Tribunal Constitucional. A pesar que, años después, el Alto Tribunal les dio la razón en los aspectos fundamentales que, de facto, desactivaban las pretensiones recentralizadoras de la Ley, las fuerzas centrales de la política española (PSOE y, posteriormente, PP) mantuvieron un resquemor ante el desarrollo autonómico y, en particular, de las singularidades de las nacionalidades históricas. Un desarrollo que se desbloqueaba ante la necesidad de obtener los apoyos imprescindibles de los nacionalistas catalanes y vascos por parte del PSOE o del PP ante la falta de mayoría absoluta en el Parlamento, lo cual avalaba el relato chantajista de las nacionalidades históricas y de agravios comparativos territoriales. Este fue el escenario de la negociación y aprobación del nuevo Estatuto de Autonomía de Cataluña de 2006 impulsado por el gobierno catalanista y de izquierdas, presidido por Pasqual Maragall.

La experiencia histórica del Estatuto de Autonomía de 1932 (primero plebiscito del llamado Estatuto de Núria y luego aprobación, con modificaciones, en las Cortes) aconsejó a los constituyentes a establecer un procedimiento de discusión y aprobación, parlamentaria y popular, diferente. El objetivo era que el referéndum de carácter vinculante se realizara no sobre los deseos de la comunidad autónoma sino sobre el pacto entre la Comunidad Autónoma y el Estado. De esta manera, el Parlamento autonómico aprobaba una propuesta por mayoría de dos tercios de la cámara, luego tenía lugar el pacto con el Estado a través de la discusión y, si se aceptaban las modificaciones introducidas, aprobación de las Cortes para su posterior referendo por los ciudadanos y ciudadanas de la Comunidad Autónoma. El Estatuto era aprobado, sin especificar el quórum de participación ni porcentaje de votos afirmativos, por mayoría simple.

El nuevo estatuto catalán de 2006 abrió la caja (o tinaja) de Pandora en el modelo territorial español (el Estado de las Autonomías), rompió el consenso político entre el PSOE y el PP y, a la postre, deslegitimó al Tribunal Constitucional. Un estropicio de consecuencias todavía incalculables, que ha provocado una avería importante en el sistema político y constitucional español. La cadena de errores empezó en la misma ambición de un proyecto de Estatuto que, según los expertos, implicaba una reforma constitucional. El partido de Jordi Pujol (*Convergència i Unió*), que siempre había preferido aprovechar las debilidades de la política española para incrementar el autogobierno (las competencias y recursos) antes que la aprobación de un nuevo Estatuto, que reflejara la identidad nacional de Catalunya, blindara las competencias y recursos y ampliara los derechos de los ciudadanos, condicionó su apoyo a una propuesta de máximos. CiU, que era la primera fuerza parlamentaria y la fuerza política que se identificaba emocionalmente con Cataluña, aceptó de mala gana la formación de un Gobierno de coalición de izquierdas, que lo relegaba a la oposición después de 23 años, desde el mismo inicio de la recuperación del autogobierno. Artur Mas, el líder de CiU, se sintió despechado y apuntó con el dedo a Esquerra Republicana de Catalunya, los nacionalistas de izquierdas. Su objetivo en la discusión estatutaria era desestabilizar el gobierno de la Generalitat presionando a ERC con una mayor ambición soberanista.[18] La aprobación del proyecto de Estatuto por el Parlamento catalán el 30 de septiembre de 2005 por 120 votos a favor y 15 en contra (del PP) esconde las dificultades de acomodar el texto a la Constitución vigente y, por consiguiente, generar una profunda frustración en la sociedad catalana tanto con su

18 *Jordi Amat*, El llarg procés: cultura i política a la Catalunya contemporània (1937–2014). Barcelona 2015.

gobierno como con el gobierno del Estado, presidido por el socialista José Luis Rodríguez Zapatero, que se había comprometido públicamente a apoyar el proyecto de Estatuto surgido del Parlamento de Cataluña.

En el mes de enero de 2006, el presidente Zapatero se reúne con Artur Mas (líder de la oposición en Cataluña), a espaldas del presidente socialista de la Generalitat Pasqual Maragall, para desbloquear la aprobación del Estatuto. Mas acepta rebajar la ambición del autogobierno a cambio de facilitar su investidura a la presidencia de la Generalitat en las elecciones siguientes. En pocas palabras: Zapatero sacrifica a Maragall y el *Partit dels Socialistes de Catalunya* (PSC, el partido hermano del PSOE) y Mas le respalda en la política española. Empiezan los primeros estropicios: ERC se rasga las vestiduras y rechaza apoyar el texto estatutario aprobado por las Cortes por insuficiente (ERC y PP, por motivos opuestos, pedirán el No en el referéndum), Maragall los expulsa del Gobierno y nombra para substituirlos a personas de su confianza sin consultar a su propio partido (PSC), y Artur Mas se frota las manos pensando en las próximas elecciones. El Referéndum dejará tocado el Estatuto y empezará a volar con plomo en las alas tras una participación inferior al 50% del censo electoral y el rechazo de uno de cada cuatro votantes. Una presa fácil para las gaviotas (símbolo del partido) del PP que se lanzarán sin piedad recogiendo más de cuatro millones de firmas por toda España para interponer un recurso de inconstitucionalidad ante el Tribunal Constitucional.

La reedición de un nuevo gobierno de coalición de izquierdas en Cataluña tras las elecciones de noviembre de 2006, ahora presidido por el socialista José Montilla, provoca una nueva y más hiriente frustración de Artur Mas, que continúa siendo la principal fuerza política del Parlamento. Mas se siente traicionado por Zapatero y en su despecho estimulará las movilizaciones no sólo contra el gobierno de la Generalitat sino también contra el gobierno socialista español aprovechando la *catalanofobia* generada por la campaña de recogida de firmas del PP y las declaraciones de algunos barones territoriales (algunos presidentes de comunidades autónomas) del PSOE. La exclusión de facto del PP, como quedó explícito en el *Pacto del Tinell*[19] (2003) de la coalición de izquierdas catalanas, puede explicar pero no justificar el recurso a la *catalanofobia* ya que ni el PP ni parte de la sociedad española se moviliza contra los proyectos de estatutos de autonomía de otras comunidades con idénticos articulados copiados del estatuto catalán. De estos polvos vendrán los lodos del *procés,* del movimiento independentista catalán. El propio presidente Montilla (2006–2010) ya advertirá de la profunda y creciente desafección de la sociedad catalana, que contempla con estupor el paso de la *catalanofilia* de la Transición y de la presidencia de Felipe González, con los Juegos Olímpicos de Barcelona (1992) como bandera, a la *catalanofobia* del siglo XXI. Al error del gobierno catalán de izquierdas y del gobierno socialista español presidido por Zapatero de actualizar el modelo territorial, a través de las nuevas propuestas estatutarias, sin acuerdo entre las dos fuerzas políticas centrales españolas (PSOE-PP) y, por consiguiente, sin posibilidad de reformar la Constitución, cabe añadir el error del PP de trasladar la conflictividad política al seno del Tribunal Constitucional deslegitimando a miembros progresistas, paralizando su renovación y, a la postre, obligando a intervenir en el conflicto estatutario catalán en una situación más que precaria. Suprimido el recurso previo de inconstitucionalidad el Tribunal Constitucional[20] se ve impelido por el recurso del PP a dictaminar sobre

19 El acuerdo establecía el compromiso crear un Gobierno catalanista y de izquierdas firmado por Pasqual Maragall (socialista), Josep-Lluís Carod-Rovira (republicano) y Joan Saura (ecosocialista).

20 Los constituyentes de 1977– en primer lugar, los catalanes –tuvieron en mente la experiencia estatu-

el Estatuto catalán cuatro años después de su aprobación y entrada en vigor. La sentencia de junio de 2010 supone un duro golpe para el constitucionalismo español no tanto por el contenido sino por la forma, es decir, no tanto por sus objeciones al texto sino por su intervención a posteriori del pacto político plasmado en las Cortes y del referendo vinculante de la ciudadanía. Las explicaciones bondadosas respecto a un texto final que mejoraba el texto estatutario de 1979 se estrellaron contra un malestar profundo por las demandas de reconocimiento identitario (nacional) rechazadas y, sobre todo, por el agravio comparativo respecto a competencias denegadas vigentes en otros textos estatutarios. Con lo cual no quedaba otra solución política satisfactoria que reformar la Constitución para acomodar el contenido del acuerdo político aprobado por las Cortes y sancionado por los catalanes. El problema era que el acuerdo político se había obtenido por mayoría absoluta y la reforma constitucional necesitaba una mayoría cualificada difícil, por no decir imposible, de conseguir sin la participación del PP. Obturada la vía política y con la ola creciente de la crisis económica, el nacionalismo conservador y pactista se transforma en neoliberal e independentista. Pero esto ya es otra historia, la historia de la mayor crisis política y constitucional de nuestra joven democracia. La historia de nuestro presente con un futuro incierto y que pondrá a prueba la vitalidad de la Constitución para facilitar la solución política (y no sólo judicial) del modelo de poder territorial en el marco de una Unión Europea de soberanías compartidas, estado del bienestar y diversidad lingüística y cultural, en donde lo viejo, los estados nación, no acaban de morir, y lo nuevo, el poder de las metrópolis no acaba de nacer.

En el siglo XX el mundo nos ha mirado atentamente en dos ocasiones: en la primera, la Guerra Civil, con horror y, en la segunda, la Transición, con admiración. Mientras en la tragedia de la Guerra Civil ningún dirigente político ha querido reflejarse, en la Transición todos han intentado vindicar su protagonismo, a veces exagerando la paternidad en un proceso guiado más desde la improvisación que desde el diseño meticuloso previo. Como dice el refranero castizo: a toro pasado, todos toreros. Quizás sea necesario desplazar el foco de atención de los palacios a la calle, de las instituciones políticas a la sociedad civil, de la política a la cultura, para reconocer y agradecer la enorme generosidad de todos aquellos que pagaron un precio en sus vidas. Quizás, también, deberíamos ser más modestos y aprender de los políticos de la Transición, que supieron poner la divisoria entre los que se aferraban al Régimen franquista y los que empujaron o se dejaron llevar al cambio democrático. Santiago Carrillo lo sintetizó con una enorme visión política (no coartada por el dogmatismo ideológico) cuando sus compañeros de partido le recriminaban el reconocimiento de la monarquía, que la disyuntiva no era entre monarquía y república sino entre dictadura o democracia. Algunos mirando hacia el pasado republicano se convirtieron en estatuas de sal dogmáticas que les

taria republicana para invertir el proceso de aprobación del Estatuto de Autonomía. En la Segunda República Española, Cataluña plebiscitó primero (1931) su propuesta de Estatuto, que luego fue enmendado (con severos recortes identitarios y competenciales) por las Cortes españolas (1932) dejando una sensación de frustración. En este sentido, ahora disponía que la Generalitat aprobara un proyecto, que se discutía y enmendaba en las Cortes, y, posteriormente, se sometía a referéndum en Cataluña el texto del acuerdo político. La intervención a posteriori, tras el referéndum, del Tribunal Constitucional modificaba el pacto político votado por los ciudadanos de Cataluña, con lo cual parecía lógico volver a someterlo a votación y tener la oportunidad de rechazarlo para solicitar un cambio en la Constitución que pudiera contemplar el pacto político acordado por el Parlamento catalán y las Cortes españolas. El recurso previo de inconstitucionalidad para dictaminar los proyectos de los estatutos de autonomía se suprimió en 1985 y, motivado por el caso catalán, se reintrodujo en 2015.

impidieron entender que la república era libertad y democracia y no los colores de una bandera. El dirigente comunista todavía daría muestras de su habilidad política cuando insistía que en una negociación ganaba quien cedía una cosa que no tenía. La República no existía y su espectro, utilizando la leyenda del Cid tan cara a José María Aznar, ganó la batalla de la democracia. La Monarquía parlamentaria de corte europea tranquilizó a una derecha traumatizada por el relato de la Segunda República vista a través de la tragedia de la Guerra Civil y conformó a una izquierda interesada en acabar con la atroz dictadura franquista y abrir las puertas a la democracia y la integración europea. Confiemos que las lecciones de la Historia nos ayuden a encontrar la luz del final del túnel.

Referéndum Constitución Española por Comunidades Autónomas (6 de diciembre de 1978)

		Votantes		Sí		No		Blancos		Nulos	
	Electores	Absolutos	%	Absolutos	%	Absolutos	%	Absolutos	%	Absolutos	%
ESPAÑA	26.632.180	17.873.271	67,1	15.706.078	87,9	1.400.505	7,8	632.902	3,5	133.786	0,7
Andalucía	4.347.542	3.021.794	69,5	2.775.521	91,9	165.882	5,5	62.817	2,1	17.574	0,6
Aragón	894.403	658.075	73,6	579.734	88,1	44.287	6,7	30.624	4,7	3.430	0,5
Asturias	864.796	534.343	61,8	473.348	88,6	44.874	8,4	11.395	2,1	4.726	0,9
Baleares, Islas	450.115	315.891	70,2	282.598	89,5	15.251	4,8	15.394	4,9	2.648	0,8
Canarias	879.963	553.510	62,9	508.668	91,9	24.174	4,4	17.580	3,2	3.088	0,6
Cantabria	374.559	266.514	71,2	222.559	83,5	33.232	12,5	9.150	3,4	1.573	0,6
Castilla-la Mancha	1.207.525	891.382	73,8	751.614	84,3	105.034	11,8	27.801	3,1	6.933	0,8
Castilla-León	1.950.813	1.392.326	71,4	1.184.361	85,1	127.545	9,2	69.245	5,0	11.175	0,8
Cataluña	4.398.173	2.986.726	67,9	2.701.870	90,5	137.845	4,6	126.462	4,2	20.549	0,7
C. Valenciana	2.545.481	1.887.143	74,1	1.676.680	88,8	131.664	7,0	65.010	3,4	13.789	0,7
Extremadura	765.235	539.542	70,5	481.808	89,3	39.637	7,3	14.801	2,7	3.296	0,6
Galicia	2.107.613	1.058.042	50,2	942.097	89,0	61.892	5,8	42.092	4,0	11.961	1,1
Madrid	3.047.226	2.201.102	72,2	1.896.205	86,1	222.638	10,1	66.575	3,0	15.684	0,7
Murcia	630.268	450.242	71,4	408.722	90,8	27.975	6,2	10.975	2,4	2.570	0,6
Navarra	361.243	240.695	66,6	182.207	75,7	40.804	17,0	15.415	6,4	2.269	0,9
País Vasco	1.552.737	693.310	44,7	479.205	69,1	163.191	23,5	39.816	5,7	11.098	1,6
Rioja, la	192.597	139.561	72,5	120.847	86,6	10.940	7,8	6.569	4,7	1.205	0,9
Ceuta	32.488	23.650	72,8	20.849	88,2	1.997	8,4	670	2,8	134	0,6
Melilla	29.403	19.423	66,1	17.185	88,5	1.643	8,5	511	2,6	84	0,4

Fuente: Ministerio del Interior. Datos oficiales proclamados por la Junta Electoral Central.

Der „constitutional moment“

Wann und wie entstehen Verfassungen?

Christian Waldhoff

Verfassungen entstehen gewöhnlich nicht am „grünen Tisch“, sondern aus konkret historisch-politischen Zusammenhängen. Der Yale-Jurist *Bruce Ackerman* hat diesen Kontext, bezogen auf die amerikanische Verfassungsgebung Ende des 18. Jahrhunderts, als *„constitutional moment“* bezeichnet.[1] Da sich Geschichte bekanntlich nicht wiederholt ist es reizvoll, eine Typologie der Entstehung moderner Verfassungen zu versuchen um damit – um ein Formulierung *Klaus v. Beymes* aufzugreifen – „die Realität der Konstituierungsvorgänge“[2] vergleichend zu analysieren. So kann der Weg zur Spanischen Verfassung von 1978 diachron und synchron verortet werden.

Bei erster Betrachtung mag es merkwürdig erscheinen, dass die Herausarbeitung einer solchen Typologie ein wissenschaftlich weitgehend vernachlässigtes Feld ist.[3] Bei genauer Betrachtung wird dieses Faktum denkwürdig: Eine empirisch-wissenschaftliche Vivisektion der tatsächlichen Vorgänge der Verfassungsgebung läuft stets Gefahr den mythischen Charakter der Verfassung zu sabotieren.

Die Situationsbezogenheit gehört zu den Charakteristika der Verfassunggebung.[4] Die „präkonstitutionelle“ und regelmäßig auch „extrakonstitutionelle“ Bedeutung der Denkfigur der verfassunggebenden Gewalt führt zur historischen Analyse, das juristische Systematisierungsbestreben zur Typologie. Deskription und Präskription können zumindest in der verfassungstheoretischen Analyse der verfassunggebenden Gewalt nicht unterschieden werden. Die von *Carl Schmitt* in die Diskussion eingeführte Unterscheidung zwischen Verfassung und Verfassungsgesetz hilft als analytisches Raster die historischen Prozesse zu erfassen.[5] *Schmitt* sieht die Verfassung im materiellen Sinne als die Entscheidung eines Volkes oder einer Nation

1 *Bruce Ackerman*, We the People. Foundations, Cambridge 1991, v.a. 266 ff.; vgl. zur Erklärung auch *Stephan Jaggi*, The 1989 Revolution in East Germany and its Impact on Unified Germany's Constitutional Law. Baden-Baden 2016, 19: „Constitutional moment is a historical and legal term. It stands for historical events during which the people, within an institutional framework, through their sustained activity and support adopt principles and provide them with the quality of constitutional law. The term describes not so much a specific moment in time as a sequence of political events taking place over a longer period of time and consisting of: (i) signaling, (ii) proposing, (iii) deliberating, and (iv) codifying constitutional achievements.“ Zur Verallgemeinerbarkeit anhand von Fallstudien *Ewald Grothe/ Arthur Schlegelmilch* (Hrsg.), Constitutional Moments. Berlin 2020.

2 *Klaus v. Beyme*, Die verfassunggebende Gewalt des Volkes. Tübingen 1968.

3 *Jon Elster*, Die Schaffung von Verfassungen: Analyse der allgemeinen Grundlagen, in: Ulrich K. Preuß (Hrsg.), Zum Begriff der Verfassung. Frankfurt am Main 1994, 37–57; Hauptgegenbsp. im deutschen Schrifttum: *v. Beyme* (wie Anm. 2); wenig ergiebig demgegenüber *Herbert Krüger*, Die Kunst der Verfassunggebung, Verfassung und Recht in Übersee 7 (1974), 233–256 (insbes. 235 ff.).

4 Eingehend, unter Einbeziehung der legitimationsstiftenden Wirkung der situativen Anknüpfung der Verfassung an konkrete politisch-historische Lagen und Zusammenhänge *Hasso Hofmann*, Legitimität und Rechtsgeltung. Berlin 1977, 72f.

5 Zu den Verdiensten dieser Unterscheidung jenseits ihrer Deplazierung unter dem GG vgl. *Hasso Hofmann,* Legitimität und Rechtsgeltung, 58 f.

über die Art des politischen Zusammenlebens; das Verfassungsgesetz gießt die vorab getroffene Entscheidung dann in eine Urkunde, in ein Gesetz.

Sofern Verfassungstexte Bezug auf die verfassunggebende Gewalt nehmen[6], geschieht dies – wie in der Präambel des Grundgesetzes geschehen – oftmals durch die Bezugnahme auf historische Fakten: Im Kontext verschiedener Umstände und Lagen „hat sich das Deutsche Volk kraft seiner verfassungsgebenden Gewalt dieses Grundgesetz gegeben".[7] Auf die Formulierung der Präambel der Spanischen Verfassung werde ich am Schluss zu sprechen kommen.

Das Folgende gliedert sich dementsprechend in drei Teile: Zunächst erfolgt ein ganz kurzer Überblick über die Geschichte von Verfassunggebung, den Hauptteil nimmt die Typologie unterschiedlicher Entstehungsszenarien ein um abschließend auf die Spanische Verfassung von 1978 zu sprechen zu kommen.

6 Vgl. die Kataloge bei *Peter Häberle,* Die verfassunggebende Gewalt im Verfassungsstaat – eine vergleichende Textstufenanalyse, AöR 112 (1987), 54–92 (59 ff.), und *Dieter Gosewinkel/Johannes Masing,* Die Verfassungen in Europa 1789–1949. München 2006, 13 ff.; hervorzuheben sind neben den im Text genannten die Absätze 2–4 der Präambel der Verfassung der Portugiesischen Republik vom 2. April 1976, die gleichsam geschichtsbuchartig erzählt: „Portugal von Diktatur, Unterdrückung und Kolonialismus zu befreien, bedeutete einen revolutionären Wandel und den Beginn einer historischen Wende für die portugiesische Gesellschaft.
Die Revolution gab den Portugiesen die Grundrechte und Grundfreiheiten zurück. In Wahrnehmung dieser Rechte und Freiheiten versammeln sich die legitimen Vertreter des Volkes, um eine den Bestrebungen des Landes entsprechende Verfassung auszuarbeiten.
Die Verfassungsgebende Versammlung bestätigt die Entschlossenheit des portugiesischen Volkes, die nationale Unabhängigkeit zu verteidigen, die Grundrechte der Staatsbürger zu garantieren, die wesentlichen Grundsätze der Demokratie festzulegen, den Vorrang der Rechtsstaatlichkeit zu sichern und den Weg für ein sozialistisches Gesellschaftssystem unter Beachtung des Willens des portugiesischen Volkes zu eröffnen, im Hinblick auf die Errichtung eines freien, gerechteren und brüderlichen Landes."
Sowie aus dem Kreis der neuen Verfassungen der mittelosteuropäischen Staaten die Präambel Verfassung der Republik Litauen vom 25. Oktober 1992 „Das litauische Volk
- das vor langen Zeiten den litauischen Staat schuf,
- das in den Statuten Litauens und den Verfassungen der Republik Litauen seine rechtlichen Grundlagen niederlegte,
- das seine Freiheit und Unabhängigkeit jahrhundertelang unerschütterlich verteidigte,
- das seinen Geist, seine angestammte Sprache, seine Schrift und seine Bräuche bewahrt hat,
- das das natürliche Recht des Menschen und des Volkes verwirklicht, auf dem Boden seiner Väter und Vorväter - im unabhängigen Staate Litauen frei zu leben und zu schaffen,
- das auf dem Boden Litauens die nationale Eintracht pflegt,
- das eine offene, gerechte, harmonische bürgerliche Gesellschaft und einen Rechtsstaat anstrebt,
verabschiedet und verkündet für den wiedergeborenen Staat Litauens durch den Willen der Bürger diese Verfassung."

7 In den Landesverfassungen finden sich teilweise Entsprechungen; die Reichsverfassung von Weimar stellte ganz ähnlich voran: „Das Deutsche Volk, einig in seinen Stämmen und von dem Willen beseelt, sein Reich in Freiheit und Gerechtigkeit zu erneuern und zu festigen, dem inneren und dem äußeren Frieden zu dienen und den gesellschaftlichen Fortschritt zu fördern, hat sich diese Verfassung gegeben."; als Textüberblick und -analyse im internationalen Kontext vorrangig *Peter Häberle,* Die Verfassungsgebende Gewalt im Verfassungsstaat – eine vergleichende Textstufenanalyse, 54.

I. Historisch

Entwicklung und Durchsetzung des Verfassungsgedankens seit der zweiten Hälfte des 18. Jahrhunderts waren an konkrete ideelle, soziale und ökonomische Umstände gebunden, die nach Vorbereitung u.a. in der Naturrechtslehre und der englischen Verfassungsentwicklung in der zweiten Hälfte des 18. Jahrhunderts in Nordamerika und in Westeuropa zur Verwirklichung strebten.[8] Die beiden Prototypen des westlichen Verfassungsmodells – die amerikanische Verfassung von 1787 sowie die französische Revolutionsverfassung von 1791 – sind Ergebnis revolutionärer Erhebungen. Die Entstehung beider Verfassungen legen das eingangs skizzierte Modell der Unterscheidung zwischen der Durchsetzung der verfassungsrelevanten politischen Eckpunkte einerseits, der Ausarbeitung des Rechtstextes der Verfassung andererseits als analytisches Beschreibungsraster nahe: Die „revolutionären" Akte können zumindest konstruktiv von der Formulierung der ihrer Idee nach politische Herrschaft in der Zukunft bindenden Verfassungsurkunde unterschieden werden. Wenn überhaupt ist in den französischen Verfassunggebungen zwischen 1789 und 1799 der „Idealtyp" des westlichen Verfassungsstaats mit der Einberufung einer Constituante und der Proklamation der Menschenrechte erreicht.[9] In Deutschland[10] knüpfen zunächst unter napoleonischer Anleitung die Musterverfassungen des Königreichs Westphalen und des Herzogtums Berg sowie die Verfassungen der Rheinbundstaaten an die inzwischen eine spezifische Wendung nehmende französische Verfassungsentwicklung an, bevor mit dem süddeutschen Frühkonstitutionalismus ab 1818 in Uminterpretation des durchaus noch ständisch verstandenen Verfassungsprojekts des Art. 13 der Deutschen Bundesakte von 1815 Repräsentativverfassungen als oktroyierte oder paktierte Urkunden erlassen werden. Verfassung revolutionären Ursprungs mit mehr oder minder eindeutiger Legitimationsgrundlage hätte die Paulskirchenverfassung von 1849 sein sollen und war – erstmalig – die Weimarer Reichsverfassung von 1919. Der Umgang mit dieser Verfassung zeigte jedoch, dass Staatspraxis wie Staatsrechtslehre sich mit dem revolutionären Ursprung schwer taten, ihn weder politisch noch theoretisch befriedigend verarbeiten konnten.[11]

II. Systematisch

Eine Typologie der Verfassungsentstehung hat nach dem Ausgeführten die Funktion der Illustration verschiedener Verfahren, wie Verfassungen bzw. Verfassungsgesetze zustande

8 Analytische Überblicke bei *Dieter Grimm,* Deutsche Verfassungsgeschichte 1776–1866. Frankfurt am Main 1988, 10 ff.; *ders.,* Ursprung und Wandel der Verfassung, in: Josef Isensee/Paul Kirchhof (Hrsg.), Handbuch des Staatsrechts der Bundesrepublik Deutschland, Bd. 1, 3. Aufl. Heidelberg 2003, § 1 Rdnr. 11 ff.; *Hans Vorländer,* Die Verfassung, 3. Aufl. München 2009, 34 ff.; speziell zum amerikanischen Verfassungsverständnis *Willi Paul Adams,* Republikanische Verfassung und bürgerliche Freiheit. Darmstadt 1973, 30 ff., 68 ff.

9 *Carl Schmitt,* Verfassungslehre, 1. Aufl. München 1928, 337.

10 Einen gelungenen Überblick über die Entwicklung des Konzepts der Volkssouveränität in Deutschland und seiner Bezüge zum französischen Ursprung bietet *Claude Klein,* Théorie et pratique du pouvoir constituant. Paris 1996, 135.

11 Dazu insgesamt *Stefan Danz,* Rechtswissenschaft und Revolution. Kontinuität von Staat und Rechtsordnung als rechtswissenschaftliches Problem, dargestellt am Beispiel der Novemberrevolution von 1918 in Deutschland. Hamburg 2008.

kommen.[12] Die Kategorien sind dabei nicht exklusiv, sondern liegen teilweise auf verschiedenen Ebenen[13]; so fallen revolutionäre und herrschaftskonstituierende Verfassunggebung regelmäßig zusammen, ebenso gibt es deutliche Überschneidungen zwischen bündischer und herrschaftskonstituierender Betätigung der verfassunggebenden Gewalt. Erst als Gesamttableau vermögen nachfolgende Typisierungen, ein Bild über die verschiedenen Formen und Möglichkeiten der Entstehung des Verfassungsgesetzes zu geben. Eines wird schon bei einem ersten Überblick deutlich: Das Plebiszit über einen Verfassungstext ist sowohl historisch, als auch typologisch der Ausnahmefall. Ein legitimatorisches Defizit kann daraus nicht ohne weiteres hergeleitet werden.[14]

1. Revolutionäre Verfassunggebung

„Originäre Verfassunggebung ist revolutionär."[15] „Seit dem Ende des 18. Jahrhunderts besiegeln moderne Revolutionen ihren Erfolg in einer neuen Verfassung. [...] Im pouvoir constituant begegnen sich das Staatsrecht und die Revolution – in diesem Begriff wird die Revolution zu einer staatsrechtlichen Kategorie und das Staatsrecht revolutionär."[16] Insbesondere die klassischen Verfassungen modernen, westlichen Typs, die amerikanische Bundesverfassung von 1787 und die französischen Verfassungen seit 1791 sind Produkte revolutionärer Bewegungen[17]: des Unabhängigkeitskampfes gegen das Mutterland England[18] und die revolutionäre Erhebung gegen das Ancièn régime in Frankreich. Hier verbindet sich die verfassunggebende Gewalt des Volkes mit den politischen Zielen von Freiheit und Gleichheit.[19] In beiden Fällen erfolgte eine neue Herrschaftskonstituierung.[20] Der Begriff

12 Der folgende Abschnitt in Anlehnung an *Christian Waldhoff*, Die Entstehung des Verfassungsgesetzes, in: Otto Depenheuer/Christoph Grabenwarter (Hrsg.), Verfassungstheorie. Tübingen 2010, § 8 Rdnr. 22 ff.

13 Vgl. in ähnlichem Zusammenhang *Andrew Arato*, Forms of Constitution Making and Theories of Democracy, Cardozo Law Review 17 (1995/96), 191–225 (198).

14 Demgegenüber gibt es bei *Schmitt* (wie Anm. 9), 82 ff., eine Präferenz für ein Plebiszit; dazu *Arato* (wie Anm. 13), 203.

15 *Dietrich Murswiek*, in: Wolfgang Kahl/Christian Waldhoff/Christian Walter (Hrsg.), Bonner Kommentar zum Grundgesetz, Loseblattsammlung, Heidelberg, Präambel Rdnr. 93 (Stand der Kommentierung: 119. Lieferung September 2005).

16 *Ulrich K. Preuß*, Zu einem neuen Verfassungsverständnis, in: Günter Frankenberg (Hrsg.), Auf der Suche nach der gerechten Gesellschaft. Frankfurt am Main 1994, 103–127 (105).

17 Zum modernen Revolutionsbegriff grundlegend *Karl Griewank*, Der neuzeitliche Revolutionsbegriff. Entstehung und Entwicklung, 1. Aufl., Weimar 1955, mehrere Neuauflagen; *Neithard Bulst/Christian Meier/Reinhart Koselleck*, Art. „Revolution", in: Otto Brunner/Werner Conze/Reinhart Koselleck (Hrsg.), Geschichtliche Grundbegriffe. Historisches Lexikon zur politisch-sozialen Sprache in Deutschland, Bd. 5.. Stuttgart 1984, 653–788.

18 Vgl. statt vieler *Horst Dippel*, Die Amerikanische Revolution 1763 – 1787, Frankfurt a.M. 1985; zur Rezeption in Deutschland *ders.*, Die amerikanische Verfassung in Deutschland im 19. Jahrhundert, Goldbach 1994; zum revolutionären Charakter auch *Walter F. Murphy*, Rechte der politischen Partizipation in den Vereinigten Staaten von Amerika, in: Paul Kirchhof /Donald P. Kommers (Hrsg.), Deutschland und sein Grundgesetz. Baden-Baden 1993, 191–230 (192).

19 *Ernst Gottfried Mahrenholz*, Die Verfassung und das Volk. München 1992, 14.

20 Zu signifikanten Unterschieden in beiden Revolutionen im Hinblick auf Menschenrechte instruktiv *Louis Henkin*, Revolutionen und Verfassungen, in: Ulrich K. Preuß (Hrsg.), Zum Begriff der Verfassung. Frankfurt am Main 1994, 213–247.

der verfassunggebenden Gewalt „trägt schon in seiner Herkunft aus dem Denken Rousseaus revolutionären Charakter“.[21] In diesem Kontext fand sie ihre Ausprägung und ihre Formulierung. „1789 wird in Frankreich das geltende Staatsrecht nicht suspendiert, damit die Bedingungen seiner Geltung wiederhergestellt werden können, sondern es wird aufgehoben und durch eine neue Verfassung ersetzt, und zwar nicht durch einen Beauftragten, sondern durch das souveräne Volk selbst, das seinen pouvoir constituant gebraucht“.[22] Revolution bedeutet Selbstermächtigung gegen eine bestehende Legalität. Der römischrechtliche Grundsatz *ex iniuria ius non oritur* gilt nur innerhalb einer Rechtsordnung, nicht bei der revolutionären Überwindung derselben. „Es gibt kein ‚Recht' auf Beibehaltung der gerade geltenden Verfassung, aber auch kein ‚Recht' auf […] Revolution.“[23] Die Revolution als verfassungshervorbringender Akt ist dabei im Verhältnis zur überwundenen Legalitäts- und Legitimitätsordnung revolutionär, im Blick auf die Zukunft – sofern nicht die Revolution in Permanenz postuliert wird – jedoch konstitutiv und damit antirevolutionär, denn die in und durch die Revolution hervorgebrachte Verfassung beansprucht Dauer und Geltung, kodifiziert die Prinzipien der Revolution.[24] Darin verwirklicht sich – so paradox dies erscheinen mag – wiederum die Ordnungsfunktion des Rechts. „Die Revolution bedeutet ihrer Idee nach den Bruch der staatsrechtlichen Kontinuität und den voraussetzungslosen Neuanfang. Sie beseitigt eine Verfassung, um eine neue aufzurichten. Sie selber aber hat keine Verfassung. Sie folgt ihren eigenen Regeln.“[25] Der Akt der Verfassungshervorbringung ist revolutionär. Die so entstandene Verfassung, als dauerhaft angelegte Legitimationsbasis, mobilisiert demgegenüber rationale und traditionale Legitimationsformen. Die Revolution beruft sich zwar auf die Nation oder auf das Volk als Legitimationssubjekte, die Nation oder das Volk selbst sind jedoch mangels Institutionalisierung der Revolution als solche keine Handlungssubjekte, sie sind handlungsunfähig. In einer Revolution handelt regelmäßig eine Elite unter Berufung auf Nation oder Volk als Referenzpunkte.[26] So wird das Dilemma der Unverfasstheit von Nation bzw. Volk überwunden.

Die erste aufgrund revolutionärer Ereignisse zustande gekommene zentralstaatliche Verfassung in Deutschland ist die Weimarer Reichsverfassung vom 11. August 1919[27] nachdem die Paulskirchenverfassung von 1849 – ohnehin nie vollständig in Kraft getreten – zwar teilweise Ergebnis einer Revolution, aber auch legaler Entwicklungen der sich parallel wandelnden überkommenen Institutionen des Deutschen Bundes war.

21 *Ulrich Scheuner*, Art. 146 GG und das Problem der verfassunggebenden Gewalt, in: Die öffentliche Verwaltung 1953, 581–585 (583); ferner *Wilhelm Henke,* Staatsrecht, Politik und verfassunggebende Gewalt, in: Der Staat 19 (1980), 181–211 (208): „Die Lehre von der verfassunggebenden Gewalt war von Anfang an auf die Revolutionen fixiert.“

22 *Henke* (wie Anm. 21), 183.

23 *Walther Burckhardt,* Die Organisation der Rechtsgemeinschaft, 2. Aufl. Zürich 1944, 208.

24 Vgl. *Preuß* (wie Anm. 16), 103 f.

25 *Josef Isensee*, Wechsel, Wandel und Dauer der Staatsformen im 19. und 20. Jahrhundert, in: Ulrich Lappenkrüger u.a. (Hrsg.), Masse und Macht im 19. und 20. Jahrhundert. München 2003, 67–102 (87).

26 Ebd., 88.

27 In der Präambel heißt es: „Das Deutsche Volk […] hat sich diese Verfassung gegeben.“

2. Oktroyierte Verfassungen

Im Rahmen der Abwehr revolutionärer Bestrebungen[28] avancierte im Deutschland des 19. Jahrhunderts das monarchische Prinzip[29], wie es in Art. 57 der Wiener Schlussakte vom 15. Mai 1820 und in zahlreichen konstitutionellen Verfassungen[30] prototypisch zum Ausdruck kam, als Gegenmodell zu der Figur der verfassunggebenden Gewalt des Volkes.[31] „Die oktroyierte Verfassung galt als die einzige Art der Verfassunggebung, die mit dem monarchischen Prinzip vereinbar war."[32] Verfassunggebende Gewalt des Volkes und monarchisches Prinzip stellten insoweit je unterschiedlich die Frage nach der Souveränität, nach dem Souverän: Während für die revolutionär-demokratische politische Entwicklung der sich ausbildenden westlichen Verfassungsstaaten, die verfassunggebende Gewalt des Volkes sich nahtlos in das Prinzip der Volkssouveränität eingliederte, fehlte dem konstitutionellen Fürsten schon die begriffliche Kategorie, um innerhalb des monarchischen Prinzips die Verfassunggebung beschreibend zu erklären: „Damit war die verfassunggebende Gewalt in das abstrakte Wesen ‚Staat' integriert und in ihm aufgehoben." [33] Liberale Staatsrechtler des 19. Jahrhunderts versuchten Funktion und Geltung derart oktroyierter Verfassungen mit ihrem Staatsbild in Einklang zu bringen indem der Inhalt die fehlerhafte Entstehung überspielte, um die Vertragslehren für die deutsche Entwicklung anschlussfähig zu halten.[34]

3. Paktierte Verfassungen und der Verfassungsvertrag

Paktierte Verfassungen kommen aufgrund einer vertraglichen Einigung zwischen verschiedenen an der Verfassunggebung beteiligten Gruppen zustande.[35] Ohne dass dies stets klar gesehen wurde, ist ein solcher Verfassungsvertrag von der Legitimationsfigur des Gesellschaftsvertrags zu unterscheiden, denn es handelt bei Verfassungen nicht um Legitimationsmodelle, sondern um Rechtstexte.[36] Im deutschen Konstitutionalismus des 19. Jahrhunderts ist die Württembergische Verfassung vom 25. September 1819 das Schulbeispiel der paktierten Verfassung.[37]

28 Zur Ereignisgeschichte statt aller *Ernst-Rudolf Huber*, Deutsche Verfassungsgeschichte seit 1789, Bd. 1, 2. Aufl. Stuttgart 1967, 16 ff.

29 Vgl. *Dieter Grimm*, Deutsche Verfassungsgeschichte 1776–1866, Frankfurt a.M. 1988, 113 ff.; *Michael Stolleis*, Geschichte des öffentlichen Rechts in Deutschland, Bd. 2. München 1992, 102 ff.

30 Hingewiesen sei nur auf Art. II § 1 der Verfassungsurkunde für das Königreich Bayern vom 26. Mai 1818, BayGBl., 101: „Der König ist das Oberhaupt des Staats, vereinigt in sich alle Rechte der Staatsgewalt, und übt sie unter den von Ihm gegebenen in der gegenwärtigen Verfassungs-Urkunde festgesetzten Bestimmungen aus."

31 *Hermann Heller*, Staatslehre, 6. Aufl. Tübingen 1983, 314 f.

32 *v. Beyme* (wie Anm. 2), 26.

33 *Wilhelm Henke*, Die verfassunggebende Gewalt des Volkes, in: Der Staat 7 (1968), 165–182 (166).

34 Näher *Grimm* (wie Anm. 29), 101, 130 ff.

35 Zur Diskussion über Kontinuitätslinien in die vorkonstitutionelle Zeit *Gerhard Dilcher*, Vom ständischen Herrschaftsvertrag zum Verfassungsgesetz, in: Der Staat 27 (1988), 161–193.

36 *Ernst-Wolfgang Böckenförde*, Geschichtliche Entwicklung und Bedeutungswandel der Verfassung, in: ders., Staat, Verfassung, Demokratie, Frankfurt a.M. 1991, 29–52 (36 ff.); *Wolfgang Kersting*, Die politische Philosophie des Gesellschaftsvertrags. Darmstadt 1994, 19 ff.

37 *v. Beyme* (wie Anm. 2), S. 26; vgl. zur verwickelten Entstehungsgeschichte näher *Joachim Gerner*, Vorgeschichte und Entstehung der württembergischen Verfassung im Spiegel der Quellen (1815–1819). Stuttgart 1989.

In Württemberg war im Gegensatz zu den meisten deutschen Territorien die altständische Verfassung intakt geblieben, erst 1805 setzte im Angesicht des Reichsuntergangs staatsstreichartig eine aufgeklärt-spätabsolutistische Phase ein. Nach dem Scheitern verschiedener Verständigungsversuche zwischen Ständen und Monarchen, der durch eine Repräsentativverfassung altständische Mitwirkung zu begrenzen suchte, stimmte schließlich der Landtag dem vom König vorgelegten – im Vergleich zu anderen frühkonstitutionellen Verfassungen mehr ständische Relikte enthaltenden – Verfassungsentwurf als Kompromiss zu: Die verfassunggebende Gewalt schien angesichts des vertraglichen Charakters so zwischen Monarch und Ständen geteilt zu sein; § 4 der Verfassung ließ jedoch keinen Zweifel daran, dass nach dem monarchischen Prinzip alle Staatsgewalt in der Person des Königs vereinigt sei. Trotz ständischer Relikte handelt es sich um eine frühkonstitutionelle Verfassung des Typs der Repräsentativverfassung, die sich nur graduell von den Vorbildern in Baden und Bayern unterschied. Der äußerlich vertragliche Charakter konnte so nur mühsam die realen Machtverhältnisse bemänteln: „In den meisten konstitutionellen Monarchien verbarg sich hinter der Fiktion der Verfassungsvereinbarung in der Regel ein verschleierter octroi – entweder von Seiten der Krone oder von Seiten der Nationalrepräsentation.“[38]

Auch bündische Verfassunggebung geschieht häufig in vertraglichen oder vertragsähnlichen Formen. Im Zuge der Europäischen Integration stellte der Versuch des Verfassungsvertrags das Bemühen dar, auch terminologisch einen gewissen Abstand zum Begriff der Verfassung zu wahren.

4. Herrschaftsbegründende und herrschaftsmodifizierende Verfassunggebung

Verfassunggebung kann neue Herrschaft begründen, sie kann „staatsgründenden“ Charakter besitzen oder sie ist herrschaftsmodifizierend, d.h. sie begrenzt eine bestehende Herrschaft durch Rechtsbindung.[39] Prototyp der herrschaftskonstituierenden Verfassung sind die revolutionär hervorgebrachten Verfassungen in Nordamerika 1787 und in Frankreich 1791. Diskontinuität wird hier durch den Austausch der Legitimationsgrundlage von Herrschaft – in beiden Fällen durch die Volkssouveränität gegenüber monarchischer Legitimität – erreicht, wobei im amerikanischen Beispiel damit zugleich eine (Bundes-)Staatsgründung einherging und sich die herrschaftsbegründende zugleich als bündische Verfassunggebung darstellt. Herrschaftsbegründende Verfassunggebung ist stets demokratisch im Sinne legitimier Herrschaft.[40] Beispiele für herrschaftsmodifizierende Verfassunggebung stellen die englische Verfassungsgeschichte mit ihrer evolutionären Parlamentarisierung sowie der deutsche Konstitutionalismus bis 1918 dar. Sie verzichten – zumindest zunächst – auf einen Austausch der Legitimationsgrundlage und suchen, ihre Konstitutionalisierung mittels Verrechtlichung des Staatshandelns durchzuführen. Der Rechtsstaat, nicht der Grundsatz der Volkssouveränität ist Postulat der konstitutionellen Verfassungen der Staaten des Deutschen Bundes. Als Legitimationsmodell bleibt das monarchische Prinzip erhalten. Oktroy-

38 *v. Beyme* (wie Anm. 2), 28.
39 Vgl. näher *Grimm* (wie Anm. 29), 110 ff.
40 *Christoph Möllers*, Verfassunggebung – Verfassung – Konstitutionalisierung, in: Armin von Bogdandy (Hrsg.), Europäisches Verfassungsrecht, 1. Aufl. Berlin 2003, 1–57 (4 ff.).

ierte Verfassungen stellen dann eine durch ihn allein nicht mehr revidierbare Selbstbindung des die Staatsgewalt in seiner Person vereinigenden Monarchen dar.

5. Bündische Verfassunggebung

Bei der Bildung von Bundesstaaten – zumeist aus Staatenbünden hervorgehend – kommt die Figur der bündischen Verfassunggebung zum Tragen.[41] Im Unterschied zu Neukonstituierungen bestehender Ordnungen handelt es sich um das Zusammenfallen von Staatsgründung und Verfassunggebung.[42] Prototyp ist die US-amerikanische Bundesverfassung von 1787. Auch die Bundesstaatsgründung 1848 in der Schweiz nach Beendigung des Sonderbundkriegs geschieht mittels Verfassunggebung in deutlicher Anlehnung an die US-amerikanische Verfassung.[43] In beiden Fällen wurde die Bundesstaatsverfassung nicht durch eine Constituante, sondern durch übereinstimmende Beschlüsse von Repräsentativkörperschaften der sich zum Bundesstaat zusammenschließenden Staaten in Kraft gesetzt. Anders als nach Art. 144 Abs. 1 GG nahmen nur die Staaten an der Bundesstaatsgründung teil, die positiv zustimmten.

Laut Präambel der Reichsverfassung vom 16. April 1871 als Bündelung verschiedener Verfassungsdokumente „schließen" die bisher nicht am Norddeutschen Bund beteiligten deutschen Fürsten mit dem „König von Preußen im Namen des Norddeutschen Bundes" „einen ewigen Bund zum Schutze des Bundesgebietes und des innerhalb desselben gültigen Rechtes, sowie zur Pflege der Wohlfahrt des Deutschen Volkes." Im Unterschied zum amerikanischen Beispiel wird hier jedoch keine neue Legitimationsgrundlage der (gesamt- oder gliedstaatlichen) Staatsgewalt geschaffen; sowohl für die Bundesglieder als auch – dann allerdings abgeleitet – für das Reich gilt nach wie vor das monarchische Prinzip.[44]

Die Legitimationsfigur der verfassunggebenden Gewalt des Volkes lässt sich – anders bei der Gründung eines Fürstenbundes unter der Prämisse des monarchischen Prinzips – in bündischen Verfassunggebungen nicht ohne weiteres abbilden.[45] Es stellt sich hier genauer die Frage nach dem Legitimationssubjekt: Bildet ein Gesamtstaatsvolk oder bilden die Landes-/Einzelstaatsvölker die Basis oder eine Kombination aus beiden? Diese Fragen sind in den meisten demokratischen Bundesstaaten unklar und umstritten. Für die neuere Rechtsprechung des US-Supreme Court in Fragen bundesstaatlicher Kompetenzabgrenzung stellt sich das Problem, ob ein amerikanisches Staatsvolk oder die (zunächst) 13 Gliedstaatsvölker den Ursprung der demokratischen Legitimation der Verfassung von 1787 darstellen.[46] Die Verfassung wurde von einem von den Einzelstaaten mit einem Reformauftrag in Bezug auf einen Staatenbund besetzten Verfassungskonvent am 17. September 1787 verabschiedet und

41 Vgl. auch *Tobias Herbst,* Legitimation durch Verfassunggebung. Baden-Baden 2003, 162 ff.

42 Vgl. *Josef Isensee,* Das Volk als Grund der Verfassung. Opladen 1995, 12.

43 *Alfred Kölz,* Neuere schweizerische Verfassungsgeschichte. Bern 2004, 477 ff.; *Hans Fenske,* Der moderne Verfassungsstaat, Paderborn 2001, 312 ff.

44 *Hans Boldt,* Deutsche Verfassungsgeschichte, Bd. 2. München 1990, 168 ff.

45 Vgl. in etwas anderem Zusammenhang auch *Stefan Oeter,* Souveränität und Demokratie als Probleme in der „Verfassungsentwicklung" der Europäischen Union, in: Zeitschrift für ausländisches öffentliches Recht und Völkerrecht 55 (1995), 659–712 (676 ff.).

46 Eingehend *Alexander Hanebeck,* Der demokratische Bundesstaat des Grundgesetzes. Berlin 2004, 87 ff.

trat nach ihrem Art. VII mit der Ratifikation durch den neunten Staat am 20. Juni 1788 in Kraft. Die aktuelle Mehrheit im Supreme Court sieht ein amerikanisches Gesamtstaatsvolk als Legitimationssubjekt der Verfassunggebung an[47], während die Minderheit die Volkssouveränität in Bezug auf die Verfassunggebung durch die föderale Gliederung gebrochen sieht.[48]

Unter dem Grundgesetz geht die wohl überwiegende Auffassung von einem zentralen, auf das Gesamtstaatsvolk rückführbaren Legitimationsakt aus[49], während eine Gewicht gewinnende weitere Auffassung in konkreter Analyse der Entstehungsbedingungen der Verfassung eine duale Legitimation im Rahmen einer gemeinsamen Verfassunggebung von Gesamt- und (insofern dann autonomen) Gliedstaatsvölkern Raum gibt.[50] Historisch wurde der deutsche Staat zwar „von unten nach oben“, von der kommunalen Ebene über die Länder hin zum Bund nach 1945 reorganisiert.[51] Die Länderbildung erfolgte jedoch in dem Bewusstsein sämtlicher Beteiligter von dem Fortbestand eines deutschen Staatsvolkes und eines deutschen Staates. „Die bundesstaatliche Struktur liegt insoweit zu Prinzipien einer einheitlichen Herrschaftskonstituierung und -legitimation quer.“[52]

Damit zwar zusammenhängend, jedoch eine eigene Frage darstellend, stellt sich das Problem der Verfassungshoheit der Länder im Bundesstaat. Unter dem Grundgesetz ist die Verfassungsautonomie der Länder nicht „frei“, hier existieren handfeste Rechtsbindungen; die Verfassungen erweisen sich – wie die Länder selbst – als von der Bundesverfassung abhängige Gebilde.[53]

6. Verfassunggebende Versammlungen und Verfassungskonvente

Verfassunggebende Versammlungen, oftmals als Nationalversammlungen bezeichnet, können in Bezug auf die Verfassung entscheidende oder vorschlagende (entwerfende) Funktionen wahrnehmen. Teilweise wird insofern von der „beschließenden“ und der „entwerfenden Nati-

47 514 U.S. 779 (782) – *United States Term Limits, Inc. v. Thornton* aus 1995: “Framers' vision of a uniform National Legislature representing the people of the United States”.

48 Ebd., 846: „The ultimate source of the Constitution's authority is the consent of the people of each individual State, not the consent of the undifferentiated people of the Nation as a whole“

49 V.a. *Josef Isensee*, Idee und Gestalt des Föderalismus unter dem Grundgesetz, in: ders./Paul Kirchhof (Hrsg.), Handbuch des Staatsrechts der Bundesrepublik Deutschland, Bd. 6, 3. Aufl. Heidelberg 2008, § 126 Rdnr. 47 f., wonach es kein eigenes Landesvolk neben dem Bundesvolk als dem Staatsvolk gibt. Nach dieser Ansicht handelten die Länder bei Schaffung des Grundgesetzes in den Worten *Carlo Schmids* nicht als „Rechtsträger, als Mitgestalter am Verfassungswerk, sondern lediglich als Wahlkreise, in denen die Abgeordneten zum Parlamentarischen Rat gewählt worden sind.“ In: Deutscher Bundestag/Bundesarchiv (Hrsg.), Der Parlamentarische Rat 1948–1949. Akten und Protokolle, Bd. 5/I: Ausschuss für Grundsatzfragen, München 1993, 234; diese Ansicht war allerdings umstritten, vgl. *Stefan Oeter*, Integration und Subsidiarität im deutschen Bundesstaat. Tübingen 1998, 118.

50 Eingehend *Hanebeck* (wie Anm. 46), 136 ff.

51 Vgl. etwa *Bettina Blank*, Die westdeutschen Länder und die Entstehung der Bundesrepublik, München 1995.

52 In Auseinandersetzung mit amerikanischen Ansätzen ähnlich *Olivier Beaud*, Föderalismus und Souveränität, in: Der Staat 35 (1996), 45–66 (64 ff.).

53 *Henner Jörg Boehl*, Landesverfassunggebung im Bundesstaat, in: Der Staat 30 (1991), 572–593 (583 ff.); *Isensee* (wie Anm. 42), S. 64 ff.: Verfassungsgesetze ohne eigene Gesamt-Entscheidung; von einem anderen Ausgangspunkt aus im Ergebnis übereinstimmen *Hanebeck* (wie Anm. 46), 229 ff.

onalversammlung" gesprochen.[54] Aus Gründen besserer terminologischer Unterscheidbarkeit ist die Diktion „verfassunggebende Versammlung" und „Verfassungskonvent" vorzuziehen.

Eine verfassunggebende Versammlung oder *Constituante* ist ein zur Verfassunggebung gewähltes und berufenes Gremium. Im Unterschied zu Verfassungskonventen üben verfassunggebende Versammlungen regelmäßig auch die Regierungsgewalt in der Übergangszeit aus.[55] Prototyp der verfassunggebenden Versammlung ist der Dritte Stand in der Französischen Revolution, der sich – theoretisch unterfüttert durch die ein Jahr zuvor niedergelegten Lehren *Sieyès*' über den Dritten Stand – in einem Akt der Selbstermächtigung zur Verfassunggebenden Nationalversammlung erklärt. Dies ist in der französischen Revolutionshistoriographie treffend als „Revolution der Juristen", als *„coup d'état juridique"* bezeichnet worden.[56] Die zum Mai 1789 zur Lösung elementarer Wirtschafts- und Finanzkrisen vom König einberufenen – seit der Abschaffung im Rahmen der absolutistischen Politik *Ludwig XIV.* 175 Jahre nicht mehr zusammengetretenen – Generalstände können sich über den vom König offengelassenen Abstimmungsmodus (nach Köpfen bzw. nach Ständen) nicht einigen; daraufhin erklärt sich der das Bürgertum symbolisierende Dritte Stand unter dem Einfluss des *Abbé Sieyès* und des *Grafen Mirabeau* in seiner Sitzung am 17. Juni 1789 zur Nationalversammlung.[57] Der „Ballhausschwur" vom 20. Juni 1789 mit dem Versprechen, nicht eher auseinander zu treten, bis eine Verfassung verabschiedet ist, stellt dann die Reaktion auf Versuche des Königs dar, der Entwicklung Einhalt zu gebieten. Eine Verfassung tritt am 3. September 1791 in Kraft. Die Verortung der verfassunggebenden Gewalt in einer *Constituante* stellte sich als Notbehelf angesichts der politischen und technischen Unmöglichkeit eines Plebiszits dar. *Sieyès* hatte das Repräsentativmodell auch für die Verfassunggebung selbst postuliert, die Entsendung der Vertreter des Dritten Standes konnte so als Auftrag zur Verfassunggebung interpretiert werden.[58]

Als Verfassungskonvent wird ein Gremium bezeichnet, das einen Verfassungsentwurf ausarbeitet, der dann durch einen demokratischen Zustimmungsakt – des Volkes mittels Plebiszits, eines oder mehrerer Parlamente – in Geltung gesetzt wird. Den Prototyp des Verfassungskonvents finden wir in der Verfassunggebung in den Vereinigten Staaten von Amerika 1787.[59] Der erste revolutionäre Akt war hier freilich die durch wirtschaftliche Prozesse und fehlende Mitbestimmung ausgelöste Loslösung der Kolonien vom englischen Mutterland und deren Durchsetzung bzw. Bewahrung im Unabhängigkeitskrieg. Die Unabhängigkeitserklärung vom 4. Juli 1776 setzt den Ungerechtigkeiten der britischen Krone naturrechtliche Postulate von Herrschaftslegitimation und Menschenrechten entgegen.[60] Beides hängt un-

54 *Klaus Stern*, Das Staatsrecht der Bundesrepublik Deutschland, Bd. 1, 2. Aufl. München 1984, 148.

55 *Arato* (wie Anm. 13), 194; in Deutschland galt dies etwa für die Revolution 1848/49 und 1918/19, vgl. dazu näher *Waldhoff* (wie Anm. 12), Rdnr. 46 ff., 50 ff.

56 Vgl. m.N. *Eberhard Schmitt*, Repräsentation und Revolution. München 1973, 277.

57 Ausführlich mit Text der Erklärung *Schmitt* (wie Anm. 56), 261 ff.

58 Näher *Egon Zweig*, Die Lehre vom Pouvoir Constituant. Tübingen 1909; *Karl Loewenstein*, Volk und Parlament nach der Staatstheorie der französischen Nationalversammlung von 1789, Nachdruck der Ausgabe von 1922. Aalen 1964.

59 *Gordon S. Wood*, The Creation of the American Republic 1776–1787, Chapel Hill 1969, 306 ff.; *Willi Paul Adams*, Revolution und Nationalstaatsgründung 1763–1815, in: ders. (Hrsg.), Die Vereinigten Staaten von Amerika Frankfurt am Main 1977/82, 22 ff.

60 Vgl. *Robert Redslob*, Die Staatstheorien der Französischen Nationalversammlung von 1789. Leipzig 1912, 11 f.

mittelbar zusammen: Der naturrechtliche Ausgangspunkt entwickelt sich zur Proklamation neuer staatlicher Souveränität. Das Ergebnis war zunächst ein Staatenbund, der – aufbauend auf den einzelstaatlichen Verfassungen – mit der Konföderationsakte (*Articles of Confederation*) seine (freilich unvollkommene) vertragliche Einhegung fand. Im Mai 1787 traten die wegen wirtschaftlicher und organisatorischer Probleme vom Kongress der Konföderation entsandten Vertreter von zwölf der 13 Staaten in Philadelphia zur Beratung über eine Änderung der *Articles of Confederation* zusammen. Entgegen ihrem engeren Auftrag und gegen den Protest einiger Mitglieder schlugen die Delegierten im September 1787 die Gründung eines Bundesstaates vor.[61] Die Vertreterversammlung von Einzelstaaten eines Staatenbundes hatte sich zum Verfassungskonvent gewandelt und dem Kontinentalkongress einen Verfassungsentwurf präsentiert.[62] Hierin kann – nach der Unabhängigkeitserklärung – ein zweiter revolutionärer Akt gesehen werden. Nach kontroverser Diskussion wurde dieser Entwurf gemäß seinem Art. VII den Staaten des Staatenbundes zur Ratifizierung vorgelegt. Die politischen Auseinandersetzungen um den Übergang vom Staatenbund, von der Konföderation zum Bundesstaat lösten eine beachtliche publizistische Wirkung aus, deren markantestes Zeugnis – und zugleich authentischer Kommentar des Verfassungsentwurfs – die Federalist Papers der unter Pseudonym schreibenden *Alexander Hamilton*, *James Madison* und *John Jay* war.[63] Bis zum Juni 1788 war die erforderliche Zahl von neun ratifizierten Staaten erreicht und nachdem die wichtigen Staaten Virginia und New York im Juli folgten war die Neukonstitution faktisch erfolgt; die beiden Nachzügler North Carolina und Rhode Island 1789 und 1790 vollendeten diesen Prozess.[64]

Verfassunggebende Versammlungen wie Verfassungskonvente können als „Urformen demokratischer Verfassunggebung schlechthin“[65] bezeichnet werden, die vor allem in bundesstaatlichen Verfahren der Verfassunggebung Variationen ausbilden können.[66] Schon allein dadurch ist der Volksentscheid als vermeintlich einzig nichtdefizitärer Akt der Verfassunggebung hinreichend entmythologisiert.[67]

7. Volksabstimmungen über Verfassungen und andere Verfahren der Ratifizierung

Die Legitimationsfigur der verfassunggebenden Gewalt des Volkes als demokratischem Geltungsgrund einer Verfassung setzt Verfahren demokratischer Zustimmung voraus. „Das Volk“ als solches ist nicht handlungsfähig, es bedarf Institutionen, die einen Verfassungsentwurf ausarbeiten, der dann dem Volk zur Abstimmung vorgelegt werden kann. Es bedarf darüber hinaus organisatorischer Fassung, um in Aktion zu treten. Diese Schwierigkeiten sind durch die – vor allem die französische Tradition beherrschenden – Redeweise von dem sich als „Nation“ bewusst werdenden Volk nur überspielt, nicht gelöst. Weder in den USA,

61 Zu den Motiven für die Umwandlung der Konföderationartikel *Willi Paul Adams*, Republikanische Verfassung und bürgerliche Freiheit (wie Anm. 8), 296 f.

62 *Murphy* (wie Anm. 18), 192 f., mit Nachweisen der entsprechenden Dokumente.

63 Deutschsprachige Ausgabe Angela Adams/ Willi Paul Adams (Hrsg.), Alexander Hamilton/James Madison/John Jay, Die Federalist-Artikel. Paderborn 1994.

64 Vgl. *Winfried Brugger*, Einführung in das öffentliche Recht der USA. München 1993.

65 *Roman Herzog*, Allgemeine Staatslehre. Frankfurt am Main 1971, 314.

66 Zur bündischen Verfassunggebung oben unter II 5.

67 *v. Beyme* (wie Anm. 2), S. 32 ff., 37 ff.

noch im revolutionären Frankreich oder in der demokratischen deutschen Verfassungsentwicklung hat es je ein Plebiszit über eine zentralstaatliche Verfassung gegeben. Daraus folgt regelmäßig kein Legitimationsdefizit.[68]

8. Totalrevision der Verfassung

„Totalrevision" einer Verfassung ist ein Ausdruck der schweizerischen Rechtssprache und meint eine grundlegende Neufassung des Verfassungsgesetzes, bei der alle Artikel der Verfassung in die Reform innerhalb der bestehenbleibenden Legalität einbezogen werden.[69] Mit anderen Worten: Totalrevision ist die Gesamtänderung des Verfassungsgesetzes in dem dafür normierten Verfahren, ohne dass die verfassungsrechtlichen Grundentscheidungen – etwa über Staats- und Regierungsform – angetastet würden. Systematisch fällt die Totalrevision unter die Kategorie der Verfassungsänderung, nicht der Verfassunggebung, mögen die Grenzen bisweilen auch fließend sein.[70] In der schweizerischen Literatur wird demgegenüber teilweise zwischen dem *pouvoir constituant originaire* (ursprüngliche Verfassungsgebung) und dem *pouvoir constituant institué* (abgeleitete Verfassungsgebung; *Burdeau* spricht ähnlich vom *pouvoir constituant constitué*) unterschieden und die beiden Totalrevisionen der Bundesverfassung der Schweizerischen Eidgenossenschaft 1874 und 1999 letzterer zugeschlagen.[71] Dies stellt jedoch nur eine andere Terminologie für Teiländerungen der Verfassung dar und besitzt neben der Kategorie des *pouvoir constitué* keine eigene Erklärungskraft.

Aus diesen Gründen ist die Interpretation des Art. 146 GG in der Fassung nach der Wiedervereinigung als Auftrag zur Totalrevision[72] verfehlt: Einzig denkbarer Sinn der Norm ist die Erinnerung an die vorrechtliche, damit nichtverfasste und somit stets fortbestehende verfassunggebende Gewalt des Volkes; für Grundgesetzänderungen steht mit Art. 79 GG ein Rahmen zur Verfügung, Art. 146 GG ist hier funktionslos. Art. 146 GG eximiert – rein deklaratorisch – somit von der Ewigkeitsgarantie des Art. 79 Abs. 3 GG[73]; mit dieser Norm ist die Ebene des *pouvoir constituant* betreten, während die sog. Ewigkeitsgarantie die Grenzen des *pouvoir constitué* aufzeigt. Es handelt sich allerdings nicht um einen „Auftrag" o.ä.,

68 Für das Grundgesetz so statt vieler etwa *Michael Kloepfer*, Zur historischen Legitimation des Grundgesetzes, in: ZRP 1983, 57–59 (59).

69 Näher zu konkreten Totalrevisionsprojekten *Waldhoff* (wie Anm. 12), Rdnr. 58 m.w.N.; vergleichend zu „Gesamtänderungen" von Verfassungen *Hans Huber*, Die Gesamtänderung der Verfassung, in: Horst Ehmke/Joseph H. Kaiser/Wilhelm A. Kewenig (Hrsg.), Festschrift für Ulrich Scheuner zum 70. Geburtstag. Berlin 1973, 183–209.

70 *Murswiek* (wie Anm. 15), Präambel Rdnr. 93; teilweise abweichend *Häberle* (wie Anm. 6), 77, 87, 91, der die Verfassunggebung durch „Totalrevision" und „Teilrevision" abschließend umschrieben sieht; zur Unterscheidung allgemein *Christian Winterhoff*, Verfassung – Verfassunggebung – Verfassungsänderung. Tübingen 2007, 166 ff.

71 *Walter Haller/Alfred Kölz/Thomas Gächter*, Allgemeines Staatsrecht, 4. Aufl., Baden-Baden 2008, 105 f.; schon früh in diese Richtung *Hans Haug*, Die Schranken der Verfassungsrevision, Diss. iur. Zürich 1946, 1947, v.a. 155 ff.

72 Vgl. etwa *Martin Heckel*, Die Legitimation des Grundgesetzes durch das deutsche Volk, in: Josef Isensee/Paul Kirchhof (Hrsg.), Handbuch des Staatsrechts der Bundesrepublik Deutschland, Bd. 8, 1. Aufl. Heidelberg 1995, § 197 Rdnr. 114 ff.

73 Anders BVerfGE 89, 155 (180).

sondern um den Hinweis auf das ohnehin Geltende.[74] Mehr als eine „Erinnerung“, eine deklaratorische Anerkennung des ohnehin Gegebenen kann die Norm nicht bieten, entzieht sich die verfassunggebende Gewalt doch gerade der Konstitutionalisierung.

III. Die spanische Verfassunggebung von 1978

„Es ist nicht leicht, eine Chronik zu schreiben, die dem Entstehungsprozeß der spanischen Verfassung gerecht wird. Das Verfahren war einerseits kompliziert und andererseits anarchisch.“[75] So charakterisiert *Antonio López Pina* die Entstehung der Spanischen Verfassung von 1978. Und *Manuel Medina Guerrero* sekundiert: „Sicherlich verlief der spanische Verfassunggebungsprozess nicht gemäß dem idealen Modell einer Verfassunggebung.“[76] Das Besondere des spanischen Falls im diachronen wie synchronen Vergleich ist es, nicht in die oben entfaltete Typologie zu passen.[77] Nach dem Tod *Francos* fand ein schon vorher angelegter, vergleichsweise konsensualer Verfassungsgebungsprozess mit breiter parlamentarischer Basis statt. Es wurde ein „Bruch“ mit der Vergangenheit vollzogen, ohne dass dies revolutionär geschehen wäre oder auch nur ausdrücklich gemacht worden wäre. Der Umbruch wurde als Reform kaschiert, zum „paktierten Umbruch“.[78] Das war kein Zufall, denn es hätte mit großer Sicherheit Reaktionen des abzulösenden Regimes provoziert.[79] So wird der „Bruch“ mit dem Franquismus nicht expliziert, sondern die Präambel wendet sich sogleich der Zukunft zu.[80] Die Spanische Nation wird als Handlungssubjekt in Bezug genommen. Das demokratische Verfassungsprinzip wird als Legitimationsgrundlage benannt, Rechtsstaat und Menschenrechte gesellen sich hinzu. Die Funktion von Verfassungen ist einmal als „Zukunftsbewältigung aus Vergangenheitserfahrung“ charakterisiert worden[81]; die Zukunftsgestaltung erscheint in der Spanischen Verfassung ausdrücklich, die Vergangenheitserfahrung muss man sich hinzudenken, sie wird bewusst nicht expliziert. Institutionell vollzog ein Zweikammerparlament – also gerade keine verfassunggebende Versammlung – den Prozess.[82] Der zwischenzeitlich erhobene Vorschlag, eine Expertenkommission für die

74 *Peter M. Huber*, in: Michael Sachs (Hrsg.), Grundgesetz. Kommentar, 8. Aufl. München 2018, Art. 146 Rdnr. 14.

75 *Antonio López Pina*, Die Entstehung der Verfassung, in: ders. (Hrsg.), Spanisches Verfassungsrecht. Heidelberg 1993, 19–46.

76 *Manuel Medina Guerrero,* Grundlagen und Grundzüge des staatlichen Verfassungsrechts: Spanien, in: Armin von Bogdandy/Pedro Cruz Villalón/Huber (Hrsg.), Handbuch Ius Publicum Europaeum, Bd. 1. Heidelberg 2007, § 11 Rdnr. 6.

77 Vgl. auch *Raúl Morodo*, Randbemerkungen zur Präambel, in: López Pina (Hrsg.), Spanisches Verfassungsrecht. Heidelberg 1993, 47 ff. (48): „untypischer (...) verfassungsgebender Prozeß“

78 *Antonio López Pina*, Die spanische Staatsrechtslehre, in: ders. (Hrsg.), Spanisches Verfassungsrecht. Heidelberg 1993, 19–46 (26).

79 *López Pina* (wie Anm. 78), 1 f.: „ denn in Spanien durfte seinerzeit kein *Umbruch (ruptura)* zwischen der Diktatur und der Etablierung der Demokratie stattfinden. Die politische *Reform* vollzog sich im Rahmen der bestehenden Legalität – und in den Verhandlungen um den politischen Pakt, der der neuen Verfassung als Grundlage dienen sollte, wurde gegen die Übernahme einer Klausel in den Verfassungstext, die den *Bruch* mit dem Franquismus bedeutet hätte, ein Veto eingelegt.“

80 Zu dieser etwa *Morodo* (wie Anm. 77), 47 ff. , v.a. 51 ff.

81 *Michael Kloepfer*, Verfassungsgebung als Zukunftsbewältigung aus Vergangenheitserfahrung. Berlin 1994.

82 *Medina Guerrero* (wie Anm. 76), Rdnr. 6.

Ausarbeitung von Vorschlägen zu berufen wurde zugunsten der Erarbeitung im Parlament verworfen. Der noch vom alten Regime als Generalsekretär der Nationalen Bewegung installierte *Adolfo Suárez* kündigte zeitnah an, künftig mit Zustimmung der Regierten zu regieren und initiierte das Gesetz zur politische Reform (*Ley para la reforma politica*) 1976, das die schrittweise Abkehr vom Franco-Regime organisierte.[83] Zentral war darin die Berufung auf das Prinzip der Volkssouveränität, die Gesetzesbindung des Staatshandelns sowie auf alle Staatsgewalt bindende Grundrechte. Bemerkenswerter Weise wurden die bestehenden Staatsgrundgesetze (*Leyes Fundamentales*)[84] zunächst nicht revidiert, auch wenn die neu postulierten Prinzipien mit ihnen in der Sache unvereinbar waren. Das ermöglichte es den noch franquistischen Cortes, zuzustimmen. Das war dann ausgerechnet den demokratischen Kräften zu wenig, die daher zum Boykott der über das Gesetz angesetzten Volksabstimmung aufriefen. Aufgrund der fast Dreiviertelmehrheit an Zustimmung bei guter Beteiligung konnte dann der Übergangsprozess dennoch fortgeführt werden indem zunächst ein neues demokratisches Wahlrecht installiert wurde. Die inzwischen demokratisch legitimierten Cortes, ein Zwei-Kammer-Parlament und nicht eine verfassunggebende Versammlung, übernahmen das Heft des Handelns. „Der atypische Charakter dieses Verfassungsgebungsprozesses, der auch die lange Dauer des Prozesses miterklärt, förderte entscheidend eine wesentliche Eigenschaft der spanischen Verfassung von 1978: ihren Charakter als eine ‚Constitutición de consenso', eine ‚Verfassung des Konsenses', welche von der ganz überwiegenden Mehrheit der politischen und sozialen Kräfte gleichermaßen unterstützt wird. Im Gegensatz zur vorherigen spanischen Verfassungsgeschichte, in der die verschiedenen Verfassungstexte stets Ausdruck von Ideologie und Interessen eines Teils der Bevölkerung gewesen sind, existiert eine allgemeine Übereinstimmung über den Inhalt der Verfassung von 1978."[85]

83 Vgl. in diesem Band *Alejandro Saiz Arnaiz*, La transición española y la lucha por una nueva contitución.
84 Vgl. *Medina Guerrero* (wie Anm. 76), Rdnr. 1.
85 Ebd., Rdnr. 7.

Die südeuropäischen Transformationsverfassungen der 1970er Jahre im Vergleich – Griechenland, Portugal, Spanien

Karl-Peter Sommermann

I. Einführung

Verfassunggebung ist idealtypisch ein Akt politischer Selbstbestimmung des Volkes. Die Wahrscheinlichkeit, dass eine Verfassung erfolgreich ist, steigt, wenn sie als normativer Entwurf der Zukunft von einem breiten Reformwillen getragen wird und den Entwicklungsmöglichkeiten in der Verfassungswirklichkeit antizipierend Rechnung trägt.

Eine solch allgemeine Annahme erscheint plausibel. Sie liegt nahe, sagt allerdings nur bedingt etwas darüber aus, welche konkreten Voraussetzungen gegeben sein müssen, damit Verfassunggebung gelingt und Verfassungen die in sie gesetzten Erwartungen erfüllen. Gibt es in jeder Gesellschaft einen *constitutional moment*[1], einen *kairós*[2], der für einen Neuanfang und Neuentwurf der gesellschaftlichen und politischen Ordnung besonders günstig ist? Bei der Beantwortung der Frage kann eine vergleichende Betrachtung der verfassunggebenden Prozesse verschiedener Staaten aufschlussreich sein. Die folgende Skizze nimmt die in den 1970er Jahren in Kraft getretenen Verfassungen Griechenlands (1975), Portugals (1976) und Spaniens (1978) in den Blick, und damit die zweite Welle der Verfassunggebung in Europa nach dem Zweiten Weltkrieg.

Die drei südeuropäischen Verfassungen stehen für die Überwindung einer Diktatur und einer Entscheidung für die Demokratie, weisen indes erhebliche Unterschiede auf. Zur Beantwortung der eingangs gestellten Frage, die einen breit angelegten Vergleich erfordert, kann die nachfolgende Analyse lediglich einen kleinen Beitrag leisten. Dies soll dadurch geschehen, dass zunächst die jeweilige Ausgangslage in den drei Staaten und sodann der verfassunggebende Prozess in vergleichender Perspektive skizziert werden, um anschließend das Ergebnis der Verfassunggebung, die drei Verfassungen, in den Blick zu nehmen. Zugleich soll ein Augenmerk darauf gerichtet werden, inwiefern sich in den Verfassungen die besonderen Umstände des verfassunggebenden Prozesses widerspiegeln.

1 Begriff von *Bruce Ackerman*, We the People, Volume 1: Foundations. Cambridge (Mass.)/London 1991, u.a. 51, 56, 84.

2 Zu dem auf Aristoteles (Nikomachische Ethik I 4 1096a 23–29; II 5 1106b 21–23) zurückgehenden Konzept des Καιρός in seiner Anwendung auf einen günstigen Augenblick der Verfassunggebung oder Rechtsetzung vgl. etwa *Stephan Kirste*, Innovatives Verwaltungsrecht und Verwaltungsreform, in: Giancarlo Corsi/Elena Esposito (Hrsg.), Reform und Innovation in einer unstabilen Gesellschaft. Stuttgart 2005, 107; *Catherine Dupré*, The Age of Dignity: Human Rights and Constitutionalism in Europe. Oxford 2015, 157 ff.

II. Anlass und Ausgangspunkt der Verfassunggebung

Die Überwindung der Diktatur in Griechenland, in Portugal und in Spanien beruhte trotz der zeitlichen Nähe auf recht unterschiedlichen Ausgangslagen. Abgesehen davon, dass die Diktatur in Griechenland erheblich kürzer gedauert hatte als in den iberischen Staaten, werden bei einer Betrachtung der maßgeblichen politischen Kräfte weitere wesentliche Unterschiede deutlich.

1. Überwindung der Diktatur

In *Griechenland* war eine Militärregierung seit dem Staatsstreich vom 21. April 1967 sieben Jahre lang an der Macht.[3] Bis November 1973 stand *Georgios Papadopoulos*, an der Spitze, nach dessen Sturz, der auf die blutige Niederschlagung der Studentenproteste an der Polytechnischen Hochschule[4] folgte, *Dimitrios Ioannidis*, der seinerseits *Phaidon Gizikis* zum Staatspräsidenten erhob. Als der innenpolitische Druck, auch infolge wirtschaftlicher Schwierigkeiten, zu groß wurde und das Land durch den griechisch-türkischen Konflikt, die sog. Zypern-Krise, in erhebliche außenpolitische Schwierigkeiten geriet, trat die Militärregierung im Juli 1974 ab.[5] Sie übertrug die Geschäfte einer Zivilregierung unter *Konstantinos Karamanlis*, der aus dem Pariser Exil zurückgeholt wurde. Dieser beseitigte am 1. August 1974 durch einen „Verfassungsakt" die Institutionen des Militärregimes und setzte bis zur Verabschiedung einer neuen Verfassung die Verfassung von 1952 wieder in Kraft.[6]

In *Portugal* hielt sich das autoritäre Salazar-Regime über 40 Jahre. Es hatte die Schaffung eines korporativ gegliederten „Estado Novo" zum Ziel.[7] Der Ökonom *António de Oliveira Salazar* wurde 1968 von *Marcelo Caetano* im Amt des „Ministerpräsidenten" abgelöst. Zum Sturz des Regimes durch eine Gruppe junger Offiziere, das *Movimento das Forças Armadas* (MFA; Bewegung der Streikräfte), kam es im April 1974 angesichts innenpolitischer und wirtschaftlicher sowie außenpolitischer Schwierigkeiten, darunter die Auseinandersetzungen mit den Befreiungsbewegungen in den Kolonien, insbesondere in Angola und Moçam-

3 Dazu *Janis Nalbadidacis*, Geburtshelfer der Demokratie. Die Militärdiktatur in Griechenland, 1967–1974, in: Jörg Ganzenmüller (Hrsg.), Europas vergessene Diktaturen? Diktatur und Diktaturüberwindung in Spanien, Portugal und Griechenland. Köln u.a. 2018, 91–109; *Adamentios Theodor Skordos*, Das späte Ende des Bürgerkriegs. Die Diktatur der Obristen und deren Überwindung als politische Zäsur in der griechischen Geschichte des 20. Jahrhunderts, ebd., 155 ff.

4 Zur Rolle der Studentenproteste *Janis Nalbadidacis*, Im Schatten der ‚Generation Polytechnio'. Erinnerungen der ‚Generation Z' an die Militärdiktatur, in: Ganzenmüller, Europas vergessene Diktaturen, 227–250.

5 Vgl. dazu *Antoine M. Pantélis*, Les grands problèmes de la nouvelle Constitution hellénique. Paris 1979, 88 ff.

6 *Marie-Françoise Rigaux*, La théorie des limites matérielles à l'exercice de la fonction constituante, Tome I, Diss. Univ. Catholique de Louvain 1984, 85.

7 Dazu *Jacques Georgel*, Le salazarisme. Histoire et bilan 1926–1974. Paris 1981; *José Joaquim Gomes Canotilho*, Direito Constitucional. 6. Aufl. Coimbra 1993, 328 ff.; *Winfried Kreutzer*, Geschichte Portugals. Stuttgart 2013, 175 ff.; *Walther L. Bernecker/Horst Pietschmann*, Geschichte Portugals. 3. Aufl. München 2014, 105 ff.

bique (sog. „Nelkenrevolution“).[8] Drei Wochen später wurde eine kurze provisorische Verfassung verkündet.[9] Die Dekolonisierung wurde eingeleitet.[10]

Nimmt man die Jahre des Bürgerkriegs (1936–1939) hinzu, so herrschte in *Spanien* das sich – vor allem in der Anfangszeit – als brutale Diktatur erweisende[11] Franco-Regime bereits nahezu 40 Jahre[12], als der „Caudillo“ *Francisco Franco* am 20. November 1975 starb und ein Prozess des Übergangs zur Demokratie einsetzte, die „transición“. Keine Revolution und kein Putsch fanden statt; es kam nicht zu einer *ruptura*. Kritisch sollte später *Jorge Semprún* äußern, die spanische Gesellschaft habe sich „mit erdrückender Mehrheit [...] für eine kollektive und gewollte Amnesie entschied[en], um das Wunder eines friedlichen Übergangs zur Demokratie zu schaffen“.[13]

2. *Gestaltung der Übergangszeit*

Die Unterschiede in der Ausgangslage der drei Länder prägten auch die Gestaltung der Übergangszeit. In *Griechenland* wurde zunächst bis zur Verabschiedung eines neuen Grundgesetzes die monarchische Verfassung von 1952 wieder in Kraft gesetzt, allerdings die Staatsleitungsfunktion des Monarchen durch die des Präsidenten ersetzt und noch im Jahr 1974 die Abschaffung der Monarchie durch ein Referendum bestätigt.[14] Demgegenüber suchte man in Portugal und Spanien Übergangslösungen ohne Rückgriff auf frühere Verfassungen.

In *Portugal*, wo die neue Militärführung unter General *António de Spínola*, „Präsident der Junta der Nationalen Rettung“, unmittelbar nach der Revolution ein vorläufiges Verfassungsinstrument erlassen hatte[15], wurde dieses im März 1975 durch ein Revolutionsverfassungsgesetz ersetzt, das die Junta und den Staatsrat auflöste und an ihrer Stelle einen Revolutionsrat des Militärs installierte, dem der Präsident der Republik vorsaß und der eine

8 Vgl. *Antonio Muñoz Sánchez*, Die Nelkenrevolution in Portugal 1974–1975, in: Ganzenmüller, Europas vergessene Diktaturen, 131–154; *Urte Sperling*, Die Nelkenrevolution in Portugal. 3. Aufl. Köln 2019, 45 ff.

9 Lei n.º 3/74 v. 14.5.1974 (Diário do Governo n.º 112/1974, Série I de 1974-05-14). Durch Lei n.º 2/74 vom selben Tage wurden die Nationalversammlung und die Korporativkammer abgeschafft, vgl. dazu *André Thomashausen*, Verfassung und Verfassungswirklichkeit in Portugal. Berlin 1981, 66 ff.

10 Lei n.º 7/74 de 27 de Julho (Diário do Governo n.º 174/1974, 1º Suplemento, Série I de 1974-07-27). Art. 2 lautet: „O reconhecimento do direito à autodeterminação, com todas as suas consequências, inclui a aceitação da independência dos territórios ultramarinos e a derrogação da parte correspondente do artigo 1.º da Constituição Política de 1933.“

11 Eindrücklich die Darstellung und Dokumentation bei *Francisco Moreno Gómez*, La victoria sangrienta 1939–1945. Un estudio de la gran represión franquista, para el Memorial Democrático de España. Madrid 2014.

12 Zur Diktatur Francos vgl. nur *Javier Tusell*, La dictadura de Franco. Madrid 1988 (mit einem Vergleich zwischen Franquismus und Salazarismus auf S. 306–353); *Stanley G. Payne*, The Franco Regime, 1936–1975. London 1987; eine instruktive Synthese bei *Óscar Rodríguez Barreira*, La dictadura franquista: 1939–1975, in: José Álvarez Junco/Adrian Shubert (Hrsg.), Nueva historia de la España contemporánea (1808–2018). Barcelona 2018, 183–209.

13 Jorge Semprún, zitiert nach *Ulrike Capedón*, Spaniens Übergang zur Demokratie und Westintegration. Von der ausbleibenden Auseinandersetzung mit der Franco-Diktatur zur Abkehr vom Transitionskonsens, in: Ganzenmüller (Hrsg.), Europas vergessene Diktaturen, 113.

14 *Pantélis*, Les grands problèmes, 104; zur Verfassung von 1952 ebd., 38–66.

15 Vgl. *Thomashausen*, Verfassung und Verfassungswirklichkeit.

zentrale Rolle in der Staatsleitung einnahm.[16] Im Revolutionsrat hatten kommunistische Kräfte die Oberhand. Unmittelbar darauf[17] wurden durch präsidiale Dekrete Banken und Industrien verstaatlicht sowie zur Durchsetzung einer tiefgreifenden Agrarreform Enteignungen vorgenommen, die insbesondere auf die Verhältnisse im Alentejo zielten.[18] Am 25. April 1975 fanden Wahlen zu einer verfassunggebenden Versammlung statt, in der die Parteien, die eine parlamentarische Demokratie anstrebten, siegten. Der *Partido Socialista* (PS; die sozialistische Partei) erhielt 38% der Stimmen, der *Partido Popular Democrático* (PPD; die liberale Demokratische Volkspartei) 26,5%, der *Centro Democrático e Social* (CDS; die Zentrumsdemokraten) 7,6%; der von Álvaro Cunhal geführte *Partido Comunista Português* (PCP; die Kommunistische Partei) errang zusammen mit kommunistischen Gruppierungen nur 16,6% der Stimmen.[19] Der Revolutionsrat reagierte gegen den von ihm als „Konterrevolution" wahrgenommenen Ausgang der Wahlen u.a. mit Bücherverbrennungen, Kontrolle über Massenmedien und politischer Verfolgung, auch gegenüber rivalisierenden Maoisten. Portugal befand sich in einer kritischen Phase; es bestand die Gefahr eines jakobinischen Moments.

In *Spanien* verlief die *Transición*, obwohl es gewalttätige rechts- und linksextreme sowie independentistische Gruppierungen gab, insgesamt deutlich ruhiger und geordneter. Es waren Vertreter des alten Regimes, die die Demokratisierung einleiteten, zunächst durch erste Reformansätze unter Ministerpräsident *Arias Navarro*, sodann ab Juli 1976 durch entschiedene Reformschritte der Regierung *Adolfo Suárez*, der ursprünglich aus dem *Movimiento Nacional* stammte und durch die ersten demokratischen Wahlen am 15. Juni 1977 im Amt bestätigt wurde.[20] Das wichtigste Gesetz, das noch vor den Wahlen erlassen und von einigen als „Achtes Grundgesetz" (*Octava Ley Fundamental*) bezeichnet wurde[21] (anspielend auf die sieben Grundgesetze, die die franquistische Verfassungsordnung bildeten), war das Gesetz über die politische Reform (*Ley para la Reforma Política*) vom 4. Januar 1977[22]. Das durch Referendum am 15. Dezember 1976 mit mehr als 94% der abgegebenen Stimmen vom Volk angenommene Gesetz enthält fünf Artikel und drei Übergangsbestimmungen sowie ein Bekenntnis zur Demokratie mit freien Wahlen, zum Vorrang des Gesetzes und zur unmittelbaren Bindung der staatlichen Gewalt an die Grundrechte. Bei den Wahlen im Juni 1977 erlangte die von Suárez geführte *Unión de Centro Democrático* (UCD; Union des demokratischen Zentrums) 34,7% der Stimmen und 165 der 350 Sitze, der *Partido Socialista Obrero Español* (PSOE; spanische sozialistische Arbeiterpartei) 29,2% der Stimmen und 118 Sitze, der Partido Comunista de España (PCE; Kommunistische Partei Spaniens) 9,2% und 20 Sitze, die rechtsstehende Alianza Popular (AP; Volksallianz) 8,2% der Stimmen und 16

16 Lei 5/75, de 14 de Março (Diário do Governo n.º 62/1975, 1º Suplemento, Série I de 1975-03-14).

17 Vgl. bereits den Decreto-lei 132-A/75 vom selben Tage (Diário do Governo n.º 62/1975, 1º Suplemento, Série I de 1975-03-14).

18 Vgl. im Einzelnen *Thomashausen*, Verfassung und Verfassungswirklichkeit, 120 ff.;

19 *Thomashausen*, Verfassung und Verfassungswirklichkeit,135, 498.

20 Dazu näher *Karl-Peter Sommermann*, Der Schutz der Grundrechte in Spanien nach der Verfassung von 1978. Berlin 1984, 66–84.

21 Anknüpfend an *Pablo Lucas Verdú*, La Octava Ley Fundamental. Crítica jurídico-política de la Reforma Suárez. Madrid 1976.

22 Ley 1/1977, de 4 de enero, para la Reforma Política («BOE» núm. 4, de 5 de enero de 1977). In deutscher Übersetzung abgedruckt bei *Raimund Beck*, Die staats- und verfassungsrechtliche Entwicklung in Spanien (1972–1977), in: JöR N.F. 26, 1977, 279, 312 f.

Sitze; die bürgerlichen „nationalistischen“ Parteien des Baskenlandes und Kataloniens erhielten zusammen 19 Sitze.[23]

3. Formierung der demokratischen politischen Kräfte

Während die politischen Kräfte in Portugal und Spanien bald ein differenziertes programmatisches Spektrum zeigten, dominierte in *Griechenland* deutlich die konservativ-liberale *Nea Dimokratia* (Neue Demokratie) von Ministerpräsident Karamanlis, die bei den Parlamentswahlen von November 1974 eine absolute Mehrheit von 54,4% der Stimmen und 220 von 300 Sitzen im Parlament errungen hatte. Die „Union der Neuen Kräfte des Zentrums“ war bei 20,4% der Stimmen mit 60 Sitzen vertreten, die kurz zuvor im September von *Andreas Papandreou* gegründete *Panellinio Sosialistiko Kinima* (PASOK; panhellenische sozialistische Bewegung) bei 13,6% der Stimmen mit 12 Sitzen und die Vereinigte Linke bei 9,5% der Stimmen mit 8 Sitzen.[24] Die starke Dominanz der *Nea Dimokratia* hatte später zur Folge, dass sich die Opposition von der Ausarbeitung der Verfassung zurückzog.

In *Portugal* hatte die revolutionäre Entwicklung zur teilweisen Radikalisierung politischer Parteien und Gruppierungen geführt. Die leninistischen Kräfte sicherten sich durch den Revolutionsrat Einfluss auf den weiteren Gang der Dinge, auch nachdem bei den Wahlen zur Verfassunggebenden Versammlung die gemäßigteren politischen Kräfte eine deutliche Mehrheit erhalten hatten.[25] Angesichts einer weiteren Radikalisierung in der politischen Führung und erheblicher Einschränkungen der Pressefreiheit traten die Vertreter der von *Mário Soares* gegründeten Sozialistischen Partei, die das Ziel eines „demokratischen Sozialismus“ verfolgte, im Juli 1975 aus der Regierung aus. Der PS wurde damit aus Sicht der Revolutionäre zur Spitze der „Konterrevolution“.[26] Nach der Verstaatlichung des von der katholischen Kirche betriebenen „Radio Renascença“ wurde auch diese zur Unterstützerin des PS, dessen Zusammenarbeit mit den verschiedenen politischen Kräften in der Verfassunggebenden Versammlung zur Voraussetzung für einen Erfolg wurde.

Für *Spanien* ist kennzeichnend, dass die politischen Parteien das Ziel einte, eine tragfähige demokratische Verfassung zu erarbeiten, die ein friedliches Zusammenleben aller sicherstellen sollte. Die Erfahrungen des spanischen Bürgerkriegs von 1936 bis 1939 standen mahnend vor Augen. Demgemäß wurde konstruktiv um einvernehmliche Regelungen gerungen. Bei der Suche nach konsensuellen Lösungen, die eine erneute Spaltung der Nation in „dos Españas“ verhindern sollten, spielte Ministerpräsident Adolfo Suárez eine entscheidende Rolle.[27] Er suchte früh das Gespräch mit allen Parteiführern, auch mit *Santiago Carrillo*, dem Führer der Kommunistischen Partei, die zu diesem Zeitpunkt noch verboten war. Der konsensorientierte Ansatz manifestierte sich deutlich in den im Oktober 1977 vereinbarten sogenannten Pakten von Moncloa, die aus seinem Treffen mit den Parteiführern hervorgingen. In ihnen finden sich gemeinsame Standpunkte zur Wirtschafts- und Sozi-

23 Vgl. im Einzelnen *Sommermann,* Der Schutz der Grundrechte in Spanien, 72 f.

24 *Pantélis,* Les grands problèmes, 115; *Richard Clogg,* A Concise History of Greece. 2. Aufl. Cambridge 2002, 265.

25 Siehe soeben unter 2.

26 *Thomashausen*, Verfassung und Verfassungswirklichkeit, 140 ff.

27 Vgl. *Juan Francisco Fuentes*, Adolfo Suárez, in: José Álvarez Junco/Adrian Shubert (Hrsg.), Nueva historia de la España contemporánea (1808–2018). Barcelona 2018, 785, 789 f.

alpolitik (wirtschaftlicher Pakt) und zur Rechtspolitik (politischer Pakt).[28] Adolfo Suárez gelang es, das Vertrauen der verschiedenen politischen Kräfte zu erwerben und mit Geschick und Hartnäckigkeit gemeinsame Ziele zu formulieren und einvernehmlich Strategien zu ihrer Verwirklichung zu entwickeln. Er war für Spanien die richtige Person zur rechten Zeit, wenn nicht gar – angesichts seiner Bedeutung für die Entwicklung der Demokratie in Europa – ein „welthistorisches Individuum" im Hegelschen Sinne.[29]

III. Der verfassunggebende Prozess

Bereits die dargelegten unterschiedlichen Ausgangsbedingungen in den drei südeuropäischen Ländern lassen eine unterschiedliche Dynamik bei der Ausarbeitung der Verfassungen vermuten. Dies bestätigt sich, wenn man die Dauer und Strukturierung des Prozesses der Ausarbeitung der Verfassungen sowie die maßgeblichen Akteure und das Annahmeverfahren in den Blick nimmt.

1. Die Dauer der Ausarbeitung der Verfassung

Zunächst fällt die unterschiedliche Dauer der Ausarbeitung der Verfassung auf. In Griechenland betrug sie fünf Monate, in Portugal zehn Monate und in Spanien 15 Monate.

In *Griechenland* richtete das Parlament am 9. Dezember 1974 eine Verfassungskommission ein, die den Auftrag erhielt, die Verfassung von 1952, ihrerseits eine modifizierte Fassung der Verfassung von 1911, zu überarbeiten und zu ergänzen.[30] Dazu legte die Regierung am 8. Januar 1975 einen Verfassungsentwurf vor. Bereits am 7. Juni 1975 wurde die Verfassung vom Parlament angenommen.

In *Portugal* bestimmte der Revolutionsrat maßgeblich die Dauer des Prozesses. Zunächst war die Frist für die Verabschiedung der Verfassung durch Verfassungsgesetz vom 14. Mai 1974 auf 90 Tage festgesetzt worden. Die notwendigen Verlängerungen nutzte der Revolutionsrat als Druckmittel; er stimmte jeweils erst im letzten Moment einer Verlängerung zu.[31] Die Verfassunggebende Versammlung arbeitete letztlich vom 2. Juni 1975 bis zum 2. April 1976.

In *Spanien* trat der Verfassungsausschuss (Comisión de Asuntos Constitucionales y Libertades Públicas) am 1. August 1977 zusammen. Am 31. Oktober 1978 verabschiedeten die beiden Kammern des Kongresses (Deputiertenkammer und Senat) die Verfassung, die am 6. Dezember 1978 durch das Volk angenommen wurde.

28 *Sommermann*, Schutz der Grundrechte, 78 f.

29 *Georg Wilhelm Friedrich Hegel*, Vorlesungen über die Philosophie der Geschichte. 3. Aufl. (hrsg. von Eduard Gans) Berlin 1848, Einleitung, 37.

30 *Pantélis*, Les grands problèmes, 125.

31 *Thomashausen*, Verfassung und Verfassungswirklichkeit 183 ff.

2. *Die Akteure im Prozess der Ausarbeitung der Verfassung*

In *Griechenland* waren zivile Politiker, die nicht zum alten Regime gehörten, an die Stelle der Militärs getreten. Bei der Ausarbeitung der Verfassung erwiesen sich sodann die Regierung und die Verfassungskommission als die maßgeblichen Akteure. Bereits in den Beratungen in den beiden Verfassungsunterausschüssen, die 19 bzw. 16 Sitzungstage umfassten, zeichneten sich schwer zu vereinbarende Positionen zwischen der Regierungspartei und der Opposition ab. Die Verfassungskommission legte ihren Entwurf in zwei Teilen am 20. und 28. März 1975 vor; die Beratung im Plenum des Parlaments begann am 27. März 1975. Obwohl nach Angaben der Regierung 140 Änderungsanträgen der Opposition Rechnung getragen wurde, nahmen deren Abgeordnete schließlich ab dem 21. Mai 1975 nicht mehr an den Verfassungsberatungen teil.[32]

Demgegenüber spielte in *Portugal* der von den revolutionären Kräften des Militärs, dem *Movimento das Forças Armadas* eingesetzte Revolutionsrat eine wichtige Rolle. Um seinen Einfluss auszuüben, schreckte der Präsident als Vorsitzender des Revolutionsrats nicht vor Schikanen gegenüber der verfassunggebenden Versammlung zurück. So drohte er, die jeweiligen Fristen zur Beratung der Verfassung nicht zu verlängern, oder verweigerte er die Zahlung von Überstunden der Stenografen. In der Verfassung wurde der Revolutionsrat als ein Verfassungsorgan verankert, das u.a. das ordnungsgemäße Funktionieren der demokratischen Institutionen und die Verfassungsmäßigkeit ihres Handelns gewährleisten sollte (Art. 142 der Verfassung). Erst durch die Verfassungsänderung von 1982[33] wurde der Revolutionsrat später abgeschafft und wieder durch den Staatsrat ersetzt. Die Beratungen in der Verfassunggebenden Versammlung umfassten „insgesamt 132 Plenarsitzungen, die sich über rund 500 Stunden erstreckten und 327 Sitzungen der 13 Ausschüsse [...], die insgesamt rund 1000 Stunden tagten".[34] Bei der Suche nach tragfähigen Kompromissen kam der von Mário Soares geführten Sozialistischen Partei, die über 116 der insgesamt 250 Sitze verfügte, eine Schlüsselrolle zu, die angesichts der wechselnden Abstimmungsmehrheiten häufig einen „politischen Seilakt zwischen Demokratie und Sozialismus"[35] erforderte.

In *Spanien* spielte die vom Verfassungsausschuss eingesetzte *Ponencia* (Redaktionsausschuss) eine besondere Rolle. Ihr gehörten sieben Abgeordnete unterschiedlicher Parteien an, gemäß dem Ziel, einen möglichst weitreichenden Verfassungskonsens zu erzielen. Mitglieder waren für die UCD *Gabriel Cisneros Laborda* (Soria), *Miguel Herrero y Rodriguez de Miñón* (Madrid) und *José Pedro Pérez-Llorca Rodrigo* (Madrid), für die PSOE *Gregorio Peces-Barba Martínez* (Valladolid), für die PCE und die PSUC (katalanische kommunistische Partei) *Jordi Solé Tura*, für die AP *Manuel Fraga Iribarne* (Madrid) und für die katalanische und baskische Minderheit *Miquel Roca i Junyent* (Barcelona). Am 25. November 1977 wurde ein erster Vorentwurf (*borrador*) bekannt und am 24. Dezember 1977 der offizielle Entwurf präsentiert. Zu diesem Entwurf wurden zahlreiche Stellungnahmen und Änderungsanträge abgegeben. Die *Ponencia* prüfte insgesamt 3200 Anträge und legte dazu am 17. April 1978 einen sogenannten „Informe" vor, der einen geänderten Text des Entwurfes zusammen mit

32 Näher zum Ablauf des verfassunggebenden Prozesses *Pantélis,* Les grands problèmes, 124–134.

33 Lei Constitucional n.º 1/82 (Diário da República n.º 227/1982, Série I de 1982-09-30).

34 *Thomashausen*, Verfassung und Verfassungswirklichkeit, 176. Ausführlich zum verfassunggebenden Prozess ebd. 176–211.

35 Ebd. 180.

den Begründungen für die Annahme bzw. Verwerfung der Anträge enthielt. Daran schlossen sich die Beratungen des Verfassungsausschusses an, die 24 Sitzungstage umfassten und mit der Vorlage eines überarbeiteten Textes des Verfassungsentwurfs endeten. Das Plenum des Kongresses verabschiedete eine nochmals leicht geänderte Fassung am 21. Juli 1978. Die anschließende Beratung im Senat führte zu neuen Änderungsanträgen, für die in einem gemischten Ausschuss eine gemeinsame Lösung der beiden Kammern gefunden wurde, die am 31. Oktober 1978 die Verfassung in getrennten Sitzungen verabschiedeten.[36]

3. Die Annahme der Verfassung

Verfahren zur Annahme der Verfassungen weisen ebenfalls deutliche Unterschiede auf. In *Griechenland* war es das Parlament, das mit den Stimmen der Abgeordneten der *Nea Dimokratia* und ohne die Stimmen der Oppositionsabgeordneten, die den Verfassungsberatungen seit dem 21. Mai ferngeblieben waren, die Verfassung am 7. Juni 1975 annahm.[37] Am selben Tag verabschiedete es ein Verfassungsgesetz[38], durch das die neue Verfassung mit Wirkung vom 11. Juni 1975 in Kraft gesetzt wurde. Wenige Tage später wählte das Parlament, wie in der Verfassung vorgesehen, den Präsidenten der Republik, *Konstantin Tsatsos.*

In *Portugal* wurde die Verfassung von der verfassunggebenden Versammlung in ihrer letzten Sitzung am 2. April 1976 angenommen; dagegen stimmten die Abgeordneten des *Centro Democrático e Social.* Nach vorheriger „Begutachtung" durch den Revolutionsrat[39] erfolgte die Verkündung durch Dekret des Präsidenten vom 10. April 1976.[40] Die Verfassung trat am 25. April 1976 in Kraft.

Anders als in Griechenland und Portugal wurde in *Spanien* die Verfassung dem Volk zur Annahme unterbreitet. Das am 6. Dezember 1978 abgehaltene Referendum ergab bei einer Abstimmungsbeteiligung von rund 67% der Wahlberechtigten 88% Ja-Stimmen und 8% Nein-Stimmen; 4% leere oder ungültige Stimmzettel wurden abgegeben. Zuvor hatten, wie erwähnt, die beiden Kammern die Verfassung angenommen, und zwar mit großer Mehrheit: Im Kongress hatten 316 Abgeordnete für die Verfassung gestimmt, bei sechs Nein-Stimmen und drei Enthaltungen; im Senat 226 Senatoren bei fünf Nein-Stimmen und acht Enthaltungen. Am 27. Dezember 1978 bestätigte der König in einer gemeinsamen Sitzung von Kongress und Senat die Verfassung, die am 29. Dezember 1978 mit ihrer Veröffentlichung im spanischen Amtsblatt in Kraft trat.[41] Die Abstimmungsergebnisse in den Kammern und beim Referendum spiegeln somit einen breiten politischen Konsens wider.

36 Zum verfassunggebenden Prozess in Spanien näher *Sommermann,* Schutz der Grundrechte, 84 ff.
37 *Pantélis,* Les grands problèmes, 133.
38 Deutsche Übersetzung der Verfassung von *Podromos Dagtoglou* in: JöR N.F. Bd. 32 (1983), 360–393.
39 *Thomashausen,* Verfassung und Verfassungswirklichkeit, 183, 186.
40 Decreto de Aprovação da Constituição - Diário da República n.º 86/1976, Série I de 1976-04-10.
41 Boletín Oficial del Estado («BOE») núm 311, 1-6 v. 29.12.1978, dort abgedruckt in sechs Sprachfassungen: Kastilisch, Mallorquinisch, Katalanisch, Galicisch, Valenzianisch und Baskisch.

IV. Anknüpfungen und Innovationen

Die Ergebnisse der drei verfassunggebenden Prozesse weisen schon rein äußerlich deutliche Unterschiede auf. Die griechische Verfassung wirkt auf den ersten Blick mit 120 Artikeln nahezu asketisch, ein Eindruck, der sich allerdings angesichts des hohen Detailliertheitsgrads und der daraus resultierenden Länge der Artikel im staatsorganisatorischen Teil relativiert. Gleichsam barock präsentiert sich hingegen die portugiesische Verfassung mit 312 Artikeln, in denen sich auch Reformprogramme und zahlreiche Zukunftsprojektionen finden. Die spanische Verfassung ist mit 169 Artikeln (ohne die Zusatzartikel) zwar nicht als kurz zu bezeichnen; sie erscheint im Vergleich zur portugiesischen Verfassung aber eher moderat und nüchtern. Was den Inhalt anbetrifft, so sollen im Folgenden ausgewählte Elemente des materiellen Verfassungsrechts, der Staatsorganisation und der internationalen Öffnung skizziert werden. Dabei werden Vorbilder in der eigenen Verfassungsgeschichte und Innovationen der jeweiligen Verfassung angesprochen. Die ausländischen Vorbilder, nicht zuletzt das Grundgesetz (im Falle Portugals wäre zudem die DDR-Verfassung von 1968 zu nennen[42]), können nur punktuell Erwähnung finden.[43]

1. Materielles Verfassungsrecht

a) Aufschlussreich sind bereits die jeweils ersten Sätze der Präambeln der drei Verfassungen:

> „Im Namen der Heiligen, Wesensgleichen und Unteilbaren Dreifaltigkeit:
> Das Fünfte Verfassungsändernde Parlament der Hellenen beschließt ..."
>
> *Griechische Verfassung von 1975*
>
> „Am 25. April 1974 krönte die Bewegung der Streitkräfte den langjährigen Widerstand des portugiesischen Volkes mit dem Sturz des faschistischen Regimes und gab damit dem größten Wunsch des Volkes Ausdruck ..."
>
> *Portugiesische Verfassung von 1976*
>
> „Die spanische Nation, von dem Wunsche beseelt, die Gerechtigkeit, die Freiheit und die Sicherheit herzustellen und das Wohl aller ihrer Bürger zu fordern, verkündet in Ausübung ihrer Souveränität ihren Willen ..."
>
> *Spanische Verfassung von 1978*

Die griechische Verfassung stellt sich gleich mit den ersten Worten in die Tradition der Verfassung von 1952, deren Text der Ausgangspunkt die Arbeiten an der neuen Verfassung waren. Trotz der religiösen Bezugnahme in der Präambel und trotz Art. 3, wonach die Östlich-

42 *Thomashausen*, Verfassung und Verfassungswirklichkeit, 181; *Jörg Polakiewicz*, Soziale Grundrechte und Staatszielbestimmungen in den Verfassungsordnungen Italiens, Portugals und Spaniens, in: ZaöRV Bd. 54 (1994), 340, 347.

43 Zum Einfluss ausländischen Verfassungsrechts auf die griechische Verfassung von 1975 vgl. einstweilen *Stylianos-Ioannis G. Koutnatzis*, Grundlagen und Grundzüge staatlichen Verfassungsrechts: Griechenland, in: Armin von Bogdandy/Pedro Cruz Villalón/Peter M. Huber, Handbuch Ius Publicum Europaeum (IPE). Bd. I. Heidelberg 2007, § 3, 151, 158 f.; für die spanische Verfassung von 1978 entsprechend *Manuel Medina Guerrero*, Grundlagen und Grundzüge staatlichen Verfassungsrechts: Spanien, ebd., § 11, 625, 632 ff.

Orthodoxe Kirche Christi die vorherrschende Religion in Griechenland ist, heißt es, die Verfassung strebe einen säkularisierten Staat an.[44] Zunächst steht allerdings die Kontinuität im Vordergrund. Im Gegensatz dazu betont die portugiesische Verfassung ihre revolutionäre Herkunft, wenngleich ihre im operativen Teil niedergelegten sozial- und wirtschaftspolitischen Leitlinien zuweilen an die Zielbestimmungen der Salazar-Verfassung von 1933[45] erinnern. In dem zitierten Auszug aus der Präambel der spanischen Verfassung wird anders als in der republikanischen Verfassung von 1931[46], die in wichtigen Punkten Vorbild war, durch die Bezugnahme auf die Nation an die erste[47] spanische Verfassung, die Verfassung von Cádiz (1812), anknüpft.[48] Zugleich bezieht sich die Präambel auf die Grundwerte und Ziele der neuen politischen Ordnung.

b) In allen drei Verfassungen sind die klassischen Freiheitsrechte verankert. In der griechischen Verfassung von 1975 wurde der 22 Artikel zählende Katalog der Grundrechte gegenüber der Verfassung von 1952 deutlich erweitert, so durch ein Recht auf freie Entfaltung der Persönlichkeit und durch eine umfassende Gewährleistung der Religionsfreiheit, außerdem durch erste soziale Garantien bzw. Gesetzgebungsaufträge sowie durch ein Grundrecht auf gerichtlichen Rechtsschutz.

c) Erheblich weiter geht der Grundrechtskatalog der portugiesischen Verfassung. Er umfasst rund 70 Artikel, davon 37 „Rechte, Freiheiten und Garantien" und 17 „Soziale Rechte und Pflichten". Dabei erklärt Art. 18 im Sinne einer klarstellenden Normativitätsdistinktion nur die Rechte der ersten Gruppe für unmittelbar anwendbar. Das portugiesische Verfassungsgericht hat später aber auch die zweite Gruppe als „echte Grundrechte" bezeichnet und die daraus erwachsenden Schutzpflichten, zum Beispiel im Hinblick auf eine Abwehr von Gesundheitsbeeinträchtigungen[49], sowie die Pflicht zur Wahrung der jeweils erreichten Verwirklichungsstufen der sozialen Rechte[50] betont.

d) Die Technik einer ausdrücklichen Normativitätsdistinktion, wie sie vor der portugiesischen Verfassung bereits die irische Verfassung von 1937 und die indische Verfassung von 1949 kannten[51], verfeinert die spanische Verfassung in innovativer Weise.[52] Der mit „Grundrechte und Grundpflichten" überschriebene und 43 Artikel umfassende Titel I

44 *Vasileios Somarakis*, Les relations entre l'Église semi-autonome de Crète et l'État Grec du point de vue nomocanonique, Diss. Strasbourg 2012, 108 ff. Vgl. aber *Altana Filos*, Die neue griechische Verfassung, in: ZaöRV. Bd. 62 (2002), 993, 1021 f.

45 Constituição de 11 de abril de 1933, Diário do Governo de 22 de Fevereiro de1933.

46 Gaceta de Madrid núm. 343 de 9 Diciembre 1931.

47 Die von Napoleon oktroyierte Verfassung von Bayonne (1808) wird nicht als „spanische" Verfassung angesehen, vgl. die Nachweise bei *Sommermann*, Schutz der Grundrechte in Spanien, 31.

48 Die Verfassung von Cádiz ist abgedruckt in *Jorge de Esteban*, Las Constituciones de España. Madrid 1981, 45 ff. Art. 3 beginnt: „La soberanía reside esencialmente en la Nación ...". Diese Formel findet sich zuerst in Art. 3 Satz 1 der französischen Erklärung der Menschen- und Bürgerrechte von 1789.

49 Vgl. das Urteil (acórdão) 509/2002 v. 19.12.2002 (Diário da República n.° 36/2003, Série I-A de 2003-02-12).

50 Vgl. das Urteil (acórdão) 39/84 v. 11.4.1984 (Diário da República n.° 104/1984, Série I de 1984-05-05).

51 Dazu *Karl-Peter Sommermann*, Staatsziele und Staatszielbestimmungen. Tübingen 1997, 336 ff.

52 Dazu näher *Sommermann*, Schutz der Grundrechte, 139–190.

etabliert drei Gruppen von Rechten und Garantien, die sich nicht nur hinsichtlich der Normativität, sondern auch hinsichtlich des Schutzregimes unterscheiden. Die Schlüsselnorm ist Art. 53.

Am besten geschützt ist danach die Gruppe der „Grundrechte und öffentlichen Freiheiten" (Art. 15–29), die hauptsächlich die Freiheitsrechte enthalten, aber zum Beispiel auch das Recht auf lückenlosen, effektiven Rechtsschutz und das Recht auf Bildung. Die Rechte dieser *ersten Gruppe* sind unmittelbar anwendbar und bedürfen zu ihrer näheren Ausgestaltung eines Organgesetzes, das nur mit absoluter Mehrheit erlassen werden kann. Gerichtlicher Schutz für diese Rechte wird in einem beschleunigten Verfahren durch die ordentlichen Gerichte sowie nach Erschöpfung des Rechtsweges durch Verfassungsbeschwerde zum Verfassungsgericht gewährt. Der Anklang an das Schutzregime der republikanischen Verfassung ist erkennbar: Die Verfassung von 1931 sah für eine Gruppe von Rechten ebenfalls ein beschleunigtes Verfahren durch *Tribunales de urgencia* vor (sog. *amparo ordinario*) sowie auf einer höheren Stufe eine Verfassungsbeschwerde einem *Tribunal de Garantías Constitucionales* (sog. *amparo constitucional*).[53]

Die Rechte der *zweiten Gruppe* (Art. 30–38), mit „Rechte und Pflichten der Bürger" überschrieben, enthält ebenfalls subjektive Rechte. Darunter finden sich zum Beispiel das Eigentumsrecht, aber auch ein Recht auf Arbeit, welches das spanische Verfassungsgericht letztlich freiheitsrechtlich, als Recht zu arbeiten und „Recht auf Stabilität in der Beschäftigung" gedeutet hat.[54] Diese Rechte genießen nur den allgemeinen Gerichtsschutz und sind auch nicht mit der Verfassungsbeschwerde einklagbar. Allerdings gelingt letzteres häufig in Kombination mit dem Recht auf Gleichbehandlung (Art. 14), das insoweit ausdrücklich der ersten Grundrechtsgruppe zugeschlagen wird (Art. 53 Abs. 2).

Grundsätzlich keine subjektiven Rechte sind aus den Garantien der *dritten Gruppe*, den „Leitprinzipien der Sozial- und Wirtschaftspolitik" (Art. 39–52) herzuleiten. Wie die Staatszielbestimmungen des deutschen Rechts bilden sie verbindliche Leitkriterien für die Gesetzgebung, die vollziehende Gewalt und die Rechtsprechung und können somit auch zum Prüfungsmaßstab für Gesetze werden.

c) Die innovativen Elemente namentlich der portugiesischen und der spanischen Verfassung haben auf nachfolgende Verfassungsgeber und Verfassungsreformen anderer Länder ausgestrahlt. Dies gilt neben den lateinamerikanischen Staaten nicht zuletzt für die Transformationsstaaten Osteuropas. So hat beispielsweise der ungarische Gesetzgeber in das Verfassungsgerichtsgesetz die Rechtsfigur der Verfassungswidrigkeit durch Unterlassen übernommen[55], für die der portugiesische Verfassungsgeber ein eigenes Überprüfungsverfahren vor dem Revolutionsrat geschaffen hatte, das mit der Verfassungsreform von 1982 auf das Verfassungsgericht überging und seitdem z.B. auch durch den Ombudsman (*Provedor de Justiça*) eingeleitet werden kann.[56] In Deutschland hat der sachsen-anhaltinische Verfassunggeber

53 Dazu Ebd., 44 ff.

54 Urteil 22/1981 (Plenarentscheidung) v. 2.7.1981, Cuestión de inconstitucionalidad núm. 223/1980 («BOE» núm. 172, de 20 de julio de 1981), II 8.

55 Dazu *Angela Kerek*, Verfassungsgerichtsbarkeit in Ungarn und Rumänien. Berlin 2010, 242 ff.; *László Sólyom*, Das ungarische Verfassungsgericht, in: Armin von Bogdandy/Christoph Grabenwarter/Peter M. Huber (Hrsg.), Handbuch Ius Publicum Europaeum (IPE). Bd. VI. Heidelberg 2016, § 107, 705, 761 ff.

56 Art. 279 der Verfassung von 1976 („Quando a Constituição não estiver a ser cumprida por omissão

die Technik der Normativitätsdistinktionen, wie sie von der spanischen Verfassung bekannt ist, aufgegriffen. Art. 3 der Verfassung von 1992[57] unterscheidet dabei zwischen „Grundrechten", „Einrichtungsgarantien" und „Staatszielen".

2. *Staatsorganisationsrecht*

Eine vergleichende Analyse der vielschichtigen staatsorganisationsrechtlichen Regelungen der drei Verfassungen erscheint wegen der Unterschiede in den Regierungssystemen und der territorialen Gliederung besonders reizvoll. Auch hier müssen skizzenhafte Andeutungen genügen.

a) In Griechenland war die Monarchie bereits am 8. Dezember 1974, am Tag vor dem Zusammentritt der Verfassungskommission, durch Referendum abgeschafft worden. Das durch die republikanische Verfassung von 1975 eingerichtete parlamentarische System hat durchaus Anklänge an das französische semipräsidentielle Regierungssystem, wenngleich der griechische Präsident vom Parlament gewählt wird und nicht vergleichbare Rechtsetzungsbefugnisse besitzt. Eher ist es die Dyarchie des Präsidenten und des von ihm ernannten Ministerpräsidenten, die an die französische Verfassung erinnert.[58] Man hat die griechische Lösung als einen Mittelweg zwischen dem französischen und dem deutschen Regierungssystem beschrieben.[59] Im Hinblick auf die Anerkennung kommunaler Selbstverwaltung kann Griechenland als ansatzweise dezentralisierter Einheitsstaat bezeichnet werden.[60] Was die Verfassungskontrolle anbetrifft, so verfügt Griechenland mit dem „Besonderen Obersten Gerichtshof" (*Anotato Eidik Dikastirio*) lediglich über eine sehr limitierte Verfassungsgerichtsbarkeit.[61] Bei der Ausübung der überwiegend „diffusen" Verfassungskontrolle (im Unterschied zu der „konzentrierten" Verfassungskontrolle durch ein Verfassungsgericht[62]) nimmt nicht zuletzt das Oberste Verwaltungsgericht eine wichtige Funktion wahr.[63]

das medidas legislativas necessárias para tornar exequíveis as normas constitucionais, o Conselho da Revolução poderá recomendar aos órgãos legislativos competentes que as emitam em tempo razoável.") wurde mit der Verfassungsreform von 1982 durch folgenden Art. 283 ersetzt: „A requerimento do Presidente da República, do Provedor de Justiça ou, com fundamento em violação de direitos das regiões autónomas, dos presidentes das Assembleias Legislativas das regiões autónomas, o Tribunal Constitucional aprecia e verifica o não cumprimento da Constituição por omissão das medidas legislativas necessárias para tornar exequíveis as normas constitucionais." Vgl.

57 GVBl. Sachsen-Anhalt 1992, 243.

58 *Pantélis*, Les grands problèmes, 167.

59 So *Karamanlis*, zitiert bei *Pantélis*, ebd.

60 Vgl. *Koutnatzis*, Grundlagen und Grundzüge staatlichen Verfassungsrechts, 205.

61 *Prodromos D. Dagtoglou*, Constitutional and Administrative Law, in: Konstantinos D. Kerameus/ Phaedon J. Kozyris (Hrsg.), Introduction to Greek Law. 2. Aufl. Deventer 1993, 21, 29.

62 Zur Unterscheidung vgl. nur *Albrecht Weber*, Typen der Verfassungsgerichtsbarkeit, in: Christian Starck (Hrsg.), Fortschritte der Verfassungsgerichtsbarkeit in der Welt – Teil I. Deutsch-japanisches Kolloquium Deutsch japanisches Kolloquium vom 20. bis 24 September in Tokio und Kyoto. Baden-Baden 2004, 35 ff.

63 Vgl. etwa das Urteil vom 18.6.2015 zur Frage der Verfassungsmäßigkeit der Neuregelung der Altersrenten in Umsetzung der Hilfspakete der EU und des Währungsfonds; dazu *Ekkehard Hofmann/ Ekaterini Iliadou*, Die Hilfspakete für Griechenland und ihre Umsetzung im Bereich der Altersrenten – Zum Urteil des Höchsten Griechischen Verwaltungsgerichts vom 18. Juni 2015 in der Rechtssache

b) Anders als in Griechenland wird in Portugal der Präsident der Republik direkt vom Volk gewählt. Seit der Abschaffung des Revolutionsrats durch die Verfassungsänderung von 1982 ist er zugleich Vorsitzender des an seine Stelle getretenen Staatsrats, den der neue Art. 141 als „politisches Konsultationsorgan" bezeichnet. Der Präsident ernennt nach Anhörung des Parlaments, der *Assambleia da República*, und der in ihm vertretenen Parteien den Ministerpräsident, der ihm und dem Parlament gegenüber verantwortlich ist. Wie in Frankreich kommt der Regierung in Portugal eine eigenständige Rechtsetzungsgewalt in den nicht dem Parlament vorbehaltenen Materien zu. Portugal kann wie Frankreich als semipräsidentielles System eingeordnet werden.[64] Art. 6 der Verfassung definiert Portugal als Einheitsstaat, in dem freilich die kommunale Selbstverwaltung anerkannt wird, zudem – als Besonderheit – die Inselgruppen Azoren und Madeira als Autonome Regionen mit eigenen Rechtsetzungsbefugnissen. Bei der Verfassungskontrolle folgt Portugal einem Mischsystem[65]: Einerseits wird die überkommene diffuse Verfassungskontrolle (die Gerichte lassen im jeweiligen Rechtsstreit eine von ihnen für verfassungswidrig befundene Gesetzesnorm unangewendet) beibehalten; andererseits wurde mit der Verfassungsänderung von 1982 ein Verfassungsgericht errichtet, das u.a. für präventive sowie – nach Inkrafttreten des Gesetzes – für abstrakte und konkrete (von Klägern eines Rechtsstreits gegen die Normanwendungs- oder Nichtanwendungsentscheidung eines einfachen Gerichts zu richtende) Normenkontrollen zuständig ist. Eine weitergehende individuelle Verfassungsbeschwerde gibt es nicht. Auf die Besonderheit des Verfahrens bei einer Verfassungswidrigkeit durch Unterlassen wurde bereits hingewiesen; die Zahl der insoweit durchgeführten Verfahren bleibt allerdings überschaubar.[66]

c) Der spanische Gesetzgeber hat sich für ein parlamentarisches Regierungssystem entschieden, zugleich aber die Monarchie bestätigt. Don Juan Carlos war nach dem Tode Francos, wie von diesem vorgeschlagen, von den Cortes und dem Kronrat des Regimes am 22. November 1975 zum König proklamiert worden. Bereits 1947 war die „instauración" (nicht – wie 1876 – „restauración") der Monarchie festgelegt und mit dem Vater von Juan Carlos, seinerzeit Vertreter des Königshauses der Bourbonen, eine entsprechende Vereinbarung getroffen worden.[67] In der neuen Verfassungsordnung kam dem König eher moderierende und Reservefunktion zu; immerhin ist er Oberbefehlshaber der Streitkräfte, was bei der Niederschlagung des Putschversuchs vom 23. Februar 1981 eine Rolle spielte. Die spanische Monarchie bleibt freilich in der politischen und verfassungsrechtlichen Debatte umstritten.[68]

Im Zentrum des spanischen Regierungssystems stehen die *Cortes Generales*, die sich aus der Deputiertenkammer (*Congreso de los Diputados*) und dem die territoriale Ebene repräsentierenden Senat (*Senado*) zusammensetzen. Der auf Vorschlag des Königs von der Depu-

Nr. 2287/2015 und seinen Nachwirkungen, in: DÖV 2016, 401 ff.

64 Ebenso *Bernecker/Pietschmann*, Geschichte Portugals, 123.

65 Vgl. *María Lúcia Amaral/Ravi Afonso Pereira*, Das portugiesische Verfassungsgericht in: Armin von Bogdandy/Christoph Grabenwarter/Peter M. Huber (Hrsg.), Handbuch Ius Publicum Europaeum (IPE). Bd. VI. Heidelberg 2016, § 104, 519, 537 ff.

66 *Amaral* und *Pereira*, 549, berichten von sieben Entscheidungen in fast drei Jahrzehnten, von denen lediglich zwei (teilweise) Erfolg hatten.

67 Vgl. *Raymond Carr*, España 1808–1975. 6. Aufl. Barcelona 1992, 670 f., 682 f.

68 Vgl. nur *Javier Pérez-Royo*, Monarquía, el obstáculo insalvable, in: Antón Losada/Javier Pérez Royo, Constitución: la reforma inevitable. Monarquía, plurinacionalidad y otras batallas. Barcelona 2018, 75–113.

tiertenkammer zu wählende Ministerpräsident kann nur im Wege eines – nach deutschem Vorbild gestalteten – konstruktiven Misstrauensvotums abgewählt werden. Die Regierung besitzt anders als in Frankreich und Portugal keine eigenständige Verordnungsgewalt. Allerdings kann sie in außergewöhnlichen Fällen Gesetzesdekrete (*Decretos-leyes*) erlassen, die freilich nicht die Grundrechte beeinträchtigen dürfen und sogleich der Deputiertenkammer zur Beratung vorzulegen sind (Art. 86).[69]

Was die territoriale Gliederung anbetrifft, so errichtete die Verfassung von 1978 einen „Autonomienstaat" (*Estado autonómico*), in dem neben den „historischen" Autonomen Regionen der Zweiten Republik (Katalonien, Baskenland, Galicien) sich auch andere Regionen, nunmehr „Autonome Gemeinschaften" (*Comunidades Autónomas*) genannt, bilden konnten. Während die historischen Gemeinschaften auf der Grundlage ihrer als Organgesetze verabschiedeten Statute (*Estatutos de Autonomía*) sogleich die volle Autonomie erhielten, dauerte die Erlangung der vollen Autonomie durch die anderen sich bildenden Gemeinschaften länger, so dass zunächst von einem asymmetrischen Autonomienstaat gesprochen werden kann.[70] Trotz der relativ weit gehenden Gesetzgebungszuständigkeiten der Autonomen Gemeinschaften erwies sich die immer wieder zu Kompetenzkonflikten Anlass gebende Kompetenzordnung als krisenanfällig, wie der – allerdings besondere Hintergründe aufweisende – Fall Katalonien zeigt. Eine Pazifizierung konnte auch nicht mittels einer Konfliktlösung durch das Verfassungsgericht erreicht werden[71], das im Übrigen für die Konkretisierung und Durchsetzung der Verfassung, namentlich der Grundrechte, gerade in der Anfangszeit, eine zentrale Rolle gespielt hat. Zu seinen Verfahrensarten gehört auch die Individualverfassungsbeschwerde.

3. Internationale Offenheit

Alle drei Staaten enthalten ein mehr oder weniger deutliches Bekenntnis zur Internationalen Zusammenarbeit und zur Offenheit ihrer Rechtsordnungen für die Mitwirkung an supranationalen Organisationen.

Die griechische Verfassung (Art. 28) räumt dem Völkervertrags- und Völkergewohnheitsrecht innerstaatlich einen Rang zwischen den Gesetzen und der Verfassung ein und ermöglicht die Teilnahme Griechenlands an supranationalen Organisationen, wofür Zustimmungsgesetze mit qualifizierter Mehrheit notwendig sind.[72] Seit der Verfassungsreform

69 Zur rechtsvergleichenden Einordnung, insbesondere vor dem Hintergrund der französischen und der deutschen Lösung, eingehend *Ricardo García Macho*, Reserva de ley y potestad reglamentaria, Barcelona 1988.

70 Vgl. im Einzelnen *Pedro Cruz Villalón*, Die Neugliederung des spanischen Staates durch die „Autonomen Gemeinschaften", in: JöR N.F. 34 (1985), 195-243; wegen einer Sammlung der ersten Autonomiestatute aller Autonomen Gemeinschaften siehe *Enrique Tierno Galván/Antoni Rovira*, La España autonómica. Barcelona 1985.

71 Vgl. zu dem Konflikt *Maribel González Pascual/Daniel Toda Castán*, Katalonien und Spanien: Bruch oder Verfassungsreform?, in: DÖV 2016, 269–278; *Daniel Toda Castán*, Von verfehlten Kompromissen: Wie eine verfassungsmäßige Befragung über die Belange Katalonien hätte durchgeführt werden können, in: Jahrbuch für direkte Demokratie 2017, 36–59; *Sabrina Ragone*, Das Unabhängigkeitsreferendum in Katalonien – Wie ist der Stand aus vergleichender und kontextualer Perspektive?, in: DÖV 2018, 341–350; *María Jesús García Morales*, Bundeszwang und Sezession in Spanien: Der Fall Katalonien, in: DÖV 2019, 1–13.

72 Zur umstrittenen Frage, ob der Beitritt zur Europäischen Gemeinschaft sich nach Art. 28 Abs. 2 (dann Drei-Fünftel-Mehrheit der Mitglieder) oder nach Art. 28 Abs. 2 (dann absolute Mehrheit) zu

von 2001 wird Art. 28 ausdrücklich zur Grundlage der Mitwirkung an der europäischen Integration erklärt (Abs. 4).

In Portugal ist das Völkerrecht gemäß Art. 8 der Verfassung von 1976 Bestandteil der innerstaatlichen Rechtsordnung. Dabei bleibt freilich umstritten, ob dem Völkerrecht Übergesetzesrang zukommt. Die Öffnung der Rechtsordnung für supranationales Recht erfolgte mit der Verfassungsänderung von 1982; ein ausdrücklicher Rechtsanwendungsbefehl für das entsprechende Recht der Europäischen Union wurde mit der Verfassungsänderung von 2004 erteilt, verbunden mit dem Vorbehalt der „Beachtung der grundlegenden Prinzipien des demokratischen Rechtsstaats". Bemerkenswert ist die Auslegungsregel des Art. 16 Abs. 2, wonach die grundrechtsbezogenen Verfassungs- und Gesetzesbestimmungen in Übereinstimmung mit der Allgemeinen Erklärung der Menschenrechte auszulegen sind. Das 1982 eingerichtete Verfassungsgericht bezieht bei seiner Interpretation der portugiesischen Grundrechte auch andere internationale Rechtsinstrumente, nicht zuletzt die Europäische Menschenrechtskonvention,[73] sowie die Verfassungsjudikatur und Literaturmeinungen, häufig aus Deutschland, ein.[74]

In Spanien, wo die Verfassung die Beziehungen zum überstaatlichen Recht in einem eigenen Kapitel des Titels über die *Cortes Generales* regelt (Art. 93-96), blieb der Rang des Völkerrechts in der innerstaatlichen Rechtsordnung lange Zeit umstritten. Hinsichtlich der von Spanien geschlossenen völkerrechtlichen Verträge wurde die Frage durch das (verfassungskonkretisierende) Gesetz 25/2014 „über internationale Verträge und andere Abkommen"[75] außer Streit gestellt. Das Gesetz weist den Verträgen einen Rang zwischen den Gesetzen und der Verfassung zu.[76] Im Übrigen bestimmt Art. 10 Abs. 2 der Verfassung, die entsprechende Auslegungsregel der portugiesischen Verfassung erweiternd, dass alle Rechtsvorschriften, die sich auf die in der Verfassung garantierten Grundrechte beziehen, in Übereinstimmung mit der Allgemeinen Erklärung der Menschenrechte und den von Spanien ratifizierten internationalen Menschenrechtsabkommen zu interpretieren sind. Das spanische Verfassungsgericht hat von dieser Auslegungsregel von Anfang an Gebrauch gemacht, wobei erwartungsgemäß die Europäische Menschenrechtskonvention und die dazu ergangene Rechtsprechung des Straßburger Gerichtshofs im Vordergrund stehen.[77] Einem Beitritt zur Europäischen Gemeinschaft hatte der spanische Verfassungsgeber mit – dem in der Reichweite freilich umstrittenen[78] – Art. 93 den Weg geebnet. Danach sind die Zustimmungsgesetze als Organgesetze, d.h. mit absoluter Mehrheit zu verabschieden.

vollziehen hatte, näher *Julia Iliopoulos-Strangas*, Offene Staatlichkeit: Griechenland, in: Armin von Bogdandy/Pedro Cruz Villalón/Peter M. Huber, Handbuch Ius Publicum Europaeum (IPE). Bd. II. Heidelberg 2008, § 16, 71, 77 ff.

73 Vgl. nur das Urteil 157/2001 (Diário da República n.º 108/2001, Série I-A de 2001-05-10).

74 Eindrücklich insoweit das das Urteil 509/2002.

75 Ley 25/2014, de 27 de noviembre, de Tratados y otros Acuerdos Internacionales («BOE» núm. 288, de 28/11/2014).

76 Art. 31 des Gesetzes 25/2014 lautet: „Las normas jurídicas contenidas en los tratados internacionales válidamente celebrados y publicados oficialmente prevalecerán sobre cualquier otra norma del ordenamiento interno en caso de conflicto con ellas, salvo las normas de rango constitucional."

77 Vgl. bereits die Urteile 12/1981 v.10.4.1981 («BOE» núm. 99, de 24 de abril de 1981), II 3, und 22/1981 (Plenum) v. 2.7.1981 («BOE» núm. 172, de 19 de julio de 1981), II 3.

78 Dazu *Antonio López Castillo*, Offene Staatlichkeit: Spanien, in: Armin von Bogdandy/Pedro Cruz Villalón/Peter M. Huber, Handbuch Ius Publicum Europaeum (IPE). Bd. II. Heidelberg 2008, § 24, S. 345, 350 ff.

V. Verfassungsänderungen und Verfassungswandel

Die dynamisierten Verhältnisse in der Gesellschaft, aber auch die internationale Zusammenarbeit und die Zugehörigkeit zu einer Integrationsgemeinschaft beeinflussen die Verfassungsentwicklung der Staaten.[79] Diese wird nicht nur an formellen Verfassungsänderungen sichtbar, sondern auch an Neuinterpretationen der Verfassung ohne verfassungsändernde Gesetze, dem sogenannten Verfassungswandel.[80] Verfassungen, die eher als Rahmenordnungen konzipiert sind,[81] kommen bei der Verarbeitung gesellschaftlichen Wandels tendenziell leichter ohne Verfassungsänderung aus als Verfassungen, die ins Einzelne gehende Regelungen zu den Staatsaufgaben und Instrumenten ihrer Verwirklichung enthalten. Dies gilt grundsätzlich für die drei hier betrachteten südeuropäischen Verfassungen. Doch hängt bei ihnen die Änderungshäufigkeit ersichtlich auch vom Grad des durch die Verfassunggebung erreichten Konsenses und von der Tragfähigkeit der für die Zukunft gefundenen Lösungen ab.

In Griechenland, wo sich der Verfassunggeber in die Kontinuität zu einer früheren Verfassung gestellt hatte und der Inhalt der – eher als Rahmenordnung konzipierten – Verfassung im Übrigen maßgeblich durch die seinerzeitige Mehrheitspartei bestimmt worden war, blieb die Stellung des Präsidenten der Republik Gegenstand der Diskussion, was 1986 zu einer Verfassungsreform führte, die gewisse Einschränkungen seiner Befugnisse vorsah. Eine umfangreiche Verfassungsreform erfolgte 2001.[82] Hier wurde einerseits dem technologischen und gesellschaftlichen Wandel Rechnung getragen, indem der Verfassungstext u.a. durch Bestimmungen über den Datenschutz, den Schutz gegen gentechnische Eingriffe sowie sozialstaatliche Elemente ergänzt wurde, andererseits die Staatsorganisation durch eine Reform des parlamentarischen Verfahrens (Stärkung der Rahmenbedingungen für ein „Arbeitsparlament“) und der Gerichtsbarkeit (mit einem weiteren Ausbau der allgemeinen Verwaltungsgerichtsbarkeit[83]) sowie durch die Aufnahme einer allgemeinen Bestimmung (Art. 101a) und spezieller Vorschriften über unabhängige (Regulierungs-)Behörden modernisiert wurde. Die Verfassungsänderung von 2008 hingegen beschränkte sich trotz ursprünglich weitergehender Pläne auf verwaltungstechnische Fragen und auf Fragen der Änderung und Überwachung der Haushaltspläne.

79 Vgl. *Karl-Peter Sommermann*, Verfassungswandel im Prozess der europäischen Integration und der Globalisierung, in: Gerrit Manssen/Monika Jachmann/Christoph Gröpl (Hrsg.), Nach geltendem Verfassungsrecht – Festschrift für Udo Steiner zum 70. Geburtstag. Stuttgart u.a. 2009, 796 ff.

80 Zur Verfassungsänderung und zum Verfassungswandel als Spielarten der Verfassungsentwicklung näher *Brun-Otto Bryde*, Verfassungsentwicklung. Stabilität und Dynamik im Verfassungsrecht der Bundesrepublik Deutschland. Baden-Baden 1982, 22.

81 Den Charakter des Grundgesetzes als Rahmenordnung betont namentlich *Christian Starck*, Das Grundgesetz nach fünfzig Jahren: bewährt und herausgefordert, in: JZ 1999, 473, 484. Hier geht es freilich auch um die Orientierung der Verfassungsinterpretation. Für die USA vgl. *Stephen M. Griffin*, American Constitutionalism: From Theory to Politics. Princton (N.J.) 1996, 41 ("framework character").

82 Vgl. dazu das Vorwort des Präsidenten des Parlaments *Dimitrios G. Sioufas* in der Textausgabe des Hellenischen Parlaments „Die Verfassung Griechenlands - Beschluss vom 27. Mai 2008 des VIII. Verfassungsändernden Parlaments“, sowie *Costas Chryssogonos*, Die umfassende griechische Verfassungsänderung von 2001, in: JöR N.F. Bd. 50 (2002), 433–472 (inkl. Textanhang), und *Koutnatzis*, Grundlagen und Grundzüge staatlichen Verfassungsrechts, 168 ff.

83 Dazu *Eleni Dimitropoulou*, Vorläufiger Verwaltungsrechtsschutz in Griechenland. Berlin 2006, 50 ff.

Die größte Umgestaltung seiner Verfassung hat Portugal erfahren. Hier bestand offenbar nicht nur wegen des Detailreichtums des ausladenden Verfassungstextes der größte Nachsteuerungsbedarf. Man kann auch von einem gestreckten verfassunggebenden Prozess über 1976 hinaus sprechen, der insbesondere durch eine Ersetzung der verbleibenden militärisch-revolutionären Elemente durch zivil-konsolidierende Bestimmungen gekennzeichnet ist. Hierfür stehen vor allem die Reformen von 1982[84] und 1989[85]. Mit dem verfassungsändernden Gesetz von 1982 wird u.a. aus dem Bekenntnis zu einem demokratischen Staat in Art. 2 ein Bekenntnis zum „demokratischen Rechtsstaat" (*Estado de direito democrático*). An die Stelle des Revolutionsrats tritt – wie bereits erwähnt – wieder der Staatsrat und ein Verfassungsgericht wird errichtet. Die Reform von 1989, ersetzt u.a. das Ziel einer „klassenlosen Gesellschaft" in Art. 1 durch das einer „freien, gerechten und solidarischen Gesellschaft"[86]. Darin manifestiert sich eine Entpolitisierung und zunehmende Juridifizierung des Verfassungsrechts.[87] Die Reichweite der fünf weiteren Änderungen, die 1992[88], 1997[89], 2001[90], 2004[91] und 2005[92] verabschiedet wurden, ist vergleichsweise geringer. Die Reform von 1997 hält zwar die Anerkennung des Rechts der Völker auf „Widerstand gegen jede Form der Unterdrückung" aufrecht, streicht aber den Zusatz „namentlich gegen den Kolonialismus und Imperialismus" (Art. 7 Abs. 3). Vor allem der Erweiterung der Möglichkeiten einer europäischen Zusammenarbeit und Integration dient die Verfassungsänderung von 2004.

Anders als die griechische und vor allem die portugiesische Verfassung ist die spanische Verfassung bislang nahezu unangetastet geblieben. Die einzigen beiden Verfassungsänderungen waren durch das Europarecht induziert. Mit der Verfassungsänderung von 1992[93] wurde das passive Kommunalwahlrecht aller Unionsbürger eingeführt, durch die Reform von 2011[94] eine Schuldenbremse. Teilweise mag das erschwerte Verfassungsänderungsverfahren dazu beigetragen haben. Eine Totalrevision, eine Änderung der im Vortitel genannten Grundsätze sowie die Bestimmungen über der Grundrechte der Art. 15 bis 29 und des Titels über die Krone dürfen nur in einem mehrstufigen Annahmeverfahren geändert werden (Art. 168): Nach der ersten Annahme mit Zweidrittelmehrheit in beiden Kammern, werden die Cortes Generales aufgelöst und Neuwahlen abgehalten. Die neugewählten Kammern müssen die Änderung wieder mit Zweidrittelmehrheit bestätigen; anschließend wird ein Referendum über die Reform abgehalten.

84 Lei Constitucional n.º 1/82 (Diário da República n.º 227/1982, Série I de 1982-09-30).
85 Lei Constitucional n.º 1/89 (Diário da República n.º 155/1989, 1º Suplemento, Série I de 1989-07-08).
86 Entsprechend werden in Art. 2 die Worte „Übergang zum Sozialismus" gestrichen.
87 In diesem Sinne stellen *María Lúcia Amaral* und *Ravi Afonso Pereira*, Das portugiesische Verfassungsgericht, 549, fest, die Verfassung habe „zunehmend an programmatischem Charakter" verloren.
88 Lei Constitucional n.º 1/92 (Diário da República n.º 273/1992, 1º Suplemento, Série I-A de 1992-11-25).
89 Lei Constitucional n.º 1/97 (Diário da República n.º 218/1997, Série I-A de 1997-09-20).
90 Lei Constitucional n.º 1/2001 (Diário da República n.º 286/2001, Série I-A de 2001-12-12).
91 Lei Constitucional n.º 1/2004 (Diário da República n.º 173/2004, Série I-A de 2004-07-24).
92 Lei Constitucional n.º 1/2005 (Diário da República n.º 155/2005, Série I-A de 2005-08-12).
93 Reforma del artículo 13, Apartado 2, de la Constitución Española, de 27 de Agosto de 1992 («BOE» núm. 207, de 28 de agosto de 1992).
94 Reforma del artículo 135 de la Constitución Española, de 27 de septiembre de 2011 («BOE» núm. 233, de 27 de septiembre de 2011).

Die Entwicklung der letzten Jahre hat gezeigt, dass die Stabilität oder Änderungsresistenz der spanischen Verfassung nicht nur von Vorteil ist. Möglicherweise hätten eine Neustrukturierung des Senats, die seit den 1980er Jahren diskutiert wird,[95] sowie frühzeitige Gespräche über eine Reform des spanischen Autonomienstaates und seiner Finanzverfassung[96] mit der Perspektive einer Änderung der Kompetenzordnung der Verschärfung der Katalonienkrise entgegenwirken können. Die Frage nach einer Reform bleibt auf der Tagesordnung.[97]

VI. Fazit

1. Alle drei nach Überwindung einer Diktatur ausgearbeiteten Verfassungen, so unterschiedlich die Voraussetzungen waren, haben bis heute Bestand, zum Teil allerdings mit deutlichen „Nachjustierungen".
2. In Kohärenz, normativer Klarheit und Innovation gibt es deutliche Unterschiede.
   - Die griechische Verfassung hielt zunächst eher an Bekanntem fest. Der wichtigste neue Schritt, der Übergang von der Monarchie zur Republik, wurde noch vor der Verfassunggebung vollzogen. Im Verhältnis zu der Leitverfassung von 1952 wurde der Grundrechtsschutz ausgebaut. Weitere Innovationen blieben späteren Verfassungsänderungen vorbehalten.
   - Die portugiesische Verfassung konnte sich erst im Laufe zweier Verfassungsänderungen von ihrer revolutionären Vorläufigkeit lösen. Sie enthielt von Anfang an zahlreiche innovative Elemente, musste aber mit der Kluft zwischen Wünschbarem und Erreichbarem kämpfen. Dennoch löste sie sich allmählich aus dem Bezugsrahmen einer „nominalistischen Verfassung" im Sinne Löwensteins[98], um sich auch dank der Rechtsprechung des 1982 errichteten Verfassungsgerichts zu einer „normativen Verfassung" zu entwickeln.[99]
   - Die spanische Verfassung ist durch Innovation, konzeptionelle Klarheit und trotz teilweise ehrgeiziger Ziele auch durch Realismus geprägt. Sie hat im Grundrechtsbereich zu überzeugenden dogmatischen Lösungen und zu effektiven Schutzregimen gefunden, die den unterschiedlichen Grundrechtskategorien gerecht werden. Der durch sie eingerichtete Autonomienstaat ist trotz einer starken Verfassungsgerichtsbarkeit an die Grenzen seiner Konfliktlösungsfähigkeit gelangt. Eine erste substantielle Verfassungsreform erscheint unumgänglich; allerdings wird dies durch die hohen Hürden des Verfassungsänderungsverfahrens erheblich erschwert.

95 Vgl. *Pedro Cruz Villalón*, Zehn Jahre spanische Verfassung, in: JöR Bd. 37 (1988), 87, 113 f.

96 Zum Konfliktpotential des derzeitigen Finanzsystems vgl. nur *Antoni Castells*, Els factors econòmics i financers en el conflicte Catalunya-Espanya, in: Daniel Innerarity et al., Catalunya i Espanya (I). Barcelona 2019, S. 129, 137 ff. Gegen die in der politischen Auseinandersetzung vorgebrachte Anklage "España nos roba", da „übersimplifizierend", *Jesús Ruiz-Huerta*, Consideraciones sobre la financiación y el déficit fiscal, ebd., S. 153, 160.

97 Vgl. nur *Antón Losada*, Plurinacionalidad, in: Antón Losada/Javier Pérez Royo, Constitución: la reforma inevitable, 115–144.

98 *Karl Löwenstein*, Verfassungslehre. 4. Aufl. Tübingen 2000, 151 ff.

99 Vgl. bereits *Cruz Villalón*, Zehn Jahre spanische Verfassung, 106.

3. Zwischen der Verfahrensrationalität im verfassunggebendem Prozess einerseits und dem Grad an Kohärenz und normativer Klarheit andererseits kann eine Korrelation gesehen werden: Für Spanien hat sich die konzentrierte Vorarbeit der *Ponencia*, die aus sieben Abgeordneten verschiedener Parteien bestand, sowie die Konsenssuche auch im weiteren Verfahren für viele Jahre ausgezahlt. In Griechenland, wo sich die Opposition in der Schlussphase aus dem Verfahren zurückzog, wurde bald eine Nachjustierung durch Verfassungsänderung notwendig. Anders als in Griechenland und Spanien, war in der portugiesischen Verfassung noch einige Zeit das Erbe einer linksgerichteten revolutionären Bewegung der Streitkräfte präsent. Der Prozess der Ausarbeitung der Verfassung fand sowohl in organisatorischer Hinsicht als auch mit Blick auf die ideologischen Kämpfe unter schwierigen Bedingungen statt. Daraus resultierte eine stark politisch-programmatische Verfassung, die erst durch nachfolgende Verfassungsreformen zu Kohärenz und normativer Stärke fand.
4. Alle drei Verfassungen haben einen Beitrag zur Weiterentwicklung des europäischen Verfassungsrechts geleistet, nicht zuletzt als Grundlage für die vom Europäischen Gerichtshof aus den Verfassungsüberlieferungen der Mitgliedstaaten herausgearbeiteten allgemeinen Rechtsgrundsätze, die vor dem Inkrafttreten der Europäischen Grundrechtecharta eine zentrale Rolle für den Grundrechtsschutz in der Europäischen Gemeinschaft/Union spielten und weiterhin als Quelle des Primärrechts anerkannt sind.[100] Vor allem die iberischen Verfassungen haben auch auf die Verfassunggebung in anderen Erdteilen ausgestrahlt, die portugiesische Verfassung auf die brasilianische Verfassung von 1988, die spanische Verfassung auf die spanischsprachigen Länder Lateinamerikas.
5. Alle drei Verfassungen weisen heute die wesentlichen Merkmale eines sozialen Rechtsstaats auf,[101] den die Verfassungen zugleich auf den Schutz der Umwelt verpflichten[102]. Die rechtsstaatliche Forderung eines Schutzes der Rechte des Einzelnen greifen alle drei Verfassungen an prominenter Stelle auf. Das mittlerweile gemeineuropäische Recht und Ziel eines effektiven Rechtsschutzes[103] wird in ihnen als Grundrecht niedergelegt[104], durch die jeweiligen Gesetzgeber freilich unterschiedlich konkretisiert. Die Suche nach dem besten Weg seiner Verwirklichung geht weiter.

100 Art. 6 Abs. 3 des Vertrags über die Europäische Union (ABl. C 202 vom 7.6.2016).

101 Als bekennende Grundformel am deutlichsten Art. 1 Abs. 1 der spanischen Verfassung: „Spanien konstituiert sich als demokratischer und sozialer Rechtsstaat ...".

102 Art. 24 der griechischen Verfassung, Art. 66 der portugiesischen Verfassung und Art. 45 der spanischen Verfassung.

103 Vgl. nur Art. 6 und 13 der Europäischen Menschenrechtskonvention (BGBl. 1952 II, 686) sowie Art. 47 der Europäischen Grundrechtecharta (ABl. C 326 vom 26.10.2012, 391).

104 Art. 20 der griechischen Verfassung, Art. 20 der Portugiesischen Verfassung und Art. 24 der spanischen Verfassung.

Los derechos fundamentales en la Constitución española

Luis López Guerra

I. Derechos fundamentales, transición a la democracia y proceso constituyente

Como ocurre respecto de los demás elementos del sistema constitucional español, el régimen de los derechos fundamentales refleja en gran parte las características del proceso constituyente, que han venido a condicionar decisivamente hasta hoy las notas esenciales de ese sistema. Tales características resultan esenciales para comprender cómo se definieron en la Constitución tanto la organización de los poderes políticos (dando lugar a la actual «Monarquía parlamentaria» proclamada en el artículo primero de la Constitución) como la estructura territorial del Estado, que acabó fraguando en el actual Estado de las Autonomías, como finalmente, y en lo que aquí interesa, la proclamación y garantía de los derechos fundamentales.

Efectivamente, la transición española al nuevo régimen constitucional presenta particulares características que es conveniente tener en cuenta para comprender tanto el origen de la actual Constitución, como su naturaleza y contenido, así como su posterior aplicación y evolución.[1] El caso español es un supuesto más (aunque tardío) del paso, ocurrido en los países occidentales europeos, tras la II Guerra Mundial, de un régimen dictatorial (en Alemania, Italia, Francia, y muy posteriormente Portugal) a un régimen constitucional. Ahora bien, el caso español difiere de estos otros supuestos en que en él no se produjo una eliminación o supresión del aparato dictatorial previa a la creación de un nuevo orden democrático y la aprobación de un texto constitucional. En Italia la aprobación de la Constitución de 1948 se produjo después de la liquidación del régimen fascista y la implantación de un gobierno integrado por los partidos opuestos a la dictadura. Lo mismo ocurrió en Francia, en Alemania (donde la eliminación del régimen nacionalsocialista fue resultado de la derrota militar) o en Portugal. En todos estos países el proceso de creación de una nueva Constitución se llevó a cabo mediante negociaciones entre los representantes de los partidos democráticos opuestos a la dictadura, con exclusión de los representantes de los anteriores poderes dictatoriales, poderes suprimidos de la vida pública.

Tal no fue el caso de la transición española. En ningún momento del proceso constituyente se vieron reemplazadas las estructuras de poder de la dictadura, administrativas y judiciales, por nuevas estructuras, o por titulares de las mismas provenientes de la oposición al régimen. Durante el proceso de transición, el poder ejecutivo continuó siendo el establecido mediante la legislación dictatorial; la ley que hizo posible la transición (la Ley para la Reforma Política de 1976, última «ley fundamental» del régimen) fue aprobada por las Cortes nombradas durante la dictadura. Las normas electorales para elegir unas nuevas Cortes fueron aprobadas mediante Decreto-ley del Gobierno, siguiendo las líneas establecidas en la Ley para la Reforma Política. Se produjo, ciertamente, a partir del nombramiento de Adolfo Suárez por el Rey como Presi-

1 Para una referencia más amplia, me remito a mi libro: *Luis López Guerra,* Constitución de España. Valencia 2019.

dente del Gobierno, un proceso de negociación política, pero, a diferencia de lo ocurrido en los países occidentales citados, no fue un proceso de negociación entre unos partidos democráticos que hubieran sustituido al régimen dictatorial, sino, en el caso español, entre los partidos que seguían en la oposición y el Gobierno heredero de la dictadura.

En toda esta fase de transición era por otra parte evidente el mantenimiento de la herencia de la dictadura, tanto en el sentido de la permanencia de las confrontaciones tradicionales en la sociedad española que estuvieron en su base, como en el del peligro latente de intentos de vuelta a la situación predemocrática (como se hizo patente en el intento de golpe de Estado de 23 de febrero de 1981). No es por ello extraño que, ante las amenazas frente a la creación de un nuevo orden constitucional, el proceso constituyente se caracterizara por la búsqueda del mayor consenso posible entre los grupos políticos en presencia, para obtener (como se consiguió) una amplia aprobación, que excluyera la definición de la Constitución como una Constitución de partido, y que asegurara la estabilidad del nuevo régimen independientemente de los cambios de gobiernos y mayorías parlamentarias. Las negativas experiencias de la historia constitucional española, la guerra civil y la posterior dictadura, condujeron a los constituyentes a buscar una fórmula que hiciera posible la convivencia de posturas políticas muy diferentes y que al tiempo garantizara un funcionamiento ordenado de los poderes públicos y la alternancia sin traumas de las diversas alternativas políticas. El consenso o acuerdo inicial, para evitar futuros enfrentamientos aparecía pues, a la luz de la experiencia, como una necesidad inevitable.

Esta búsqueda de consenso tuvo consecuencias sobre el contenido de muchos mandatos de la Constitución, y entre ellos los referentes a los derechos fundamentales. A este respecto, valga señalar que la discusión sobre este tema fue quizás la más enconada en el proceso constituyente, dando lugar en algún momento a la retirada del representante socialista Gregorio Peces-Barba, de la ponencia encargada de redactar el anteproyecto de Constitución, por las discrepancias sobre el régimen del derecho a la educación.[2] La búsqueda de un acuerdo entre las diversas posiciones sociales y políticas confrontadas condujo, tanto en el establecimiento de derechos fundamentales como en otras materias, a fórmulas en ocasiones ambiguas e inacabadas, que preferían dejar para más adelante la solución a los problemas que se planteaban, mediante los que se han llamado «acuerdos apócrifos», esto es, la formulación de expresiones lo suficientemente generales como para satisfacer a las partes en presencia, sin comprometer la solución final a esos problemas, que se dejaba a decisiones futuras.[3]

La situación actual del régimen de los derechos fundamentales en España deriva pues en gran parte de los mandatos constitucionales resultantes de ese proceso, pero también, y por las peculiaridades de esos mandatos, de su desarrollo por la práctica posterior tanto del legislativo como sobre todo de los órganos jurisdiccionales, y señaladamente el Tribunal Constitucional, encargado de precisar el sentido y contenido de disposiciones constitucionales muchas veces voluntariamente imprecisas.[4]

2 Sobre esta cuestión: *Gregorio Peces-Barba Martinez*, La elaboración de la Constitución de 1978. Madrid 1988, 127–133.

3 *Miguel Herrero y Rodríguez de Miñón*, Falsas y verdaderas vías del consenso constitucional, en: Revista de Estudios Políticos 9, 1979, 73 y sgs. Herrero (desde una perspectiva crítica respecto del texto constitucional) se remite a las consideraciones de Carl Schmitt en su Teoría de la Constitución.

4 Una detenida exposición de los derechos fundamentales puede encontrarse en: *Luis María Díez-Picazo*, Sistema de derechos fundamentales, 4a ed. Madrid 2013.

II. Un modelo clásico e impreciso de reconocimiento de derechos

En las circunstancias en que se redactó la Constitución, y pese a no pocas proclamaciones dentro de la misma, la declaración de derechos respondía básicamente a los moldes clásicos de las constituciones de la Europa occidental, y recogía esencialmente los derechos civiles y políticos comunes a esas constituciones. La proclamación de España como un Estado social en el artículo 1 de la Constitución tenía en efecto, escaso reflejo práctico en los derechos en ella proclamados: ciertamente algunos artículos recogían derechos a prestaciones públicas (así el artículo 27 en lo que se refiere al derecho a la educación) o a procedimientos para la defensa de los trabajadores (así los derechos a la sindicación y a la huelga del artículo 28) pero como tónica general los derechos efectivamente reconocidos y garantizados se referían a los comprendidos usualmente bajo la denominación de derechos «de primera generación». En cuanto a los derechos de «segunda generación (derechos sociales) y de «tercera generación» o derechos colectivos (como por ejemplo el derecho al medio ambiente), aparecían, no como efectivamente exigibles, sino como principios programáticos, así definidos («principios rectores») en la misma Constitución, que debían inspirar la legislación. Por otra parte, y dentro de esa línea clásica, la Constitución no incluía excesivas innovaciones respecto de otros textos europeos: valga señalar la referencia en el artículo 18, a la limitación del «uso de la informática» para garantizar el honor y la intimidad personal.

Aún así, y pese a que la Constitución se refería a derechos comúnmente aceptados en el constitucionalismo europeo, su literalidad en no pocos casos exigía una ulterior interpretación. En algunos casos ello se debía a una posiblemente involuntaria imprecisión en los términos utilizados. Por ejemplo, el artículo 17.3 garantizaba «la asistencia de abogado al detenido en las diligencias policiales y judiciales» dejando en el aire si esa «asistencia» significaba simplemente presencia («asistir a algo») o más precisamente, «ayuda» («asistir a alguien»). No dejaba de ser también incierto el sentido de «juez ordinario» del artículo 24 («todos tienen derecho al juez ordinario predeterminado por la ley») como referido o no al «juez del lugar» (la práctica legal y jurisprudencial vino a excluir esa interpretación, con ocasión de la creación de la Audiencia Nacional).

Pero en la mayoría de los casos, la imprecisión constitucional, y la consiguiente necesidad de una labor interpretativa posterior respondía a un propósito deliberado, como resultado de la voluntad de los constituyentes de llegar a un acuerdo, siquiera bajo la fórmula de los ya citados compromisos apócrifos. Los ejemplos de esta voluntaria ambiguedad son ciertamente numerosos. Así, y a la vista de las dificultades para llegar a un acuerdo sobre el espinoso tema de la interrupción voluntaria del embarazo, el artículo 15 disponía que «todos tienen derecho a la vida» dejando al legislador del futuro definir quiénes se encontraban incluidos en el término «todos». En el no menos espinoso tema del derecho a la educación, y en referencia a la posición y financiación estatal respecto de los centros privados (que en el momento equivalían a los centros de la Iglesia Católica) la Constitución disponía, tras reconocer el derecho a la creación de centros docentes, que «los poderes públicos ayudarán a los centros docentes que reúnan los requisitos que la ley establezca» dejando pues también la solución en manos del legislador del futuro. En forma forzosamente relacionada, y en cuanto a la situación de la Iglesia Católica, la Constitución, en su artículo 16, tras garantizar la libertad ideológica, religiosa y de culto, proclamaba que «ninguna religión tendrá carácter estatal» pero inmediatamente preveía unas «relaciones de cooperación» con la Iglesia Católica (*nominatim*) y «las demás religiones».

Como ejemplo adicional, y siempre dentro de lo que podría denominarse el ámbito confesional, los constituyentes se enfrentaban con los problemas derivados de la regulación del matrimonio (en aquellos momentos no existía el divorcio en el Derecho español, y su admisión cara al futuro no era ni mucho menos pacífica). La solución consistió también en una remisión al legislador futuro: «La ley regulará las formas del matrimonio [...] las causas de separación y disolución y sus efectos» (art. 32). Si bien las divergencias en la fase constituyente se referían a la introducción del divorcio, la amplia redacción del texto sirvió para hacer posible sin excesivos problemas en su momento la introducción del matrimonio entre personas del mismo sexo. Finalmente, el reconocimiento del derecho a la huelga se veía matizado por cuanto el artículo 28.2 precisaba que «la ley que regule el ejercicio de ese derecho establecerá las garantías precisas para asegurar el mantenimiento de los servicios esenciales de la comunidad». Valga señalar que esa ley aún no se ha aprobado en los cuarenta años de vigencia de la Constitución: la huelga todavía se encuentra regulada (sin excesivas demandas de una nueva normativa) por un Decreto-ley de 1977.

Todo ello ha dado lugar a que, para la conformación práctica del contenido y alcance de los derechos fundamentales, haya sido necesaria la labor interpretativa llevada a cabo por el legislador, y sobre todo, por los tribunales, en especial el Tribunal Constitucional; no han faltado ocasiones en que el mismo legislador ha subordinado la efectiva vigencia de sus mandatos a la decisión al respecto del Tribunal. Incluso en algunos aspectos, ha sido decisiva para su interpretación la intervención de Tribunales inter- y supranacionales, como el Tribunal Europeo de Derechos Humanos y aún el Tribunal de Justicia de la Unión Europea.

III. La estructura del sistema: diversas categorías de derechos

La influencia de la búsqueda del consenso se ha hecho visible no sólo en la formulación de derechos concretos, sino también en la estructura general del sistema constitucional de derechos, establecido sobre todo en el Título Primero de la Constitución. La búsqueda de un texto acordado llevó a la necesidad de incluir en la Constitución propuestas muy diversas, a las que no querían renunciar las partes del proceso constituyente, y que representaban intereses muy contrapuestos. La inclusión de tales propuestas, de orígenes ideológicos muy distintos, exigía notables esfuerzos para mantener la coherencia del texto, conseguida sólo a través de complejas matizaciones. El resultado fue la presencia por una parte de enunciados muy diversos y aparentemente ambiciosos, unidos a sus correspondientes limitaciones, restricciones y pronunciamientos *pro futuro*. Sobre todo, en lo que se refiere a los llamados derechos sociales, la fórmula adoptada fue la proclamación virtual de tales derechos en un capítulo constitucional propio, que inmediatamente fueron convertidos en «principios», intenciones o como mucho, habilitaciones al legislador cara al futuro. Todo ello confiere un cierto barroquismo al sistema en su conjunto.

En efecto, y como nota inicial, valga señalar la clara separación entre los derechos y libertades efectivamente reconocidos en la Constitución, y los «principios rectores de la política social y económica» que la misma recoge, distinción que se refleja en el tratamiento de ambas categorías en dos capítulos separados en el texto constitucional. En el primero se reconocen los derechos constitucionales «clásicos» como se señaló o como se los define a veces, de derechos «de la primera generación», esto es, por un lado, de derechos de libertad, relativos a la protección de una esfera personal libre de interferencias (libertad personal, inviolabilidad del domicilio y las comunicaciones, libertad de expresión, libertad de conciencia y religión, entre otras), y por otro de derechos de participación en la vida política (derecho a participar en elecciones, como elector o candidato, derechos de reunión y asociación, derecho de petición). Y en un capítulo distinto, calificándolos expresamente de «principios rectores» se incluyen los propuestos derechos sociales, empleando incluso esa denominación como «derechos»: se reconoce así «el derecho a la protección de la salud» (art. 43.1) o se establece que «todos tienen derecho a disfrutar de un medio ambiente adecuado» (art. 45.1) o que «todos los españoles tienen derecho a disfrutar de una vivienda digna y adecuada» (art. 47). Pero los preceptos en ese capítulo, a pesar de la dicción literal de algunos de ellos, no vienen efectivamente a reconocer derechos, sino más bien propósitos, deseos o recomendaciones dirigidas a los poderes públicos, más que mandatos de cumplimiento garantizado.

Ello resulta sobre todo del sistema de garantía de derechos establecido en la misma Constitución y señaladamente en su artículo 53. Ese artículo regula las garantías de los derechos y libertades constitucionales en sus diversas variedades. Y al referirse a los «derechos» económicos y sociales contenidos en el Capítulo III, «De los principios rectores», la dicción constitucional viene a reducir notablemente su nivel de protección: los principios rectores de ese Capítulo «informarán la legislación positiva, la práctica judicial y la actuación de los poderes públicos», pero «sólo podrán ser alegados ante la jurisdicción ordinaria de acuerdo con lo que dispongan las leyes que los desarrollen». Los principios rectores, por tanto, del Capítulo Tercero no resultan inmediatamente aplicables, y su eficacia derivará de la regulación que los poderes públicos lleven a cabo. En este aspecto, pues, la efectiva realización de la cláusula constitucional del Estado social del artículo 1 de la Constitución se deja en manos de los poderes legislativos y ejecutivos del momento.

Es además visible, en el régimen constitucional de los derechos fundamentales, una segunda consecuencia de las complejas negociaciones en busca de un acuerdo o consenso en el proceso constituyente: la misma división en dos categorías diferentes de los derechos y libertades efectivamente reconocidos y garantizados. En efecto, y dentro del capítulo dedicado a esos derechos y libertades, separados de los llamados «derechos sociales» (en realidad, como se ha dicho, transformados en «principios rectores») se establece una segunda diferenciación entre «derechos fundamentales y libertades públicas» por un lado, y «derechos y deberes de los ciudadanos» por otro, tratados en secciones distintas del mismo capítulo. En cuanto a los primeros, se trata de la lista de los derechos históricamente consagrados en el acervo constitucional común: vida e integridad física, libertad de religión, libertad personal, inviolabilidad de domicilio, libertades de expresión, reunión y asociación, derecho a la participación política, a la tutela judicial, a la sindicación y huelga, como los más destacados. Valga señalar, como concesión a la dimensión «social» de la Constitución, la inclusión (en una redacción extensa y compleja) del derecho a la educación. Y en cuanto a los segundos (los «derechos y deberes de los ciudadanos», en una sección distinta del mismo capítulo) recoge un conjunto de derechos que, posiblemente disponían de un menor consenso entre los constituyentes respecto de su contenido y alcance; entre ellos se encuentra el derecho al matrimonio (que, como se apuntó más arriba, planteaba notorias diferencias en cuanto a temas como el divorcio y, más adelante, respecto del matrimonio entre personas del mismo sexo) y otros derechos en su momento de contenido discutido, como el derecho de propiedad, el derecho de trabajadores y empresarios a adoptar medidas de conflicto colectivo, o el derecho a la libertad de empresa.

La separación entre ambos tipos de derechos y libertades no es meramente de forma, respecto de su ubicación en el texto constitucional: el primer tipo («derechos fundamentales y libertades públicas») disfruta de un grado de protección notablemente superior. No sólo su regulación se halla reservada a una categoría especial de ley, la ley orgánica, con un régimen reforzado de mayorías, sino que además se encuentran protegidos por el recurso de amparo ante el Tribunal Constitucional.

A este respecto debe señalarse que el régimen de garantías es el instrumento preferentemente utilizado por la Constitución para llevar a cabo la compleja construcción que diferencia entre derechos fundamentales, derechos de los ciudadanos y principios rectores.

IV. Procedimientos de concreción práctica de los derechos fundamentales: legislación e interpretación jurisdiccional

Las peculiaridades del régimen de los derechos en la Constitución, derivadas de las características del periodo constituyente (imprecisiones técnicas, mandatos conscientemente ambiguos, complejidad del conjunto normativo) han dado lugar a una cierta indeterminación en cuanto al ámbito y contenido de esos derechos, o al menos de algunos de ellos. Esa indeterminación ha hecho necesaria, bien la intervención del legislador (por ejemplo, en lo que se refiere a los «derechos sociales» apuntados en los principios rectores) bien la labor interpretativa de los tribunales y fundamentalmente del Tribunal Constitucional en cuanto «intérprete supremo de la Constitución» en los términos empleado por la legislación. En la práctica, y muy usualmente, ambas actuaciones han ido unidas. En efecto, y dada la naturaleza controvertida del alcance de varios derechos constitucionales, la intervención del legislador para aclarar ese alcance se ha producido en un contexto de confrontación– confesional, ideológica o de intereses –que ha supuesto el recurso a los tribunales como vía última de solución. Este fenómeno ha tenido lugar muy frecuentemente: podría decirse que las decisiones que en teoría deberían haberse adoptado en el proceso constituyente se llevaron a cabo de forma escalonada una vez acabado éste. Quizás esa fue una táctica conveniente para lograr una transición consensuada, pero dejó abiertas una serie de cuestiones que han marcado la vida política española hasta la actualidad.

Este tipo de procesos (indeterminación constitucional, confrontación política, decisión legislativa, recurso ante los tribunales, decisión ¿final? del Tribunal Constitucional) se han producido en prácticamente todos los supuestos en que ha debido precisarse el sentido de derechos de alcance controvertido. Tal fue el caso, por ejemplo, del derecho a la educación, del derecho a la vida en relación con la interrupción del embarazo[5], del alcance de la libertad personal en casos de protección a la seguridad ciudadana[6], de la adopción del matrimonio entre personas del mismo sexo[7], de la regulación de la violencia contra la mujer[8], o del al-

5 El Tribunal Constitucional se pronunció sobre esta cuestión en su Sentencia 53/1985. Una nueva regulación de la materia, mediante la Ley Orgánica 2/2010, se encuentra aún pendiente ante el Tribunal Constitucional.

6 STC 341/1993 (caso *Ley de Seguridad Ciudadana*).

7 STC 198/2012.

8 Por ejemplo, STC 59/2008 (caso *Ley de Violencia de Género*).

cance de las libertades de expresión, reunión o manifestación[9], entre otros. En todos estos supuestos la controversia hubo de resolverse, al final, por una decisión del Tribunal Constitucional, ante la incapacidad o falta de voluntad entre las partes enfrentadas para llegar a un acuerdo basado en una comprensión común del texto constitucional. Algunas de esas cuestiones (por ejemplo, y en el momento de escribirse estas líneas, la que se refiere al comienzo del derecho a la vida y a la interrupción voluntaria del embarazo) siguen pendientes.

Particularmente relevantes han sido en los últimos años las consecuencias de la decisión constitucional de remitir al legislador la efectiva realización de los «derechos sociales» proclamados como principios inspiradores de la política económica y social, pero desprovistos, como se vio, de una garantía constitucional efectiva. La crisis económica de los años 2008 y siguientes supuso la adopción de medidas restrictivas en muchos aspectos típicos del Estado social (salud, educación, pensiones, asistencia social, política de vivienda) y la consiguiente reducción del alcance de esos «derechos sociales». La remisión al legislador se tradujo pues, en una «vuelta atrás» respecto de situaciones aparentemente protegidas por la Constitución, vuelta atrás aceptada por la jurisdicción constitucional, revelando así la debilidad de esa protección.

V. La consolidación del régimen de derechos y libertades y sus posibles reformas

Así y todo, debe señalarse (y dando lugar a una visión positiva de la situación de los derechos fundamentales en España) que esta situación de indeterminación en algunos aspectos del régimen de los derechos no obsta a la constatación de que, en una mayor parte de ese régimen, se ha ido consolidando paulatinamente un sistema que responde a las exigencias comunes a todo Estado de Derecho. A este respecto, ha sido decisiva, en una etapa inicial, la actuación del Tribunal Constitucional, que vino a fijar el contenido y alcance de preceptos constitucionales relativos, por ejemplo, al principio de igualdad en y ante la ley[10], a la libertad de expresión, tanto como derecho subjetivo cuanto como garantía objetiva de un sistema democrático, o al alcance y garantías de la libertad personal o del derecho a un proceso justo.[11] Debe señalarse igualmente la relevancia, en esta consolidación, de la aplicación de lo dispuesto en el artículo 10.2 de la Constitución, referente a la interpretación de los derechos fundamentales a la luz de los instrumentos internacionales sobre derechos humanos.[12] La jurisprudencia del Tribunal Europeo de Derechos Humanos, en campos como el derecho a un juicio justo, o el derecho a la libertad de expresión, recogida en gran medida en la práctica legislativa y jurisdiccional, ha contribuido también a la inserción del sistema español de derechos fundamentales en las líneas generales que caracterizan el contexto europeo, en que el país forzosamente debe situarse. Y cabe apuntar una consideración similar respecto de la

9 Ver entre otras, sobre libertad de expresión, la STC 104/1986 (caso *Soria Semanal*).

10 STC 128/1987.

11 Para el significado de la jurisprudencia del Tribunal Constitucional, ver *Luis Aguiar de Luque* y *Pablo Pérez Tremps* (dirs.), Veinte años de jurisdicción constitucional en España. Valencia 2002.

12 Ver al respecto *Alejandro Saiz Arnaiz,* La apertura constitucional al Derecho Internacional y Europeo de los derechos humanos. El artículo 10.2 de la Constitución Española. Madrid 1999.

jurisprudencia del Tribunal de Justicia de la Unión Europea, en aplicación de la Carta Europea de Derechos Fundamentales.

La considerable rigidez de la Constitución española (particularmente en relación con los derechos fundamentales y libertades públicas, sometidas a un régimen especial de reforma) hace improbable por el momento que los problemas percibidos en relación con el régimen de los derechos puedan resolverse mediante una reforma constitucional. Por ello, toda mejora en ese régimen parece que habrá de venir en el futuro de la mano del legislador y la de la jurisprudencia de los tribunales, incluyendo desde luego al Tribunal Constitucional.

Con respecto a las posibles mejoras a la vista de la práctica hasta el momento, caben desde luego diversas opiniones o puntos de vista. Valga resaltar que, hasta el momento, el Tribunal Europeo de Derechos Humanos no ha encontrado, en relación con España, (y a diferencia de otros países de Europa Occidental) defectos «sistémicos» en el sistema de derechos que se traduzcan en vulneraciones generalizadas (y condenas repetitivas) de derechos reconocidos por el Convenio Europeo de Derechos Humanos. Sin embargo, y aún sin que asuman los caracteres de fallo sistémico, sí que es posible detectar algunas áreas en que se han producido condenas al Estado español por el Tribunal de Estrasburgo que muestran la conveniencia de algún tipo de modificación de la legislación o la jurisprudencia.

Una de esas áreas sería la concerniente a las garantías durante la detención, especialmente en supuestos de incomunicación, tema éste que ha dado lugar a una serie de condenas a España. Más concretamente (y aún cuando haya algún caso en que se ha apreciado una vulneración sustantiva del artículo 3 del Convenio[13]) los problemas detectados por la jurisprudencia del Tribunal de Estrasburgo conciernen la dimensión procesal del derecho de ese artículo a no ser sometido a torturas o malos tratos. La cuestión suele plantearse en torno a la deficiente actuación judicial frente a denuncias al respecto, por falta de una investigación adecuada en respuesta a tales denuncias.[14] Probablemente alguna reforma de la legislación sobre la materia, suavizando las condiciones de incomunicación, así como la adopción y aplicación de protocolos más rigurosos de actuación de las fuerzas de seguridad, y, finalmente, la aplicación de criterios más estrictos por los órganos jurisdiccionales, constituirían respuestas suficientes a este tipo de problemas.

Otro aspecto a destacar, relativo a posibles mejoras en el régimen de los derechos (aspecto que también ha dado lugar a una abundante jurisprudencia del Tribunal Constitucional) sería el referente a la protección de la libertad de expresión. En esta materia (aunque con menos frecuencia que en el caso de las quejas en supuestos de detención incomunicada) se han producido algunas condenas a España por parte del Tribunal Europeo de Derechos Humanos (así en los casos *Castells*[15], *Otegi I*[16], o *Stern Taulats*[17] entre otros), derivadas de la literalidad y severidad de los mandatos legales respecto de críticas políticas a autoridades del Estado; cuestión que por otro lado, es frecuentemente tema de discusión en la opinión pública. También en este aspecto, posiblemente una reforma de las disposiciones penales en esta materia, en la línea señalada, por ejemplo, en la sentencia *Colombani*[18] del Tribunal de

13 STEDH Portu Juanenea y Sarasola Yarzábal contra España, 2018.

14 Entre otros casos, SSTEDH Beortegui Martínez contra España, 2016; Arratibel Garciandía contra España, 2015; Ataun Rojo contra España 2014, y Otamendi Eguiguren contra España, 2012.

15 STEDH Castells contra España, 1992.

16 STEDH Otegi Mondragón contra España, 2011

17 STEDH Stern Taulats y Roura Capellera contra España, 2019.

18 STEDH Colomban y otros contra Francia, 2002.

Estrasburgo, podría representar un alineamiento del ordenamiento español con la práctica común europea.

Por lo que se refiere a la ausencia de una protección más intensa de los derechos sociales, que se ha comentado más arriba (derivada de la consideración de las referencias constitucionales al respecto como principios, más que como normas) la dificultad de una reforma constitucional derivaría, no sólo de las características formales de la Constitución (extrema rigidez) sino también de la misma naturaleza de esos derechos, consistentes primordialmente en una actividad prestacional del Estado, subordinada a la efectiva presencia de recursos, dependientes de la coyuntura económica del momento. Aún así, la reforma constitucional del año 2013, concediendo prioridad a la satisfacción de deudas del Estado, ha venido a mostrar que, si hay suficiente voluntad política, una reforma constitucional en materia económica no es imposible; y además esa reforma señala también una vía aplicable en materia de derechos sociales, mediante el posible establecimiento de prioridades presupuestas en determinadas materias (por ejemplo, protección a la salud, seguridad social, vivienda) que permitieran compaginar la garantía de un umbral de protección de derechos sociales combinado con una cierta flexibilidad en su aplicación.

En último término, y dados los condicionamientos existentes para una reforma constitucional, así como las eventuales dificultades inherentes a toda reforma legislativa, no es difícil señalar que el sistema constitucional español coloca en gran manera en manos de la interpretación jurisdiccional la determinación del contenido y alcance de los derechos fundamentales. Ello se ha producido también en otras materias (por ejemplo, en lo que se refiere a la organización territorial del Estado, que ha podido denominarse «Estado jurisdiccional de las Autonomías») pero, sin duda, y debido a su inmediata repercusión sobre los ciudadanos, la posición y actuación de los tribunales en este aspecto se ha convertido en un aspecto esencial de la efectiva vigencia de la Constitución.

Vulnerabilidad y derechos fundamentales en el actual sistema constitucional español

Itziar Gómez Fernández

I. Valorar una foto fija o analizar tendencias: 40 años que han sido y 40 que están por venir

Celebrar cuarenta años de vida de cualquiera supone lanzarse a un complejo ejercicio, que nos puede llevar a los lugares que habitan la nostalgia, la complacencia, o el derrotismo. Para los seres humanos, cuarenta años es el ecuador de una vida. Para una Constitución, cuarenta años, no es nada. Y, sin embargo, para la Constitución española estas cuatro décadas (1978–2018) han dado mucho de sí, porque la han colocado como la segunda más longeva de la historia del constitucionalismo español– tras la Constitución de 1876, –y porque ha sido capaz de resistir a un cambio notable de la sociedad española, acompañándola en ese cambio.

En materia de protección, salvaguarda y desarrollo de los derechos humanos, que es el tema en el que voy a centrar mis reflexiones, la distancia entre la España de 1978 y la de 2018 es formidable. No cabe duda de ello y, aunque pudiera tratarse de un análisis sumamente interesante, no voy a detenerme en la que ha sido una evolución evidente porque es un examen ampliamente abordado ya.[1] Me interesa más analizar la situación del momento presente en relación con el estándar deseado, al que también podríamos denominar «óptimo constitucional»[2], en lo que hace al efectivo disfrute de los derechos humanos en nuestro país, por parte de todas las personas que se encuentran bajo la jurisdicción de las autoridades españolas.

1 Por ejemplo, en los cinco volúmenes de la obra colectiva: *Benigno Pendás García*, (Dir.), España constitucional (1978–2018). Trayectorias y perspectivas. Madrid 2018, se expone esa evolución, sin olvidar el análisis del progreso de la sociedad española en estos cuarenta años. Por lo que hace a los derechos fundamentales, en los Tomos III y IV de la obra, los capítulos §141 a §181 hacen un recorrido exhaustivo a lo largo de 40 años de avances en materia de protección multinivel de los derechos humanos (§141 y §142), garantía de los derechos civiles y políticos (§143 a §158), derechos sociales y culturales (§159 a §167); igualdad (§168 a §175) y garantías y límites de los derechos y libertades (§176 a §181).

2 La expresión «óptimo constitucional» se encuentra en unos pocos pronunciamientos del Tribunal Constitucional español (SSTC 217/2016, 57/2015, 47/2005 y AATC 186/2009, 124/2009, 122/2009, 404/2006, 11/2006, 10/2006). La idea que subyace al recurso a esta expresión en la jurisprudencia constitucional radica en que el juicio de constitucionalidad que está llamado a formular el Tribunal Constitucional, no es un juicio de perfección o de máximo desarrollo de la norma Constitucional, sino un juicio de posibilidades de una norma que incluye un programa abierto, capaz de albergar opciones diversas. Dicho en otros términos, el Tribunal niega que exista un solo óptimo constitucional, sino que las posibilidades de materialización son varias, de modo tal que niega la propia existencia de un óptimo excluyente y exclusivo. A pesar de ello, me interesa recuperar esta idea del «óptimo constitucional», porque entiendo que, en materia de derechos fundamentales, sí es posible aproximarse a la definición del contenido del óptimo constitucional si la argumentación tendente a esa identificación viene inspirada en la idea de la eficacia expansiva de los derechos, en el principio *pro homine* y en la idea de la esencia contra mayoritaria de los derechos fundamentales.

Ese análisis podría plantearse tanto desde una perspectiva meramente teórica (¿cuál es el estándar más alto posible en materia de protección de un determinado derecho fundamental, cual es el estándar existente en España y cómo se puede superar la brecha en caso de existir?), como también desde un análisis que contextualice los elementos propios del análisis jurídico (normas y jurisprudencia) dentro de la trama política y sociológica existente. Por las razones que iré desgranando me interesa desarrollar este segundo tipo de análisis.

Para ello, parto de una presentación de los derechos fundamentales[3] cuya materialización plantea problemas, desde el análisis formulado por organismos externos al propio sistema, es decir instituciones internacionales, asociándola a la exposición de la percepción que tiene la ciudadanía española respecto de los puntos débiles en materia de garantía de sus derechos (apartado 2); acto seguido conecto el diagnóstico con el análisis de cómo las fugas interpretativas en materia de derechos, que vacían el contenido de los mismos, abundan en los argumentos sustentadores de su propia crisis e impiden la regeneración del sistema, suponiendo ello un especial perjuicio a las personas en situación de especial vulnerabilidad (apartados 3 y 4). Y por último apunto algunas ideas sobre la posibilidad de revivificar las democracias decadentes desde el refuerzo del discurso de los derechos (apartado 5).

II. El nivel de garantía de los derechos fundamentales en España en la foto fija del Examen Periódico Universal (EPU) y en las percepciones de la ciudadanía

Dentro de los actuales sistemas de protección multinivel de los derechos fundamentales, los Estados responden del cumplimiento de sus compromisos internacionales en la materia, a través de distintos tipos de exámenes, a los que les someten los órganos de los tratados de derechos humanos ratificados por dichos Estado.[4] Sin necesidad de detenernos a teorizar

3 Cuando utilizo aquí la expresión derechos fundamentales me refiero a la totalidad de los derechos comprendidos en el Título I de la Constitución, aun siendo muy consciente de la triple partición existente en el texto constitucional entre los derechos fundamentales y libertades públicas (sección 1ª del Capítulo II del Título I), los derechos y deberes de los ciudadanos (sección 2ª del Capítulo II del Título I), y los principios rectores de la política social y económica (Capítulo III del Título I). En la medida en que esa triple partición tiene virtualidad esencialmente en materia de garantías de los derechos, tal y como se desprende del art. 53 CE, y no voy a centrarme en este aspecto en mi exposición, opto por la denominación genérica del Título I «derechos y deberes fundamentales», llevando esta noción a un paralelismo claro con la denominación derechos humanos, sin hacer diferencias, en esa referencia genérica, entre los derechos civiles y políticos, y los derechos económicos sociales y culturales.

4 En el caso del Estado español estaríamos hablando: 1) de los pronunciamientos emitidos por los órganos creados por la Carta de Naciones Unidas, particularmente el Examen Periódico Universal y los resultados de los procedimientos especiales; 2) del Comité de Derechos Humanos (CCPR), encargado de la garantía del Pacto Internacional de Derechos Civiles y Políticos (PIDCP) (1966); 3) del Comité de Derechos Económicos, Sociales y Culturales (CESCR), que se ocupa de dar seguimiento al cumplimiento del Pacto Internacional de Derechos Económicos, Sociales y Culturales (PIDESC) (1966); 4) del Comité para la Eliminación de la Discriminación Racial (CERD), vinculado a la Convención Internacional sobre la Eliminación de todas las Formas de Discriminación Racial (1965); 5) del Comité para la Eliminación de Todas las Formas de Discriminación contra la Mujer (CEDAW), órgano de la Convención sobre la eliminación de todas las formas de discriminación contra la mujer (1979); 6) del Comité contra la Tortura (CAT), creado por la Convención contra la Tortura y otros tratos o penas crueles, inhumanos o degradantes (1984); 7) del Comité de los Derechos del Niño (CRC), encargado

sobre los procedimientos de control, las modalidades de escrutinio, la fuerza más o menos ejecutiva de los pronunciamientos de dichos órganos, o su naturaleza vinculante, debe admitirse que, de la lectura de los distintos tipos de documentos (dictámenes, resoluciones, observaciones, incluso sentencias)[5] elaborados por los organismos de control, se obtiene una imagen bastante clara, y seguramente lo suficientemente objetiva, del grado de respeto por parte de España de los tratados de derechos humanos ratificados por el país.

En este contexto, quizá el cuadro más interesante sea el ofrecido por el «Examen periódico universal» *(EPU)*[6] del sistema de Naciones Unidas, que si bien es más superficial que otro tipo de mecanismos de seguimiento centrados en el cumplimiento de tratados concretos, tiene la ventaja de referirse a la totalidad de los tratados del sistema internacional, y no solo a los ratificados por España, por lo que ofrece una imagen de la aproximación del sistema al «óptimo internacional» de protección de los derechos. De la lectura del EPU de 2015[7] referido a España podría concluirse, muy someramente, que nuestro modelo incurre en las siguientes debilidades:

1. En la esfera *institucional*, España no posee ningún organismo interministerial de coordinación de políticas en materia de derechos humanos. Lo más parecido, la Dirección General

de dar cumplimiento a la Convención sobre los Derechos del Niño (1989); 8) del Comité de los Derechos de las Personas con Discapacidad (CRPD), órgano vinculado a la Convención sobre los derechos de las personas con discapacidad (2006); 9) del Comité contra la Desaparición Forzada de Personas (CED), resultante de la entrada en vigor de la Convención Internacional para la protección de todas las personas contra las desapariciones forzadas (2006); 10) en el ámbito del Consejo de Europa, del Tribunal Europeo de Derechos Humanos (TEDH), encargado de la garantía jurisdiccional de aplicación del Convenio para la Protección de los Derechos Humanos y de las Libertades Fundamentales (1950) y del Comité Europeo de Derechos Sociales (CEDS), vigilante del cumplimiento de la Carta Social Europea (1961); 11) y en el ámbito de la Unión Europea de las opiniones de la FRA (Fundamental Rights Agence) y de los pronunciamientos del Tribunal de Justicia de la Unión Europea en aplicación de la Carta de Derechos Fundamentales de la Unión Europea.

5 El análisis de todos esos pronunciamientos deviene complicado, pues su mera consulta exige una labor de búsqueda de una complejidad que no se justifica a día de hoy. El Estado español no ha desarrollado, hasta la fecha, un sistema de información que permita el acceso unificado a las resoluciones, atinentes a España, elaboradas por los Comités del sistema de Naciones Unidas, por los órganos o sistemas creados por la Carta de Naciones Unidas, o por los organismos del Consejo de Europa o de la Unión Europea. Una parte de la información es facilitada por la Oficina del Alto Comisionado de Naciones Unidas para los Derechos Humanos en https://www.ohchr.org/SP/Countries/ENACARegion/Pages/ESIndex.aspx [4.05.2019] por lo que hace al sistema de Naciones Unidas y a los órganos o mecanismos creados por la Carta de Naciones Unidas.

6 El EPU se instaura mediante la Resolución 60/251 de la Asamblea General de Naciones Unidas, el 15 de marzo de 2006, y se activa gracias a la Resolución 5/1 del Consejo de Derechos Humanos de Naciones Unidas, organismo a quien se le atribuye la materialización del EPU, el 18 de junio de 2007. Desde ese momento comienzas los exámenes por país, habiéndose concluido ya dos ciclos de examen (2008–2011 y 2012–2016), y comenzado el tercero en mayo de 2017. España ha sido examinada en 2010 y 2015, correspondiendo el tercer examen en enero de 2020. La documentación completa del EPU 2015, en la que se basa el presente análisis, puede ser consultada en https://www.ohchr.org/SP/HRBodies/UPR/Pages/ESindex.aspx [8.05.2019].

7 Al cierre del presente capítulo aún no había concluido el EPU 2020 para España, que si ha tenido lugar al momento de la revisión de pruebas. El examen tuvo lugar el 22 de enero de 2020 y sus resultados pueden consultarse en https://www.ohchr.org/EN/HRBodies/UPR/Pages/ESIndex.aspx [23.06.2020]. Las conclusiones de este último examen no desmienten, sino más bien al contrario, las reflexiones contenidas en estas páginas.

de Naciones Unidas y Derechos Humanos que se integra dentro de la Secretaríde Estado de Asuntos Exteriores, en el Ministerio de Asuntos Exteriores, Unión Europea y Cooperación, pero no existe un mecanismo de cooperación administrativa interministerial que valore de forma global, por ejemplo, el adecuado seguimiento de las resoluciones de los Comités, Tribunales u organismos internacionales de derechos humanos que obligan a España, o que coordine con los entes subestatales la política de promoción de los derechos humanos, o que asegure el cumplimiento de las medidas cautelares dictadas por los Comités o Tribunales en los procedimientos de respuesta a demandas o peticiones individuales.

2. En el ámbito de los derechos de las personas en situación de especial vulnerabilidad, que se han visto especialmente afectadas por la crisis económica, el EPU concluye:

(i) Respecto de los derechos de las *personas migrantes*, que no se ha ratificado la Convención Internacional sobre la Protección de los Derechos de Todos los Trabajadores Migratorios y de sus Familiares (CMW, por sus siglas en inglés) por lo que no se asegura adecuadamente el disfrute de los derechos económicos, sociales y culturales de estos trabajadores; que existe discriminación laboral de las personas migrantes; y que tienen serias dificultades de acceso a la asistencia sanitaria[8], educación, vivienda, y políticas asistenciales. Como punto particularmente complejo, el EPU señala la necesidad de reforzar los mecanismos de defensa de los derechos de los migrantes en frontera sur, particularmente en las Ciudades Autónomas de Ceuta y Melilla, poniendo énfasis en la garantía de no devolución de los solicitantes de asilo, en mejorar las condiciones de solicitud de protección internacional, en asegurar la integración y asistencia de los solicitantes de protección internacional. Adicionalmente se pone de manifiesto el problema existente en relación con las devoluciones sumarias sin procedimiento, que se han normalizado en España gracias a la cobertura normativa que les otorga la Ley Orgánica 4/2015, de 30 de marzo, de protección de la seguridad ciudadana (disposición final 1ª[9]).

8 Es preciso recordar que la EPU se realizó en el 2015. Poco tiempo antes, el Decreto-ley 16/2012, de 20 de abril, de medidas urgentes para garantizar la sostenibilidad del Sistema Nacional de Salud y mejorar la calidad y seguridad de sus prestaciones, había excluido a los extranjeros en situación irregular del sistema de asistencia sanitaria universal, pública y gratuita. Por esta razón muchas de las observaciones de distintos países al Estado español, en el marco del examen, fueron dirigidas específicamente a la cuestión del derecho a la salud y a la asistencia sanitaria de todos los individuos sin discriminación, con particular atención a los migrantes. Las SSTC 139/2016, 134/2017, 145/2017, 2/2018, y 18/2018 vinieron a confirmar tanto la exclusión formulada por el legislador estatal, como la imposibilidad de que las Comunidades Autónomas completaran, en ejercicio de sus propias competencias, las prestaciones negadas por el Estado a los migrantes en situación irregular. La situación, sin embargo, ha quedado en parte revertida por el Real Decreto-ley 7/2018, de 27 de julio, sobre el acceso universal al Sistema Nacional de Salud, que no ha sido objeto de recurso ante el Tribunal Constitucional. Por tanto, sin perjuicio de los comentarios que merezca la jurisprudencia constitucional contenida en las sentencias citadas, lo cierto es que esta cuestión, por el momento, ha sido resuelta por la intervención del legislador.

9 Esta disposición ha sido objeto del Recurso de inconstitucionalidad núm. 2896–2015, interpuesto por los Diputados del Grupo Parlamentario Socialista en el Congreso y pendiente de resolución por el Tribunal Constitucional. Y el fenómeno en sí ha sido condenado por el Comité de Derechos del Niño en el dictamen a la comunicación 4/2016 (asunto D.D. contra España, 1.02.2019), por el TEDH en el asunto ND y NT contra España, del 12.09.2017, pendiente de recurso planteado por el Estado frente a la Gran Sala.

(ii) Respecto de las *mujeres*, el EPU apunta la necesidad de mantener los esfuerzos desarrollados para implementar la normativa y programas destinados a superar la discriminación contra ellas y la violencia de género en todas sus formas, y se pone el énfasis, en particular, en el refuerzo de las políticas que favorezcan el acceso de las mujeres a los puestos de toma de decisiones, en el ámbito público, así como en el ámbito privado.

(iii) En relación con los derechos de las minorías raciales, insiste el EPU en que deben reforzarse las políticas destinadas a combatir la discriminación racial, el racismo y la xenofobia, incluyéndose la recomendación de que se elabore una ley integral contra estos fenómenos, y que se refuerce el acceso a la justicia de las personas pertenecientes a minorías raciales o religiosas. En este ámbito en particular se pone además el acento en la necesidad de poner fin a la identificación policial por perfil étnico en España. En el caso de las personas pertenecientes a la etnia gitana es necesario, además, asegurar su adecuada integración social y laboral, así como desarrollar una adecuada estrategia integral para asegurar el acceso pleno de los integrantes de la comunidad romaní a los bienes, servicios y derechos fundamentales.

(iv) Por lo que hace a los derechos de los *niños, niñas y adolescentes* se plantea la necesidad de reforzar la lucha para erradicar la violencia contra los niños, particularmente la violencia sexual, sobre todo si las víctimas son niños migrantes o con alguna discapacidad. También es preciso trabajar para elevar la edad de validez del consentimiento matrimonial, y, por lo que hace a los menores infractores, España debe reforzar el trabajo en materia de justicia restaurativa. Los niños, niñas y adolescentes que migran solos, comúnmente conocidos como menores extranjeros no acompañados (MENAS) son objeto de especial atención en el informe, por su alto grado de vulnerabilidad, poniéndose el énfasis en que el Protocolo marco llamado a coordinar las políticas de protección de la infancia migrante sola no está siendo efectivamente implementado, ni se formula seguimiento preciso de su ejecución, ni parece que se adapte a los estándares internacionales de protección de la infancia, de modo que no está siendo garantizado el adecuado respeto al interés superior de estos niños, ni se previene adecuadamente la eventualidad de que caigan víctimas de las redes de trata de seres humanos.

(v) En materia de *víctimas de trata de seres humanos*, mayores o menores de edad y sea cual sea la finalidad de la trata, España tiene un problema con la identificación de las mismas, que genera dificultades para la efectividad de las medidas ya adoptadas para luchar contra la trata.

(vi) Por último, en relación con las *personas con capacidades diversas*, se insiste en la necesidad de garantizar el igual acceso al disfrute de la totalidad de los derechos fundamentales[10], y debiendo acompañarse las políticas de remoción de los obstáculos de

10 Existía en las sugerencias formuladas en el EPU, concretamente por Ghana y Grecia, de revisar las limitaciones de los derechos de participación política de las personas con discapacidad. Recientemente, ha sido aprobada la Ley Orgánica 2/2018, de 5.12., para la modificación de la Ley Orgánica 5/1985, de 19.06, del Régimen Electoral General para garantizar el derecho de sufragio de todas las personas con

acceso, de una revisión de los procedimientos civiles de incapacitación, para que los derechos de las personas con discapacidad no se vean menoscabados.

3. En tercer lugar, por lo que hace al **disfrute de algunos derechos fundamentales en particular**, las dificultades más notables se encuentran así identificadas:

(i) Interdicción de la tortura (art. 15 CE): es necesario el refuerzo de los mecanismos legislativos, judiciales y administrativos para ofrecer un remedio efectivo a quienes hayan denunciado torturas, o tratos inhumanos o degradantes, pasando además por la garantía de las condiciones de la detención. En este ámbito se aboga por la derogación de la medida de detención incomunicada.

(ii) Libertad de expresión (art. 20.1.a CE): el ejercicio de la libertad de expresión debe ser reforzado, descriminalizando su ejercicio y reconduciendo los conflictos entre los derechos de la personalidad y la libertad de expresión al mero ámbito civil. Es necesario revisar la Ley Orgánica 4/2015, de 30 de marzo, de protección de la seguridad ciudadana, conocida como «ley mordaza», por cuanto establece límites calificables como desproporcionados al ejercicio de las libertades de expresión, manifestación y reunión. Conectando con el pasaje relativo a la protección de los grupos particularmente vulnerables, se resalta por el EPU la necesidad de desarrollar medidas adecuadas de lucha contra el discurso del odio.

(iii) Derecho a la educación (art. 27 CE): más allá de insistir en la necesidad de asegurar la igualdad de oportunidades en el acceso a la educación y el efectivo disfrute del derecho, se alude a la necesidad de incluir la educación sexual y afectiva en el currículo escolar, y de reforzar las políticas y la inversión educativa para evitar el abandono escolar temprano.

(iv) Derecho al trabajo (art. 35 CE): es necesario reducir la tasa de desempleo juvenil

(v) Derecho a la memoria histórica y la reparación de las víctimas: la paralización de la aplicación de la normativa sobre memoria histórica es objeto de crítica. No se ha dado adecuada reparación a las víctimas, no se han investigado debidamente las desapariciones forzadas durante la dictadura y no se ha establecido mecanismo alguno para la investigación de crímenes de lesa humanidad cometidos durante la Guerra Civil o la dictadura franquista.

4. Por último, el capítulo dedicado a la **recuperación de los estándares de protección social previos a la crisis económica,** pone de manifiesto que el grado de protección de los derechos de mayor contenido prestacional se ha visto reducido como consecuencia de las políticas de ajuste presupuestario, derivadas de la crisis económica. Así, el acceso universal a la educación y a la salud se ha visto condicionado, y ha tenido incidencia específica en el acceso de personas en situación de particular vulnerabilidad a estos recursos. Se impondría,

discapacidad. Actualmente todas las personas con discapacidad gozan del derecho de sufragio activo y lo han podido ejercer en las últimas convocatorias electorales del año 2019.

reducida la intensidad de la crisis, la revisión de las políticas de austeridad, para recuperar la protección social y la atención a los sujetos y colectivos que han sufrido con más rigor la crisis, esto es a las personas que han caído en la exclusión por causa de la extrema pobreza, o que se han acercado a los umbrales marcados por ese concepto. En este ámbito se pone especial énfasis en la necesidad de atender a la situación de los desalojos.

La síntesis evidente de todo lo anterior es que existen tres ejes problemáticos en nuestro sistema de reconocimiento y protección de los derechos fundamentales: i) la superación de los problemas de acceso y pleno disfrute respecto de unos derechos recogidos en un marco normativo altamente satisfactorio, por parte de personas y grupos en particular situación de vulnerabilidad; ii) la promoción de derechos de contenido marcadamente prestacional, en particular cuando se trata del acceso de esas mismas personas en situación de vulnerabilidad; y iii) por último el refuerzo por la garantía de dos derechos esenciales para la construcción de una sociedad democrática avanzada: la libertad de expresión, y la vigilancia sobre las eventuales lesiones del derecho a la integridad física y moral de sujetos puestos a disposición de los cuerpos y fuerzas de seguridad del Estado. La cuestión ahora está en determinar si la autopercepción de la ciudadanía española en materia de derechos, conduce a formular apreciaciones coincidentes con las anteriores. Y puede avanzarse que la respuesta será positiva.

En el barómetro de septiembre de 2018, el Centro de Investigaciones Sociológicas introdujo una pregunta sobre si habría que reformar o no la Constitución de 1978. Entre quienes respondieron que la reforma es necesaria, un amplio porcentaje centró el objeto de la eventual reforma en la cuestión de los derechos fundamentales, y particularmente de los derechos de contenido prestacional. Así, el 32,4% entendió que es necesario introducir modificaciones constitucionales que mejoren la coordinación de competencias entre el Estado y las Comunidades Autónomas en materia de educación y asistencia sanitaria; el 22,7% consideró que es necesario mejorar la protección de los derechos sociales; y el 19,3% afirmó que es preciso garantizar una mayor igualdad a las mujeres. En el listado de temas prioritarios se cuela también, en el segundo puesto (28,9%) la necesidad de incrementar la transparencia y el control de la actividad política. Esto pone de manifiesto que la calidad de la democracia y el respeto de los derechos fundamentales son elementos esenciales de preocupación.[11]

Una lectura muy parecida puede hacerse de la pregunta incluida en el Barómetro de diciembre de 2017[12], que se refiere a la valoración de la evolución de los rasgos definitorios de la ciudadanía en un lustro. El 53,8% de los encuestados entienden que la ciudadanía es más exigente de sus derechos, más conscientes de la igualdad de derechos entre hombres y mujeres (el 46%), y sin embargo menos respetuosos hacia los demás (44%). Se consideraba asimismo, mayoritariamente, que no se había mejorado en el nivel de respeto a las personas migrantes: así, sólo el 20,4% entiende que ha existido mejoría en ese ámbito, frente al 38.8% que no aprecia evolución, y el 36% que piensa que se ha ido a peor.[13]

11 Pueden consultarse las estadísticas en http://www.analisis.cis.es/cisdb.jsp [8.05.2019]. Estudio 3223.

12 Véanse los datos en http://www.analisis.cis.es/cisdb.jsp [8.05.2019]. Estudio 3199.

13 En materia consideraciones sobre las personas migrantes, por lo que hace a la última encuesta publicada sobre las actitudes hacia la inmigración en 2017, la mayoría de los encuestados eran favorables a que los inmigrantes estables y legales puedan traer a su familia (78,2%), cobrar el subsidio si quedan parados (87,1%), votar en las elecciones municipales (69,2%) e incluso generales (61,8%) y obtener la nacionalidad española (73,5%). La fuente es siempre la página del CIS, previamente citada, en este caso en el estudio 3190, relativo a la X encuesta de actitudes hacia la inmigración, publicada en 2017. Este análisis

La encuesta postelectoral de las elecciones generales de 2015, identificó que los problemas sociales que preocupaban más a los encuestados eran el paro y la corrupción, seguidos muy de cerca por la economía y el terrorismo internacional, inmediatamente seguidos por la sanidad, la educación y la vivienda.[14]

En la encuesta de ciudadanía (ISSP) de marzo de 2014, la pregunta sobre la escala de importancia de distintos derechos en una democracia, marcaba con diferencia (el 84,5%) que el derecho considerado como más relevante, por un mayor número de personas, era el del acceso a un nivel de vida adecuado, seguido de cerca por la preocupación de que todos los gobiernos respeten los derechos democráticos en todas las circunstancias (81,9%), y por la consideración de la necesidad de que se proporcione asistencia sanitaria a todas las personas (79,3%). De nuevo democracia y derechos fundamentales de contenido prestacional en el eje de atención prioritaria.

Un último dato, nos da un elemento de reflexión adicional. De la encuesta de condiciones de vida (ECV)[15] realizada por el Instituto Nacional de Estadística (INE) en 2017, se deriva que, en ese año, y teniendo en cuenta los ingresos de 2016, la tasa de riesgo de pobreza se situó en el 21,6% de la población residente en España, teniendo en cuenta que la tasa mide el porcentaje de personas cuyos ingresos están por debajo del umbral de la pobreza. Este indicador mide la desigualdad y no la pobreza absoluta, es decir, qué cantidad de personas tienen ingresos bajos en relación con el conjunto de la población. Esto significa, entonces, que una de cada cinco personas en España está en una situación relativa muy por debajo de la media, y muy lejos de las rentas más ricas. Ello supone, en suma, que exista una notable fractura social. Y una intensa desigualdad socioeconómica que tiene un impacto particularmente grave entre los niños, niñas y adolescentes, las personas de origen extracomunitario y los hogares con niños dependientes de una mujer, tal y como se refleja, en el mismo estudio, a resultas del examen de la tasa AROPE («At Risk Of Poverty or social Exclusion»).[16]

En suma, parece evidente que la calidad de la democracia y el refuerzo de los derechos sociales son percibidos como temas importantes para una gran mayoría de los ciudadanos, en un contexto en que la desigualdad socioeconómica, que refuerza los sesgos de exclusión, adquiere una importancia notable. Si a estos datos sobre autopercepciones del sistema democrático y de garantía de los derechos fundamentales, cruzamos en examen descriptivo deducido del EPU, el punto de enfoque en materia de derechos se delimita con claridad: es preciso trabajar en el refuerzo de las políticas de igualdad material, con especial incidencia en los derechos de contenido prestacional, y prestando particular atención a que las personas integradas en colectivos particularmente vulnerables y en mayor riesgo de exclusión social, vayan superando las condiciones de vulnerabilidad, que debilitan su posición en el acceso a los recursos y al disfrute pleno de los derechos sociales.

también ofrece otro dato interesante. A la pregunta ¿Cree Ud. que en España tendría mucha aceptación, bastante, poca o ninguna aceptación un partido político de ideología racista o xenófoba?, el 20,3% de los encuestados cree que un partido así tendría mucha o bastante aceptación, mientras que el resto cree que tendrían poca o ninguna. Los resultados electorales de VOX, partido con un sesgo claramente xenófobo, muestran que el 10,26% de los votantes ha dado su apoyo a la formación, de modo tal que las percepciones sobre la posibilidad de implantación de un partido con esta ideología habrán seguramente cambiado a día de hoy.

14 En la misma base de datos precitada, estudio 3126.

15 Véase la referencia de la nota de prensa en http://www.ine.es/prensa/ecv_2017.pdf [9.05.2019].

16 Indicador específico propio de los indicadores de la estrategia Europa 2020 de la Unión Europea.

III. Reticencias teóricas y jurisprudenciales frente al refuerzo de los derechos sociales con elevada carga prestacional

Si bien parece estar claro el diagnóstico sobre las necesidades del Estado, y de la propia ciudadanía que lo integra, en lo que hace al refuerzo del sistema de garantía de los derechos de todos, la jurisprudencia constitucional y parte de la doctrina no acompañan el juicio formulado. En ambos tipos de pensamiento y en la argumentación que desarrollan se pone de relieve una lectura rigurosa de la férrea división que marca el art. 53 CE entre derechos fundamentales (art. 53.2 CE), derechos constitucionales (art. 53.1 CE) y principios rectores de la política social y económica (art. 53.3 CE). Como se recordará, el sistema allí previsto clasifica los derechos en tres grupos, basándose en el haz de garantías que se le asocian a cada grupo, siendo particularmente relevantes las garantías jurisdiccionales especiales, esto es, el amparo, reservado a los derechos civiles y políticos y a la educación. Esta triple clasificación rebaja la justiciabilidad de los derechos sociales de mayor contenido prestacional de forma clara, pues estos solo podrán ser alegados ante la jurisdicción ordinaria de acuerdo con lo que dispongan las leyes que los desarrollen. De esta forma el protagonismo absoluto de su desarrollo se atribuye a un poder legislativo que, forzado por los condicionantes de la crisis, o por las derivadas vinculadas a un determinado posicionamiento ideológico, no opone resistencia alguna a la conservación de los mismos, o a asegurar un determinado nivel de irreversibilidad.

Si entendemos por derechos sociales aquellos que buscan garantizar la cohesión social, o dicho de otro modo, la integración de todos los individuos de un determinado colectivo– llamémoslo nación o llamémoslo Estado, –reforzar sus mecanismos de garantía es reforzar los procesos de aseguramiento de la igualdad material de los individuos[17], como elemento esencial de aseguramiento de la adhesión de dichos individuos a la propia esencia del sistema democrático. Es centrarse en los puntos neurálgicos que han venido siendo identificados en las páginas precedentes, para hacer pivotar la revisión dogmática de la teoría de los derechos fundamentales sobre el eje de los derechos prestacionales, en la búsqueda de un verdadero cambio del pacto social que sirve de base al pacto constitucional. Pero existen obstáculos notables para ello, anclados en una visión conservadora del modelo clásico de división de los derechos fundamentales reflejados en el art. 53 CE, cuya virtualidad y beneficios para el sistema se han mantenido durante tres décadas. Pero la última ha puesto al descubierto las costuras deshilachadas del modelo.

La crisis económica en la zona euro llegó al sistema constitucional español en un momento en el que la reflexión teórica sobre el alcance, límite y eficacia de los derechos sociales había alcanzado un interesante nivel de desarrollo[18] con algún reflejo normativo importante, parti-

17 En este punto es preciso aclarar, para salvar la coherencia del concepto apuntado, que existen derechos incluidos por buena parte de la doctrina entre los derechos sociales, como el derecho al medio ambiente que no responden a este criterio y que, por tanto, a mi juicio, no pueden ser calificados como derechos sociales. Véase al respecto: *Itziar Gómez Fernández*, Los derechos constitucionales de los trabajadores, en: CEF Legal, Revista Práctica del Derecho 30, 2011, 125–152.

18 Vid. *Victor Abramovich*, Los derechos sociales como derechos exigibles. Madrid 2002; *Miguel Jesús Agudo Zamora*, Estado social y felicidad: la exigibilidad de los derechos sociales en el constitucionalismo actual. Madrid 2007; *Virgilio Zapatero* e *Isabel Gómez Garrido* (ed.), Los derechos sociales como una exigencia de la justicia. Alcalá de Henares 2009; *Beatriz González Moreno*, El Estado social: naturaleza jurídica y estructura de los derechos sociales. Madrid 2002; *Cristina Monereo Atienza*, Ideologías jurídicas y cuestión social: los orígenes de los derechos sociales en España. Granada 2007; *David Ordoñez Solís*, La protección judicial de los derechos fundamentales de solidaridad: derechos sociales,

cularmente en los Estatutos de Autonomía[19]. Un momento en el que la jurisprudencia europea, tanto del Tribunal de Justicia de la Unión, como del Tribunal Europeo de Derechos Humanos[20], había dado muestras de apertura hacia el reconocimiento de la conexión entre los derechos sociales y el resto de derechos fundamentales, caminando hacia la idea del reconocimiento de la universalidad de los derechos entendida como la superación de las divisiones clásicas entre derechos civiles y políticos y derechos sociales.[21] Este estado de opinión vino a reforzarse cuando el Tratado de Lisboa, con la incorporación de la Carta de Niza al derecho originario de la Unión, dio el paso de reconocer en un documento único y jurídicamente vinculante, derechos pertenecientes a distintas «generaciones», sin clasificarlos por su origen histórico, por su mayor o menor naturaleza prestacional, o por su diverso sistema de garantías, sino por su mayor o menor vinculación con los principios, que se entienden comunes a todos los Estados de la Unión, de dignidad, libertad, igualdad, solidaridad, reconocimiento de la ciudadanía y justicia.[22] La evolución natural hubiera llevado a la apertura del modelo de garantía hacia los derechos de prestación, bien por la vía de la cobertura jurisprudencial, bien a través de la reforma constitucional. Pero la crisis económica iniciada en 2008 truncó cualquier expectativa en ese sentido. La adopción de medidas de contención, de diverso tipo, destinadas a lograr la estabilidad presupuestaria mediante una acentuada reducción del gasto público, supuso un freno evidente a la inversión en políticas destinadas a reforzar la garantía de los derechos sociales, siendo paradigmáticos los recortes en «dependencia», educación y salud. Todo ello tuvo un impacto directo en el disfrute de estos derechos, al que acompañó un debilitamiento de la posición de los trabajadores en el mercado laboral vinculado a la reforma laboral del año 2012.[23]

La jurisdicción constitucional española, que antes de la crisis no había llegado a asumir plenamente la noción de universalidad de los derechos, y la posibilidad de proteger los derechos sociales por su conexión con los derechos civiles y políticos, en la línea de lo ensayado por el Tribunal Europeo de Derechos Humanos, frente a esta reversión en materia

medio ambiente y consumidores. Granada 2006; *Gerardo Pisarello Prados,* Los derechos sociales y sus garantías: elementos para una reconstrucción. Madrid 2007; *Teresa Vicente Giménez,* La exigibilidad de los derechos sociales. Valencia 2006.

19 *Francisco López Menudo,* Los derechos sociales en los Estatutos de Autonomía, en: Administración de Andalucía. Revista Andaluza de Administración Pública, 73, 71–190.

20 Dan testimonio de esa evolución, en el ámbito del TJUE, *Gonzalo Maestro Buelga,* Constitución Económica y derechos sociales en la Unión Europea, en: Revista de Derecho Comunitario Europeo 7, 123–154; *J Pereira da Silva,* Alcune note sui diritti sociali nella Carta dei diritti fondamentali dell'Unione europea, en: Diritto Pubblico Comparato ed Europeo 3, 2002, 1120–1129, y, en lo que hace al TEDH, los trabajos de: *Luis Jimena Quesada,* Europa social y democrática de derecho. Madrid 1997; *Frédéric Sudre,* La protection des droits sociaux par la Cour européenne des droits de l'homme: un exercice de «jurisprudence fiction»?, en: Revue trimestrielle des droits de l'homme, 14e année 55, 755–779; *Sergio Salinas Alcega* y *Carmen Morte Gómez,* Los derechos económicos y sociales en la jurisprudencia del Tribunal Europeo de Derechos Humanos, en: Antonio Embid Irujo (Dir), Derechos Económicos y Sociales, 361–409; *Ida Elisabeth Koch,* Human rights as indivisible rights: the protection of socio-economic demands under the European Convention on Human Rights. Leiden 2009.

21 *Itziar Gómez Fernández,* Derechos sociales y política anticrisis en España en: A constituçao à prova da crise financeira internacional. Florianópolis 2017.

22 *Itziar Gómez Fernández,* Los derechos sociales y la tejedora de sueños, en: Cátedra de Derechos Humanos, suprema Corte de Justicia de la Nación. Ed.2015–2016/2016–2017. México 2017.

23 *Itziar Gómez Fernández,* Derechos sociales y política anticrisis en España , en: A constitucao a prova dacrise financeira internacional. Florianopolis 2017. En este trabajo se recogen exhaustivamente la totalidad de las medidas desarrolladas en distintos ámbitos materiales, medidas que no traemos a este texto por asegurar la mesura de su extensión.

de derechos sociales no apostó por reforzarlos, sino que optó por justificar la intervención restrictiva del legislador acudiendo a la idea de la crisis como base argumentativa esencial. El Tribunal Constitucional ha parecido más preocupado por validar las opciones del legislador– fundamentalmente del legislador estatal –a la hora de afrontar la crisis económica, dando para ello algunos pasos atrás en la configuración de determinados derechos laborales, del derecho a la salud, o del derecho a la educación, y optando por una recentralización clara del modelo de reparto competencial sobre la vis atractiva conferida al art. 149.1.13 CE, referido a la competencia estatal exclusiva sobre las bases y coordinación de la planificación general de la actividad económica.[24] Un recorrido exhaustivo por esa jurisprudencia no es posible. Valga el apunte de algunos ejemplos paradigmáticos.

La STC 119/2014[25], introduce de forma novedosa una serie de límites al derecho a la estabilidad y continuidad en el empleo, afirmando que el «derecho al trabajo», reconocido en el art. 35.1 CE, no es absoluto, ni incondicional, pudiendo quedar sujeto a limitaciones justificadas en aras a la preservación de la libertad de empresa (art. 38 CE) y en respuesta al mandato a los poderes públicos de garantizar y proteger tanto el ejercicio de esta como la defensa de la productividad. En idéntica línea restrictiva , frente a la previa consideración de que la fuerza vinculante de los convenios colectivos emanaba directamente de la Constitución que ordenaba garantizar esa fuerza vinculante al legislador, el Tribunal establece que los convenios colectivos pueden quedar supeditados a la ley por razones justificadas, de modo que la «consagración constitucional del derecho a la negociación colectiva no conlleva el desapoderamiento normativo del Estado para regular las relaciones laborales; la Constitución no ha dispuesto una reserva de regulación en favor de la autonomía colectiva que le otorgue el monopolio normativo en materia laboral».

La STC 7/2010, como lo harán otras después, en particular la 93/2015 o la 16/2018, han venido a insistir en que el «derecho a la vivienda», del art. 47 CE, constituye una directriz constitucional que ha de informar la actuación de todos los poderes públicos, pero sin que se identifique como derecho subjetivo. Yendo más allá, el Tribunal afirma que el mandato ha de ser ejercido con prudencia por las administraciones, refiriéndose en particular a las autonómicas que han pretendido desarrollar mecanismos de compensación frente a la emergencia habitacional que se da en España (SSTC 93/2015 y 16/2018). Ese llamamiento a la prudencia se traduce en la negativa de que los parlamentos o ejecutivos autonómicos desarrollen normativa en materia de vivienda en los supuestos en que tal desarrollo pueda «menoscabar» la política económica dictada por el Estado ex art. 149.1.13 CE. Dicho en otros términos, si el Estado establece una determinada política económica con un impacto concreto en el ejercicio de derechos sociales, las Comunidades Autónomas no podrán modular dicho impacto, en defensa y promoción de los derechos, salvo que dejen a salvo la competencia estatal relativa a las bases y coordinación de la planificación general de la actividad económica.

En las sentencias más recientes, que resuelven recursos del Estado planteados contra la normativa autonómica aprobada para hacer frente a la llamada «crisis de los desahucios», el Tribunal ha descartado medidas como la expropiación forzosa del usufructo temporal de de-

24 Véanse las diversas referencias a esta cuestión contenidas en los distintos trabajos de la obra colectiva dirigida por *Ramón Parada Vázquez,* Las reformas administrativas de la crisis. Navarra 2017.

25 Comentada por *Paloma Requejo Rodríguez,* El papel de la crisis económica en la argumentación del Tribunal Constitucional: comentario a la STC 119/2014, en: Teoría y Realidad Constitucional 36, 417–437.

terminadas viviendas para la cobertura de la necesidad habitacional de personas en especiales circunstancias de emergencia social (SSTC 93/2015, 16/2018, 32/2018, 43/2018, 97/2018, y 116/2018) aceptando, en cambio, las medidas de contrato de arrendamiento obligatorio con opción a compra (STC 80/2018). Todo ello con el claro objetivo de que el derecho a la propiedad quede intacto frente a la emergencia social derivada de la crisis y de situaciones de particular vulnerabilidad. Se empiezan a introducir, pese a todo, algunos matices interesantes en el voto particular de la Magistrada Balaguer a la STC 32/2019, desestimatoria del recurso planteado contra la Ley 5/2018, en relación con la ocupación ilegal de viviendas. La Magistrada reconoce que el derecho a la vivienda del art. 47 CE se configura, efectivamente, como principio rector, pero insiste en que ello no le «resta un ápice de carácter normativo», de modo que «no estamos ante un deseo de buena voluntad constitucional, ni ante un mero ejercicio de retórica, sino ante una disposición normativa que no queda excluida como parámetro de constitucionalidad de las normas con rango de ley, y que permite comprender adecuadamente la calificación del Estado español como Estado social, orientado a la consecución del pleno disfrute de los derechos, también de los derechos sociales». Y añade una reflexión sumamente interesante «cuando el art. 53.3 CE afirma que los artículos contenidos en el capítulo III del título I 'solo podrán ser alegados ante la jurisdicción ordinaria de acuerdo con lo que dispongan las leyes que los desarrollen', no dice que la jurisdicción constitucional deba analizar la invocación de un principio rector, en este caso el derecho a la vivienda, de acuerdo con las leyes que lo desarrollen. El parámetro de control para el Tribunal es la Constitución, también el art. 47, y desde esta posición, desde la perspectiva de la garantía de plena eficacia de la totalidad del texto constitucional, también de los principios rectores que contiene, es desde la que debe formularse el juicio de constitucionalidad, por lo demás, abstracto en el supuesto que nos ocupa, de la norma impugnada».

También ha existido una retracción clara en relación con el «derecho a la protección de la salud», si bien partiendo de una concepción ligeramente distinta. La STC 39/2016, confirma la constitucionalidad del Real Decreto-ley 16/2012, que introdujo una serie de medidas de ajuste en el Sistema Nacional de Salud, consagrando la exclusión sanitaria de los extranjeros irregulares. La argumentación es si cabe más problemática que el fallo, porque desvincula el derecho a la salud y el derecho a la integridad física. Paradójicamente, el FJ 8º de la sentencia asume que el derecho a la salud del art. 43 CE, no es «sólo» una norma programática, sino un mandato al legislador para que establezca las prestaciones necesarias para tutelar la salud pública. Pero tal reconocimiento es meramente formal porque, como no estamos ante un derecho fundamental, el legislador lo puede todo, incluso excluir de la titularidad del derecho a un determinado colectivo, por más vulnerable que este sea y, además, puede hacerlo por Decreto-ley (art. 86.1 CE).

También en este caso el voto particular del Magistrado Fernando Valdés ofrece una perspectiva diversa, haciendo notar, en primer término, que la cláusula de exclusión del decreto ley del ámbito de los derechos, no se limita al Capítulo II del Título I, sino que debe extenderse, como venía entendiendo la jurisprudencia anterior, también al capítulo III de los «principios rectores». Asimismo, el voto insiste en que relegar la protección de la salud fuera de la garantía normativa de exclusión del Decreto-ley «obvia las dos ideas básicas que han contribuido a la progresiva maduración y consolidación de la noción de derechos *tout court*; de un lado, la indivisibilidad (o unidad) de todos los derechos, al margen de su contenido (civil, político, económico, cultural y social), tal y como afirma el art. 2.1 de la Declaración Universal de Derechos Humanos y sostiene indefectiblemente el Tribunal Europeo de Derechos Humanos desde la sentencia del caso Airey c. Irlanda (STEDH de 9 de octubre de 1979) y, de otro, la conexión e instrumentalidad de determinados derechos o principios constitucionales 'no fundamentales' respecto de otros que sí lo son por ubicarse en el capítulo II del título I».

Podrían citarse otros ejemplos, relacionados con los recortes en educación, o con las medidas paliativas de la pobreza energética, pero la conclusión sería siempre la misma: la crisis ha congelado la necesaria aproximación evolutiva de la jurisprudencia constitucional a la noción de derechos sociales y a la comprensión de su sistema de garantías. Y ese estancamiento ha venido acompañado de una regresión palmaria en materia de políticas públicas destinadas a reforzar el acceso y disfrute de los derechos sociales.

IV. La desatención a situaciones de especial vulnerabilidad y las limitaciones al alcance del art. 9.2 CE

La noción de vulnerabilidad ha tomado cuerpo en el estudio de los derechos fundamentales, a raíz de la crisis, y de los fenómenos de exclusión progresiva asociados a la misma. No obstante, la definición no es única, ni unívoca, ni tiene un contenido jurídico claro por el momento, y se plantean algunas discrepancias en relación con la asimilación entre los conceptos de personas y grupos vulnerables[26] y los de personas en situación de vulnerabilidad. Roca Martínez afronta la definición de vulnerabilidad afirmando que tal condición se relaciona con la situación de desventaja en la que se encuentra un individuo o un grupo respecto del resto de la sociedad.[27] Mientras, en el contexto de la jurisdicción de Estrasburgo, se hace frecuentemente referencia a la idea de «marginalised individuals and minorities»[28] para referirse a los segmentos de la sociedad que, por distintas razones, se ven silenciados en el proceso democrático. Gargarella se refiere a los grupos que no reciben en nuestras sociedades el «debido trato que se merecen».[29] Desde otra perspectiva, algunos autores creen que la noción de vulnerabilidad aparece de forma natural como decantación de un proceso de concreción de los derechos humanos, que pasa desde la opción por la generalización de los derechos, como mecanismo para asegurar su expansión universal, a una progresiva y necesaria especificación, que vincula los derechos a sus titulares y a la superación de la desigualdad material de dichos titulares, a través del desarrollo de normas antidiscriminatorias o de promoción de la igualdad específicamente destinadas a esos grupos, es decir una superación de la discriminación a través de una diferenciación aceptable.[30] Posición esta que, a su vez, hace surgir dudas sobre la justificación de estas medidas de diferenciación.[31]

26 *Miguel Ángel Alegre Martínez,* Protección constitucional a las personas vulnerables y nuevos derechos, en: Revista de Derecho Político 80, 59–88.

27 *José María Roca Martínez,* Tutela jurisdiccional de los derechos de las personas y grupos vulnerables en los órdenes civil y laboral, en: Miguel Ángel Presno Linera, Protección jurídica de las personas y grupos vulnerables, Procura nº 3. Oviedo 2013, 299–353.

28 *Dia Anagnostou* y *Evangelia Psychologiopoulou,* The European Court of Human Rights and the Rights of Marginalised Individuals and Minorities in National Context. Leiden 2010.

29 *Roberto Gargarella,* Derecho y Grupos desaventajados. Barcelona 1999, 12.

30 *Piar Trinidad Núñez,* La protección internacional de los grupos vulnerables y desfavorecidos, en: Historia de los derechos fundamentales: Siglo XX. El derecho internacional de los derechos humanos: Los procesos de regionalización y especificación. Madrid 2013, 1215–1278.

31 *Roberto Gargarella,* Derecho y Grupos desaventajados. Barcelona 1999.

Sea como sea, y sin tratar de dirimir este sinnúmero de controversias asumo el significado de vulnerabilidad que lo identifica como la situación de actual o potencial exposición a un daño.[32] Una condición que se asocia tanto a personas como a grupos, para cualificarles de algún modo en su relación con las estructuras de poder institucionalizado.

Así entendida, no es siempre sencillo disociarla claramente de la noción de interdicción de discriminación en virtud de determinadas «categorías sospechosas» (art. 14 CE), o de la que se vincula a la promoción de la igualdad material que se deriva del art. 9.2 CE. Hay que tener en cuenta que se aplica la categoría de vulnerabilidad, preferentemente, a los grupos de población y personas que los integran, que, por su condición de edad, sexo, orientación o identidad sexual, estado civil, nivel de dependencia, origen étnico o condicionantes culturales diversos, se encuentran en una situación de riesgo que les impide acceder a condiciones óptimas de bienestar. Se identifican así, como grupos vulnerables, el de los niños, niñas y adolescentes, personas mayores, mujeres, personas discapacitadas, minorías étnicas o lingüísticas, migrantes o colectivo LGTBI. Por su parte, el art. 14 CE, prohíbe la discriminación por razón de nacimiento, raza, sexo, religión, opinión o cualquier otra condición o circunstancia personal o social, categorías, todas ellas, que nos llevan a pensar en personas integradas en los grupos vulnerables antes mencionados. El tercer elemento del trinomio conceptual, que nos lleva al art. 9.2 CE indica la necesidad de remover los obstáculos frente a la igualdad real que puedan sufrir las personas o los grupos en que se integran, grupos que, de nuevo, pueden ser claramente identificados bajo categorías de vulnerabilidad.

Si la conexión entre nociones es tan estrecha, cabe preguntarse por qué abandonar las nociones clásicas y abrazar esta nueva aproximación a la realidad de la desigualdad que se vive en el seno de una determinada sociedad. A mi juicio, el término de vulnerabilidad nos permite hablar de una potencial situación de desventaja que puede haberse concretado ya, con una efectiva discriminación prohibida por el art. 14 de la Constitución, o que puede no haberse concretado, ni por tanto normativizado, en las categorías sospechosas normativamente reconocidas. Además, se trata de una noción más flexible a la hora de determinar condiciones de desventaja, que pueden ir apareciendo y desapareciendo a lo largo de la vida de las personas, y que no se hallan consagradas como categorías sospechosas de discriminación. Dicho de otro modo, todas las personas somos o podemos ser vulnerables, pero cada una, en función de sus circunstancias socioeconómicas y condicionantes personales, tiene su propio nivel y tipo de vulnerabilidad, aparejado a su propia capacidad de resiliencia. En síntesis, el término vulnerabilidad es dúctil y al tiempo preventivo, porque no exige constatar la consumada vulneración del principio de igualdad a través de la constatación de una situación discriminatoria, sino que llama a ser vigilantes con eventuales situaciones de desventaja.

A partir de la conceptualización abierta que se ha hecho sobre *vulnerabilidad*, la identificación del individuo o de los grupos en situación de particular vulnerabilidad es relativamente compleja[33], y lo es también formular un análisis de cómo la Constitución Española de 1978 aborda las situaciones de vulnerabilidad, y de cómo ha interpretado esa aproximación la jurisdicción constitucional a lo largo de estos casi cuarenta años de actividad jurisdiccional. Elaborar un juicio global en pocas líneas no es sencillo, y tampoco lo es procurar realizar un

32 *Ingrid Nifosi-Sutton,* The protection of vulnerable groups under international human rights law. London 2017.

33 *Miguel Ángel Alegre Martínez,* Protección constitucional a las personas vulnerables y nuevos derechos, en: Revista de Derecho Político 80, 59–88.

análisis detallado de la jurisprudencia constitucional en relación con personas en situación de vulnerabilidad, o con grupos a los que identificamos como particularmente vulnerables. Lo que sí puede afirmarse es que el Tribunal Constitucional no ha formulado un concepto de vulnerabilidad, y trabaja exclusivamente en torno a la construcción y desarrollo de los arts. 14 y 9.2 de la Constitución, por más que haya citado en algunas (pocas) sentencias la idea de la vulnerabilidad de determinados sujetos de derecho.

Dicho esto, no cabe duda de que la jurisprudencia del Alto Tribunal ha ayudado a superar situaciones de debilidad de personas concretas en situación de vulnerabilidad, allí donde se ha identificado la lesión de sus derechos fundamentales individualmente considerados. Es copiosa la jurisprudencia sobre la no discriminación por razón de sexo[34] o de orientación sexual[35], algo menos la referida a las personas mayores (STC 149/2004) o a los menores de edad.[36] Mucho más escasa es aún, y seguramente perfectible, la que se refiere a las personas con alguna discapacidad (SSTC 62/2008 y 10/2014), en particular las que además son menores o mayores en edad avanzada. Nutrida también, aunque manifiestamente mejorable, la jurisprudencia que tiene que ver con personas de origen extranjero.[37] Minorías étnicas (SSTC 69/2007 y 13/2001) o religiosas (SSTC 180/2001 y 141/2000) han sido objeto también de algún pronunciamiento aislado. Pero nos interesa, sobre todo, la jurisprudencia de la última década.

En esta última década una reforma procesal, la del recurso de amparo constitucional introducida en el año 2007, marca cualquier reflexión sobre las materias abordadas, porque la objetivación del recurso buscada con la reforma ha sido materializada con contundencia, y sin embargo ello no se ha traducido en un mejor tratamiento de los problemas de lesión de derechos fundamentales que, en la primera parte del trabajo, identificábamos como relevantes. Ni, por su puesto, en un mejor acceso de las personas en situación de vulnerabilidad a la justicia constitucional.[38]

34 El Tribunal ha validado la totalidad de las opciones del legislador adoptadas con la finalidad de trabajar para remover los obstáculos opuestos a la consecución de la igualdad efectiva de hombres y mujeres. La jurisprudencia constitucional ha construido, para el sistema constitucional español, conceptos ausentes del texto de la Constitución de 1978, como el de discriminación directa (SSTC 103/1983, FJ 3; 128/1987, FFJJ 3 y 5–8; 216/1991, FJ 6; o 66/2014, FJ 2); discriminación indirecta (STC 145/1991, FJ 2; 253/2004, FJ 8; 61/2013, 71/2013, 72/2013 y 116/2013; 110/2015); discriminación inversa o medidas de acción positiva (STC 216/1991, FJ 5, 128/1987, 166/1988, 19/1989,145/1991, 216/1991 o 28/1992), o medidas paternalistas no protectoras (STC 128/1987, FJ 6, STC 216/1991, 229/1992, 317/1994,); representación equilibrada y democracia paritaria (12/2008).

35 En este sentido pueden leerse las SSTC 92/2014 y las que aplican la doctrina en esta formulada (SSTC 157/2014, 124/2014, 116/2014, 115/2014, 98/2014 y 93/2014), 41/2013, 198/2012, 176/2018 y 41/2006.

36 Véanse las sentencias 65/2016, 16/2016, 10/2014, 186/2013, 127/2013, 57/2013, 174/2011, 163/2009, 158/2009, 71/2004, 127/2003, 221/2002 1y 154/2002.

37 Resultan de interés las SSTC 131/2016, 46/2014, 140/2009– que exigen (o no en la STC 186/2013) la valoración de las circunstancias familiares y de arraigo al acordar la expulsión de territorio nacional; la 72/2005, referida a las limitaciones de entrada en frontera; 147/2000 y 174/1999, sobre retención en frontera; 95/2000 sobre asistencia sanitaria a persona extranjera; 130/1995, sobre prestaciones por desempleo a trabajadores extranjeros; 94/1993, sobre el derecho a circular libremente por territorio nacional. Sobre la particular situación de los menores extranjeros no acompañados destaca la cita de las SSTC 183 y 184/2008 y los AATC 172 y 151/2013.

38 *Paloma Requejo Rodríguez*, La configuración del recurso de amparo constitucional y la protección de los más vulnerables, en: Crisis de empleo, integración y vulnerabilidad social. Navarra 2017, 217–242.

En lo que hace a la titularidad de los derechos de las personas particularmente vulnerables, la aproximación jurisprudencial a través del recurso de amparo adolece de ser incompleta en la mayoría de los supuestos, pues el amparo es una garantía individual, y las sentencias estimatorias tienen efectos limitados al caso concreto, por más que sean útiles para la construcción de una doctrina evolutiva de los derechos fundamentales. Si a ello añadimos las progresivas dificultades de acceso al amparo en la última década, se puede llegar a la conclusión de que el recurso de amparo no es, actualmente, el mecanismo óptimo para la defensa de los intereses de las personas en situación de vulnerabilidad cuando las condiciones de su desventaja son sistémicas.[39] Paloma Requejo señala que «el recurso de amparo no presenta ninguna singularidad en lo que a su configuración se refiere cuando el recurrente está en una situación de vulnerabilidad»[40] lo que, en el contexto descrito, es una crítica que comparto y que me parece sumamente grave. Si no es un mecanismo singular, se trata de un mecanismo inadecuado que no favorece una aproximación sistemática a los problemas vinculados a las situaciones de vulnerabilidad, ni a las personas integrantes de colectivos particularmente vulnerables.

Prueba manifiesta de lo expuesto son algunas resoluciones muy recientes:

- Las SSTC 111/2018 y 117/2018 desestiman los recursos de amparo planteados por la Plataforma por permisos iguales e intransferibles de nacimiento y adopción (PPiiNA) reclamando la igualación de los permisos de maternidad y paternidad, que son desiguales por ley. Lo que había en el fondo de los recursos de amparo planteados en el marco de un litigio estratégico perfectamente diseñado, era un cuestionamiento de la norma que regulaba los permisos, es decir, un amparo contra la ley que se articuló de la única forma directamente accesible para los recurrentes. Y las sentencias ponen de manifiesto la incapacidad de ver el problema sistémico de discriminación indirecta que genera, en perjuicio de las mujeres que aún no se encuentran consolidadas en el mercado laboral, una regulación diversa de los permisos de cuidado de neonatos basada en el sexo del progenitor. Un problema que, en cambio, sí pone de relieve el voto particular de la Magistrada Balaguer.

- La STC 154/2016, inadmite el amparo planteado por una asociación de promoción y defensa de los derechos humanos (Algeciras Acoge), frente al auto de un juzgado de instrucción que denegó la incoación de un procedimiento de habeas corpus, instado por la asociación. La finalidad de la solicitud era someter a control jurisdiccional la detención de unos 250 inmigrantes, que habían intentado la entrada irregular por mar en territorio español y que, interceptados por las fuerzas de seguridad, estaban retenidos en una instalación deportiva a la espera de su devolución, sin asistencia letrada, y en condiciones juzgadas como deplorables por la asociación. En una interpretación sorprendentemente restrictiva de la legitimación activa para plantear el recurso de amparo, el Tribunal no reconoció a la recurrente «un 'interés legítimo' para acudir en amparo, dado que dicho interés, no puede residenciarse en la contribución al efectivo ejercicio del derecho a la tutela judicial efectiva de las personas extranjeras, pues no debe confundirse el 'interés

39 Ibíd.
40 Ibíd.

legítimo' [art. 162.1 b) CE], con un 'interés genérico en la preservación de derechos'. Tampoco puede sustentarse el mismo en la Ley de extranjería pues, si bien el régimen legal de la legitimación corporativa puede encontrar aplicación favorable en los procesos contencioso-administrativos u otros ordinarios, no puede decirse lo mismo respecto de la intervención en el proceso de amparo (ATC 942/1985) [FJ 3]».

- En la misma línea, el ATC 119/2018, inadmite a trámite el recurso de amparo planteado por una Magistrada que cuestionaba la falta de respeto del principio de igualdad en los nombramientos discrecionales efectuados por el Consejo General del Poder Judicial. De nuevo aquí los votos particulares ponen de relieve no solo la existencia de un problema de techo de cristal que el Auto niega, sino la falta de adecuada ponderación del elemento de discriminación sistémica de las mujeres en el acceso a la cúpula del poder judicial.

- También de inadmisión son los AATC 172 y 151/2013, planteados por los representantes de menores extranjeros no acompañados. Estos recursos contestaban la realización indiscriminada de pruebas de determinación de la edad, y de elaboración por la Fiscalía de decretos de determinación de la edad, desprovistos de vía de recurso jurisdiccional directo. Las dificultades de acceso a la jurisdicción, en este caso, se veían acrecentadas por las dificultades de representación de los menores, y de identificación de la vía judicial previa al amparo.

- Y, por último, confirmatorio de la inadmisión previa por providencia, el ATC 196/2016, que desestima un recurso de súplica de la fiscalía por dos votos contra uno. El problema planteado se refería al reconocimiento del derecho de sufragio activo a las personas incapacidades judicialmente, y la sección había inadmitido el recurso de amparo por manifiesta falta de lesión de los derechos invocados (arts. 14 y 23.1 CE). Entendió la sección, frente al criterio manifestado en el voto particular de la Magistrada Adela Asúa, que la privación del derecho a voto a las personas incapacitadas judicialmente no suponía una restricción injustificada del derecho a todos los «discapacitados» como grupo o colectivo, y por razón de cualquier discapacidad, sino que la restricción *ad casum*, controlada por el órgano judicial, era perfectamente razonable.

Si la conclusión es que el amparo es un instrumento insuficiente, las quiebras se rebelan de manera evidente cuando, en un procedimiento judicial cualquiera, los titulares de los derechos cuya vulneración se denuncia, ponen de manifiesto que la lesión de los mismos, que se vincula a o acentúa la situación de vulnerabilidad, es imputable, no a la aplicación administrativa o jurisdiccional de la norma, sino a la propia norma. En estos supuestos cabe el control de constitucionalidad por la vía del planteamiento de una cuestión de inconstitucionalidad. De este modo se podrían canalizar intereses de grupo a través de recursos individuales que, articulados en torno a una adecuada estrategia de litigación, facilitasen el control relativo al ajuste constitucional de la norma. Pero, a la postre, la valoración relativa a este ajuste, por más que las partes lo planteen, queda en manos del propio órgano jurisdiccional de instancia que conoce del asunto, porque suscitar la cuestión de inconstitucionalidad es una prerrogativa exclusiva e irrevisable atribuida por el art. 163 CE a los órganos judiciales, que pueden no plantearla si estiman constitucional y, por lo tanto, aplicable la ley cuestionada (entre otras muchas SSTC 159/1997, 15/2004).

A través del control de constitucionalidad, por la vía de las cuestiones de inconstitucionalidad, el Tribunal se ha visto llamado a juzgar disposiciones destinadas a personas integrantes de los grupos de los identificados como vulnerables en los términos arriba expuestos. Y el balance general no es abiertamente positivo, aunque tampoco merece un juicio absolutamente negativo, más allá del que se refiere a la dificultad de analizar cuantas cuestiones de contenido constitucional referidas a personas en situación de vulnerabilidad, no pasan el filtro de los tribunales ordinarios porque estos formulan un juicio positivo de constitucionalidad. En cualquier caso, ha de partirse de la constatación de que un buen número de las cuestiones de inconstitucionalidad que plantean dudas sobre normas que afectan a personas en situación de particular vulnerabilidad, son inadmitidas por el propio Tribunal Constitucional al considerarlas manifiestamente infundadas, descartando a limine los vicios de inconstitucionalidad denunciados.[41]

Yendo a la exposición de algunos ejemplos concretos, resulta muy interesante, por su singularidad, la aproximación a la situación de las **mujeres víctimas de violencia de género** en el ámbito de las relaciones afectivas. En las SSTC 59/2008, 81/2008, 45/2009, 127/2009, 41/2010 o 45/2010, el Tribunal se pronuncia, validando su ajuste constitucional, sobre distintos preceptos de la Ley Orgánica 1/2004, de 28 de diciembre, de medidas de protección integral contra la violencia de género. Esta ley modificó el Código Penal para introducir una diferencia de trato punitivo, en relación con la misma conducta, en virtud del sexo del sujeto activo y el sujeto pasivo de la misma, haciendo merecedora de mayor reproche penal la conducta lesiva de un varón hacia una mujer en contextos de relaciones afectivas presentes o pasada.

Las dudas de constitucionalidad tenían que ver, entre otras cosas, con la vulneración del principio de igualdad y con el perjuicio causado a los varones por esta norma, cuya finalidad era proteger a las mujeres en situaciones de vulnerabilidad por tratarse de víctimas de violencia de género. Resulta muy interesante como en la STC 45/2010, el Tribunal afirma que la norma cuestionada no cataloga a la mujer como una persona especialmente vulnerable, ni presume que lo sea por el hecho de ser mujer, por lo que no entiende que la norma proteja situaciones de vulnerabilidad, sino que, según el TC, la ley orgánica, de manera no irrazonable, se limita a apreciar la especial gravedad de ciertos hechos «a partir del ámbito relacional en el que se producen y del significado objetivo que adquieren como manifestación de una grave y arraigada desigualdad» (STC 45/2010, FJ 5, y en el mismo sentido SSTC 59/2008, FJ 9, 80/2008, FJ 4 y 154/2009, FJ 5). En la STC 59/2008, el Tribunal insiste en la idea afirmando que ni la mujer se integra en un grupo vulnerable, ni se encuentra en situación de especial vulnerabilidad «entendida como una particular susceptibilidad de ser agredido o de padecer un daño» que deba presumirse en las mujeres o que se atribuya a las mismas por el hecho de serlo, porque tal consideración «podría ser contraria a la idea de dignidad igual de la las personas (art. 10.1 CE)». Dicho en otros términos, el Tribunal rechaza la idea de la vulnerabilidad de la mujer, por el hecho de serlo, pero admite la existencia de vulnerabilidad de las mujeres que se encuentran inmersas en una situación de violencia ejercida contra ellas por su pareja o expareja, asumiendo que ese tipo de situaciones tienen una base sistémica,

41 Es el caso de los Autos de inadmisión de cuestiones de inconstitucionalidad núm. 65/2017, 301/2014, 77/1997 (menores); 180/2015, 54/2010 (extranjeros); 18/2019, 103/2015, 133/2014, 127/2013, 125/2013 (mayores); 114/2018 (madres jubiladas); o 129/2016, 112/2015 (acceso a las pensiones de parejas homosexuales).

porque las mismas «se insertan en ciertos parámetros de desigualdad tan arraigados como generadores de graves consecuencias, con lo que aumenta la inseguridad, la intimidación y el menosprecio que sufre la víctima», y porque con su conducta personal el varón se inscribe en una concreta estructura social no igualitaria que se refuerza con ese tipo de acciones violentas (STC 59/2008).

Continuando con los **menores de edad,** las aproximaciones abstractas a estos titulares de derechos desde la jurisprudencia constitucional, son poco frecuentes. Lo habitual es que los menores accedan a la jurisdicción constitucional de la mano de quienes representan sus intereses, en general los progenitores, que buscan una respuesta del Tribunal que también de respuesta a los intereses del adulto. La perspectiva predominante es, por tanto, adultocéntrica, y se sustenta en la protección del menor a través de mecanismos mediatos de garantía que no terminan de identificar claramente al niño, la niña o el adolescente como titular pleno de los derechos fundamentales. La garantía del interés superior del menor, por ejemplo, no se concibe más que vinculada al derecho a la motivación razonable de las resoluciones que les afecten, de modo tal que el examen que el Tribunal formula de la garantía de ese interés esencial se limita a un mero control externo de la razonabilidad de la resolución judicial, muy apegado siempre a las circunstancias del caso concreto. Valga de ejemplo de esta aproximación, que integra, en todo caso la idea del respeto al interés del menor, y su derecho a ser oído, la STC 167/2013. Por su parte, la STC 64/2019 responde a una cuestión de inconstitucionalidad planteada respecto de un trámite de exploración al que pueden someterse los menores en la jurisdicción voluntaria. Mas allá del problema concreto que viene a dilucidar la sentencia, la misma sitúa al menor en el centro del razonamiento, y hace girar en torno a su figura la definición de los derechos en juego: el menor no es un sujeto de derecho subordinado a los intereses de sus padres, sino que tiene una posición propia en el procedimiento, y sus dificultades de acceso a la jurisdicción, su vulnerabilidad ante la administración de justicia, se compensa atendiendo a que pueda ejercer con la mayor amplitud posible, su propio derecho a la justicia, a través del derecho a ser oído que, forma parte inescindible de su propio derecho a la tutela judicial efectiva. Y en una línea muy similar, la STC 99/2019, también coloca la identidad y el interés superior del menor en el centro del razonamiento, reconociendo el derecho del menor de edad a determinar su identidad sexual y llevar esa determinación al registro civil.

Por último, la aproximación a los **extranjeros** es particularmente interesante en la reflexión que nos ocupa. Ninguna cuestión de inconstitucionalidad sobre normas reguladoras del estatuto de personas extranjeras ha sido admitida a trámite, a pesar de haber sido planteadas algunas (AATC 54/2010 y 132/2006). No obstante, el Tribunal ha sido llamado insistentemente a pronunciarse sobre las sucesivas «leyes de extranjería» aprobadas en España, si bien desde el ejercicio de la legitimación activa atribuida a las minorías parlamentarias o a las Comunidades Autónomas. Las SSTC 95/2003, 236/2007, 259 a 265/2007, y 17/2013, establecen que los derechos fundamentales de que son titulares los extranjeros admiten una triple clasificación: a) en un primer grupo se integran los derechos cuya titularidad se reserva en exclusiva a los españoles (art. 23 CE con los matices que introduce el art. 13.2 CE respecto de los extranjeros comunitarios; b) en un segundo los derechos que, en tanto que inherentes a la dignidad humana, corresponden por igual a españoles y extranjeros; c) y en un tercero los derechos que pertenecerán o no a los extranjeros según lo dispongan los tratados y las leyes, siendo entonces admisible la diferencia de trato con los españoles en cuanto a su ejercicio.

Toda esta construcción obvia la situación de particular vulnerabilidad en que encuentran no ya los extranjeros, sino los extranjeros irregulares que son aquellos que, en la práctica, ven limitado el acceso a determinados derechos que se consideran «menos inherentes a la dignidad humana». De modo que no solo se ignora la particular situación de vulnerabilidad, sino que es esa situación precaria la que vendría a justificar la exclusión del ejercicio. A este respecto la argumentación de la STC 139/2016, que valida la exclusión del sistema sanitario gratuito de los extranjeros en situación irregular, es reveladora: el derecho a la salud del art. 43 CE no es un derecho fundamental, y no se vincula al derecho a la integridad física (art. 15 CE), y lo que en cualquier caso se discute aquí es el acceso gratuito al servicio, y no el acceso en sí, que está abierto a todo individuo siempre que se abone. Esto es, el Tribunal desnaturaliza el derecho, lo convierte en una prestación, sin viso alguno de fundamentalidad, y deja a los extranjeros fuera, incidiendo en la situación de precariedad y exclusión que los migrantes irregulares tienen por ser sujetos a los que el sistema es, en buena medida, ciego salvo para asegurar su salida de territorio nacional.

Por resumir con una idea muy sencilla toda la exposición previa, la aproximación del Tribunal a las singularidades que plantea el disfrute de sus derechos por personas en riesgo de vulnerabilidad, está huérfana de una teoría general común, y presenta diferencias notables de aproximación, siempre dentro de una construcción fragmentaria, en virtud de las características que califican la situación de vulnerabilidad. Así, la jurisprudencia sobre mujeres víctimas de violencia de género, merece un juicio más positivo que la que se refiere a personas migrantes, o discapacitados, o menores. Lo que indica la necesidad de mejorar y reforzar la jurisprudencia en relación con los derechos de más difícil acceso para estos titulares.

V. Conclusión

Existe un largo camino por recorrer en lo que hace al desarrollo efectivo del contenido y sistema de garantías de los derechos sociales. Del mismo modo que es necesario trabajar en la construcción dogmática de la atención a las situaciones de vulnerabilidad, como una fórmula nueva de aproximación al diseño de la titularidad plena de los derechos, al refuerzo del derecho a tener, y ejercer sin barreras, los derechos que son propios de todo ser humano. Eso no significa que no vivamos en un estado que, globalmente, respeta los derechos humanos. Pero significa, en cambio, que es preciso reconfigurar el eje en torno al cual trabajar de ahora en adelante en materia de derechos fundamentales.

En el trinomio «Estado social y democrático de derecho» (art. 1.1 CE), la democracia y el imperio de la ley se han desarrollado en España con una intensidad suficiente, y han permitido desplegar estructuras institucionales lo bastante fuertes y garantes de la participación ciudadana, siendo todo ello, obviamente, mejorable. Pero el desarrollo de la dimensión social del Estado no ha ido a la par, y la crisis económica de la última década ha tenido un impacto intenso en la estructura económica, pero también en la estructura social y en el mapa político del país.

No se puede negar que la situación, globalmente considerada, en términos económicos y sociales es mejor que a finales de los años 70, pero tampoco que los índices de desigualdad y de exclusión social han aumentado desproporcionadamente en los últimos años, expulsando a muchos de quienes integran la generación más joven del mercado de trabajo en España; de la estabilización profesional temprana; del mercado del alquiler o de la compra de vivienda; o de la posibilidad de formar una familia, cuestión esta asociada al dramático descenso de la natalidad, en gran medida vinculado a la inadecuación de las políticas públicas y privadas de conciliación de la vida personal, familiar y profesional. Todas estas cuestiones, que podríamos simplificar hablando de trabajo, vivienda y vida personal y familiar, son cuestiones sociales fundamentales que no tienen traducción clara, como opciones políticas fundamentales, en el texto constitucional. Y todas ellas tienen que ver con el ejercicio de derechos sociales.

Esta realidad puede identificarse en otros países desarrollados actualmente, de manera que el supuesto español se encuadra dentro de un fenómeno global al que es imprescindible prestar atención. La crisis económica de la primera década del siglo XXI ha dejado una fractura social e ideológica en los países desarrollados, y por supuesto en los países europeos, que no se conocía con el alcance que tiene actualmente, desde el período de entreguerras del siglo XX. El aumento de las posiciones de extrema derecha dispuestas a recuperar políticas xenófobas, o abiertamente misóginas, o contrarias a los intereses– por no decir a los derechos fundamentales –de las minorías étnicas, lingüísticas o religiosas en casi todos los países europeos es claramente preocupante. Ahora también lo es en España, donde el partido político VOX ha entrado en la escena política nacional en las elecciones legislativas del 28 de abril de 2019.

Apenas celebrados los 40 años de nuestra norma fundamental hemos recuperado para la vida política institucional a un sector ideológico al que creíamos haber integrado– y moderado –tras la transición y gracias, entre otras cosas, al éxito de la Constitución. A pesar del discurso sobre el «régimen de 1978», muy presente en los primeros años de vida de Podemos, la colaboración con el Gobierno de Pedro Sánchez, y el propio discurso electoral reciente del partido, demostró a la postre que no se trataba de un partido de extrema izquierda disruptivo o antisistema. La voluntad declarada de VOX de impugnar los resultados electorales del 28 de abril sitúa el discurso antisistema, en nuestro país, en el arco de la derecha extrema.

Sin que ello deba sorprender, porque se inscribe en un movimiento global que, sencillamente ha tardado algo más en llegar a Península Ibérica y que aún no parece afectar a Portugal, sí debe preocuparnos. Una buena Constitución, que nos ha llevado muy lejos en materia de garantía de los derechos individuales, que son base esencial de la democracia liberal, no ha sido bastante para frenar la deriva «iliberal» y «antidemócrata» de una parte de la sociedad. Hay que preguntarse por qué.

Existen autores, en el ámbito de la ciencia política fundamentalmente, que analizan la crisis de la democracia liberal refiriéndose a la desconsolidación de la democracia, o a la «muerte de las democracias». El síntoma fundamental de dicha desconsolidación sería el ascenso de los discursos antisistema, fundamentalmente– aunque no solo –de extrema derecha.[42] Pero este es un síntoma, no la causa del mal.

De todos los diagnósticos que se han formulado en relación con el «mal» o la «enfermedad» de las democracias liberales, el de Yascha Mounk es uno de los más interesantes, y también el que resulta más útil y alineado con las consideraciones que se han venido haciendo en relación con la crisis del sistema de derechos fundamentales en España, y sus vínculos con la falta de abordaje adecuado de la noción de vulnerabilidad. Este autor afirma que los dos componentes que considerábamos hasta ahora inescindibles de las democracias liberales (organización democrática de la toma de decisiones y respeto a los derechos fundamentales), no lo son tanto, y que la separación de esos componentes lleva a la debilidad del propio sistema. Se refiere así a la idea del auge de las democracias iliberales o democracias sin derechos, y en paralelo al liberalismo sin democracia. Las democracias iliberales serían aquellos sistemas

42 *Yascha Mounk,* El pueblo contra la democracia. Por qué nuestra libertad está en peligro y cómo salvarla. Madrid 2018.

en los que las elecciones libres, la garantía del Estado de derecho y el correcto funcionamiento de las instituciones no es incompatible con la restricción de derechos de una parte de la población que, en general, se encuadran en algunos de los que se definen como «colectivos o grupos minoritarios». En este trabajo se han venido llamando colectivos o grupos vulnerables, o colectivos integrados por personas en situación de vulnerabilidad.

El liberalismo sin democracia, por su parte, se daría allí donde el sistema político muestra un sesgo intenso a favor de las élites de modo que las elecciones no son un instrumento suficiente para traducir las oposiciones populares en decisiones efectivas sobre políticas públicas[43] y esta realidad se percibe cuando se pone el acento en el poder que poseen, en la actualidad, instituciones con escasa legitimidad democrática, como los reguladores independientes, los bancos centrales, los Tribunales constitucionales, o determinadas organizaciones internacionales.

Se clasifiquen como se clasifiquen las distintas modalidades de distorsión de las democracias liberales, lo cierto es que hoy, muchas personas están dispuestas a apoyar opciones políticas que se acercan a modelos distorsionados, alejándose del equilibrio entre derechos y participación en la toma de decisiones, en el marco del respeto al Estado de derecho, que debiera caracterizar a la democracia liberal más clásica. Dice Yascha Mounk que, a medida que las democracias liberales han ido perdiendo la capacidad de procurar paz y buenas fuentes de ingresos para sus ciudadanos, han ido entrando en una profunda «crisis de rendimiento», que han aprovechado los movimientos populistas para desmantelar elementos claves del sistema. La cuestión es que hay que devolver «rentabilidad» al sistema democrático y ello se formula sea en clave de participación, sea en clave de refuerzo de los derechos fundamentales. Para mí, el prius lógico es este último, el refuerzo de los derechos y, a su través, el refuerzo de una ciudadanía comprometida con el sistema.

Llegados a este punto, en el supuesto muy concreto del sistema español, podrían ser muchas las fórmulas para abordar el problema. Habrá quien entienda que basta con un refuerzo de las políticas públicas propias de la social democracia, destinadas a compensar la situación de vulnerabilidad de determinados colectivos de personas. Desde una posición minimalista (y, ¿por qué no decirlo? posibilista), habrá también quien proponga un mero desplazamiento de algunos principios rectores del Capítulo III del Título I a la Sección 1ª del Capítulo II de la Constitución. Así se habla, por ejemplo, de que el derecho a la protección de la salud del art. 43 CE, por su estrecha vinculación con el derecho a la integridad física y moral del art. 15 CE, debiera asociarse a este último, elevándolo a los altares de la garantía reforzada reconocida a los derechos fundamentales en sentido estricto.

Yo no creo que ninguna de esas dos opciones sea suficiente. Cualquier otra, en cambio, exige modificar el paradigma de la reflexión, y volver sobre categorías dogmáticas complejas y que damos por inmutables. Pero que no lo son. Entiendo que cualquier otra opción pasa por someter a crítica la estructura tripartita del Título I, y el modelo de garantías que diseña el art. 53 CE, asumiendo como plenamente válida la idea de universalidad de los Derechos Fundamentales, y de conexión entre derechos que se deriva claramente de la sentencia del Tribunal Europeo de Derechos Humanos en el asunto Airey c. Irlanda, de 1979. En su argumentación el TEDH insistió en que el Convenio Europeo de Derechos Humanos debía ser leído a la luz de las condiciones de vida del momento, asumiendo que este «dentro de su ámbito de aplicación tiende a otorgar una protección real y concreta del individuo», de

43 Ibid. 34.

modo que, aunque se limite a enumerar esencialmente «derechos civiles y políticos, muchos de ellos tienen proyecciones de orden económico o social». Dicho en otros términos, Estrasburgo reconoce que los derechos no se encierran en compartimentos estancos. Y en esa misma línea parece ir la Carta de Niza, que articula los derechos en torno a principios o finalidades a cuya consecución se orientan aquellos. La clásica división entre derechos civiles y políticos, y derechos económicos, sociales y culturales, en la que se inspira nuestro propio texto constitucional, y que fue fundamental en los años 60 del Siglo XX, en plena Guerra Fría, puede y debe ser revisada casi sesenta años después.

Trabajar en la eliminación de esta antigua dicotomía, o lo que es lo mismo, suprimir la tripartición de los derechos contenidos en el Título I (Sección 1ª del Capítulo II, Sección 2ª del Capítulo II, Capítulo III), favorece el entendimiento y la integración en el texto constitucional de la idea de la universalidad de los derechos fundamentales, que está presente en absolutamente todos los documentos internacionales recientes en materia de derechos humanos; pedagógicamente ayuda a la asimilación de la idea de que los derechos, en sí y por su naturaleza, no deben ser diferenciados, lo que no significa necesariamente que todos tengan que tener el mismo nivel de garantías; y facilita el tránsito a un nuevo sistema de garantías que no se vincule artificiosamente a la estructura del Título I. Obviamente, este cambio llevaría a reformular el actual art. 53 de la Constitución, porque este es una brida a las posibilidades hermenéuticas del Tribunal Constitucional que, en cualquier caso, tiene un margen de actuación no desdeñable. Pero ello nos llevaría a reflexionar sobre si determinados cambios de paradigma deben venir de mano del intérprete de la fuente, o del creador de la fuente. Si de lo que se trata es de reforzar los dos elementos del binomio de nuestra democracia liberal, no me cabe ninguna duda de que debe venir del poder constituyente.

Verfassungspatriotismus und Nationalismus im Spanien des 21. Jahrhunderts

Xosé M. Núñez Seixas

I. Was ist der spanische Nationalismus/Patriotismus?

Spanischer Nationalismus: Was hat dieser Begriff am Ende des zweiten Jahrzehnts des 21. Jahrhunderts zu bedeuten? Die Verfechter dieser Idee sind in der Regel der Meinung, dass es so etwas wie einen spanischen Nationalismus überhaupt nicht gibt. Doch für seine Kritiker, die sich häufig selber als Patrioten oder als Nationalisten einer Minderheitennation bezeichnen, ist der spanische Nationalismus dagegen eine allgegenwärtige Realität, die die *public policies*, das staatliche Handeln und die Einstellungen der landesweiten politischen Parteien und Organisationen durchdringt. Dennoch bleibt das vermeintliche Nicht-Vorhandensein des spanischen Nationalismus ein weit verbreiteter Topos, vertreten von den Massenmedien, aber auch von prominenten Intellektuellen und Politikern, wie dem Philosophen Fernando Savater oder Albert Rivera, dem Anführer der liberalen Partei *Ciudadanos*. Sogar für einen überraschend großen Teil der spanischen Geisteswissenschaften, selbst für Politologen, Soziologen und Historiker bleibt der spanische Nationalismus unsichtbar und ist anscheinend seit dem Ende des Franquismus in Auflösung begriffen.[1]

Dennoch sehen die meisten Spanier keinen Widerspruch darin, Spanien als eine historische *Nation* zu bezeichnen, eine Nation, deren wichtigstes Charakteristikum gerade in ihrer inneren Vielfalt besteht. Die Anhänger dieser Vorstellung verstehen dies jedoch nicht als eine Aussage, die in die Kategorie des Nationalismus fallen würde, sondern vielmehr als einen Ausdruck der Treue zu ihrem Staat und dessen Verfassung. Insofern ließe sich solch ein Gefühl eher als rechtschaffenen Nationalismus oder Vaterlandsliebe bezeichnen.[2] Anders ausgedrückt: Spanien wird als historische Nation beschrieben, aber die Vertreter dieser Aussage empfinden dies nicht als Ausdruck eines nationalistischen Gefühls.

Diese Sachlage veranschaulicht die Ambivalenz, die den spanischen Nationalismus als Untersuchungsgegenstand ausmacht. Natürlich hängt es immer von der eigenen analytischen Perspektive ab, welche Definition für Nationalismus geltend gemacht wird. Versteht man den Nationalismus von einem normativen Standpunkt aus als die Sehnsucht eines territorialen Kollektivs nach einer ethnokulturellen Homogenisierung, dann kann man zu dem Schluss kommen, dass viele Facetten des Diskurses, der Spanien als eine Nation bezeichnet, nicht im strikten Sinn nationalistisch sind. Doch fasst man den Begriff weiter und versteht Nationalismus als das im öffentlichen Raum verfochtene Postulat, dass ein territorial definiertes Kollektiv gemeinsame politischen Rechte ausübt und dadurch seine Souveränität unter Beweis stellt, dann kommt man zwangsläufig zu dem Ergebnis, dass der spanische

1 Vgl. Andrés de *Blas Guerrero*, Pasado, presente y futuro de la idea de nación española, in: Pablo Iglesias (Hrsg.), Reformas territoriales. Jornadas de Sigüenza. Madrid 2006, 47–56; *Helena Béjar*, La dejación de España: Nacionalismo, desencanto y pertenencia. Madrid 2008.

2 *Maurizio Viroli*, For Love of Country: An Essay on Patriotism and Nationalism. Oxford 1995.

Nationalismus in der Tat existiert. Dabei kann der spanische Staatsnationalismus eine diffuse Ausdrucksform annehmen, und sich eher in der Form von staatlichen politischen Maßnahmen äußern. Ähnlich wie andere Staatsnationalismen, die sich innerhalb der Grenzen einer politischen Gemeinschaft entwickelt haben, wie in Großbritannien, Frankreich oder Portugal, wo sogar schon in vormodernen Zeiten eine gemeinsame Staatlichkeit bestand, tritt der spanische Nationalismus nicht immer als solcher auf, d. h. er nimmt nicht die Form einer politischen Partei oder einer sozialen Bewegung an, die eine *sichtbare* nationale Botschaft vertritt. Vielmehr kann der Nationalismus, wie in Spanien, die Form einer politischen Ideologie annehmen, die das Handeln verschiedener sozio-politischer Akteure durchdringt, oder sich als Nationalbewusstsein einer gemeinschaftlich imaginierten Gemeinschaft der Mehrheit der spanischen Staatsbürger äußern. Der Staatsnationalismus kann sich insofern in eher diffuser, aber dennoch nachhaltiger Weise manifestieren. Seine Intensität variiert je nach Vorhandensein von Gegnern im Aus- oder Inland. Manchmal erscheint er lediglich als Grundidee, die einem Alltagshandeln zugrunde liegt, das – bewusst oder unbewusst – nationale Identität transportiert, wie das Hissen einer Flagge oder der Konsum einer bestimmten Fernsehserie; hierbei handelt es sich, in Worten des britischen Soziologen Michael Billig, um *banalen* Nationalismus. Auch dafür gibt es im spanischen Fall konkrete Beispiele, sei es die Verwendung bestimmter Symbole oder der massive Konsum von „nationalen“ Ikonen.[3]

Die Definition von Spanien im spanischen Nationalismus ist, wie bei jedem Nationalismus (sei er staatlich oder nicht-staatlich, d. h. eine periphere Nationalbewegung) vielfältig und heterogen, und dementsprechend ist der nationalistische Diskurs in der Lage, unterschiedliche Sichtweisen flexibel zu integrieren. Dies betrifft sowohl diejenigen Vorstellungen, die die politische Gemeinschaft als ein kulturell homogenes und durch eine Verfassung geeintes Ganzes begreifen als auch diejenigen Ideen, für die die Staatsnation politisch dezentralisiert und in Bezug auf Sprache und Kultur heterogen verfasst ist. Aus diesem Blickwinkel lässt sich keine eindeutige theoretische Trennlinie zwischen *Nationalismus* (eine politische Ideologie und Kultur, derzufolge eine bestimmte territoriale Gemeinschaft eine Nation, das heißt der Träger der Souveränität ist) und *Patriotismus* (die staatsbürgerliche Loyalität zu einer Nation und ihren Institutionen) ziehen. Während der Nationalismus schärfere Töne anschlagen kann und in Phasen der politischen (oder kriegerischen) Konfrontation sichtbarer zutage tritt, geht der Patriotismus davon aus, dass die Nation schon existiert und über einen emotionalen Inhalt, eine gemeinsame Symbolik und Geschichte, sowie ein für alle gültiges Gesetz verfügt.

Ich vertrete die These, dass es einen spanischen nationalistischen und patriotischen Diskurs ebenso gibt wie eine entsprechende politische Kultur. Beide Phänomene lassen sich in der jüngeren Vergangenheit schon nach dem Tod von Francisco Franco im Jahr 1975 beobachten, und sie wurden bis zum Ende des zweiten Jahrzehntes des 21 Jahrhunderts immer deutlicher sichtbar. In der Gegenwart hat die Herausforderung durch die katalanische Unabhängigkeitsbewegung dazu geführt, dass die öffentlichen Manifestationen eines spanischen Nationalgefühls, wie zum Beispiel das Hissen der spanischen Flagge an Balkonen und Geschäften, erneut an Präsenz gewannen.

Dennoch gibt es nicht einen einzigen, homogenen spanischen Nationalgedanken. Stattdessen koexistieren verschiedene spanische nationalistische/patriotische Diskurse, die im

3 *Michael Billig*, Banal Nationalism. London 1995; *Javier Moreno Luzón/Xosé M. Núñez Seixas*, Los colores de la patria. Símbolos nacionales en la España contemporánea. Madrid 2017; *Alejandro Quiroga/ Ferran Archilés* (Hrsg.), Ondear la nación. Nacionalismo banal en España. Granada 2018.

Wettstreit stehen. Allerdings teilen sie eine ganze Reihe von Grundannahmen, wie z.B. das Prinzip der Unteilbarkeit der Souveränität und die Überzeugung, dass weder die Verfassung von 1978 noch die Verfassung von 1812 die *polis*, die politische Gemeinschaft Spaniens, begründeten, sondern dass diese sich auf ältere, historische und kulturelle Grundlagen gründet. Lässt man die Differenzen zwischen dem rechten und dem linken Lager außer Acht, akzeptieren fast alle Varianten des spanischen patriotischen Diskurses die Verfassung von 1978 als die legitime Basis für den Erhalt der politischen und territorialen Einheit Spaniens. Und auch wenn manche Denkrichtungen sich für eine mehr oder weniger weitreichende Reform einiger Aspekte des Verfassungstexts offen zeigen, so gilt dies nicht für dessen zweiten Artikel, der die territoriale Struktur des Staates definiert.[4]

II. Von der „Nation aus Nationen" zum Verfassungspatriotismus

Für einige Autoren[5] ist offensichtlich, dass die Verfassung von 1978 durchaus eine explizite nationalistische Grundlage hat. Auch wenn sie die Individualrechte, und nicht nur die Kollektivrechte in weitem Maße anerkennt, so entstand die Verfassung dennoch im Kontext eines expliziten kulturellen und historischen Determinismus, der den *demos*, auf den sich die Verfassung bezog, als schon vorhanden voraussetzte und Spanien als das Produkt des Zusammenlebens einer Vielzahl von Gemeinschaften und Völker seit dem Spätmittelalter begriff. Aus dieser Perspektive gab die Verfassung diesem *demos*, dieser schon zuvor entstandenen Nation, deren Existenz somit nicht hinterfragt wurde, einen neuen politischen und normativen Inhalt. Dementsprechend erklärte König Juan Carlos I einige Jahre später, dass die Verfassung die Garantie für Spaniens „Einheit in Vielfalt" sei, während die politische und kulturelle Pluralität des Landes eine „natürliche Ergänzung dieser Einheit" darstelle, die die spanische Nation mit „Normalität" erfülle. Spanien solle zuallererst als ein „Produkt der Geschichte, ein gemeinsames Projekt" verstanden werden, nicht als das Ergebnis einer juristischen Definition oder einer idealistischen Konstruktion.[6]

Die meisten Intellektuellen und Politiker, die sich am Anfang des 21. Jahrhunderts zum spanischen Patriotismus bzw. „Verfassungspatriotismus" bekennen, betonen dessen ausschließlich oder vorwiegend staatsbürgerlichen (und nicht ethnokulturellen) Charakter. Das gilt für alle Varianten seit den späten 1980er Jahren, als nach der demokratischen Konsolidierung die patriotischen Diskurse zum Teil wiederbelebt und erneuert wurden. Dieser Prozess verlief, kurz gefasst, folgendermaßen: Während der 1980er und 1990er Jahre verwendete der Diskurs der Sozialistischen Partei (PSOE) das Konzept der „Nation aus Nationen", im Anschluss an die Theorien des Historikers Anselmo Carretero, die dieser seit 1939 im

4 *Sebastian Balfour/Alejandro Quiroga*, The Reinvention of Spain. Nation and Identity Since Democracy. Oxford 2007; *Xosé M. Núñez Seixas*, What Is Spanish Nationalism Today? From Legitimacy Crisis to Unfulfilled Renovation (1975–2000), in: Ethnic and Racial Studies 24, 2001, 719–752; *ders.*, Patriotas y demócratas. El discurso nacionalista español después de Franco. Madrid 2010; *ders.*, Die bewegte Nation. Der spanische Nationalgedanke, 1808–2019. Hamburg 2019; *Jordi Muñoz Mendoza*, From National Catholicism to Democratic Patriotism? Democratization and Reconstruction of National Pride. The Case of Spain (1981–2000), in: Ethnic & Racial Studies 32, 2009, 616–639; *ders.*, La construcción política de la identidad española: ¿Del nacionalcatolicismo al patriotismo democrático? Madrid 2012.

5 *Xacobe Bastida*, La nación española y el nacionalismo constitucional. Barcelona 1998.

6 *Núñez Seixas*, Die bewegte Nation, 96–97.

mexikanischen Exil formuliert hatte.[7] Seit dem Ende der 1970er Jahre griffen einige sozialistische Intellektuelle, so zum Beispiel der Rechtsexperte Gregorio Peces-Barba, Carreteros Thesen auf, entwickelten sie weiter und ließen sie in die Diskussion des Verfassungsentwurfes als Standpunkt der PSOE zur Definition der Nationalen Frage einfließen. Ihr Konzept der „Nation aus Nationen" gründete vor allem auf der theoretischen Unterscheidung einer *politischen* und einer *kulturellen* Nation, ganz im Sinne der Differenzierung Friedrich Meineckes zwischen der *Staatsnation* und der *Kulturnation* (1907). Doch im spanischen Fall begriffen die Verfechter dieser beiden Begriffe nur die politische als eine wahre Nation, die Träger der Souveränität sein konnte, während die Kulturnation in der Verfassung von 1978 mit dem Begriff der Nationalität gleichgesetzt wurde. Letztere bezeichnete eine territoriale Gemeinschaft mit gemeinsamen historischen, kulturellen und sprachlichen Eigenschaften; als solche unterschieden sie sich von den einfachen „Regionen", die nicht über solche Merkmale verfügten, ohne dass man die beiden Konzepte präzise voneinander abgegrenzt hätte.[8]

In der ersten Hälfte der 1990er Jahre stieß die Rezeption der von Dolf Sternberger und Jürgen Habermas für den deutschen Fall formulierten These des Verfassungspatriotismus eine partielle Erneuerung dieses Gedankengutes an. Allerdings blieben schon bald einige der wichtigsten Elemente des ursprünglichen Konzeptes auf der Strecke, und zwar gerade die Forderung nach einer konsequenten Bewältigung der jüngsten Vergangenheit der Franco-Diktatur und die Berufung auf die in der Verfassung verankerten Werte. Diese Entwicklung ebnete der theoretisch weniger fundierten Version des Verfassungspatriotismus den Weg, die sich zu Beginn des 21. Jahrhunderts José María Aznar und die konservative Volkspartei (*Partido Popular*, PP) zu eigen machten, die allerdings schon wenige Jahre später wieder in Vergessenheit geriet. Währenddessen arbeitete die PSOE insbesondere in der ersten Legislaturperiode des sozialistischen Ministerpräsidenten José Luis Rodríguez Zapatero (2004–2008) mit dem Konzept des „vielfältigen Spanien" (*España plural*), ersetzte diesen Begriff jedoch während dessen zweiten Mandats (2008–2011) durch den Appell an ein „geeintes und plurales Spanien". Dieses Konzept lebt noch heute in der vagen und unausgereiften Formulierung „Land aus Ländern" fort, dass seit 2014 im Diskurs der neuen Partei *Podemos* (Wir können) und dessen Anführer Pablo Iglesias erscheint. Insgesamt hat sich der spanische patriotische Diskurs im zweiten Jahrzehnt des 21. Jahrhunderts als wenig innovativ erwiesen. Bei der Suche nach einer Formel, auf der in der Zukunft das Zusammenleben der verschiedenen spanischen Territorien beruhen könnte, prägte ihn die zyklische Rückbesinnung auf Konzepte aus der jüngsten Vergangenheit anstelle von innovativen Lösungsansätzen.

III. Der „Andere", oder der Feind im Inneren

In den meisten Varianten des spanischen Nationaldiskurses findet sich – unterschiedlich stark ausgeprägt – die Figur eines gemeinsamen inneren Feindes. Aus dem Blickwinkel des spanischen Nationalismus und/oder Patriotismus sind die peripheren Nationalbewegungen eine Realität, die tagtäglich Anlass zur Auseinandersetzung gibt, und zwar sowohl auf der

7 *Andrea Geniola*, Tirando del hilo de la „nación de naciones". Las Españas de Anselmo Carretero, in: Historia del Presente 29, 2017, 27–44.

8 *Núñez Seixas*, Die bewegte Nation, 165–167.

theoretischen Ebene als auch in der journalistischen Debatte im öffentlichen Raum. Dabei hat inzwischen vor allem der konservative spanische Nationalismus einige vormals typische Argumente, mit archaischen Versatzstücken aus der ersten Hälfte des 20. Jahrhunderts weitgehend aufgegeben. Der Vorwurf, der *Separatismus* sei „unnatürlich" (*antinatura*) findet sich heutzutage kaum noch, genauso wenig wie die Behauptung, die Anhänger der peripheren Nationalbewegungen stünden im Dienst von ausländischen Mächten (z.B. Großbritannien oder Frankreich) und hätten es sich zur Aufgabe gemacht, Spanien zu schwächen.

Doch vor allem seit dem Antritt der ersten konservativen Regierung von José María Aznar (PP) im Jahr 1996 richtete sich deren Kritik an den peripheren Nationalbewegungen immer wieder gegen deren vermeintlich rückwärtsgewandte Einstellungen, die dem *ethnos* den Vorrang vor der *polis* gäbe und der ganzen Bevölkerung der jeweiligen Territorien Minderheitensprachen und eine dörfliche Mentalität aufzwingen wolle, die sich mit der Moderne und der Globalisierung nicht vereinbaren ließen.

Auch wenn bei den peripheren Nationalbewegungen die sprachlich-kulturellen Diskurse in der Tat von großer Bedeutung sind, genauso wie in den vergleichbaren Fällen von Wales oder Quebec, so wäre es nicht korrekt, dieses Gedankengut auf ausschließlich essentialistische, ethnozentrische oder romantische Einstellungen zu reduzieren. Denn zum einen bezieht sich auch der spanische patriotische Diskurs (vielleicht mit Ausnahme der von den kommunistischen und post-kommunistischen Linken vertretenen Ideen) in hohem Maß auf nicht subjektive Elemente, wie die Geschichte, die Kultur und die spanische Sprache, die als unverzichtbare Grundlagen für die Existenz der Nation gelten. Diese schon bestehende Nation wird durch die in der Verfassung formulierten Bestätigung der individuellen Grundrechte, der demokratischen Prinzipien und einer eingeschränkten Anerkennung der inneren ethnokulturellen Pluralität Spaniens politisch neu legitimiert. Zum anderen lassen sich die Minderheitennationalismen, wie in Katalonien oder Galicien, nicht auf einen einzigen kulturellen, ethnischen oder historischen Ursprung reduzieren. Wie alle Nationalbewegungen weisen sie verschiedene Kombinationen von staatsbürgerlichen und ethnokulturellen Elementen auf, von sozialen Interessen und Vorstellungen in Bezug auf das kollektive Zugehörigkeitsgefühl. Breite Teile dieser peripheren Nationalbewegungen stehen für nationale Projekte, die in sozialer, kultureller und staatsbürgerlicher Hinsicht einen inklusiven Charakter aufweisen und die auch die Vielfalt der territorialen Identitäten respektieren. Zudem setzen sie den Akzent durchaus auf die Umsetzung pragmatischer Ziele, wie z.B. die Verbesserung des kollektiven Wohlstands der Bürger der Minderheitennation. Dennoch sind sich die peripheren Nationalbewegungen der Tatsache bewusst, dass die mobilisierende Wirkung des emotionalen Appells an Kultur und Sprache in der Tat viel größer ist als die staatsbürgerlichen Argumente. Es scheint, dass es insbesondere der katalanischen Unabhängigkeitsbewegung seit 2012 gelungen ist, auch viele nicht nationalistische Bürger davon zu überzeugen, sich für die Gründung einer katalanischen Republik auszusprechen.

Die Entwicklung der „Kampfansage aus der Peripherie" von einer tendenziell ethnozentrischen zu einer staatsbürgerlichen Nationalbewegung, die (mehreren Umfragen und den Wahlergebnissen der letzten Regionalwahlen in Katalonien vom Dezember 2017 zufolge) die Unterstützung von mehr als 45 Prozent der katalanischen Bürger erhalten hat, stellt den spanischen patriotischen Diskurs vor eine gewaltige Herausforderung. Anders als im Fall der Auseinandersetzung mit dem radikalen baskischen Nationalismus, in der der spanische Nationalismus mit dem kompromisslosen Beharren auf der Verteidigung der individuellen Rechte und der Demokratie gegenüber den Angriffen einer gewalttätigen Minderheit reagierte, muss die Antwort auf das katalanische Problem die Tatsache berücksichtigen, dass laut mehrerer Umfragen eine Mehrheit der Katalanen dafür eintritt, ihre eigene kollektive Zukunft in einer Volksabstimmung selbst zu bestimmen. Dementsprechend erfordert diese neue Situation die Suche nach innovativen Strategien, um eine Verteidigung der Demokratie und der konstitutionellen Ordnung zu ermöglichen. Bis 2011 stellten die baskische Terrororganisation *Euskadi Ta Askatasuna* (ETA, Baskenland und Freiheit) und die mit ihr direkt oder indirekt kooperierenden radikalen ethnonationalistischen Organisationen den Hauptfeind, das dem spanischen Nationalismus entgegengesetzte „Andere" dar. Doch mit dem Erstarken der katalanischen Unabhängigkeitsbewegung begann eine Verschiebung des Diskurses weg vom baskischen Fall, denn die jüngste Entwicklung in Katalonien bewies, dass auch Unabhängigkeitsdiskurse friedlich, multikulturell, post-national und der Modernität zugewandt sein konnten. Somit musste der spanische Nationalgedanke auf vielen Ebenen eine Antwort auf die neuen Herausforderungen formulieren – wie verlief dieser Prozess im zweiten Jahrzehnt des 21. Jahrhunderts, und zu welchem Ergebnis gelangte er?

Die meisten Staatsnationalismen, wie die Fälle von Belgien und Großbritannien ganz deutlich gezeigt haben, greifen bei der Reaktion auf eine drohende Sezession auf Antworten zurück, die an zirkuläre, in einem Mantra erstarrte Dogmen erinnern. Dazu zählen: a) die beharrliche, fast starrsinnige Verteidigung der geltenden Legalität; b) das Motto des „big is beautiful", d. h. die Überzeugung, dass der Nationalstaat umso reicher und mächtiger sein wird, je größer er ist, während die Kleinstaaterei einen Schritt nach rückwärts bedeuten würde; c) der Appell an das Zukunftsprojekt der europäischen Einigung, unvereinbar mit einem sezessionistischen „Provinzialismus"; und d) den Hinweis auf die engen historischen, demographischen, kulturellen oder sozialen Bindungen der Bevölkerung der sezessionistischen Region zu der Bevölkerung der ganzen Staatsnation. Ähnliche Argumente fanden sich auch im spanischen Fall, wobei hier die Hauptströmung des spanischen patriotischen Diskurses noch andere, weitaus reißerische Slogans aus der Feder von unterschiedlichen Publizisten aus Fernsehen und Presse aufgriff – so z.B. die Gleichsetzung einer Sezession mit der Rückkehr in die Steinzeit. Doch vor allem betonten die Kritiker, dass die politische Unabhängigkeitserklärung eines Territoriums und seine Loslösung von Spanien den Ausschluss dieser Region aus der EU und der Eurozone nach sich ziehen würde. Zudem wurde ein solcher Akt der territorialen Abspaltung, der gegen die Verfassung verstößt, als Staatsstreich diffamiert, denn zur herrschenden Rechtsstaatlichkeit gehöre auch die Loyalität zur Verfassung. Nicht zuletzt warnten die konservativen Politiker und Publizisten vor den unkalkulierbaren, möglicherweise gewaltsamen Folgen der Unabhängigkeitsforderungen, die in ihren Augen das Potential für einen Bürgerkrieg in sich trugen. In diesem Sinne warnten Journalisten aus dem rechten und linken Lager vor der Gefahr einer „Balkanisierung" Spaniens, wobei die Bandbreite der politischen Meinungen dieser kritischen Beobachter von dem neofranquistischen Schriftsteller Pío Moa bis hin zum liberalen Rechtsexperten Roberto Blanco-Valdés und zum linksorientierten Philosophen Félix Ovejero reichte.[9]

9 *Pío Moa*, Contra la balcanización de España. Madrid 2005; *Roberto Blanco Valdés*, El laberinto territorial español. Madrid 2014; *Félix Ovejero Lucas*, La trama estéril: Izquierda y nacionalismo. Barcelona 2011.

IV. Ist Spanien immer noch anders?

Zeitungskorrespondenten aus dem Ausland, wie der Deutsche Thomas Urban oder der Brite Giles Tremlett[10], beobachten überrascht, wie unterschiedlich einerseits die Antworten des britischen Nationalismus auf die schottische Herausforderung von 2014 oder des kanadischen Nationalismus auf die Referenden in Quebec von 1980 und 1995, und andererseits die Reaktion des spanischen Nationalismus auf die katalanischen Unabhängigkeitsbestrebungen ausfielen. Dies gilt insbesondere für die Antwort der spanischen Regierung auf die seit 2012 erstarkenden katalanischen Souveränitätsansprüche sowie auf die einseitige „Quasi-Erklärung" der Unabhängigkeit durch den katalanischen Landtag im Oktober 2017 und die darauffolgenden Ereignisse. Gemeinsam war allen drei Sezessionsforderungen, dass sie ganz unzweifelhaft von einer friedlichen und parteienübergreifenden sozialen Bewegung getragen wurden, die jeweils einen bedeutenden Anteil der Bevölkerung vertrat. Die Diskurse der Parteien und sozialen Gruppen zugunsten der Unabhängigkeit waren, natürlich mit unterschiedlichen Nuancen, vor allem staatsbürgerlich, integrativ, pro-europäisch und tolerant. Die britische Regierung verpflichtete sich, das Resultat des schottischen Referendums anzuerkennen, sie nahm am Wahlkampf teil und verwandte auch proaktive Diskurse des „better together", die die emotionale Identifikation der schottischen Wähler mit Großbritannien förderten.[11]

In Spanien dagegen lehnten die Regierung und die meisten der landesweiten Parteien (PP, PSOE sowie *Ciudadanos*) jede Möglichkeit kategorisch ab, unter eigens ausgehandelten Bedingungen ein Referendum (oder eine einfache Befragung) unter der katalanischen Bevölkerung durchzuführen, während sie sich gleichzeitig eines reaktiven Diskurses bedienten. Dabei traten auch etliche demokratische Defizite und Unzulänglichkeiten in der Funktionsweise der spanischen Institutionen zutage, die dazu führten, dass der Zentralstaat zu juristischen Sanktionen griff, die jede Möglichkeit einer politischen Lösung praktisch blockierten.[12] Während der gesamten Dauer des Konfliktes fand sich in der Reaktion der meisten spanischen Patrioten – mit einigen bemerkenswerten Ausnahmen – auf die katalanische Herausforderung praktisch kein Appell an positive Emotionen, an proaktive Argumente und es fehlten Bemühungen, um die katalanische Bevölkerung zu werben, während Drohungen und Zwangsmaßnahmen den Ton bestimmten. Einzige Ausnahme blieb der Sport: sportliche Massenveranstaltungen stellten die Gültigkeit des *stronger together* unter Beweis, wobei den katalanischen Sportlern, die in manchen spanischen Nationalmannschaften (Basketball und Fußball) eine Führungsrolle spielten, eine besondere Bedeutung zukam.[13]

Auf jeden Fall unterschied sich die Antwort der spanischen Regierung auf die Sezessionsbestrebungen der Katalanen deutlich von den Reaktionen der britischen und der kanadischen Regierungen, als Letztere ganz ähnlichen Auseinandersetzungen gegenüberstanden. Dies wirft die Frage auf, ob und inwiefern sich der spanische Nationalismus des 21. Jahrhunderts von anderen europäischen und amerikanischen Staatsnationalismen unterscheidet. So ließe sich

10 *Giles Tremlett*, Ghosts of Spain. Travels through a Country's Hidden Past. London 2012.

11 Vgl. *Daniel Cetrà/Coree Brown Swan*, Why Stay Together? State Nationalism and Justifications for State Unity in Spain and the UK, in: Nationalism and Ethnic Politics, 26,1, 2020, 46–65.

12 *Ignacio Sánchez Cuenca*, La confusión nacional. La democracia española ante la crisis catalana. Madrid 2018.

13 *Alejandro Quiroga*, Football and National Identity in Spain. The Strange Death of Don Quixote. Basingstoke 2014.

argumentieren, dass das überwältigende Gewicht einer autoritären Tradition seit dem Ende des 19. Jahrhunderts, der Bürgerkrieg (1936–1939), das para-faschistische Regime (1939–1975) und die mit Pakten und Kompromissen unter den politischen Eliten vollzogene Transition zur Demokratie (1975–1978), die die dringend notwendige Abrechnung mit der jüngsten Vergangenheit des Landes vermied (siehe z.B. die späte Unterstützung und die zögerliche Umsetzung einer vom Staat getragenen Erinnerungspolitik zur Bewältigung der franquistischen Diktatur), den spanischen Nationalismus in Diskurs und Praxis mit einem im europäischen Vergleich besonders großen Maß an Intoleranz durchtränkt habe. Doch man sollte dieses besonders unter Intellektuellen und Verfechtern der peripheren Nationalismen weit verbreitete Argumentes nuanciert abwägen. So zeigt zum Beispiel der republikanische Nationalismus in Frankreich zum Beispiel deutlich weniger Toleranz in Bezug auf die öffentliche Bestätigung der ethnoterritorialen Vielfalt des Landes als der konservative spanische Nationalismus. Erst kürzlich, im Jahr 2018, sprach sich die französische Regierung ganz offen gegen die Verwendung von anderen, nicht-französischen Sprachen bei öffentlichen Reden der gewählten Volksvertreter aus, wie es seit 2016 im korsischen Landtag praktiziert wird.

In Spanien erwies sich die fast vierzig Jahre währende Erfahrung der Dezentralisierung und des Zusammenlebens mit peripheren Nationalismen, die bis 2011 zudem durch den intensiven ethnischen Konflikt im Baskenland und den Terror der ETA extremen Belastungen ausgesetzt war, als eine nachhaltige Lehre. Sie hat die spanische öffentliche Meinung auch gelehrt, mit der inneren Pluralität zu leben und Konflikte in einer Art und Weise zu bewältigen, die vielen Beobachtern von außen erstaunlich pragmatisch erscheinet. So sind die interethnischen Beziehungen im spanischen Alltag *de facto* überwiegend friedlich und konfliktfrei. Wie überall gibt es Dutzende von regionalen Stereotypen, Witze über Katalanen, Basken und Andalusier, obszöne Gesänge in den Fankurven der Fußballstadien. Auch die Foren im Netz, von Twitter bis Facebook, haben virtuelle Kriegsschauplätze für die ethnische Unzufriedenheit geschaffen.[14] Doch im Alltag ist die friedliche Koexistenz und die Mischung von Personen mit unterschiedlichen regionalen und sprachlichen Hintergründen die Regel. Mit wenigen Ausnahmen (bis vor kurzem in einigen ländlichen Gebieten des Baskenlandes) gibt es keine wirklichen Konflikte zwischen „ethnischen" Gruppen. Auch wenn es im Zuge der wachsenden Radikalisierung der katalanischen Frage vereinzelt zu spannungsgeladenen Situationen in Katalonien und in anderen Regionen gekommen ist, kennzeichnet ein weitgehend friedliches Zusammenleben im Alltag die Beziehungen zwischen Katalanen, Kastiliern, Basken und ethnischen Gruppen aus anderen Regionen.

V. Pluralismus und das Konzept Spaniens

Es ist an der Zeit, einige Fragen an den spanischen Nationalismus des 21. Jahrhunderts zu richten. Zunächst wäre zu erörtern, in welchem Ausmaß spanische Staatsbürger, die sich in der politischen „Mitte" verorten, die kulturelle, ethnoterritoriale, politische und institutionelle Vielfalt akzeptiert haben. Inwieweit sind sie in der Lage, die Pluralität der unterschiedlichen nationalen Identitäten innerhalb des spanischen Territoriums zu bewältigen?

Der spanische patriotische Diskurs hat seit 1978 mit wechselndem Enthusiasmus akzeptiert, dass der kulturelle Pluralismus ein konstituierendes Element des „Wesens Spaniens"

14 *Félix Moral*, Identidad regional y nacionalismo en la España de las autonomías. Madrid 1998.

darstellt, und hat scheinbar jegliches Bestreben nach einer vollständigen kulturellen und sprachlichen Homogenisierung des spanischen Territoriums aufgegeben. Dennoch liegen der Bewertung des Beitrags der verschiedenen Kulturen und Sprachen Spaniens zum „Wesen der spanischen Nation“ in Vergangenheit und Gegenwart nicht die gleichen Kriterien zugrunde. Für die meisten Befürworter der spanischen Nationalidentität ist die spanische Sprache das repräsentativste Kennzeichen dafür, „was spanisch ist“. Sie halten das Spanische und die Kultur, die diese Sprache verkörpert, für das am besten geeignete Instrument, um Spanien in der Welt zu vertreten. Diese Einschätzung folgt jedoch nicht den klassischen Argumenten der von dem Philologen Ramón Menéndez-Pidal in den 1920er Jahren begründeten sprachwissenschaftlichen Schule, die von der Überlegenheit der spanischen Sprache ausging, aufgrund ihrer phonetischen Gewagtheit, ihrem Status als Sprache der Hochkultur und ihrer erfolgreichen Ausbreitung auf der ganzen Halbinsel. Stattdessen artikuliert sich seit den 1980er Jahren als neues Phänomen ein quasi postmoderner Appell an das spanische Nationalbewusstsein, das allerdings nicht mehr als eine spanisch-lateinamerikanische Gemeinschaft des Blutes, der Religion und der Rasse interpretiert wird. Vielmehr bezieht sich der Großteil des spanischen patriotischen Diskurses auf das Kastilische als Kern der spanischen nationalen und kulturellen Identität, als Spaniens wichtigster Beitrag zur Universalkultur, insbesondere aufgrund des reichen literarischen Vermächtnisses. Der Blick auf die traditionelle Rolle der spanischen Sprache wurde verstärkt durch das Argument ihres wirtschaftlichen Nutzens in den Zeiten der Globalisierung, als ein Werkzeug für die Stärkung der Stellung Spaniens in der Weltwirtschaft, da das Spanische *de facto* die zweitwichtigste Sprache in den USA ist. Im Jahr 2003 bezeichnete der damalige Regierungschef José-María Aznar in New Mexico die nordamerikanischen *Hispanics* als Staatsbürger mit einer multiplen Identität, als krasses Gegenteil der „Gesellschaften, die ausschließen“ und die Sprache als Waffen benutzen – in einer eindeutigen Anspielung auf die iberischen Nationalbewegungen.[15]

Allerdings gibt es durchaus Debatten über die Notwendigkeit, der Vielfalt in Spanien Grenzen zu setzen, die die Grenzen der Toleranz gegenüber einer real praktizierten kulturellen und ethnoterritorialen Pluralität innerhalb des spanischen Territoriums widerspiegeln. Für viele spanische „Patrioten“, insbesondere für solche, die nicht in den zweisprachigen Regionen leben, ist die Zweisprachigkeit als alltägliche Realität nur schwer zu akzeptieren, trotz der Vorgaben der Verfassung und angesichts der weitverbreiteten Überzeugung, dass das Kastilische die beherrschende Sprache ist. Deren Überlegenheit ergäbe sich sowohl aus der Geschichte als auch aus ihrer Rolle in der Zukunft, als ein Vehikel für die neuen digitalen Technologien, um einen gemeinsamen Markt mit Lateinamerika und der spanischsprachigen Gemeinschaft in den USA zu bilden. Dementsprechend stößt die von einigen Regionalregierungen praktizierte Sprachpolitik der „positiven Diskriminierung“ zugunsten der Minderheitensprachen im Erziehungs- und Bildungswesen bei den spanischen Konservativen auf wenig Verständnis, genauso wie die Verwendung von regionalen Symbolen, Flaggen und Hymnen. Für viele spanische Patrioten muss der unteilbare Charakter der Souveränität der Nation unangreifbar bleiben; jenseits aller legalen und politischen Fragen sind sie der Meinung, dass ein Nachgeben das unteilbare historische und kulturelle „Wesen“ Spaniens

15 *Xosé M. Núñez Seixas*, The Language(s) of the Spanish Nation, in: Javier Moreno Luzón/Xosé M. Núñez Seixas (Hrsg.), Metaphors of Spain. Representations of Spanish National Identity in the Twentieth Century. New York/Oxford 2017, 142–160.

beschädigen würde, die aufgrund ihrer sakralen Natur nicht hinterfragbar ist. Wie der Soziologe Jordi Muñoz-Mendoza für das erste Jahrzehnt des 21. Jahrhunderts nachgewiesen hat, ist die öffentliche Meinung in dieser Frage de facto gespalten. Auf der einen Seite bekennen sich ca. 40% der spanischen Bevölkerung weiterhin zu einigen Grundwerten des Nationalkatholizismus (z.B. zur katholischen Religion und zur „Tradition" im Allgemeinen). Auf der anderen Seite sprechen sich weitere 40% für ein liberales Konzept der spanischen Nation aus, das demokratische Werte, das *ius soli* und Toleranz gegenüber den Immigranten und der ethnoterritorialen Vielfalt einschließt. Rund 10% der spanischen Bürger fühlen sich darüber hinaus zur Loyalität für eine Minderheitennation verpflichtet.[16]

VI. Die Nation der Rechten: Eine neo-zentralistische Entwicklung?

Eine weitere Frage gilt der jüngsten Entwicklung des spanischen Nationalismus – hat er sich zwischen 2008 und 2020 radikalisiert? Fest steht, dass seit der Wahlniederlage des PP gegen den PSOE unter Rodríguez im Jahr 2004 etliche konservative Politiker dazu tendierten, für eine deutlich restriktivere Interpretation der Verfassung von 1978 und des Autonomiestaates zu plädieren. Erste Anzeichen gab es schon vorher, bei der Reaktion der konservativen Rechte auf das politische Projekt von Juan J. Ibarretxe (2000–2005), dem damaligen Präsidenten der baskischen Regionalregierung, der eine deutliche Erweiterung der Autonomie des Baskenlandes bis hin zu einer Quasi-Unabhängigkeit anstrebte. Ganz ähnlich reagierte die PP, als ein Großteil der katalanischen linken und nationalistischen Parteien zwischen 2003 und 2010 die Initiative für eine weitreichende Reform des katalanischen Autonomiestatuts ergriff, zunächst mit der Unterstützung der PSOE und des Ministerpräsidenten Rodríguez Zapatero. Gleichzeitig verzichtete die PP auf die von ihr kurz zuvor propagierte Version eines an den spanischen Fall angepassten Begriffs des Verfassungspatriotismus. Von diesem blieb nur als einziges Element die Berufung auf die Verfassung als ein unantastbarer Text und Erinnerungsort[17], doch ohne expliziten Bezug auf die grundlegenden in der Verfassung verankerten Werte.

Seit Beginn des zweiten Jahrzehnts des 21. Jahrhundert verschob sich das Gewicht des konservativen patriotischen Diskurses hin zur Forderung der „Stabilisierung" des Autonomiestaates, um dessen vermeintlich „unendlich" offenen Aspekte endgültig zu definieren, das System mit einer Gleichbehandlung der Kompetenzen und einer horizontalen Koordination zwischen allen autonomen Gemeinschaften auszustatten und gleichzeitig eine Reihe von Kernkompetenzen in die Hände des Zentralstaates zurück zu verlagern, um die Kohäsion des Territoriums zu garantieren. Manche Vertreter der PP vertraten zunehmend restriktive Vorstellungen. So behauptete zum Beispiel im Europawahlkampf von 2009 der konservative Kandidat Alejo Vidal-Quadras – später ein prominentes Mitglied der rechtsradikalen Partei *Vox* –, dass der Autonomiestaat entgleist sei, und forderte eine Re-zentralisierung des Staates. Ähnliche Töne schlug die ehemalige Landespräsidentin von Madrid, Esperanza Aguirre, an. Angesichts des offensichtlichen Scheiterns des Autonomiestaates bei der Aufgabe, die territorialen Ansprüche der Katalanen und der Basken auf ein gemeinsa-

16 *Muñoz Mendoza*, National Pride; *ders.*, Construcción política.

17 *Carsten Humlebaek*, La Constitución de 1978 como lugar de memoria en España, in: Historia y Política 12, 2004, 187–210; *ders.*, Spain: Inventing the Nation. London 2014.

mes Projekt einer spanischen politischen Gemeinschaft hinzuführen, müsse man die Machtbefugnisse des Zentralstaates stärken und das Experiment des Autonomiestaates allmählich zu einem Ende bringen.

Vor dem Hintergrund der großen Wirtschaftskrise von 2007, die als Legitimation für eine Straffung des Staates im Sinn der zunehmend neoliberalen Orientierung diente, begannen einige Spitzenvertreter der spanischen Konservativen, manche dieser Vorschläge umzusetzen, nachdem die PP mit Mariano Rajoy (2011–2018) die Regierungsgeschäfte übernommen hatte. Seit 2014 haben sich verschiedene prominente PP-Politiker noch offener dafür ausgesprochen, den Grad der Selbstverwaltung der Regionen einzuschränken, darunter auch Pablo Casado, seit Juni 2018 Präsident des PP. Er äußerte Sympathie für die Idee einer Rezentralisierung der Kompetenzen in der Erziehungspolitik, um eine „separatistische Indoktrination" in den katalanischen (und baskischen) Grundschulen zu verhindern. Die Dezentralisation sei „teuer" und weniger effizient.

Andere Parteien, die im politischen Spektrum die Mitte besetzen und sich sogar bis in das Mitte-Links-Lager ausbreiten wollten, wie *Unión Progreso y Democracia* (Union Fortschritt und Demokratie, UPyD), formulierten schon bei ihrer Gründung (2007) ähnliche Grundsätze. UPyD betonte die Notwendigkeit, die aktive Rolle des Staates bei der Transformation der Gesellschaft zu garantieren, und verwies auch auf die unteilbare Natur der spanischen Nation als eine Vorbedingung für die Garantie der Rechts- und Chancengleichheit aller Staatsbürger. Nach dem Ausscheiden von UPyD aus dem spanischen Parlament im Jahr 2015, finden sich viele der Ideen der Formation im Gedankengut der gemäßigten, liberalen Partei *Staatsbürger* (*Ciudadanos*, Cs), die ihren Ursprung in der 2006 in Katalonien entstandenen anti-katalanistischen Partei *Ciutadans* hat und die sich einen reaktiven spanischen Nationalismus auf die Fahnen geschrieben hat. Dabei legt Cs viel mehr Gewicht auf die Forderung nach einer allmählichen Re-Zentralisierung des Staates, um die Einheit der Nation zu wahren, als auf die Garantie der Gleichheitschancen aller spanischen Staatsbürger im Zuge des Erstarkens des Staates, da die Partei bislang zwischen einer liberalen und einer Mitte-Links Agenda oszilliert.[18]

Es hat lange gedauert, bis sich nach dem Ende des Franquismus im spanischen politischen System eine rechtsradikale, fremdenfeindliche und gegen die nichteuropäische Einwanderung gerichtete Partei gebildet hat. Zunächst war das Spektrum der extremen Rechten in instabile Gruppierungen aufgesplittert und extrem fragmentiert. Ihr Konzept der spanischen Nation wurzelte in der Regel im Erbe des franquistischen Nationalkatholizismus und erwies sich bis auf einige Ausnahmen als absolut ungeeignet, um den Weg für eine Modernisierung und Anpassung der Parteien an neue soziale Herausforderungen zu öffnen, wie es andere rechtsradikale Parteien Europas getan haben. Der Anti-Separatismus und die Unterstützung von traditionellen Werten fanden sich als typische diskursive Elemente der spanischen Rechtsextremen, genauso wie die sichtbare Zurschaustellung von spanischen Symbolen, insbesondere von Flaggen (mit dem franquistischen Wappen), sowie von nationalistischen Slogans, die die Aufrechterhaltung der nationalen Einheit und die Sehnsucht nach einem autoritären System ausdrückten.[19]

18 *Astrid Barrio/Juan Rodríguez Teruel*, Going National: Ciudadanos from Catalonia to Spain, in: South European Society & Politics 21, 2016, 587–607.

19 *Ferran Gallego*, Una patria imaginaria. La extrema derecha española (1973–2005). Madrid 2006.

Seit den 1990er Jahren haben einige neue Gruppen versucht, als innovatives Element die Warnung vor der Einwanderung aus nicht-europäischen Regionen als eine potentielle Gefahr für die Einheit Spaniens in den Diskurs zu integrieren, quasi als eine zusätzliche Bedrohung zu der schon bestehenden Gefahr der Balkanisierung. Gleichzeitig äußert sie Vorbehalte, Bereiche der Souveränität an die EU abzutreten.[20] Doch fast keine dieser Gruppen hat beim Wähler weder in einzelnen Regionen noch in ganz Spanien nennenswerte Erfolg erzielen können, sieht man vom kurzfristigen Aufwind der weitgehend auf Katalonien beschränkten Partei *Plataforma per Catalunya* ab.[21] Eine Ausnahme bildet die im Jahr 2013 entstandene Partei Vox, eine Abspaltung des extrem konservativen Flügels der PP, die in ihrer politischen Agenda den Antiseparatismus hervorhebt. Ihrem Anführer Santiago Abascal zufolge, dem einstigen Gründer der Stiftung *Verteidigung der spanischen Nation* (*Defensa de la Nación Española,* DENAES), ist die Einheit Spaniens ein nicht verhandelbares Gut, dem sogar Vorrang vor der Demokratie gebührt. Die neue Partei verlegt sich auf populistische Strategien und formuliert eine Art spanischer Version eines nativistischen Diskurses: „Spanier zuerst" in Bezug auf den Zugang zu den Leistungen des Wohlfahrtsstaates (Gesundheitswesen, Erziehungswesen, etc.). Eine antieuropäische Haltung gehört dagegen (noch) nicht zu den zentralen Postulaten der radikalen spanischen Rechten, denen es mit Hilfe des spanischen Nationalgedanke gelingt, eine Brücke zu einem Teil der Wähler von *Ciudadanos* zu schlagen. Dies erklärt eine im europäischen Kontext völlig unübliche Situation: die Möglichkeit des Einverständnisses zwischen einer theoretisch liberalen Partei (vergleichbar der deutschen FDP) und einer rechtsradikalen Organisation, im Namen derselben nationalistischen Einstellung. Auch wenn die Wahlergebnisse der rechtsradikalen Partei im Jahr 2019 hinter ihren Erwartungen zurückblieben (15,09% der gültigen Stimmen und 52 Abgeordnete im spanischen Parlament; 6,2% und 3 Europaabgeordnete bei der Europawahl; 2,9% und 530 Gemeinderäte bei den Kommunalwahlen), hat sich die Partei dennoch als ein bedeutender Akteur der spanischen Politik konsolidiert und wird somit mittelfristig immer größeren Einfluss auf die öffentliche Debatte um die spanische Nationalidentität erhalten.

VII. Die Nation der Linken: Die Suche nach dem „Volk"

Diese wachsende neo-zentralistische Entwicklung im breiten Spektrum des konservativen spanischen Nationalismus führt zu einer dritten Frage: Werden auch die größeren Linksparteien das Konzept von Spanien als eine Nation oder als eine politische Gemeinschaft neu formulieren? Seit dem Übergang zur Demokratie gab es in der sozialdemokratischen Linken zwei Sichtweisen auf die territoriale Frage. Auf der einen Seite stand die Forderung nach einem Föderalismus (oder einem Pseudo-Föderalismus), den vor allem die katalanischen Sozialisten, aber auch einige prominente Parteiführer aus Galicien, dem Baskenland oder Valencia befürworteten. Sie zeigten ihre Bereitschaft, die nationale oder ethnokulturelle Vielfalt im Rahmen verschiedener Staatsmodelle einzupassen und damit die Pluralität symbolisch und politisch anzuerkennen. Diese Ideen siedelten sich im Umfeld des Diskurses der „Nation aus Nationen" an und erhielten während der Regierungszeit von Felipe González

20 *Désirée Kleiner-Liebau*, Migration and the Construction of National Identity in Spain. Frankfurt am Main/Madrid 2009.

21 *Xavier Casals*, El oasis catalán (1975–2010). ¿Espejismo o realidad? Barcelona 2010.

(1982–1996) zusätzliche Impulse durch die Vorschläge von Pasqual Maragall, dem sozialistischen Bürgermeister Barcelonas und späteren Landespräsidenten von Katalonien (2003–2007). Die Verfechter dieser Denkrichtung plädierten für das Konzept eines „gemeinsamen, nicht eines einzigen Spanien", das dem Begriff des „pluralen Spanien" ähnelte, mit dessen Hilfe Rodríguez Zapatero den Diskurs des Verfassungspatriotismus neu formulierte, dabei aber der freidenkerischen und dezentralisierenden Tradition in der spanischen Geschichte ein höheres Gewicht zumaß.

Doch ein solches Konzept birgt ein permanentes Dilemma: Symmetrie oder Asymmetrie? Sollte sich das Ausmaß an symbolischer Anerkennung, politischer Macht und finanzieller Autonomie von Katalonien und der Extremadura auf derselben Höhe bewegen, oder gibt es Raum für Formeln, die eine asymmetrische Ausgestaltung der territorialen Pluralität ermöglichten? Ist es notwendig, die Verfassung radikal zu reformieren und einen Föderalismus von unten nach oben als definierende Grundlage einzuführen, oder würde es ausreichen, gewisse Aspekte zu justieren, zum Beispiel in Bezug auf die Funktionsweise des Autonomiestaates? Zwar sind manche dem PSOE nahestehende Juristen und Verfassungsexperten der Meinung, dass der Autonomiestaat in der Praxis ein Bundesstaat ist, auch wenn er bislang über keine effizienten Mechanismen für die Kooperation zwischen den verschiedenen autonomen Gemeinschaften verfügt, wie z.B. eindeutige Kriterien für die Verteilung der Finanzressourcen. Zudem fehlt eine effektiv funktionierende Länderkammer wie der Bundesrat – der spanische Senat kann diese Funktion nicht wirklich ausfüllen.

Doch es gibt seit dem späten 20. Jahrhundert auch eine andere Position innerhalb der PSOE, vertreten vor allem von einigen regionalen Parteichefs aus der Extremadura und aus Andalusien (z.B. Juan-Carlos Rodríguez Ibarra oder Susana Díaz), aber auch einigen wichtigen Bürgermeistern (wie Francisco Vázquez, A Coruña). Sie betonen die Notwendigkeit, einen ausreichend starken Zentralstaat zu erhalten, der für die Umsetzung von wirksamen wirtschafts- und sozialpolitischen Maßnahmen gerüstet sein muss, um für alle Staatsbürger, unabhängig von ihrem Wohnort, gleiche Lebenschancen und Dienstleistungen zu garantieren. Etliche Vertreter dieses Standpunktes haben mit Hilfe von historischen oder kulturellen Argumenten eine Vorstellung der spanischen Nation verfochten, die auf die gemeinsamen Werte und das jahrhundertewährende Zusammenleben der spanischen Völker zurückgreift, Faktoren, die eine solide Grundlage für die soziale Solidarität zwischen Bürgern und Territorien bilden. Für Francisco Vázquez gab es stets ein Kernargument: Während Minderheitennationen immer eine Erfindung waren, galt das nicht für Spanien, dass seit dem Mittelalter als Nation existierte. Andere Befürworter dieser Ideen verwiesen auf die Autonomie der Gemeinden und der Großstädte als Alternative zum neuen „Zentralismus" der mesoterritorialen, d.h. Regionalregierungen. Eine weitere Gruppe vertrat das eher funktionalistische Argument, dass sich die Chancengleichheit aller Staatsbürger eher fördern ließe, wenn man die Mechanismen der Solidarität und der sozialen Kohäsion stärke, anstatt sie nach territorialen Kriterien aufzuspalten. Dies wiederum könne das Nationalbewusstsein bestärken, denn ein ausgeprägter Patriotismus begünstige auch die Neigung für die zwischenregionale Solidarität und soziale Gerechtigkeit.[22]

Die Vorschläge für eine nur vage skizzierte Föderalisierung des Staates, die zur Zeit von der PSOE unter der Führung von Pedro Sánchez lanciert werden, sind bislang noch unausgereift hinsichtlich der Definition des Typus einer Föderation, die sie anstreben. Zudem

22 *Núñez Seixas*, Die bewegte Nation, 172–179.

sind sie in den Hintergrund der Diskussion getreten, seitdem Sánchez im Juni 2018 zum Ministerpräsident der spanischen Regierung ernannt wurde. Gleichzeitig hat die PSOE immer mehr Schwierigkeiten, die divergierenden Positionen innerhalb der Partei zu versöhnen. Auf der einen Seite findet sich die alten, pseudo-jakobinischen Ansichten eines Alfonso Guerra, die auf eine Stärkung des Zentralstaates abzielen, um dessen Macht zu stabilisieren und ihn für eine wirksame soziale Reformpolitik zu rüsten, um allen Staatsbürgern Chancengleichheit und Solidarität zu garantieren.

Auf der anderen Seite gibt es föderalisierende Reformvorschläge, um mit Hilfe einiger Änderungen, zum Beispiel einer Reform des Senates in Richtung eines echten Bundesrates, den Autonomiestaat in einen weitreichenden Bundesstaat umzuwandeln. Doch auch diese Konzepte lassen weiterhin eine Frage offen: Sollte Katalonien einen Sonderstatus erhalten, eine Anerkennung seiner besonderen Natur, als eine andere Gesellschaft, als eine Nation, als eine Nationalität? Wenn ja – was passiert mit dem Baskenland? Und was ist mit Galicien, in der Theorie die dritte „historische Nationalität", wie es informell in der Verfassung heißt?[23] Und das Land Valencia, Andalusien und die Kanarischen Inseln, die auch historisch kein ‚Kastilien' sind? Es entstünde, in den Worten des Soziologen Luis Moreno, ein System der Konkurrenz der ethnoterritorialen Vielfalt, das die Zahl der potentiellen Dilemmata vervielfachen würde.[24] Die pragmatischen baskischen und katalanischen Parteien haben traditionell eine bilaterale Beziehung zum Zentralstaat bevorzugt – sie selbst auf der einen Seite und auf der anderen die spanische Nation oder ‚Spanien' als nicht weiter definiertes Ganzes. Sollte man einen echten Bundesstaat errichten, dann müsste diese Bipolarität in ein breiteres multipolares System eingebunden werden. Das (post)kommunistische Parteienspektrum, allen voran die Koalition der Vereinigten Linken (*Izquierda Unida*, IU), hat lange eine symmetrische Föderalisierung des Autonomiestaates gefordert. Gleichzeitig war IU dazu bereit, das Selbstbestimmungsrecht für diejenigen Regionen anzuerkennen, deren Bürger dieses Recht mehrheitlich für sich in Anspruch nehmen wollten. Langfristig nennt IU als politisches Ziel die Umwandlung des spanischen Staates in eine multiethnische/multinationale Bundesrepublik an.[25]

Die Tradition der Linken, *das Volk* – *el pueblo* – als den wahren Träger der Tugenden der Nation, mit der es sich identifiziert, zu betrachten, findet sich scheinbar in erneuerter Form in dem sich abzeichnenden Diskurs der neuen Partei, *Podemos*. Dieser Diskurs lässt zur Zeit noch unterschiedliche Interpretationen zu, ist noch weit davon entfernt, ein kohärentes Gedankengut zu formulieren, und greift eher Konzepte auf, welche die spanische Linke schon zuvor formuliert hatte.[26] Der Begriff der „Nation aus Nationen" erscheint nun als der Slogan ‚Land aus Ländern' (*país de países*), mit einer stärkeren Betonung der sprachlichen Diversität und der Idee, dass die grundlegende Zugehörigkeit zur spanischen Nation eher von dem Individuum selbst angenommen als von außen zugewiesen werden sollte. Dieser populäre Patriotismus betrachtet „nur das Volk" (*la gente*, die einfachen Leute) als den authentischen

23 Laut Artikel 2 besteht Spanien aus „Nationalitäten und Regionen", jedoch wird nicht weiter erklärt, welche Territorien als Nationalität zu bezeichnen sind.

24 *Eliseo Aja*, El Estado autonómico: federalismo y hechos diferenciales. Madrid 1999; *Luis Moreno*, The Federalization of Spain. London/Portland 2001.

25 *Núñez Seixas*, Die bewegte Nation, 201–204.

26 *José Carlos Rueda Laffond*, El candado del 78. Podemos ante la memoria y la historiografía sobre la Transición democrática, in: Historia Contemporánea 53, 2016, 725–751; *ders.*, De Cuéntame a Podemos: Narrativas banales de la nación, in: Quiroga/Archilés (Hrsg.), Ondear la nación, 225–240.

Träger der Tugenden der Nation, voller Stolz auf deren republikanische und antifaschistische Tradition und kombiniert mit den klassischen Elementen des modernen spanischen Republikanismus, wie dem Appell an den Unabhängigkeitskrieg von 1808.

Dennoch spielt der Diskurs von *Podemos* in Katalonien, Galicien und Valencia durchaus auch mit der territorialen Ambivalenz. In diesen Regionen hat sich *Podemos* an breiteren Koalitionen mit unterschiedlichen Partnern beteiligt, auch mit Parteien, die für die Unabhängigkeit ihrer Territorien eintreten und die für die Selbstbestimmung der Iberischen Völker als Voraussetzung für eine Neugründung einer multinationalen Bundesrepublik kämpfen. Bislang (Juni 2019) ist noch unklar, wohin diese Mischung unterschiedlicher Vorstellungen die neue populistische Linke führen wird. Genauso offen ist, ob und wie *Podemos* handeln wird, wenn es gilt, zwischen der von einigen ihrer Wortführer verfochtenen Anerkennung der Vielfalt und der Forderung zu entscheiden, dass die Partei auch ein politisches Projekt für ganz Spanien formulieren müsse. Erst kürzlich sprach sich eine der Gründerinnen der Partei, die Soziologin Carolina Bescansa dafür aus, der Frage der sozialen Gerechtigkeit und der demokratischen Erneuerung des gesamten politischen Systems, das heißt, dem Patriotismus der *einfachen Leute* den Vorrang zu geben.

VIII. Zurück in die Zukunft?

Abschließend bleibt also festzustellen, dass der gegenwärtige spanische Nationalgedanke noch weit davon entfernt ist, eine endgültige Formel zu bieten, um die Herausforderungen des zweiten Jahrzehntes des 21. Jahrhunderts zu bewältigen. Aufgrund seiner Verhaftung in den alten, ererbten Dilemmata aus den Jahren der Transition zur Demokratie ist er schon seit geraumer Zeit kaum in der Lage, einfallsreiche theoretische und politische Lösungen anzubieten. Wenn die aktuellen Varianten des patriotischen Diskurses in Spanien eines gemeinsam haben, dann ist es die Suche nach Lösungen für die Zukunft in der Vergangenheit. Für manche Politiker und Denker besteht die Zukunft in dem Erhalt des Status Quo, den die Verfassung von 1978 festlegt, sowie in der Abwehr einer weiteren Dezentralisierung bzw. einem Ausbau des Autonomiestaates, so dass sie stattdessen dafür plädieren, die Machtbefugnisse des Zentralstaates zu stärken und bisherige „Exzesse“ der Dezentralisierung zu korrigieren. In dieser Lesart überwiegen Kategorien aus der Vergangenheit über die modernisierenden Inhalte, wie zum Beispiel Ideen wie die der *Hispanidad*, aber auch das Beharren auf dem globalen Charakter der spanischen Sprache und auf der Vermeidung einer wirksamen Vergangenheitsbewältigung, um das Aufleben von Bruderzwist und Spaltungen zu vermeiden. Andere Akteure suchen diese Zukunft in einem vage umrissenen Föderalismus, der aber dem Dilemma zwischen Symmetrie oder Asymmetrie, Republikanismus oder Monarchismus, sowie der Frage, ob der Föderalismus von oben nach unten oder in einem konstituierenden Prozess von unten nach oben zu gestalten sei, nicht entkommt. Die Äußerungen des Parteichefs der PSOE, Ministerpräsident Pedro Sánchez, deuten eine Rückkehr zur der Formel der „Nation aus Nationen“ an, die schon in den 1970er Jahren geprägt und dann von Felipe González übernommen wurde, ohne zu bedenken, dass es mit diesem Konzept schon seit Längerem nicht gelungen ist, die politischen Forderungen zu befriedigen, die Tag für Tag in Katalonien und anderen Territorien die politische Tagesordnung bestimmen. Andere Vordenker im linken Lager plädieren für eine Rückbesinnung auf das „Volk“, auf die „einfachen Leute“. Doch auch diese Vision, mit ihrem unsicheren Gleichgewicht zwischen

Einheit und Pluralität, ist noch weit davon entfernt, ihrer inneren Widersprüche Herr zu werden.

Vor diesem Panorama erstaunt es nicht, dass manche der peripheren Souveränitätsforderungen moderner daherkommen, dass sie sich stärker darauf fokussieren, die typischen Ticks des romantischen Nationalismus zu überwinden und dass es ihnen deswegen besser gelingt, umfangreiche Teile der Bevölkerung in ihren Bann zu ziehen. Sollte also die unwahrscheinliche Dystopie eines Spaniens ohne Katalonien wirklich Realität werden, würde es niemanden wundern, wenn der spanische Mainstream-Nationalismus daraufhin immer stärker auf eine kulturelle Homogenisierung und die Beendigung der politischen Dezentralisierung hinarbeiten würde. Bislang bewegt sich diese Annahme allerdings noch im Bereich des Hypothetischen – es bleibt abzuwarten, in welche Richtung sich die politischen Ereignisse entwickeln werden.

La relación entre el derecho, la historia y la sociedad:

Un comentario a propósito del 40 aniversario de la Constitución española

José Manuel Sánchez Saudinós

En España, se atribuye en ocasiones al Canciller Bismarck la siguiente frase: «Estoy firmemente convencido de que España es la nación más fuerte del mundo. Lleva siglos queriendo destruirse a sí misma y todavía no lo ha conseguido». Probablemente se trata de una frase apócrifa, y no consta que el Canciller la pronunciara en momento alguno, pero sí que está documentado que Alfonso Guerra[1], uno de los principales líderes del partido socialdemócrata español, el Partido Socialista Obrero Español (PSOE), se la atribuyó al «Canciller de Hierro» en una de las reuniones de la refundación de su partido a mediados de los años '70.[2] Ello, resulta significativo de una cierta visión del país que mantenían algunos líderes españoles, máxime si tenemos en cuenta que el PSOE ha gobernado en España durante más de la mitad de los 40 años de vigencia de la Constitución, y que quien la pronunció fue vicepresidente del Gobierno y ha sido, hasta la fecha, el diputado que más tiempo se ha sentado en nuestro Parlamento. Por otra parte, aunque habitualmente se destaca como «padres» de la Constitución a los siete diputados que actuaron al inicio del proceso como ponentes constitucionales para elaborar el Anteproyecto de Constitución[3], se suele dejar en el olvido que el texto definitivo de la Constitución, el que fue sometido a referéndum para su ratificación por el pueblo español el 6 de diciembre de 1978, es el resultante de los trabajos de la Comisión Mixta Congreso-Senado, que fusionó los textos aprobados por el Congreso de los Diputados y el Senado, en una de las singularidades más llamativas del proceso constituyente español: que eran dos las *asambleas constituyentes* que elaboraron la Constitución. Pues bien, fueron precisamente Alfonso Guerra y el entonces vicepresidente del Gobierno, Fernando

1 Alfonso Guerra González (Sevilla, 1940) ha sido a lo largo de estos años Diputado del Congreso (1977–2015), Vicesecretario General del PSOE (1979–1997) y Vicepresidente del Gobierno de España (1982–1991).

2 Varias son las referencias periodísticas que se hacen eco de esta atribución (¿invención incluso?) de la frase por *Alfonso Guerra,* La Brújula Verde, 5.05.2017; La Región, 4.09.2017; El Correo Gallego, 4.12.2017.

3 Los miembros de la llamada *Ponencia* constitucional fueron siete diputados del Congreso elegido en 1977: Gabriel Cisneros Laborda (Tarazona, 1940–Murcia, 2007), Miguel Herrero y Rodríguez de Miñón (Madrid, 1940) y José Pedro Pérez-Llorca Rodrigo (Cádiz, 1940–Madrid, 2019) en representación de la Unión de Centro Democrático (UCD), partido de centro-derecha de nueva creación, entonces en el Gobierno; Gregorio Peces-Barba Martínez (Madrid, 1938–Oviedo, 2012) en representación del Partido Socialista Obrero Español (PSOE), el histórico partido socialdemócrata español; Jordi Solé Tura (Mollet del Vallès 1930–Barcelona 2009) en representación del Partido Comunista de España (PCE) y del Partit Socialista Unificat de Catalunya (PSUC), ambos de tendencia eurocomunista, y por tanto distanciados ideológicamente de su homónimo de la Unión Soviética; Manuel Fraga Iribarne (Villalba, 1922–Madrid, 2012), antiguo Ministro del General Franco y uno de los líderes de Alianza Popular (AP), partido conservador postfranquista, y Miquel Roca i Junyent (Burdeos, Francia, 1940), en representación de las minorías nacionalistas catalana y vasca.

Abril Martorell, las personas clave de dicha Comisión en el proceso de concreción del articulado constitucional. Dicho sea todo esto, para poner de manifiesto hasta qué punto el sentido de la frase, atribuida a Bismarck por el líder socialista, creemos que era representativa de una cierta forma de entender la historia reciente de España. De modo que podríamos aplicar aquí aquello que se dice en Italia: *Se non è vero, è ben trovato*[4].

Si iniciamos este comentario situándonos en los prolegómenos de la elaboración del texto constitucional, resulta interesante destacar que uno de los objetivos del proceso de transición política en España, plásticamente explicitado por el Presidente Adolfo Suárez[5] en 1976, cuando anunció como propósito gubernamental «elevar a la categoría política de normal, lo que a nivel de calle es simplemente normal»[6], fue el de intentar hacer coincidir, una vez más en nuestra historia, la España oficial y la España real. Lo que podríamos traducir como el propósito, iniciado hace ahora 40 años, de armar un régimen constitucional que respondiera a la realidad social española del momento, y no a la cáscara vacía en la que de algún modo se había convertido para entonces el entramado institucional del régimen fundado el 18 de julio de 1936.

Por cierto que no falta quien señale en nuestros días que, quizá, estemos ante un momento histórico en que se ha manifestado en España de nuevo una cierta discordancia entre esas dos categorías (realidad social y entramado jurídico-administrativo): el 15 de mayo de 2011, con el nacimiento del movimiento denominado *15-M*, fue un primer aviso de la constatación de este nuevo divorcio (puede que ahora ya no solo característico de España), y desde entonces hasta la fecha nuevos signos de esta grave crisis se han manifestado sucesivamente entre nosotros.

Volviendo al momento constituyente español, podríamos preguntarnos cuáles fueron los grandes objetivos que guiaron la transición política española, aunque antes hubo de determinarse el camino para transitar por ella, si una evolución del régimen franquista o una ruptura radical con su legalidad. Las fuerzas provenientes del régimen, unas más y otras menos sinceramente aperturistas, consideraban perfectamente posible y deseable una reforma democrática del mismo, mediante un «tenaz aprovechamiento de todas las virtualidades democráticas de la legislación fundamental vigente» o, dicho de otro modo, a través de un tipo de reformismo que permita «hacer compatible la continuidad necesaria con las reformas inevitables» y que «acepta las estructuras del presente pero propicia su cambio»[7]. Por su parte, las fuerzas democráticas de la oposición al régimen franquista inicialmente sólo parecían concebir como salida al mismo el establecimiento de un gobierno provisional, que

4 *Se non è vero, è ben trovato* significa literalmente que, *si no es cierto, está bien hallado*.

5 Adolfo Suárez González (Cebreros, 1932–Madrid, 2014) fue el presidente del Gobierno de España entre julio de 1976 y enero de 1981, tras la muerte del General Franco (20 de noviembre de 1975) y durante el periodo constituyente y los primeros años de la democracia.

6 Adolfo Suárez pronunció estas palabras por primera vez el 9 de junio de 1976, un mes antes de ser nombrado Presidente del Gobierno y cuando aún era Ministro del Gobierno anterior, con motivo de la presentación en televisión ante el pueblo español del Proyecto de Ley del Derecho se Asociación Política (Discurso retransmitido por Radio Televisión Española, 9 de junio de 1976). Nuevamente emplearía esta expresión, ya como Presidente del Gobierno, para presentar el 10 de septiembre de ese mismo año, en un nuevo discurso televisivo antes los ciudadanos, el Proyecto de Ley para la Reforma Política (Discurso retransmitido por Radio Televisión Española, 10 de septiembre de 1976).

7 Todas estas citas, provenientes de diferentes documentos elaborados por diferentes grupos «aperturistas», están recogidos en: *Santos Juliá*, Transición. Historia de una política española (1937–2017). Barcelona 2017, 335–336.

convocara una asamblea constituyente y un referéndum para decidir sobre la forma de gobierno, esto es, monarquía o república, para lo que desarrollaron una relevante labor de agitación política en las calles y en el mundo laboral durante este periodo.

Ambas posiciones fueron confrontadas hasta llegar a la síntesis de la «ruptura pactada», a la que comenzaron a referirse de manera abierta como solución las fuerzas de oposición democrática a partir de finales de 1976. Y, más aún, tras el resultado del referéndum celebrado el 15 de diciembre de 1976 para que los españoles ratificaran la Ley para la Reforma Política, en el que los partidos de la oposición habían propugnado la abstención, bien es verdad que, desde una difícil situación de semiclandestinidad, pero en el que el Gobierno obtuvo un importante éxito tanto por la participación (77% del censo) como por el resultado (94% de votos favorables a la reforma ofrecida). Esta Ley para la Reforma Política, cuyo proyecto había sido tramitado según la legalidad franquista, pero cuyo contenido desbordaba ésta y marcaba un ambicioso plan de reforma democrática, sería a la postre un factor clave para transitar «de la ley a la ley», expresión utilizada en numerosas ocasiones, sobre todo al ser respaldada mediante la celebración de este referéndum que otorgaba una cierta legitimidad democrática. En cuanto a su contenido, conviene resaltar que la Ley para la Reforma Política proclama en su artículo 1 como principios la soberanía popular, la democracia basada en la supremacía de la ley y la inviolabilidad de los derechos fundamentales, que vinculan al Estado, reestablece el sufragio universal para elegir un parlamento bicameral (que recupera incluso las denominaciones históricas de Congreso y Senado anteriores a la dictadura) y configura un procedimiento de reforma constitucional que permite la derogación de las Leyes Fundamentales franquistas y su sustitución por un auténtico texto constitucional.

Preguntándonos de nuevo acerca de cuáles fueron los grandes objetivos que guiaron la transición política española, creo que podemos fijar cuatro grandes cuestiones:

1) En primer lugar, democratizar la forma de gobierno del país. Para algunos grupos, esto pasaba por el restablecimiento de la República que había perdido la guerra, o al menos efectuar una consulta– como en Italia –sobre si la futura forma de gobierno había de ser monárquica o republicana. Sin embargo, la existencia en Europa de monarquías parlamentarias plenamente democráticas llevaba a otros a considerar que cabía soslayar este dilema, que podría crear una división que diera al traste con todo lo demás[8].

2) Conseguir el respeto de los derechos humanos para todos los ciudadanos. Si era importante democratizar el ejercicio del poder, no menos lo era poner freno al poder omnímodo del Estado para intervenir en la vida de los españoles, que carecían del disfrute de los derechos fundamentales propios de los ciudadanos de cualquier Estado democrático europeo.

3) Profundamente imbricado con lo anterior, lograr una sociedad socialmente avanzada. Una de las grandes diferencias entre las sociedades desarrolladas europeas y aquella España considerada aún, en ocasiones, un país «en vías de desarrollo» era la cobertura de servicios sociales básicos que los ciudadanos disfrutaban en uno y otro lugar, y que hacía que las diferencias sociales fueran mayores entre nosotros que en casi todos los Estados de Europa.

8 Por ejemplo, el Partido Comunista de España (PCE), tradicionalmente una fuerza partidaria de la República, pareció aceptar sin demasiados resquemores la *accidentalidad* de las formas de gobierno.

4) Integrar a España en la Unión Europea, así como, en general, en la esfera internacional (*España en su sitio*[9], como concluyó el título de un libro de Fernando Morán, diplomático que fue Ministro de Asuntos Exteriores durante el primer Gobierno socialista, el que pilotó la entrada en 1986 en la Comunidad Europea).

Haciendo balance del cumplimiento de estos grandes objetivos enunciados entonces, podríamos mostrarnos satisfechos por los logros obtenidos en estos cuatro aspectos, pero, sin embargo, la crisis económica y social provocada por la recesión mundial originada en los Estados Unidos en 2008, unida a la evidente «fatiga de materiales» mostrada por las cuatro décadas de vigencia del régimen constitucional nacido en 1978, nos han conducido a un estadio que nos lleva de nuevo a plantearnos qué ha fallado y si debemos iniciar un nuevo proceso constituyente sobre la base de un nuevo «contrato social».

Y esto ha devuelto a la actualidad el debate sobre el llamado «problema de España», de raíces decimonónicas, y que parecía que habíamos superado. En efecto, la destrucción del país durante la guerra napoleónica, la emancipación de la América hispana, las guerras civiles del siglo XIX, el declive del orgullo nacional durante el siglo XIX (culminado en el *Desastre* del '98), la crisis política del primer tercio del siglo XX, la guerra civil 1936–1939, la dictadura franquista... Todo ello está en el origen de un cierto aislamiento de la vida española respecto a las grandes corrientes de la sociedad europea de los últimos dos siglos, que creíamos haber superado plenamente tras los últimos decenios.

Inman Fox, en «La invención de España», se refería a cómo el movimiento regeneracionista español surgido a partir de finales del siglo XIX intentó lanzar una idea de «identidad nacional» relacionada con lo que sería el «espíritu del pueblo español»: un sentido individualista, más dado a la espontaneidad que a la reflexión o la abstracción, con fuerte acento liberal, con un alto concepto de la justicia, y bastante focalizado en Castilla como motor de la españolidad.[10] La cuestión de fondo es que España habría sido un país donde «la construcción del Estado liberal español durante el siglo XIX se hizo sobre pies de barro»[11], en palabras de Jiménez Asensio, con una frágil configuración del Estado-Nación, en el que se habría producido una *débil nacionalización,* sobre todo desde una óptica de desarticulación territorial, lo que se arrastrará hasta el siglo XX. Aunque también hay que señalar que ésta no es una opinión unánime, puesto que hay un sector doctrinal que considera que no es ajustado hablar de una singularidad de tal calibre en la construcción del Estado liberal español. Así, por ejemplo, Núñez Seixas señala a este respecto: «En muchas zonas de España la sociedad civil fue capaz de generar, mediante vías y mecanismos más informales, un sentimiento de españolidad al compás de la movilización política subsiguiente a la revolución liberal. Lo que también explicaría el arraigo de una conciencia más o menos definida de nación española entre amplios sectores de la población mallorquina, valenciana o gallega ya a fines del siglo XIX, a pesar del escaso conocimiento popular de la lengua castellana y la escasa eficiencia modernizadora del Estado en cada uno de esos territorios»[12].

9 *Fernando Morán*, España en su sitio. Barcelona 1990.

10 *Inman Fox*, La invención de España. Nacionalismo liberal e identidad nacional. Madrid 1997, 201–210.

11 *Rafael Jiménez Asensio,* Los frenos del poder. Separación de poderes y control de las instituciones. Madrid 2016, 268.

12 *Xosé M. Núñez Seixas,* Suspiros de España. El nacionalismo español, 1808–2018. Barcelona 2018, 39.

Exista o no esta singularidad respecto a la eficacia de la revolución liberal en nuestro país, la Constitución de 1978 parece inscribirse, frente a este debate, más bien en la idea de lo que se ha dado en denominar «patriotismo constitucional», que supone no adherirse de entrada a un origen étnico común, o a una indiscutible historia común, sino que se define más bien por la adhesión a unos valores comunes plasmados en un orden normativo consagrado por la Constitución con un componente universalista: respeto de los derechos humanos, que se colocan en el centro del sistema político, además de la organización de los poderes desde una perspectiva democrática (el concepto de «Estado democrático de Derecho»), que supone la radicación popular del poder, pero también una concepción pluralista de la sociedad.

De algún modo, esta concepción es también una manera de volver a Ernest Renan y su «plébiscite de tous les jours», que justificaba a finales del XIX el carácter francés de Alsacia y Lorena si frente a la lengua, o al origen étnico, sus habitantes *querían* ser franceses.[13]

No es demasiado extraño que el concepto de «patriotismo constitucional», introducido por Dolf Sternberger y popularizado por Jürgen Habermas, haya hecho fortuna en España, puesto que estos filósofos teorizan una idea de ciudadanía que no se afirma en una historia, una tradición o un origen étnico comunes, sino que comparte una identidad fundada en los principios universalistas del constitucionalismo moderno, esto es, un conjunto de normas, valores, procedimientos y mecanismos propios de una Constitución democrática. Después de 1945, hay indudablemente un elemento común en esta cuestión entre algunos países como Italia, Alemania o España: todos ellos han de dotarse de una nueva identidad colectiva para la comunidad política, por la ruptura insalvable que supone la continuidad histórica en esos Estados (fascismo, nazismo, franquismo). Creo que puede compartirse que la propia Ley Fundamental de Bonn de 1949, con su carácter de provisionalidad a la espera de la reunificación alemana, «proveía de un marco político integrador para la tarea insustituible para la reconciliación con el pasado»[14], en la que ha sido precisamente el ejercicio por la ciudadanía de las libertades y derechos fundamentales que la Constitución garantiza lo que ha permitido forjar una nueva conciencia colectiva fundada sobre esos valores universalistas.

Si esto pudo ser muy importante para Alemania en su momento, qué no decir de otros países, como España, donde, además de su pasado reciente no democrático, sus peculiaridades territoriales son germen de pulsiones excluyentes, que amenazan seriamente la continuidad del sistema democrático, como padecemos tan claramente en nuestros días. Velasco Arroyo se ha cuestionado si cabe plantearse legítimamente que esta forma de patriotismo cívico puede representar, más allá del contexto alemán en que se originó, una modalidad razonable y realizable de entender la identidad de una comunidad política, y se responde que «en principio no hay ningún motivo para negar que un proceso similar también podría generarse en aquellos casos en los que se ha sufrido la pérdida o simplemente se carece de un núcleo simbólico y afectivo aceptado por todos los agentes concernidos [...] sería un modo de solventar la falta de un imaginario colectivo aceptado pacíficamente»[15]. También Eusebio Fernández resalta, bien es verdad que antes de la recesión económica de 2008, que siempre que se establezcan las oportunas diferencias de «actores, tiempo y lugar», la idea del patriotismo

13 *Ernest Renan*, Qu'est-ce qu'une Nation? Conférence faite en Sorbonne le 11 mars 1882. Paris 1934.

14 *José María Rosales,* Patriotismo constitucional: sobre el significado de la lealtad política republicana, en: Isegoría, núm. 20, 1999, 140.

15 *Juan Carlos Velasco Arroyo,* Patriotismo constitucional y republicanismo, en: Claves de Razón Práctica, núm. 125, 2002, 39.

constitucional resulta aplicable a la experiencia constitucional dimanante de la Constitución española de 1978, que ha consolidado el Estado social y democrático de Derecho proclamado en el artículo primero de la norma suprema, ha logrado la plena integración en Europa y ha hecho posible un nivel de crecimiento económico, de progreso cultural y de bienestar social equiparable al de la mayoría de los países miembros de la Unión Europea.[16] La propuesta consiste, en definitiva, en sustituir con la adhesión al libre ejercicio de las libertades públicas, y a las instituciones democráticas que las garantizan, la pretendidamente «natural» vinculación a una comunidad étnica, lingüística, cultural o religiosa predeterminada, que quiere justificarse mediante apelaciones históricas mitificadas, que anhelan hundir sus raíces en el principio de los tiempos, o a una superioridad frente a las otras comunidades.[17] En palabras de Velasco Arroyo, el patriotismo constitucional «constituye el *precipitado final de un desarrollo histórico* común en aquellos lugares en que se ha sufrido en propia carne la experiencia totalitaria y los excesos inhumanos del nacionalismo»[18].

La Constitución de 1978, fruto de la singular transición política española, a la que ya nos hemos referido, fue elaborada en un momento de fuerzas enfrentadas en el que resultaba difícil afrontar la tarea de definir el sujeto de la soberanía. La solución ofrecida por el constituyente es un pacto en el que el artículo 1º atribuye la soberanía «al pueblo español», del que emanan los poderes del Estado, y el artículo 2º proclama la «indisoluble unidad de la nación española» concebida como conjunto de ciudadanos, no como suma de pueblos, etnias o naciones. Ello supone que no cabe atribuir el ejercicio del poder constituyente sino al conjunto del pueblo, sin que quepa su atribución a una fracción del mismo. Pero al mismo tiempo manifiesta en ese artículo 2º la existencia dentro de España de «nacionalidades y regiones», a las que reconoce y garantiza el derecho a la autonomía. Gregorio Peces-Barba[19] sostiene a este respecto que «el modelo constitucional de 1978, al apostar por unos nacionalismos compatibles en un Estado compuesto, estaba apostando por un modelo de patriotismo constitucional donde lo unificador no es exclusivamente las culturas de una u otra nación, ni sus rasgos identificadores y diferenciadores, sino los elementos de compatibilidad racional que están definidos en los procedimientos, en los valores y en los principios de la Constitución»[20]. Sin embargo, también hay quien sostiene, como Xacobe Bastida, que precisamente la fórmula constitucional del artículo 2º supone nada menos que una «muta-

16 *Eusebio Fernández García,* El patriotismo constitucional, en: Gregorio Peces-Barba Martínez y Miguel Ángel Ramiro Avilés (coords.), La Constitución a examen: un estudio académico 25 años después. Madrid 2004, 313–314.

17 Juan Pablo Fusi recuerda que «como Caro Baroja mostró en su breve pero brillantísimo ensayo *El mito del 'carácter nacional'* (1970)– un formidable ejercicio de erudición como instrumento de demolición de mentiras, prejuicios y tópicos históricos, –la misma idea de la existencia de mentalidades y psicologías nacionales, de caracterizaciones generales de los pueblos (...) en razón de su lengua, herencia cultural o carácter antropológico, era un mito; y un mito– añadía –'amenazador o peligroso', una masa de meros 'juicios de valor' creados por la pasión nacional y nacionalista». Vid. *Juan Pablo Fusi,* España. La evolución de la identidad nacional. Madrid 2000, 38.

18 *Juan Carlos Velasco Arroyo,* Patriotismo constitucional y republicanismo, en: Claves de razón práctica, núm. 125., 2002, 39. Las cursivas son suyas.

19 Gregorio Peces-Barba Martínez fue en 1977–1978 uno de los miembros de la Ponencia constitucional, como ya se ha dicho, pero también Catedrático de Filosofía del Derecho en la Universidad Complutense de Madrid y en la Universidad Carlos III de Madrid, de la que fue también Rector entre 1989 y 2007.

20 *Gregorio Peces-Barba Martínez,* El patriotismo constitucional. Reflexiones en el vigésimo quinto aniversario de la Constitución española, en: Anuario de Filosofía del Derecho, núm. XX, 2003, 60.

ción» fundamental entre la teoría habermasiana del patriotismo constitucional que se ha expuesto y la interpretación que de la misma se ha hecho en España, tanto en cuanto al tratamiento de la historia, al sustrato real de la ciudadanía sobre el que reposa la teoría, al papel que juega la voluntad en el proceso de formación nacional e, incluso, al entendimiento del concepto de Constitución, concluyendo que en realidad la Constitución española «cercena de cuajo cualquier posibilidad de tratar a la nación española como nación cívica»[21], que sería lo propio de una nación fundada sobre el «patriotismo constitucional». En otros términos, pero también parece entenderlo así Torres del Moral cuando afirma categórico que «quienes más enfáticamente se reclaman ahora del denominado «patriotismo constitucional» utilizan la expresión como defensa activa del texto constitucional tal como está redactado en estos momentos, lo que casi equivale a la congelación de la Constitución»[22]. Se utiliza así la apelación al «patriotismo constitucional», según Torres del Moral, para oponerse a la reforma de la Constitución como dique de contención frente a quienes, bien desde los nacionalismos periféricos o bien desde posiciones políticas radicales que intentan desbordar el marco constitucional, hacen del texto de 1978 la diana de sus críticas.

Esta actitud de resistencia a la reforma de la Constitución no es nueva entre nosotros, sino que tiene un largo y consolidado alcance histórico. La mayor parte de nuestras constituciones históricas no fueron objeto de reforma, sino que fueron, simple y llanamente, sustituidas por un nuevo texto constitucional. Una parte de la doctrina ha hablado de un péndulo constitucional, según el cual a un texto constitucional progresista ha sucedido, habitualmente por vías que no se atenían a la legalidad constitucional, su sustitución por uno conservador, y viceversa.[23] Para otra parte, en cambio, esa visión del movimiento pendular es una ficción relativa, puesto que, aunque es innegable la tendencia a los cambios constitucionales de naturaleza pendular, el cómputo de vigencia temporal demuestra que la impronta ideológica histórica del constitucionalismo español ha estado marcada fuertemente por los largos periodos de influencia del liberalismo doctrinario.[24] En todo caso, Muñoz Machado recuerda que la relación de los españoles con sus constituciones históricas ha sido dificultosa: además de poco duradera en casi todos los casos, también la mayor parte de ellas fueron, sin atender a la posibilidad de reforma o enmienda, arrumbadas en el marco de revoluciones o convulsiones sociales o políticas[25] y concluye afirmando que, «después de quinientos años de vida en común, ningún pueblo de los que forman parte del Estado español puede invocar una existencia política independiente durante plazos más largos ni más fecundos […] Aun-

21 *Xacobe Bastida Freixedo*, Nación y democracia. El nacionalismo constitucional español, en: Carlos Forcadell/Pilar Salomón/Ismael Saz (Eds.), Discursos de España en el siglo XX. Valencia 2009, 278.

22 *Antonio Torres del Moral,* ¿Reforma constitucional o reforma política?, en: Gerardo Ruiz-Rico Ruiz, Antonio Porras Nadales y Miguel Revenga Sánchez (coords.), Regeneración democrática y reforma constitucional. Valencia 2017, 51.

23 Entre los autores que apuntan esta tendencia, vid., por todos, *Luis Sánchez Agesta*, Historia del constitucionalismo español. Madrid 1955 y *Joaquín Tomás Villarroya*, Breve historia del constitucionalismo español. Madrid 1981.

24 Vid. *Francisco Tomás y Valiente,* La Constitución de 1978 y la historia del constitucionalismo español, en: Anuario de Historia del Derecho Español (AHDE), núm. 50, 1980, 721–751, y *Rafael Jiménez Asensio,* El constitucionalismo. Proceso de formación y fundamentos del Derecho constitucional. Madrid 2003, 2ª ed., 175–197.

25 *Santiago Muñoz Machado*, Informe sobre España, Repensar el Estado o destruirlo, Barcelona 2012,10. Posteriormente se ha desarrollado esta cuestión en: *Santiago Muñoz Machado*, Vieja y nueva Constitución. Barcelona 2016, 75–113.

que el principio democrático pueda usarse como fundamento de la autodeterminación y, en su caso, segregación, mayor justificación democrática tiene un referéndum del conjunto de los ciudadanos que integran aquel Estado pronunciándose sobre su futuro [...] es el pueblo español, mediante una reforma constitucional aprobada en referéndum, el primero que tendría que autodeterminar su futuro»[26].

Ciertamente, con el esquema territorial que consagra desde sus primeros artículos, la Constitución española no tenía como objetivo zanjar definitivamente esta problemática cuestión, sino más bien establecer un campo de juego para el futuro. El campo de juego dentro del cual se han desenvuelto durante estos cuarenta años la creación de las primeras comunidades autónomas, la posterior generalización del modelo, el establecimiento de una esfera de poder propia para dichas comunidades autónomas (instituciones, transferencia de competencias desde el Estado, etc.), la ulterior reforma de los estatutos de autonomía para aumentar el nivel competencial de las comunidades frente al Estado, etc. hasta llegar al momento presente, en que precisamente desde el gobierno de una de estas comunidades autónomas se ha intentado subvertir el orden constitucional.

Como ha destacado, entre muchos otros, Álvarez Junco, una parte muy importante en este debate ha sido la asunción plena de las competencias sobre educación por las comunidades autónomas, lo que se denuncia que ha sido utilizado por los gobiernos regionales de signo nacionalista (País Vasco y Cataluña), o no necesariamente de ese signo tan marcado (también Galicia, Navarra, Islas Baleares, Comunidad Valenciana, etc.), para la creación en las nuevas generaciones de ciudadanos de una nueva mentalidad identitaria, ajena, e incluso hostil, a todo lo español.[27]

La Constitución española surgida de la transición a la democracia en los años '70 intentó con relativo éxito dar una respuesta a los problemas de los que hablábamos antes (democratización, desarrollo económico y social, integración internacional, etc.), pero ha cosechado un rotundo fracaso en esta materia.

- No hay en estos momentos un mínimo consenso sobre una identidad colectiva compartida (el Estado constitucional no ha sido capaz de crear un «relato» atractivo para buena parte de los ciudadanos de las comunidades autónomas con una identidad propia más acentuada).

- El modelo autonómico de organización territorial del poder, aunque plenamente consolidado en la práctica para la mayor parte de la ciudadanía (en ese sentido ha sustituido con bastante éxito en el imaginario colectivo a la estructuración provincial preexistente), atraviesa una fuerte crisis, haciendo frente sin demasiado éxito a desafíos independentistas, propuestas federalizantes o planteamientos recentralizadores. De repente, al menos entre las élites políticas, nadie parece estar contento con el modelo, por exceso o por defecto.

En todo caso, desde el punto de vista de la organización territorial del poder, como ha destacado gráficamente Blanco Valdés, en España no tenemos un problema territorial, sino que

26 *Santiago Muñoz Machado*, Informe sobre España Repensar el Estado o destruirlo. Barcelona 2012, 239–242.

27 *José Álvarez Junco,* Dioses útiles. Naciones y nacionalismos. Barcelona 2017, 199.

tenemos dos: por un lado, las deficiencias de funcionamiento del Estado autonómico, a las que quizá una reforma «legal», de rango constitucional, podría dar solución; pero, por otro, el problema político que plantean las exigencias soberanistas de los dos nacionalismos periféricos más caracterizados, el vasco y, sobre todo en la actualidad, el catalán, a los que se ha intentado contentar– sin éxito, como puede comprobarse –dando por bueno un discurso territorial según el cual más descentralización equivale siempre, indefectiblemente, a más democracia y bienestar para los ciudadanos, y logrando únicamente que a mayor descentralización se haya generado, proporcionalmente, una mayor radicalización de sus posiciones políticas.[28] Por otra parte, resulta curioso comprobar como estos nacionalismos que reivindican el carácter plurinacional de España, por entender que no hay en nuestro país una homogeneidad nacional, sino que en su seno conviven (o malviven) diversas naciones, sean incapaces de reconocer la pluralidad existente en el seno de sus propias comunidades políticas (demostrada machaconamente en las urnas en todos los procesos electorales celebrados en el periodo democrático), que distan de ser homogéneas a este respecto.

Sin embargo, un nuevo elemento ha irrumpido como un vendaval también en este ámbito durante los últimos años, haciendo tambalearse aún más el inestable equilibrio descrito. Se trata de la recesión económica de 2008, porque, como apunta con acierto Núñez Seixas, «no es irrelevante el hecho de que, en una situación de crisis económica, aumento del desempleo, disminución del bienestar, fractura generacional e incertidumbre ante el futuro, y ante la falta de alternativas y de autonomía de actuación que ofrecerían la mayoría de las fuerzas políticas, el independentismo actúa como una utopía útil»[29]. En efecto, parece indudable que en el precipitado de la crisis política que atraviesa Cataluña no resulta un componente menor que el fuerte descontento o desafección (por otra parte, más o menos generalizado en toda España) ante la situación política y las clases dirigentes, se ha redirigido allí hacia la relación entre esa comunidad autónoma y el resto de España, con esa plástica, simplificadora e injuriosa expresión que ha alcanzado fortuna y que parece resumir allí el descontento: *Espanya ens roba*. Al calor de esta afirmación, desmentida por los hechos[30], se ha construido todo un imaginario colectivo, inconcebiblemente impulsado desde las propias instituciones de autogobierno diseñadas por la Constitución española, en el que el supuesto sojuzgamiento de una comunidad por el resto haría inevitable la secesión, construida sucesivamente alrededor de conceptos variables en cada momento como el del derecho a la autodeterminación de los pueblos, *el derecho a decidir*, la declaración de independencia, etc. Aunque hay planteamientos optimistas, como el de Ortega Carcelén, para quien, dado que hasta 2004 las principales fuerzas políticas asumieron el «patriotismo constitucional», tras la crisis catalana «puede ser retomado y reelaborado con el fin de ofrecer una base intelectual al trabajo que debemos hacer de definir lo que significa ser español en el siglo XXI en un mundo complejo»[31].

Sin embargo, a propósito de lo que ha pasado en Cataluña, pero no únicamente, Tudela Aranda recuerda que se ha producido en nuestro país una radicalización de las dinámicas po-

28 *Roberto L. Blanco Valdés,* Luz tras las tinieblas. Vindicación de la España constitucional. Madrid 2018, 247.

29 *Xosé M. Núñez Seixas,* España en democracia, 1975–2011. Evolución sociopolítica, en: Xosé M. Núñez Seixas, (coord.), Lina Gálvez Muñoz y Javier Muñoz Soro, España en democracia 1975–2011, que forma parte de: Josep Fontana y Ramón Villares (Dirs.), Historia de España, volumen 10. Barcelona 2017, 376.

30 Vid. *Josep Borrell* y *Joan Llorach,* Las cuentas y los cuentos de la independencia. Madrid 2015.

31 *Martín Ortega Carcelén,* España en positivo. Madrid 2018, 213.

líticas, que no parecen reparar en que no hay democracia sin respeto a las reglas del juego, ni en que solo desde el compromiso irrenunciable con los valores y principios que conforman la ideología del Estado constitucional cabe realizar el reseteado del sistema político para ser eficaces ante las demandas y preocupaciones de los ciudadanos.[32]

Castellà Andreu efectúa un interesante análisis de las distintas crisis que la democracia afronta hoy en España, resaltando qué respuestas son adecuadas para afrontarlas y cuáles no lo son tanto. Coincidimos en que la crisis afecta más al ejercicio de la democracia y a los mecanismos de legitimación del poder que a la forma de legitimación democrática misma, como atribución del poder *al pueblo*, lo que no solo parece indiscutible, sino que en nombre de la democracia misma se llega al extremo de limitar el control y los contrapoderes de todo tipo, elevando la voluntad popular a través del referéndum y otros instrumentos de democracia directa y participativa a principio superior absoluto del Estado democrático. De este modo, la protección de los derechos civiles y políticos y el respeto de los derechos de las minorías, que son presupuestos necesarios para el ejercicio de los derechos de sufragio y participación política, se ven relegados a un segundo plano, reduciendo la democracia «a la mera elección, a la forma de adoptar las decisiones por la mayoría y a una concepción uniforme y homogénea de la comunidad política»[33].

¿Qué hacer entonces? Castellà Andreu apunta tres principios para el perfeccionamiento de la calidad democrática, que nos parecen muy interesantes: primero, sin duda, la mejora de la representación y de los instrumentos de democracia directa y participativa que la complementen; pero, segundo, también de los mecanismos de control y equilibrio de los poderes del Estado constitucional de Derecho, y, por último, de las garantías del pluralismo político y territorial:

1. Frente a quienes reclaman mayor proporcionalidad de los sistemas electorales y sobre todo el reforzamiento de los elementos participativos, incluso para la revocación de mandatos, Castellà sostiene que «es en la democracia representativa misma y partiendo de sus caracteres básicos identificadores (como el mandato representativo y la prohibición de la revocación) donde hay que hallar las soluciones adecuadas a la crisis de la relación representativa y de la representación política misma».
2. La democracia constitucional también debe reforzarse: la indiscutible superioridad de la Constitución implica «el sometimiento de los poderes al ordenamiento, la limitación del ámbito de acción de los partidos al que le corresponde, los *checks and balances* o la independencia judicial».
3. El carácter pluralista de la democracia supone la garantía efectiva de las libertades públicas y de los derechos de las minorías, parlamentarias y estructurales, como condiciones necesarias de la elección y toma de decisiones: «El Parlamento es el foro principal donde el pluralismo político se expresa y a la vez donde se hace acuerdo e integra para la consecución del bien común. Por ello, la idea de representar trasciende a la expresión de

32 *José Tudela Aranda*, El presente de la democracia. Debilidades y riesgos en un tiempo nuevo, en: José Tudela, Josep María Castellà, Enriqueta Expósito y Mario Kölling (eds.), Libro blanco sobre la calidad democrática en España. Madrid 2018, 39–40.

33 *Josep M.ª Castellà Andreu,* Por una mayor calidad democrática en España. Conclusiones y propuestas de reforma, en: José Tudela, Josep María Castellà, Enriqueta Expósito y Mario Kölling (eds.), Libro blanco sobre la calidad democrática en España. Madrid 2018, 311–312.

> identidades políticas, y abarca sobre todo la 'composición' o transacción para la mejor articulación de políticas»[34].

Creemos firmemente que éste es el camino para superar los enormes desafíos que se levantan ante nuestros Estados constitucionales y nuestras democracias parlamentarias. Para finalizar, solo un apunte: muy a menudo el *pueblo soñado* se convierte en pesadilla, cuando la tozuda realidad no responde fielmente a la imagen con la que sus líderes han fantaseado, como tantas veces hemos experimentado ya en nuestra historia, y como se comprobó últimamente, por ejemplo, con la masiva manifestación contra la independencia celebrada el 29 de octubre de 2017 en las calles de Barcelona, unos días después de la fallida «declaración de independencia», o también, más recientemente aún, se ha evidenciado en los sucesivos procesos electorales celebrados en España, tanto en el nivel estatal como en el nivel regional, a la hora de escrutar los votos emitidos por los ciudadanos y asignar los escaños en las elecciones para conformar las cámaras parlamentarias y posteriormente, si es posible, alcanzar la formación de gobiernos.

34 *Josep M.ª Castellà Andreu,* Por una mayor calidad democrática en España. Conclusiones y propuestas de reforma, 313.

El malogrado *Estado de las nacionalidades* (y la enorme dificultad de su reconducción[1])

Pedro Cruz Villalón

Pero en la monarquía de España, donde las provincias son muchas, las naciones diferentes, las lenguas varias, las inclinaciones opuestas, los climas encontrados, así como es menester gran capacidad para conservar, así mucha para unir. (Baltasar Gracián, 1640)[2]

La expresión «Estado de las Autonomías», sin equivalente en el Derecho comparado, es casi tan antigua como la propia Constitución sobre cuya base se ha construido la vigente estructura territorial del Estado español.[3] La formulación estaba llena de ventajas a la vista sobre todo de la archiconocida apertura constitucional en la materia. Se sabe cómo, a partir del sólo texto de 1978, podían resultar configuraciones bastante distintas del Estado.[4] Una de éstas hubiera podido ser la del «Estado de las nacionalidades», es decir, la de un Estado que, en términos de visibilidad, hubiera respondido ante todo a la presencia de una pluralidad de nacionalidades en el interior del mismo. Esto con independencia de que la Constitución abriera la puerta también a un «Estado de las regiones», es decir, a un Estado en el que el resto del territorio nacional se articulase con un cierto nivel de descentralización, esencialmente de tipo administrativo, con prolongación finalmente en una autonomía local a nivel municipal. Que no ha sido finalmente así viene puesto de manifiesto ya por la propia rareza de las ocasiones en las que esta expresión se emplea.[5] En la medida en que ese «Estado de las nacionalidades» pudo haber sido realidad en los primeros momentos de vida de la Constitución, y en la medida en que tal cosa no ocurrió, bien se le puede decir malogrado.

La tesis en la que aquí, una vez más[6], se abunda es la de que ese frustrado «Estado de las nacionalidades» es hoy en España más necesario que nunca. Necesario, esto debe puntualizarse, no en términos estrictamente existenciales, pues no es previsible que el mantenimiento de la actual situación aboque ineluctablemente a la desaparición del Estado español tal como desde hace siglos se encuentra integrado. Pero sin duda necesario si es que en España se aspira a algo más que a un Estado instalado de forma indefinida en una situación de alta tensión y, en definitiva, de excepcionalidad.

1 Este texto toma prestadas muchas ideas, y muchas expresiones, de varias publicaciones mías, algunas ya antiguas, otras muy recientes, que he venido citando a lo largo de sus páginas. Son por tanto el resultado de una reflexión ininterrumpida, sobre todo desde que en octubre de 2017 se desató el conflicto catalán. El trabajo de reescritura, así como las muy elementales notas a pie de página, lo he llevado a cabo pensando en ese lector no español, por fortuna numeroso, que no necesita el auxilio de la traducción a otra lengua.

2 *Baltasar Gracián*, El político don Fernando el Católico, 1640. Madrid 2019, 17.

3 Desconozco el momento exacto de su aparición, como también su maternidad, pero sin duda ya está en circulación en el año 1979.

4 Se me permitirá remitir a La estructura del Estado, o la curiosidad del jurista persa, en: *Pedro Cruz Villalón*, La curiosidad del jurista persa, 2°. Ed. Madrid 2006, 377–389.

5 Puede encontrarse ocasionalmente la expresión «Estado de las nacionalidades y regiones».

6 Desde, en particular, mi artículo, El fiasco de las nacionalidades, El Pais, 11.07.2018.

Antes de seguir adelante hay que precisar que las posibilidades reales de una recuperación de ese modelo de Estado son reducidas. Si esta lectura en clave plurinacional de la Constitución española ya encontró dificultades en su día, mucho más ardua se ha vuelto la tarea en la conflictiva coyuntura actual. La operación de dotar de un segundo Estatuto de Autonomía a Cataluña en 2004–2006 resultó frustrada al cierre de la primera década del siglo, esencialmente por la incapacidad de hacer preceder ese Estatuto de la imprescindible reforma de algunos preceptos constitucionales.[7] Como resultado, este «Estado de las nacionalidades» se enfrenta hoy a la dificultad añadida de un nacionalismo político en la periferia del Estado que ha puesto el objetivo de la independencia, no ya en un horizonte último, sino en la cabecera misma de su agenda. En definitiva, la tarea que aquí se propone cuenta con pocos adeptos como punto de partida. La cuestión a ver, sin embargo, es la de si existen alternativas, y cuáles sean éstas.

En lo que sigue, y siempre a grandes rasgos, comenzaré describiendo cómo se frustró pronto la posibilidad de un «Estado de las nacionalidades» (I), para esbozar a continuación los rasgos de una posible recuperación de este modelo de Estado, tanto en términos políticos (II) como constitucionales (III).

I. De cómo acabó malográndose el «Estado de las nacionalidades»

Conviene comenzar recordando los términos en los que la Constitución de 1978 abrió la puerta a un replanteamiento del Estado español en clave plurinacional. La constatación en el segundo de sus artículos de la existencia de una pluralidad de *nacionalidades*[8], hecho absolutamente inédito en toda la historia del constitucionalismo español[9], anunciaba un modo diferente de ver España, que cabría suponer que encontraría continuidad a lo largo del texto de la Constitución. Es difícilmente negable la trascendencia del paso que daba el constituyente de 1976–78 al reconocer en el lugar más destacado del texto constitucional, en una parte de la misma dotada de la máxima rigidez constitucional, el Título Preliminar, la presencia en España de una pluralidad de *nacionalidades*.

Cabe proponer que ésta era la operación más ambiciosa de todas las efectuadas por el constituyente. Y ello por cuanto encerraba la promesa, así podía verse, de la superación de un modelo de comunidad política, como venía siendo el caso de la española desde la llegada de la modernidad, marcada, más allá de la persistente debilidad del Estado español, por la hegemonía, hasta donde ello era posible, de una nacionalidad mayoritaria en detrimento de otras minoritarias o, si se prefiere, periféricas.

Esta lectura de la Constitución dista de ser unánimemente compartida en España, sea en los medios especializados, en los medios de difusión y, no hace falta decirlo, en los medios políticos. Está más extendida la idea de que la fugaz presencia de las *nacionalidades* en el

7 STC 31/2010, de 28.06.

8 El marco en el que este reconocimiento tiene lugar, enseguida lo veremos, es singular: «La Constitución se fundamenta en la indisoluble unidad de la Nación española, patria común e indivisible de todos los españoles, y reconoce el derecho a la autonomía de las nacionalidades y regiones que la integra y la solidaridad entre todas ellas».

9 Incluido el proyecto de Constitución Federal de la I República española, de 17.07.1873, cuyo sujeto constituyente es la Nación española, compuesta por los Estados que se enuncian en el artículo 1º del título I («De la Nación española»).

texto constitucional tiene más bien el carácter de una simple cortesía o deferencia del constituyente nacional, sin mayor alcance hacia las fuerzas políticas nacionalistas que hicieron una contribución importante al consenso constitucional. Esto último vale en todo caso respecto del nacionalismo catalán de entonces, ya que el vasco terminó descolgándose al término de un desencuentro sobre los términos exactos en los que debería recogerse el origen preconstitucional del autogobierno vasco-navarro.

La realidad es que el estado de opinión más caracterizado en España no contempla otro nacionalismo que el español, con la dificultad de encontrarse con otro nacionalismo de signo opuesto en la periferia del Estado: En términos semánticos, lo que por un lado es *España*, por el otro es el *Estado*, y donde unos dicen *nación*, referida a España, otros dicen *nación*, referida a Cataluña. Con ello queda ya dicho lo profundo de la fractura. De forma mayoritaria cuesta admitir que las nacionalidades «minoritarias», supuesto que este lenguaje se admita, pertenecen al mismo género o condición que la nacionalidad «mayoritaria» que mal que bien ha aglutinado al Estado español en los dos últimos siglos. Y de ahí los términos agónicos en los que se plantea el tránsito de *nacionalidades* a *naciones*.

Por otra parte, no acaban aquí los problemas de la interpretación propuesta. Decir «nacionalidad mayoritaria» aplicado a España, es decir, seguir hablando de *una* nacionalidad para allí donde no alcanzan las nacionalidades minoritarias, encierra un problema verdaderamente temible en términos reales. Basta compararse con el Reino Unido y mirar a su mayoritaria nacionalidad inglesa, para constatar que el caso español es sin comparación más complejo. Esta nacionalidad mayoritaria o, si se quiere, esta nacionalidad *por defecto*, suponiendo que se admita la expresión, sólo puede tener unas mínimas posibilidades de ser aceptada en tanto que nacionalidad, a su vez, inmediatamente *compuesta*. En España es moneda de curso corriente la barroca fórmula de «Nación de naciones». Esta nacionalidad *por defecto* a la que me refiero tendría hoy todavía posibilidades de ser descrita así, como una nacionalidad compuesta de, por un lado, algunos elementos nacionales singulares localmente identificados, y de otro, otras singularidades que más bien quedarían en lo regional. Lo que une a todos estos territorios es la aceptación sin ambages de la noción de una Nación española común. Esto explica el que esta nacionalidad por defecto, con toda su inmensa potencialidad cultural, lingüística y de todo tipo, de forma reiterada, no renuncie, ni posiblemente vaya a hacerlo nunca, a valer para todo el Estado, en definitiva, a valer como la Nación con mayúscula a la que se refiere el propio artículo segundo de la Constitución. Se asiste así a una especie de *doble funcionalidad* de esta nacionalidad mayoritaria o por defecto que termina convirtiendo en un auténtico laberinto la cuestión nacional española.

Fue sin duda con la vista puesta en una plausible respuesta a la cuestión nacional, con esa vocación esencial, como en su día se insertaron las *nacionalidades*, como término y como constatación de una realidad, en la Constitución de 1978. La cuestión es que, una vez hecho ese reconocimiento en la cabecera de la Constitución, casi todo fueron obstáculos en el subsiguiente desarrollo de su texto.

Para comenzar, la operación de reconocimiento constitucional de las nacionalidades sólo tuvo lugar como parte de un precepto en el que la categoría aparece precedida de formulaciones retóricas en las que la proclamación de una única Nación española, con mayúscula, ocupa lugar de privilegio: La «indisoluble unidad de la Nación española», declarada «patria común e indivisible de todos los españoles», *fundamenta* esta Constitución. Ahí hay retórica e incluso reiteración, pero es más que eso. Se trata de expresiones que, precediendo al reconocimiento de las nacionalidades, tienen un contenido normativo de primer orden:

Esta Constitución, a la vez que las reconoce, excluye por principio cualquier derecho de autodeterminación, con eventual alcance de secesión, de cualquier parte del territorio, nacionalidades incluidas. Por echar mano de la difundida formulación alemana, se trata ésta de una premisa constitucional (*Verfassungsvoraussetzung*). En términos puramente teóricos, una Constitución estatal puede incorporar una cláusula expresa de «implosión». Ahora bien, a partir de un constituyente unitario no cabe deducir la existencia implícita de un sujeto territorial no expresamente definido con capacidad constituyente propia. En definitiva, esto es lo que hace la Constitución española en los conocidos términos.

Al mismo tiempo, esta constatación de nacionalidades minoritarias tiene lugar junto con la de las *regiones*. Esto no tendría mayor coste para las nacionalidades minoritarias, si no fuera porque el propio precepto constitucional no hace formalmente diferencia, desde luego no en este primer momento, en el derecho a la autonomía que a unas y otras se reconoce. Es cierto que, en el desarrollo sucesivo del texto constitucional, en su Título VIII, el derecho a la autonomía se desdobla en dos, uno inequívocamente político y otro que había que entender como de descentralización administrativa. Como también es cierto que, por la vía indirecta que habrá ocasión de traer a colación, la autonomía política podía considerarse reservada a las nacionalidades. Pero todo esto eran sólo posibilidades, sugerencias implícitas por parte de un constituyente actuando en un medio político altamente inseguro.

Hay que constatar, pues, una clara *inconsecuencia* por parte del propio constituyente. Es como si, él mismo *alarmado* de lo que el término pudiera implicar, lo rehuyese acto seguido de manera sistemática, difuminándolo en un fárrago de modelos y de procesos autonómicos para los diversos territorios del Estado, de tal manera que el hilo conductor que ahora importa, es decir, la correspondencia entre las nacionalidades «minoritarias» y su correspondiente articulación institucional vino a quedar perdido. Las nacionalidades estaban ciertamente en la Constitución, pero de tal modo que la posibilidad de ignorarlas a efectos prácticos era ya muy real por virtud del propio texto constitucional. Dicho de otro modo, a partir de la literalidad de la Constitución, la nacionalidad no daba paso a nada a lo que no pudiera aspirarse renunciando a esta condición.

Como quiera que sea, cabe concluir que el constituyente español de 1976–1978 no podía hacer más sin prolongar el frágil momento constituyente. El resto lo confiaba a un sucesivo «proceso autonómico» que, por lo que hace a la estructura territorial del Estado, suponía de facto una prolongación del trabajo de las Cortes de 1976. Una pieza clave de este proceso autonómico era la efectiva reserva de la autonomía explícitamente política a las nacionalidades llamadas históricas por la vía de una disposición transitoria sobre la que se volverá más adelante.

Al final, la *plurinacionalidad*, tal como la Constitución la había comenzado constatando, quedaría desdibujada en el contexto de la más amplia operación de descentralización territorial como esquema de gobernanza para el conjunto del Estado. Hubo un breve momento, los primeros meses de 1979, en los que el programa plurinacional subyacente al Título VIII de la Constitución parecía cumplirse. Bastó, sin embargo, la celebración de las primeras elecciones locales, exigidas como condición previa en la Disposición Transitoria 3ª, para que la singularidad del impulso plurinacional se fuera borrando en un contexto político de particular debilidad y desconcierto. Los actores del consenso constitucional no explícito trasladaron inmediatamente la batalla política a un terreno, el del «proceso autonómico», en el que dichos protagonistas de aquel consenso, esto debe decirse, tenían una particular responsabilidad en seguir entendiéndose, vale decir en hacer honor al compromiso implícito de ceñir, en una primera etapa, la descentralización política del Estado a las nacionalidades minoritarias.[10] La consecuencia, entre otras, fue que los Estatutos de Autonomía de las nacionalidades (minoritarias), tan paralelos y costosos dos de ellos en su tramitación a lo largo del primer año de vigencia de la Constitución, serían frecuentemente interpretados en las primeras resoluciones del recién creado Tribunal Constitucional.

Y ello, no tanto con la mirada puesta en cada una de esas dos Comunidades Autónomas, las del País Vasco y Cataluña, cuanto mirando en el diseño general del Estado que en esos momentos ya se adivinaba, es decir, en un Estado generalmente descentralizado, fruto de la referida operación de descentralización general, en función de la cual se basaban estos Estatutos.

Los litigios territoriales de 1980–82, todos ellos trabados entre el Estado y las Comunidades Autónomas de Cataluña y del País Vasco fueron resueltos, por tanto, no mirando específicamente a esos dos territorios, sino desde la perspectiva de un Estado en vías de un proceso general de descentralización. Expresado en términos geométricos, si la Constitución permitía tanto un modelo «simétrico» como un modelo «asimétrico» en lo que a la estructura del Estado se refería, las sentencias constitucionales de aquellos años inaugurales mostraron una clara preferencia por la primera opción. De este modo, la idea de una autonomía específica vinculada a la imagen de nacionalidades minoritarias, en la medida en que la Constitución parecía prometerla, quedó pronto enteramente desvaída.

Por otra parte, segunda orden de razones, España es tierra con mucha historia, en todos y cada uno de sus cuadrantes. Quiere esto decir que, hasta la entrada de la modernidad, no hay una historia de España, sino más exactamente una historia *compuesta* de España, una historia que a su vez encierra y es producto de un buen número de historias. Y quien dice historia dice «identidad». Llegados a este punto, esta historia y esta identidad propias, ¿no podrían declinarse en términos de «nacionalidad»?

La cuestión, evidentemente, es si esta categoría de «nacionalidad» había sido incorporada a la Constitución como una opción puesta a la disposición de cada uno de los territorios con capacidad para articularse políticamente bajo la única figura constitucionalmente prevista de «Comunidad Autónoma». Al final ha sido así, pero es más que dudoso que esa hubiera sido la voluntad del constituyente. Una cosa es que los contornos de una noción como la de nacionalidad sean en sí mismos imprecisos y otra muy distinta es que «la cuestión nacional», tal como venía arrastrándose en España hasta el momento de la restauración de la democracia, no tuviera sus nombres y sus apellidos, o en todo caso que faltase en ese momento histórico una determinada representación relativamente precisa de la misma. En definitiva, resulta mucho más correcto entender que las nacionalidades no llegaron a la Constitución como una invitación a la introspección por parte de los repetidos territorios en orden a dilucidar la propia identidad. Por el contrario, resulta difícilmente rebatible que lo hicieron con el objetivo preciso de intentar dar respuesta a un problema previamente existente en la condición del Estado español y desde luego no con la intención de inyectarle una complejidad adicional.

No ha sido así, como de sobra se sabe. Las nacionalidades han terminado proliferando a lo largo de todos estos años en la letra de los Estatutos de Autonomía, de tal modo que las Comunidades Autónomas que no han dejado constancia de una propia condición nacional

10 *Pedro Cruz Villalón*, Die Neugliederung des spanischen Staates durch die Autonomen Gemeinschaften (1979–1983) en: Jahrbuch des Öffentlichen Rechts 34, 1985, 195–243.

ha sido, en definitiva, porque así lo han querido.[11] A ninguna se les ha negado esta pretensión por parte del legislador estatal. De este modo, a la vuelta de los años, el de nacionalidad ha resultado un término irremisiblemente devaluado, poco más que un enunciado vacío. Su uso extensivo ha cumplido la función, que más bien habría que calificar de disfunción, de neutralizar el propio concepto.

II. El camino de una posible recuperación del Estado de las nacionalidades: la dimensión política

Todo esto es parte ya del pasado español reciente, y de poco vale lamentarse. Sería irresponsable pedir la renuncia a este calificativo a quienes ya han hecho uso de él, y tampoco es que a estas alturas tal sacrificio sirviera de mucho. Nadie, en los ambientes nacionalistas, da mucho ya por la palabra. El problema es que el transcurso de todos estos años ha demostrado hasta la saciedad que en nuestro Estado *existen* nacionalidades minoritarias en el sentido originario que justificó su inserción en la Constitución. La cuestión nacional es tozuda como pocas, valiendo de relativamente poco explicarla en términos coyunturales. Y así la dinámica política española enfrenta a sus actores periódicamente a ella, generando reacciones varias excesivamente escoradas hacia ejercicios de descalificación, si no de culpabilización. Al final, la situación ha degenerado en una dinámica perversa en el muy concreto caso de Cataluña, de tal modo que parece como si ésta se hubiera vuelto incapaz de gestionar su propia condición nacional y, en paralelo, el Estado incapaz de encarar la cuestión en términos mínimamente adecuados. En esta tesitura, es al Estado al que, de algún modo, corresponde ayudar a Cataluña a salir de este atolladero, y de paso a sí mismo.

Habría que comenzar, llegados a este punto, destacando cómo, más allá de su común configuración institucional como «comunidades autónomas», las nacionalidades, por así decir, «las de siempre» han alcanzado muy importantes cotas de autogobierno, algunas de ellas privativas de éstas. No obstante, por unas u otras circunstancias, la cuestión ha dejado de ser ésa. La cuestión hoy día es más bien si eso que hoy tienen estas nacionalidades, sin que quepa discutir su entidad, es *lo que esperaban* de sus Estatutos de Autonomía, concretamente de los dos Estatutos pioneros, trabajosamente negociados, de 1979, los del País Vasco y Cataluña. Dicho de otro modo, si ese era el significado de las palabras que en ellos constan, al menos tal como allí se había imaginado. Y si no fuera así, la cuestión es la de si esa expectativa, más o menos frustrada, era y sigue siendo legítima. Por poner un sencillo y concreto ejemplo de estas frustraciones, y en cierto modo avanzando la respuesta, es muy dudoso que la demostrada capacidad de pervivencia de determinados cuerpos funcionariales nacionales, con independencia de lo que los Estatutos dijeran, fuera algo que todos debieran dar por supuesto en 1979. En una palabra, la reivindicación de «otra lectura», en el sentido de otra interpretación más autonomista de los contenidos competenciales de aquellos Estatutos, que

11 Hoy día son ocho las Comunidades Autónomas cuyos Estatutos de Autonomía las definen como «nacionalidad». Aparte las tres «nacionalidades históricas», así lo han hecho en el respectivo artículo 1° de sus Estatutos de Autonomía, Andalucía, Aragón, Valencia, Islas Baleares y Canarias. Es de señalar cómo, seguramente en un esfuerzo dirigido a desmontar la noción de «nacionalidades históricas» como forma de referirse en el lenguaje corriente a Cataluña, Galicia y País Vasco, cuatro Comunidades Autónomas (Andalucía, Aragón, Islas Baleares y Valencia) han terminado caracterizándose como «nacionalidades históricas» en el marco de sucesivas reformas de sus Estatutos.

en el caso del País Vasco se mantiene vigente en idénticos términos, era perfectamente esperable, como en particular así se reclamó en Cataluña en los momentos del cambio de siglo.

A partir de todo lo anterior, parece claro que ha llegado el momento del regreso a la política constitucional. Hoy día se habla en España hasta la saciedad de «la política», dicho así en abstracto, como categoría contrapuesta a «la justicia» a la hora de encarar la cuestión catalana, ya directamente expresada como conflicto catalán. El conflicto catalán se califica por muchos de «judicializado», con lo que se alude a la total ausencia de un tratamiento político de mismo. La aplicación judicial de la ley como el alfa y el omega de la respuesta por parte del Estado. Se reclama, con toda razón, una respuesta *política*, y en eso parece estar comprometida la actual mayoría de gobierno. Pero no se dice que, en la situación presente, esta política a la que se alude sólo puede ser una política *constitucional*. Dejemos de lado el triste espectáculo ofrecido en los niveles estatales oficiales al eliminar cualquier referencia a la Constitución en la presentación de esta operación del regreso a la política en el tratamiento de la cuestión catalana, sustituyéndola por vagas referencias a la ley o a la seguridad jurídica. Quiérase o no, en España es la hora de la Constitución, es decir, la hora de la política constitucional, y todo lo que no sea eso, supone, como mínimo, volver a los errores del pasado, léase a la frustrada operación del segundo Estatuto catalán en la primera década del siglo.

Ahora bien, resulta que el problema rebasa el de las importantes mayorías parlamentarias que cualquier reforma constitucional exige. El problema adicional, incluso diría que el problema de fondo, es que, junto al legislador de la reforma constitucional ha emergido, en términos fácticos, otro poder constituyente, el que corresponde al Estado español en su dimensión «cuasi-federal». En efecto, al cabo de cuatro décadas de vigencia del Estado de las autonomías, resulta ya inevitable dar «voz y voto» al conjunto de las Comunidades Autónomas a la hora de hacer política constitucional territorial. Es sabido como en España la que hubiera debido ser la cámara federal del parlamento, el Senado, por razones que no son del caso, no tiene en absoluto el carácter de tal. Y en el procedimiento de reforma de la Constitución a las Comunidades Autónomas sólo se les reserva un derecho de iniciativa.

A pesar de todo esto, en la actual situación constitucional española no hay alternativa a la implicación directa de las Comunidades Autónomas en la operación de alta política constitucional que la situación exige. Las Comunidades Autónomas, todas y cada una de ellas, son hoy protagonistas necesarias, más allá del escaso papel que en este momento les reconozca formalmente la Constitución, en los procedimientos de reforma. En el pacto constitucional que hay que alcanzar en materia de plurinacionalidad, la que podría denominarse la España de «las autonomías no nacionales» ha de encontrar lugar y reconocimiento. Aquí se requiere verdadero sentido de Estado y ello es tanto como decir que en España hay planteada una ingente tarea de reconocimiento e incluso de reconstrucción de la nacionalidad mayoritaria, al menos en la medida exigida por la ambición del empeño. En definitiva, habría urgencia en ponerse manos a la obra en una tarea que podría describirse como de *renacionalización* del Estado de las autonomías. Esta es una empresa que requiere una combinación de actuaciones que tienen que ver con la cultura, con la política y con el derecho. Basten unas breves consideraciones al respecto.

Por lo que hace al derecho, éste habría de ser al mismo tiempo punto de partida y punto de llegada. Punto de partida, porque lo que se propone es arrancar el momento de la política de lo que hoy implica la Disposición Transitoria 2ª de la Constitución. Punto de llegada, porque es una determinada reforma de la Constitución lo que al final se pretende. Y al mismo tiempo con paradas intermedias en la cultura y en la política.

En efecto, la Constitución de 1978 incorpora en su Disposición Transitoria 2ª una valiosísima pista, poco menos que la clave de la proclamada plurinacionalidad del Estado.[12] Su valor rebasa decididamente su carácter formal de simple disposición transitoria. Como es conocido, a través de lo que podía verse como una identificación por la vía de un circunloquio, y aprovechando una feliz coincidencia histórica («los territorios que en el pasado[13] hubiesen plebiscitado afirmativamente proyectos de Estatutos de Autonomía»), la Constitución dispensaba y de hecho, dispensó a las tres, consideradas «nacionalidades históricas», Cataluña, Euskadi y Galicia, de la auténtica carrera de obstáculos que de otro modo preveía para el acceso a un autogobierno específicamente político de modo inmediato: prácticamente se les daba el trabajo hecho. Otra cosa, como ya se ha señalado, sería la dinámica del sucesivo proceso autonómico.[14]

Es importante señalar que la razón profunda de ser de esta disposición no era la de introducir un elemento de reconocimiento de la legitimidad constitucional republicana, pues no a otra cosa aludía esa referencia al «pasado». En la plasmación de esta materia la Constitución perseguía ante todo un modo, si se quiere, rebuscado de identificación de las nacionalidades minoritarias con su consiguiente régimen político de autogobierno. En la Constitución había lo explícito (nacionalidades), pero había también lo implícito (la identificación de las mismas).

A la hora de buscar el diseño de la España plurinacional es claro que esta Disposición Transitoria segunda de la Constitución española sigue encerrando una propuesta casi insustituible en su capacidad de ofrecer un punto de partida para la tarea en la dimensión política que ahora nos ocupa. Durante 40 años, y gracias por una vez al letargo del legislador de reforma de la Constitución, esta proclamación ha estado ahí, identificando indirectamente a las nacionalidades minoritarias. La disposición constitucional citada, del modo dicho, *identificaba y* al mismo tiempo *deslindaba*. Trazaba una línea, acaso no de modo taxativo, pero con la claridad suficiente para servir para un futuro tan largo como posible. Ahora bien, ningún precepto constitucional se sustrae al paso del tiempo, y ello vale también para esta disposición constitucional. De ahí la necesidad de someterla a un contraste con los datos de la realidad como paso previo al logro de un «pacto constitucional». Son éstas las dimensiones cultural y política a las que antes se hacía referencia.

El diseño de la España plurinacional es también una «empresa cultural». Es ante todo una empresa cultural por la falta de un conocimiento suficiente de la que es la realidad plurinacional de España. Es necesario una operación cultural de mejora del conocimiento que

12 «Los territorios que en el pasado hubiesen plebiscitado afirmativamente proyectos de Estatutos de autonomía...podrán proceder inmediatamente en la forma que se prevé en el apartado 2 del artículo 148...»

13 Ese «*pasado*» no es, de hecho, otro que el periodo histórico en el que estuvo vigente la Constitución de la II República española, de 9 de diciembre de 1931. «Plebiscitado» es también un término cuidadosamente elegido: Mientras Cataluña dispuso de un Estatuto de Autonomía desde 1931 y el País Vasco desde 1937, ya iniciada la guerra civil, Galicia sólo alcanzó a someter su proyecto de Estatuto a ratificación popular, sin que el estallido de dicha guerra civil permitiera su promulgación. Otras iniciativas no llegaron siquiera a ese estadio.

14 Esa «carrera de obstáculos» fue, sin embargo, superada por Andalucía, si bien con la ayuda del legislador estatal mediante una alteración *de facto* de la Constitución con efectos retroactivos. Su primer Estatuto de Autonomía, el de 1981, dio una peculiar entrada a la palabra «nacionalidad». Entre lo uno y lo otro, la autonomía andaluza hizo saltar el frágil diseño del constituyente de 1978. El reconocimiento estatutario de potestad legislativa plena en comunidades autónomas de base uniprovincial hizo el resto.

los españoles tenemos unos de otros. El país está lleno de prejuicios respectivos, de un signo y de otro, desde un cuadrante y otro de la geografía. Con la consecuencia de que, sin conocer al otro no es posible avanzar en la solución. En el marco de esta operación de signo cultural convendría ponerse de acuerdo en lo que cabría llamar «síntomas de nacionalidad», es decir, signos o señales de nacionalidad que, en la actual tesitura, y con esa intención se hace referencia a ellos, pueden ayudar al necesario consenso respecto del mapa nacional español. En este sentido está por supuesto la presencia de una lengua propia, pero no es éste un factor que por sí mismo resulte determinante.

Un síntoma de nacionalidad, no por perturbador menos expresivo, es la presencia medible y estable de algún número de ciudadanos con una íntima aspiración a la independencia de lo que consideran su país y por vía de consecuencia al reconocimiento de un derecho colectivo a la autodeterminación, cuya inevitable secuela es la eventualidad de una secesión del Estado. Este es un dato que, en términos democráticos, hay que asumir como parte de la realidad circundante. El propio Tribunal Constitucional español no lo ha excluido, en los repetidos términos de legitimidad de la aspiración. Cuestión distinta que aquí no se va a abordar es la imposibilidad, en términos políticos, de mantener un proyecto unitario de Estado en el largo plazo frente a un porcentaje de opinión que deviniera nítidamente mayoritario, de manera estable, hostil al mismo. La intención de llamar la atención sobre este síntoma es en esta ocasión distinta: Allí donde el porcentaje de ciudadanos con la citada íntima aspiración a la independencia sea sencillamente imperceptible será muy difícil rastrear la presencia de una nacionalidad.

Síntoma de nacionalidad sería también el perfil propio del sistema de partidos políticos en el territorio en cuestión. La presencia de partidos que, por principio, renuncian a su establecimiento fuera del territorio concernido, partidos que, en definitiva, sitúan su condición nacional en su cabecera, acaso antes de cualquier otra adjetivación, será prácticamente secuela de la afirmación anterior. De nuevo en términos negativos: donde el sistema de partidos sea reiteradamente reproducción del sistema de partidos de ámbito estatal, donde la nacionalidad no deje huella alguna en la configuración de dicho sistema de partidos local, difícilmente podremos decir que estamos en presencia de una nacionalidad minoritaria. Convendría que, en este sentido, algunos territorios se rindieran a la evidencia, y ello para aceptar lo que cada uno es, y lo que no es.

¿Confirmarían estos u otros síntomas de nacionalidad la identificación «vía circunloquio» que se hizo en 1978? A este respecto parece innegable una situación de asimetría entre, por un lado, Cataluña y País Vasco y, por otro, Galicia. Más allá de la presencia constante de un nacionalismo político propio, la nacionalidad gallega, valga el retruécano, no es mayoritariamente nacionalista en términos políticos, pero ello no tiene a mi juicio el alcance de descalificarla como tal. Sin necesidad ahora de profundizar más en la cuestión, cabe proponer que el balance hasta aquí esbozado puede arrojar una confirmación básica de la identificación de las nacionalidades minoritarias implícita en la Disposición Transitoria segunda de la Constitución.

Ahora bien, los indicados síntomas sólo harán viable la opción plurinacional del Estado en la medida en que se acepte leal y desde luego mayoritariamente la legitimidad de un modelo estatal de comunidad política «de nacionalidades integradas». El escenario opuesto sería aquél de una partición en bloques mutuamente excluyentes, que desde un extremo u otro niegue la validez de la referida opción plurinacional. El discurso que aquí se sigue sólo tiene sentido contando con un punto de encuentro en la idea de un «Estado de nacionalidades».

Por todo ello, de poco sirven todos los referidos síntomas de nacionalidad si no van seguidos de un indispensable factor de *reconocimiento*. Esta sería la dimensión específicamente política de la empresa, pues hace referencia a la inevitabilidad del pacto político constituyente. En efecto, a unas determinadas alturas de nuestra historia contemporánea, cualesquiera credenciales de nacionalidad se revelarán insuficientes para la resolución del problema nacional de España si no van seguidas de la formalización del reconocimiento de las mismas, no sólo por las instancias centrales del Estado, sino además y de forma muy destacada por el conjunto de los territorios que lo conforman. La asunción de las nacionalidades minoritarias como tales y, en definitiva, el diseño del contenido del autogobierno efectivo de las mismas, requiere su reconocimiento como tales, por parte desde luego del Estado en su conjunto y por parte de las que hoy son legítimamente piezas básicas de su actual estructura territorial, dicho más sencillamente por el resto de las Comunidades Autónomas.

En definitiva, la paradoja de todo esto, y así hay que reconocerlo también, es que se pide, formulado en términos muy abstractos, una combinación de dos elementos aparentemente irreconciliables, la Constitución como *dato* y la Constitución como *voluntad*. O, dicho de forma acaso más transparente, lo que aquí se está reclamando es, en definitiva, una racionalización, fruto del acuerdo político, de lo que acaso en tiempos antiguos se hubiera formulado como «la Constitución interna de España»: En suma, una convención política en torno a lo que como comunidad política *somos*.

Por lo demás, sobra decir que mientras no se abandonen planteamientos casi obsesivos tales como el de la equiparación a ultranza entre territorios o la denuncia apriorística de supuestos privilegios, cualquier intento de pacificar la cuestión nacional quedará más pronto que tarde empantanado, si es que arranca. Será necesario convencerse de las virtudes de la «asimetría», en primer lugar, por parte de los responsables políticos del centro y de la periferia no nacionalista, como paso previo a la imprescindible pedagogía que habrá de hacerse al respecto.

Por eso igual de esencial es la «lealtad constitucional» por parte de quienes deban ver legítimamente reconocida su condición de nacionalidades minoritarias. El esquema que se alcance debe ser todo menos expresión de una simple operación táctica. Más en particular, sin necesidad de una renuncia en términos principiales, todo lo que no sea dejar bien aparcada la aspiración al reconocimiento –y al ejercicio– de un derecho a la autodeterminación/secesión tendrá la consecuencia de bloquear cualquier posible pacto. En política, y esto vale también para la política constitucional, no hay nada definitivo. Pero una operación de este tipo sólo merece ser intentada como una operación de largo aliento por parte de todas las partes implicadas.

El reto final consistiría, pues, en mantener la reivindicación secesionista fuera de cualquier reforma de la Constitución y consiguientemente fuera del pacto político que aquí se está considerando. En circunstancias normales ello no debería ser difícil. Sabido es hasta qué punto es insólita, a nivel de Derecho comparado, la previsión de un derecho a la autodeterminación/secesión reconocido a una parte del territorio del Estado. Y, sin embargo, sabido es también cómo la dinámica de estos últimos años está conduciendo a que el citado objetivo de poner entre paréntesis ese eventual derecho, vale insistir, se ha convertido también en un verdadero reto.

III. El camino de una posible recuperación del Estado de las nacionalidades: la dimensión constitucional

Con esto cabe situarse de nuevo en el ámbito del Derecho, del Derecho constitucional en este caso. El consenso político acaso alcanzado en torno a una determinada imagen del Estado español debiera encontrar reflejo expreso en el texto constitucional, lo que es tanto como decir que sería la hora de abordar aquí tentativamente los caracteres de la necesaria reforma del texto constitucional de 1978. En el ámbito de esta contribución debo limitarme a enunciar algunas piezas básicas.

En este sentido conviene hacer referencia a la categoría que de forma más patente se ha pasado en silencio hasta aquí, la del «Estado federal». Hasta ahora, la propuesta política de mayor alcance de reforma de la Constitución española va en el sentido de incorporar formalmente a España al muy pequeño grupo de los Estados miembros de la Unión que tienen carácter federal.[15] Un federalismo de inspiración *nacional* podría sin duda ser una respuesta útil, de hecho, no otra cosa sería el «Estado de las nacionalidades». Ocurre, sin embargo, que la aludida reforma del Estado en sentido federal no se plantea con el aliento nacional que aquí se viene proponiendo. En modo alguno se piensa en una Federación resultado de un corto número de sujetos nacionales, sino más bien en una reforma del Estado de las Autonomías, a quien se dotaría de unos reforzados rasgos federales. En mi criterio, esta «federalización» del Estado de las autonomías, en la medida en que no parece tener capacidad para singularizar efectivamente el régimen de las nacionalidades minoritarias, con independencia de otras ventajas que pudiera tener, no avanzaría sustancialmente en la pacificación de la cuestión nacional. De algún modo, corre el peligro de recaer en el mismo error de igualación «desde arriba y desde abajo» que nos ha conducido a la situación presente. Sí hay que reconocer, por el contrario, que esta opción tropezaría con menos obstáculos desde el punto de vista político.

Dicho esto, y volviendo al planteamiento que aquí se desarrolla, es claro que la identificación de estas nacionalidades en la Constitución por la vía indirecta de la Disposición Transitoria segunda de la Constitución es profundamente insatisfactoria, como la experiencia ha demostrado. Es hora de llamar *nominatim* a Cataluña, Euskadi y Galicia como las nacionalidades que ya tenía *in mente* el constituyente de 1978. En teoría, la sede natural de esta mención sería el Título Preliminar, con el inconveniente sin embargo de los extraordinarios obstáculos que la Constitución prevé para la modificación de este Título. A partir de aquí se abre la tarea de precisar el contenido del autogobierno de estas nacionalidades minoritarias.

En este sentido se ha avanzado a veces la opción de incorporar a la Constitución una nueva Disposición Adicional que, en paralelo a la actualmente existente para– implícitamente – los territorios vasco-navarros, se ocupe singularmente del autogobierno de Cataluña. Es, sin duda, una opción posible en la línea que mantengo. No obstante, por razones de coherencia con la idea subyacente al «Estado de las nacionalidades», habría que diseñar un esquema común a las tres. Ello permitiría, en primer lugar, no dejar fuera a Galicia y, en segundo lugar, superar la indefinición de «los derechos forales» de raíz histórica que hoy sirven de base al autogobierno de los citados territorios vasco-navarros.

15 Hacia una estructura federal del Estado, Consejo territorial del Partido Socialista Obrero Español, Granada, 6.07.2013 («Declaración de Granada»).

Hace años sugerí la posibilidad de que los Estatutos de Autonomía de las nacionalidades minoritarias fueran objeto de aprobación en el Estado, no por medio de una Ley orgánica como ahora se establece para todas las Comunidades Autónomas, sino por medio de una Ley de reforma constitucional[16], se entiende con arreglo al procedimiento ordinario previsto en el artículo 167 de la Constitución. Señalaba entonces cómo esto requería dejar de lado el valor entendido con arreglo al cual en el sistema constitucional español Constitución y Ley de rango constitucional son una misma cosa. La ventaja era clara: Las desviaciones en el autogobierno de las nacionalidades respecto de lo que de manera general prevé la Constitución tendrían la legitimidad constitucional evidente derivada del rango constitucional de estos Estatutos.

Creo, sin embargo, y así lo he venido señalando últimamente[17], que un esfuerzo por reducir al mínimo la intervención del legislador estatal en el diseño del autogobierno de estos territorios llevaría a abandonar este esquema. Sería, en este sentido, suficiente limitar la intervención del legislador de reforma constitucional a la determinación del fondo competencial de este autogobierno, sin necesidad de interferir en la dimensión orgánica del autogobierno.

Sólo un par de apuntes, para finalizar. En términos sustantivos, conviene superar la idea frecuentemente expresada de que apenas queda margen para ampliar el fondo de competencias de estos territorios. Basta conocer un poco cómo funciona el sistema autonómico español para advertir el amplio espacio hoy controlado uniformemente por el Estado, tanto en extensión (materias) como en intensidad (bases), todo ello por supuesto sin cuestionar la condición del Estado en tanto que tal. Por fin, una observación relativa a la fase final de esta reforma constitucional. Sobre la base de llevarla a cabo por el procedimiento ordinario, pues otra cosa sería políticamente impensable, el referéndum de ratificación que el artículo 167 prevé de forma facultativa no debe dejarse a la iniciativa de las fuerzas hostiles a la reforma. Por el contrario, dada la trascendencia política de la reforma, debieran ser las propias fuerzas políticas impulsoras de la misma quienes desde el principio propugnen el sometimiento de su trabajo a un referéndum de ratificación.

IV. A modo de consideración final

Hoy día España tiene un problema con Cataluña, como Cataluña tiene un problema con España. Esa es al menos la primera realidad que salta a la vista. Cabría, sin embargo, preguntarse si el problema, tanto para Cataluña como para España, no es más bien el Estado español, y no tanto por sí mismo cuanto en su configuración actual. La reflexión que he procurado presentar en las páginas que preceden están animadas por esta sospecha. Sin pretenderlo, el régimen de democracia y de libertades efectivas que caracteriza al Estado español desde 1978

16 Abogacía General del Estado, La reforma del Estado de las Autonomías. Autonomías y organización territorial del Estado: Presente y perspectivas de futuro en: XXVII Jornadas de Estudio 2006, 15–30. También en, Revista d'Estudis Autonòmics y Federals 2, 2006, 77–99.

17 *Pedro Cruz Villalón,* En la hora del Estado de las nacionalidades, en: Manuel Aragón Reyes, Javier Jiménez Campo, César Aguado Renedo, Antonio López Castillo, José Luis García Guerrero (Dirs.), La Constitución de los españoles. Estudios en homenaje a Juan José Solozábal Echavarría, 2019, 229–239. Anteriormente, *Pedro Cruz Villalón,* De naciones y nacionalidades: los límites de la complejidad, en: Esther González Hernández, Rafael Rubio Núñez/Benigno Pendás Garcia (Coords.), España constitucional (1978–2018): Trayectorias y perspectivas, I, 2018, 849–862.

ha hecho aflorar problemas de configuración en este Estado. Acaso sea así como debe verse algo de lo que en España sucede. Dicho de otro modo, acaso debiera abrirse la percepción en España de que algo le pasa a nuestro Estado cuando con relativa facilidad, porque por desgracia es así, se le puede poner en tan serios aprietos como los que hoy le aquejan. Y, si fuera así, habría que ponerse a la tarea de diagnosticar sus males, y así tratar de ponerles remedio.

Es grande la tentación de considerar que la crisis actual del Estado español excede de las capacidades de respuesta tanto de España como de Cataluña. La difícil opción que aquí se ha esbozado con el nombre de un Estado de las nacionalidades para España supone avanzar en el reconocimiento de las comunidades nacionales presentes en el Estado. Muchos la rechazarán con el argumento de que una operación de este tipo no hace sino reforzar el riesgo de una implosión del Estado español. Pero, pensando en los actuales problemas de estructura territorial, también puede vérselos como una oportunidad para llevar a cabo la convención constitucional que, por las razones conocidas, en 1977–78 no pudo hacerse. El Estado miembro de la Unión Europea que es hoy España está siendo observado desde Europa con sentimientos encontrados, con asombro, con preocupación, con una mezcla de solidaridad e incomprensión. Es la hora de que, en la actual tesitura, a España se le vuelva a mirar con admiración, como lo fue hace 40 años.

¿Existe una urgente necesidad de reformar la Constitución española de 1978?

Walther L. Bernecker

I. Reflexiones preliminares: Constitución, reforma y la cuestión de la nación

La historia constitucional española es bastante peculiar en Europa. Desde 1812 en adelante, ha habido constituciones formales– es decir, textos escritos denominados «Constitución» –y constituciones materiales o fácticas– a saber, reglas de juego políticas establecidas por quien tenía de hecho el poder, –lo que significa que norma y realidad han caminado muy frecuentemente por separado. En la tradición constitucional española, apenas ha habido reformas de los textos constitucionales, sino que las constituciones han nacido previa eliminación de la anterior a manos de la mayoría de turno. Solo la Constitución de 1978 intentó fundir norma y realidad. Y lo consiguió por bastante tiempo, a pesar de que su alumbramiento estuvo cargado de dificultades y obstáculos. Pero muchos constitucionalistas concuerdan entretanto en que la Constitución vigente ya no es el texto vivo que recogió en su día el acuerdo básico y fundacional de la convivencia, sino un documento que en parte ha sido incorporado a la legislación y a la jurisprudencia, y en parte ha sido superado por la realidad. Todas las decisiones «constitucionales» de las últimas décadas han sido adoptadas al margen de la Constitución, por ejemplo los Estatutos de Autonomía, la reforma local, cambios en los órganos constitucionales, y un largo etcétera.[1]

Una Constitución es un pacto político y, a la vez, una norma jurídica que debe adaptarse a los cambios sociales de cada momento. Así, por ejemplo, en el caso español el Código Civil de 1889 ha sido reformado, hasta hoy, más de 50 veces; y la Ley Orgánica del Tribunal Constitucional, de 1979, ya ha sido modificada en siete ocasiones. Algo semejante puede decirse a nivel internacional. La Constitución francesa se ha reformado más de 20 veces, la italiana en 17 ocasiones, y la Ley Fundamental (que es la Constitución) alemana en más de 50, por poner unos pocos ejemplos. Solo los españoles parecen tener tanto miedo a una reforma de su Constitución, que ésta sigue prácticamente invariada desde 1978.

Solo hubo dos modificaciones que pasaron casi desapercibidas y para las que no se necesitó de todo el complejo reglamento fijado en la Constitución para su reforma profunda: En primer lugar, hubo acuerdo en 1992 para reformar, como consecuencia del Tratado de Maastricht, el artículo 13.2 de la Constitución Española (CE), introduciendo «el derecho de sufragio activo y pasivo» para los extranjeros en las decisiones municipales (hasta entonces solo habían disfrutado del derecho de sufragio activo). Y en segundo lugar, en 2011, si bien no hubo acuerdo (ni político ni social) para reformar el artículo 135 de la CE (sobre la Deuda Pública del Estado), sí se reformó este artículo por la presión de la Unión Europea. Se introdujo el concepto de «estabilidad presupuestaria» y la prioridad absoluta del pago de la deuda y los intereses. En este caso, se reformó la CE en menos de un mes y sin referéndum. Fue José Luis Rodríguez Zapatero, quinto Presidente de Gobierno en democracia

1 Cf. *Fernando Rey,* Pero...¿aún existe la Constitución?, en: El País, 6.12.2013, 33.

(2004–2011), el que planteó esa reforma de la Constitución. Con España al borde del rescate, Zapatero impulsó el cambio urgente del artículo 135 CE para consagrar el principio de estabilidad presupuestaria, lo que significaba un corsé permanente al gasto público. Eso fue todo en cuanto a reformas.

Sí es verdad que José Luis Rodríguez Zapatero propuso durante su mandato como Presidente de Gobierno una reforma constitucional. En el programa del PSOE para las elecciones generales de 2004 figuraba una propuesta de reforma, aunque limitada a cuatro extremos. A saber: poner fin a la preferencia del varón en la sucesión de la Corona, recepción del proceso de construcción de la Unión Europea, inclusión de la denominación de las Comunidades Autónomas, y reforma del Senado. El Consejo de Estado elaboró un dictamen con una propuesta de reforma constitucional, pero el Gobierno– consciente de que no lograría la mayoría parlamentaria para una reforma –ni siquiera aprobó un Proyecto de Ley.[2]

En términos generales puede decirse que tanto la Constitución de 1978 como el Estado en su conjunto han respondido bien, en los últimos 40 años, a las necesidades de la sociedad española.[3] Bajo el amparo de la Constitución, España ha ingresado en las Comunidades Europeas, ha llevado a cabo un proceso de descentralización política sin precedentes, ha sido dirigida por gobiernos de un signo y de otro, ha completado una nada fácil sucesión en la Jefatura del Estado logrando así mismo la compatibilidad de la institución monárquica con el principio de soberanía nacional-popular, ha pasado del bipartidismo a una pluralidad de fuerzas obligadas a pactar, ha removido los obstáculos que la tradición moral interponía a la igualdad, y muchas reformas más.[4]

Además, conviene recordar que la Constitución de 1978 es la única en la historia española que ha abierto un ciclo democrático excepcionalmente prolongado en el tiempo. Todas las otras constituciones basadas en el principio de soberanía nacional estuvieron vigentes pocos años, y fueron sustituidas por la negación del Estado constitucional (1814, 1936) o por el tránsito del principio de soberanía nacional al principio monárquico-constitucional (1845, 1876). Es decir, durante la mayor parte de la historia constitucional española, el Estado no ha descansado en un principio de legitimidad propio del Estado constitucional, sino en principios contrarios a él. Solo la Constitución de 1978 ha sido capaz, descansando en el principio de legitimidad democrática, de proyectar la vigencia de este principio en el sistema político y el ordenamiento jurídico del Estado de manera indefinida. Es más: Según Javier Pérez Royo, con la Constitución de 1978 se ha vivido en España prácticamente la única etapa de «normalidad constitucional» en la historia española.

Pero según parece, hay diversos indicadores que permiten concluir que esta etapa de normalidad constitucional está llegando a su fin. [5] Los indicadores de más relevancia de una crisis importante de legitimidad son los siguientes tres: (a) Las Cortes Generales han desempeñado de manera razonablemente satisfactoria la tarea que tienen constitucionalmente encomendada (función legislativa, función presupuestaria, función de control de la acción del gobierno). Pero desde 2015, la composición del Parlamento no está posibilitando que la

2 Cf. el capítulo 1 del libro de *Antón Losada/Javier Pérez Royo*, Constitución. La reforma inevitable. Madrid Roca Ed. 2018.

3 Cf. Cumplir las esperanzas, en: El País, 6.12.2018, 10.

4 Una defensa a ultranza de la Constitución de 1978 es el libro de *Alfonso Guerra*, La España en la que creo. Madrid 2019.

5 Cf. *Javier Pérez Royo*, Tres indicadores de crisis constitucional, en: eldiario.es, 5.12.2018, URL: https://www.eldiario.es/zonacritica/indicadores-crisis-constitucional [06.12.2018].

sociedad española se exprese políticamente de manera que garantice la formación del gobierno; hay, pues, una ausencia de mayoría de gobierno por lo que permanentemente hay que hacer uso del Decreto-ley. (b) La Constitución Territorial ha entrado en un conflicto que está políticamente fuera de control en la medida en que se ha producido el desplazamiento del mismo a los tribunales de justicia. (c) El tercer indicador afecta a la Monarquía, institución objeto de debate y crítica desde hace varios años y que parece que no va a desaparecer de la agenda política.

Por estos y otros motivos, actualmente, la Constitución de 1978 no goza, en España, de buena fama. Muy al contrario: se le reprocha haber aplazado al futuro la resolución de importantes problemas estructurales para los que en aquel entonces no había solución fácil. Los problemas que aquejan hoy al Estado español, ante todo las cuestiones de distribución territorial del poder, proceden, en esta visión, de la mala construcción de la CE. A lo largo de las décadas pasadas, en la política práctica el Estado español vivió un desarrollo federativo, alumbrando nuevos Estatutos de Autonomía en la primera década del siglo XXI. Y a pesar de que la construcción del Estado de las Autonomías parece haber concluido, la distribución territorial del poder emerge hoy más conflictiva que nunca. Esto se debe a que, debido a las continuas políticas nacionalizadoras seguidas en las Comunidades desde la promulgación de la CE, en el Estado español conviven hoy– más mal que bien –varias naciones con diferentes culturas y lenguas con fuertes pretensiones de que se transfiera más poder a las Comunidades.

Hace muchos años ya, el politólogo Juan J. Linz se mostraba convencido de que un Estado tanto democrático como multinacional y multilingüe era factible; ahora bien, solo si se abandonaban las viejas ideas decimonónicas que solían dominar los procesos de construcción del Estado y de la nación: a saber, que todo Estado debía esforzarse por convertirse en un Estado nacional, y que toda nación debía aspirar a convetirse en un Estado.[6] Con estas reflexiones, se llega a un punto central del debate sobre la reforma de la Constitución de 1978.

II. La reforma constitucional: prioridades y problemas de procedimiento[7]

Durante mucho tiempo primó en España una fobia a enmendar la Constitución, probablemente por las dificultades técnicas impuestas por el texto constitucional mismo a una reforma de alguna envergadura. Pero la crisis de los últimos años del modelo territorial ha actuado como detonante para plantear una revisión de los acuerdos incorporados en el texto de la Constitución o asumidos en su interpretación posterior. Como la reforma del modelo territorial no ha podido realizarse en la década pasada en el marco de la Constitución, muchos analistas se han preguntado si posiblemente el país ahora se encuentra ante un «momento constitucional» que pueda desembocar en reformas o re-interpretaciones de la Constitución.

6 *Juan J. Linz/Amando de Miguel,* Within-Nation Differences and Comparisons. The eight Spains, en: Richard L. Merritt/Stein Rokkan (eds.), Comparing Nations. The Use of Quantitative Data in Cross-National Research. New Haven 1966, 267–319; Sobre estas reflexiones de Linz, cf. *Santos Juliá,* Alegato por una reforma de la Constitución, en: El País, 6.12.2014, 35.

7 Sobre conceptos previos y básicos para abordar debidamente una reforma constitucional y para interpretar correctamente los límites de cambios constitucionales, cf. *Santiago Muñoz Machado,* Vieja y nueva constitución. Barcelona, Crítica 2016.

Si se considera que para cambiar el texto constitucional se requiere una serie de requisitos– mayoría social suficiente, mayoría política exigida, neutralización de actores con capacidad de veto, –parece que de momento no se dan las condiciones necesarias. Si bien un cambio constitucional es contemplado positivamente por muchos partidos, no está clara la orientación de una posible reforma.[8] En términos demográficos, una mayoría notable de la población española también responde (encuesta demoscópica del CIS, septiembre de 2018) afirmativamente a la pregunta si en estos momentos resulta «necesario reformar o modificar la Constitución de 1978». En concreto, un 69,6% piensa así, ascendiendo tal parecer en unos puntos porcentuales entre los hombres y más todavía según aumenta la edad de los encuestados. Solo un 14,9% considera que no hay que reformar la Constitución, sino dejarla como está.

Existe, pues, un amplio consenso en torno a la necesidad de acometer una reforma de la Constitución; y en cuanto al ámbito de la reforma predomina la opinión de los que entienden que la reforma no debe ser total o casi total, ni una pequeña reforma ceñida a cuestiones muy concretas, sino una reforma «importante» (así lo desea casi un 50% de los que quieren reformar la Constitución). Y en relación con el tipo de reforma constitucional, predominan entre aquellos que consideran necesaria una reforma los que reclaman reformas que tienen que ver con la protección de los derechos sociales, la igualdad de las mujeres y la protección de los derechos y libertades de los ciudadanos. Otro grupo considera precisa una mejor coordinación de las competencias en educación y sanidad y una mejor regulación de las competencias de las Comunidades Autónomas. Lo que a algunos partidos izquierdistas les parece de gran importancia, a saber «la sustitución de la Monarquía por una República», solo es de importancia para un 0,7% (!) del total de los encuestados. [9]

Habiéndose debatido en España desde hace años la necesidad o no de una reforma constitucional, los argumentos siguen oscilando entre la posibilidad política de reformar y la necesidad objetiva de cambios sustanciales. A finales de 2013, siendo ya expresidente de gobierno, el socialista José Luis Rodríguez Zapatero era de la opinión, que España estaba lejos de poder acometer una reforma sustancial de la Constitución, ante todo por el problema de no poder reconstruir un consenso constitucional, como había existido en 1977/1978. Los temas de fondo, como el Título VIII sobre la organización territorial del Estado, exigen un acuerdo entre nacionalistas, unionistas, autonomistas y federalistas, acuerdo que a Zapatero por aquel entonces le parecía inalcanzable.[10] Otras interpretaciones– no tanto políticas sino más bien jurídicas, como por ejemplo la del catedrático de Derecho Constitucional Javier García Fernández, –no ven la necesidad urgente de un cambio de la CE en su totalidad, aunque sí reconocen que una parte sustancial del articulado de la Constitución debe ser modificada.[11] En el Título II sobre la Corona– dice, –que fija en el artículo 57.1 la preferencia del varón sobre la mujer en la sucesión al Trono, habría que anular esta preferencia del varón ya que es un legado anacrónico del pasado predemocrático y contradice al principio fundamental de igualdad de géneros. Importante sería, además, una reforma de las atribuciones y la composición del Senado, pues ante todo el Título XIII, artículo 69 en su forma presente carece de

8 Cf. *Josep Maria Vallès Casadevall,* ¿Momento constitucional?, en: El País, 27.12.2018, 13.

9 Cf. *José Félix Tezanos,* La opinión pública española ante la Constitución de 1978, en: Temas para el debate 289, 2018, 21–24.

10 Entrevista a José Luis Rodríguez Zapatero, en: El País, 24.11.2013, 6 y s.

11 Cf. *Javier García Fernández,* Mejorar el modelo constitucional, en: El País, 19.03.2018, 11.

una función clara. Y, especialmente necesaria es una reforma profunda de la organización territorial del Estado (Título VIII, Capítulo III), reforma que debe cerrar definitivamente el sistema autonómico, reordenando al mismo tiempo las competencias estatales y las autonómicas. [12]

No será fácil realizar todas estas reformas, pues habrá que vencer muchos obstáculos. Así, el partido Podemos lo que quiere es cambiar el «régimen del 78» en su totalidad, y solo está dispuesto– de momento –a aceptar una nueva Constitución conforme a su ideología populista; los independentistas catalanes, por su parte, solo quieren una Constitución que les conceda la secesión. Los conservadores del Partido Popular (PP), por otra parte, no dan ningún paso hacia una reforma alegando que en el Parlamento y en la sociedad no existe el necesario consenso con sus debidas mayorías para emprender este camino. Casi todos ponen algún obstáculo o por lo menos muchas condiciones, para empezar a debatir seriamente sobre una reforma constitucional.

Lo que probablemente no se volverá a lograr, si se contempla la situación política desde el final del bipartidismo, es el consenso básico (no en los detalles) que existió entre 1977 y 1979. Aquélla fue una fase política excepcional ya que se trataba de crear un sistema político nuevo de la nada, mientras que con la reforma constitucional pendiente hoy se trata de reformar un sistema existente y legítimo por quienes quieren mejorar la Constitución de 1978 y no destruirla. Una posible reforma constitucional comporta otro problema, nada fácil de resolver, a saber la necesidad de un referéndum. Algunos artículos de la CE requieren para su reforma una aprobación por una mayoría de dos tercios de ambas Cámaras del Parlamento; después, aprobada la reforma por las Cortes Generales, éstas serán inmediatamente disueltas. Las Cámaras entonces elegidas deberán ratificar la decisión y proceder al estudio del nuevo texto constitucional, que deberá ser aprobado por mayoría de dos tercios de ambas Cámaras. Y aprobada la reforma por las Cortes Generales, será sometida a referéndum para su ratificación (Título X, artículos 166–169 CE). Muchos analistas ven este procedimiento de reforma tan complicado que una reforma fundamental les parece inviable en la actual situación política del país.

Pero la reforma no es imposible. Muchos constitucionalistas progresistas son de la opinión que los obstáculos para reformar la CE no son jurídicos, sino meramente políticos. Desde hace algún tiempo, incluso parece haber una posición mayoritariamente favorable a iniciar un proceso, frecuentemente comentado, de reforma constitucional. Los que así piensan, alegan, correctamente, que en la CE no hay cláusulas de intangibilidad, que harían inmodificables ciertos artículos. Lo que sí hay, es un sistema especialmente reforzado de reforma constitucional. Pero no vale el argumento– que se puede leer frecuentemente –que un Tribunal Constitucional especialmente conservador, podría bloquear cualquier reforma. Al no existir cláusulas de intangibilidad, el Tribunal Constitucional no podría controlar el contenido de una reforma constitucional porque ningún poder constituido puede acotar el poder constituyente del futuro. Lo único que sí existe, es el poder del Tribunal Constitucional de controlar la constitucionalidad del procedimiento. Si bien el camino procesal a seguir

12 *Javier García Fernández*, ¿Qué permanece válido y qué convendría reformar de la Constitución de 1978?, en: Temas para el debate 289, 2018, 28–31 examina el texto constitucional y comprueba qué conserva validez y qué convendría reformar. El artículo no se refiere a procedimientos de reforma o a la oportunidad de la misma, sino que realiza un análisis estrictamente material, sin entrar en su posible dificultad.

no está claro del todo, solo una vulneración obvia y grave del procedimiento de reforma justificaría una declaración de inconstitucionalidad de la reforma.

III. Posicionamiento de los partidos parlamentarios

En diciembre de 2015, el diario *El País* publicó una serie de artículos en los que los dirigentes de los partidos políticos, representados a nivel nacional en el Congreso de los Diputados, debían presentar su respectivo «plan para España ».[13] Las respuestan fueron bien diferentes, y (casi) todas hacían referencia a la cuestión de la reforma constitucional. El único que no la mencionó, fue Mariano Rajoy quien solo presentó a su partido (PP) como el único capaz de ofrecer un grandioso futuro al país. Los socialistas, en persona de Pedro Sánchez, exigían que se retomara el diálogo entre todos, un diálogo que produzca un gran acuerdo y se plasme en la reforma de nuestra Constitución «[...] Los españoles y las españolas del presente tenemos el derecho y el deber de renovar el pacto constitucional que hicieron las generaciones de nuestros padres y abuelos.» Era una clara llamada a una reforma duradera de la CE, pero sin detallar aspectos renovables concretos. En su programa electoral para las elecciones generales del 28 de abril de 2019, el PSOE propuso blindar el Estado autonómico mediante una reforma de la Constitución que supondría una «mejor delimitación» de las competencias e impediría la recentralización por la que había optado el Partido Popular. La ultraderechista Vox, por su parte, había defendido la supresión del modelo territorial actual.[14] Albert Rivera (Ciudadanos) abogó por muchas reformas estructurales, cuya realización conllevaría una reforma constitucional (sin mencionar ésta concretamente). Exigía un «Pacto Nacional por la Educación», grandes acuerdos de Estado como un nuevo acuerdo económico, una justicia despolitizada, un nuevo sistema electoral, una reforma de la Administración pública, y muchas otras reformas. Pablo Iglesias (Podemos) se mostró convencido de que su partido y todos los otros tenían que «dialogar también con [sus] adversarios políticos para concretar constitucionalmente los acuerdos por un nuevo compromiso histórico. Los ejes de ese nuevo compromiso [serían] la expresión de una voluntad constituyente que ya existe en España». En concreto, debía lograrse una «democracia real representativa, igualitaria y participativa», reforma del sistema electoral, justicia independiente, garantías constitucionales contra la corrupción, blindaje constitucional de los derechos sociales y medioambientales, y reconocimiento de la plurinacionalidad de España y del «derecho a decidir» mediante referéndum en una única Comunidad Autónoma. Por lo tanto, también Podemos estaba a favor de afrontar una amplia reforma constitucional, pero ésta no debía quedarse dentro de los muros del Parlamento, sino que debía implicar a toda la sociedad. El Secretario General del partido, Pablo Iglesias, apostaba por un triple consenso para una nueva Carta Magna: blindar los derechos sociales, un nuevo acuerdo territorial y establecer medidas para acabar con la corrupción.

El que más claramente se pronunció por una nueva Constitución, fue Alberto Garzón (Izquierda Unida): «Nuestro plan es un nuevo país que devuelva al pueblo la capacidad de gobernarse a sí mismo. Para hacerlo proponemos un proceso constituyente que de forma

13 Cf. *Alberto Garzón,* Una nueva Constitución, un nuevo país, en: El País, 8.12.2015, 13; *Pablo Iglesias,* Un nuevo compromiso histórico, en: El País, 9.12.2015, 13; *Albert Rivera,* Nuestro proyecto es España, en: El País, 10.12.2015, 11; *Pedro Sánchez,* La España que queremos, en: El País, 11.12.2015, 11; *Mariano Rajoy,* Veinte millones de razones, en: El País, 12.12.2015, 13.

14 Cf. El PSOE propone reformar la Constitución para garantizar los poderes autonómicos, en: El País, 16.04.2019, 13.

participativa elabore una nueva Constitución que evite el saqueo y la explotación. Con un sistema electoral proporcional, con iniciativas legislativas populares que puedan crear o derogar normas, con instrumentos revocatorios y la dignificación de la memoria democrática. Un país federal pensado por y para las clases populares. Y, por supuesto, una República.»

Si se observan detenidamente estas propuestas, se puede observar claramente la enorme discrepancia existente entre ellas. De momento, hay muchas «líneas rojas», muchos aspectos incompatibles. Hoy, en verano de 2019, las posiciones básicas no han cambiado sustancialmente, si bien puede haber ciertos acercamientos en puntos secundarios. Pero para lograr las mayorías cualificadas que exige la CE para su reforma, los partidos políticos tienen que acercar muchas posiciones fundamentales lo que en este momento parece muy improbable.

IV. La Constitución y la Unión Europea

Al reflexionar sobre la reforma de la Constitución, hay que considerar también que la construcción de la Unión Europea ha modificado profundamente el derecho constitucional español. Los tratados europeos y la CE se complementan y se fortalecen mutuamente tanto, que el profesor de Derecho Constitucional Diego López Garrido incluso ha llegado a afirmar: «Si España decidiera abandonar la Unión Europea sería una ruptura de nuestros principios constitucionales».[15] El derecho básico comunitario, en esta interpretación, y el ordenamiento español son esferas interdependientes. Y los múltiples retos con los que deberán luchar España y Europa en el siglo XXI, no se pueden afrontar política y jurídicamente solo desde el derecho nacional.

El conservador expresidente de Gobierno Mariano Rajoy se ha escudado, durante mucho tiempo, en la integración europea para rebajar la necesidad de una reforma constitucional, afirmando que es en el seno de la Unión Europea donde se están dando los cambios que afectan a los españoles. Según Rajoy, el debate más importante para la configuración de la España del futuro es el que versa sobre la profundización de la Unión Europea. También ha aducido otros argumentos. Supedita la reforma de la Constitución a que se cumplan tres condiciones: consenso, defensa de la soberanía nacional y un anuncio previo por parte de todos los partidos en el que cada uno explicite qué partes del texto fundamental quiere reformar.

Después de muchos años de darle largas al asunto, en 2017 finalmente Rajoy asumió la necesidad de acometer una revisión de la Carta Magna española; la Comisión de estudio sobre el modelo territorial empezó en el Congreso con su labor de presentar soluciones para llegar a un acuerdo territorial sobre los múltiples problemas entre la Unión Europea, el Estado central y las Autonomías. Hasta el momento, no se vislumbran resultados concretos.

V. La Constitución y el problema territorial

Resumiendo el debate sobre la necesidad (o no) de una reforma constitucional, se pueden resaltar los siguientes ejes, sobre los que versa la discusión de los últimos años y ante todo en la fase más aguda de la crisis económica y de la incertidumbre de gran parte de la población:

15 Cita en El País, 22.03.2018, 18; Cf. también *Diego López Garrido*, Lecciones de Derecho Constitucional de España y de la Unión Europea. Barcelona, Tirant Lo Blanch 2018.

Uno de los debates, justamente en la última y crítica fase del reinado de Juan Carlos I, era el de la Jefatura del Estado (Título preliminar y Título II CE) y de la forma política del Estado: ¿monarquía o república? Y, relacionados con la monarquía, aspectos institucionales de la Jefatura del Estado, como por ejemplo la supresión de la preferencia del varón a la mujer en el orden sucesorio. Otro tema, recurrentemente discutido, es el sistema electoral, que está impidiendo que buena parte de formaciones políticas acceda a las instituciones representativas, favoreciendo a los partidos «grandes»– hasta hace unos años regía el bipartidismo imperfecto, –que eso era lo que se quería en 1978 para la solidez y estabilidad del sistema que recién estaba surgiendo. Entretanto, es urgente– por motivos de igualdad democrática –abordar una reforma de la Ley General Electoral que permita listas abiertas, y una reforma de la Ley d'Hondt, que prima a los partidos más votados y penaliza a los menos votados. El cambio es necesario para garantizar la proporcionalidad y equidad del voto y la igualdad de oportunidades para todas las formaciones políticas y ciudadanas.

Y un tercer debate esencial es el que versa sobre la cuestión territorial, que desde el surgimiento del Estado de las Autonomías ha tenido que afrontar diversos retos y que fue intensificada por el problema secesionista catalán. La crisis económica, social, política e identitaria, comenzada en 2008, no ha roto el sistema político español. Pero a lo largo de la crisis y en parte debido a ella, surgió el movimiento secesionista catalán, y éste ha dado al traste con la idea de que el Estado autonómico había recibido con la Constitución, más o menos, su forma definitiva. Los padres de la Constitución creían que los poderes regionales proclives al nacionalismo serían capaces de conciliar su nacionalismo ideológico con la necesaria lealtad a los valores expresados en la Constitución democrática, como para que no pudiera surgir un conflicto institucional de las dimensiones que se dieron en el caso vasco (*Plan Ibarretxe*) y recientemente el catalán. Pero esta hipótesis ha mostrado ser errónea.

No pocos observadores son de la opinión que cuando saltó la crisis catalana actual, el proceso de desarticulación nacional estaba ya muy avanzado. Al afirmar esto, se remontan hasta el año 1984, cuando se renunció a exigir responsabilidades a Jordi Pujol, por aquel entonces President de la Generalitat de Catalunya, en todo lo que atañía la quiebra de Banca Catalana, y que durante décadas no se sancionaba, por motivos políticos y la necesidad de obtener mayorías en las Cortes, la desnaturalización de la Constitución en Cataluña.[16] La descomposición se hizo notar, ante todo, en las instituciones del Estado. Y lo que se ha venido haciendo durante mucho tiempo, adquirir compromisos y acumular inercias, se ha convertido en un obstáculo para reconducir el Estado autonómico.

Ya con motivo del 35 aniversario de la Constitución, en 2013, el expresidente de Gobierno Felipe González recalcó que «habría que tener claro que en la redistribución del poder en un país complejo por su diversidad, como España, hay que aplicar dos principios: el principio de subsidiaridad– definir cómo se reparten las competencias entre los diversos poderes, central, autonómico y local –y el principio del respeto a la diversidad de identidades. En España tenemos que tener en cuenta lo que llamamos hechos diferenciales, que rompen la igualdad básica entre todos los ciudadanos, pero integran percepciones distintas de la identidad.»[17]

A finales de 2017, toda una serie de catedráticos de Derecho Constitucional publicó en internet «ideas para una reforma de la Constitución».[18] Según este texto, la crisis catalana

16 Cf. *Alvaro Delgado-Gal*, Paciencia y barajar, en: El País, 1.03.2018, 13.
17 Entrevista a Felipe González, en: El País, 6.12.2013, 8.
18 Cf. http://idpbarcelona.net/docs/actual/ideas_reforma_constitucion.pdf [27.05.2020].

estaba íntimamente ligada a la proyectada reforma constitucional, pues era obvio que una solución duradera solo podría encontrarse con un nuevo modelo de organización territorial. El statu quo no podría mantenerse en la forma actual, cambios en el modelo territorial eran imprescindibles; también sería necesario un nuevo marco de autogobierno, y éste debería ser sometido a un referéndum general, no solo en Cataluña. Para poder llegar a una solución de este tipo, habría que reformar la Constitución, ya que el nuevo modelo de organización territorial debería ser constitucionalizado, para que tuviera la máxima protección legal posible. Era casi seguro, escribían los autores, que a lo largo de un proceso así, también habría que reformar los Estatutos de Autonomía.

En el documento de los constitucionalistas españoles sobre la reforma de la CE, se podía leer, en relación con los contenidos y los procedimientos de una proyectada reforma constitucional: «Las reformas que precisa la Constitución de 1978 son varias y de diversa índole. Así, en un listado no exhaustivo podemos mencionar la incorporación de una cláusula europea, la modificación del orden sucesorio en la Corona, el reconocimiento de garantías de algunos derechos sociales, la mejora de la calidad democrática de las instituciones, etc. Sin embargo, pese a la existencia de esos problemas, debemos ser conscientes de que no pueden ser abordados todos a la vez. Se trata de abrir un 'tiempo de reformas', en el que se vayan aprobando a medida que exista el consenso suficiente para ello. Y, al mismo tiempo, sería necesario un profundo cambio en la cultura política– y, por tanto, en el actuar –de los partidos con representación parlamentaria.» (Apartado III, 11)

Siguiendo con su argumentación, los autores se limitaron a las reformas que afectaban al modelo territorial porque consideraban este tema el más urgente y prioritario (y a Cataluña un síntoma concreto y singular de los problemas surgidos en relación con el sistema autonómico). La Constitución dejó muchos aspectos del surgiente Estado autonómico en la inconcreción o los remitió a los Estatutos (todavía no elaborados entonces) o a futuras leyes orgánicas. Por eso, muchas disposiciones de la CE tienen carácter transitorio, que necesitan urgentemente una reforma. Y aunque muchas deficiencias se eliminaron con los acuerdos autonómicos de 1992 y 2001 (traspasos de la educación y sanidad a todas las Comunidades), sigue habiendo defectos estructurales que van más allá de la nueva descentralización y atañen el funcionamiento integrado de las 17 Comunidades políticas con el Estado.

El grupo de constitucionalistas se mostraba convencido de que la reforma de la CE debía basarse en las técnicas del federalismo, sin querer establecer (en el sentido estricto de la palabra) una España federal, pero sí un modelo territorial en el que fuera necesario el diálogo y se redujeran los conflictos interterritoriales: «Desde esta perspectiva, planteamos cinco cuestiones problemáticas que habrán de abordarse: la función del Estatuto de Autonomía, la plena constitucionalización del reparto de competencias, la participación autonómica en las decisiones e instituciones del Estado, los instrumentos y órganos de colaboración y la constitucionalización de los elementos esenciales del modelo de financiación autonómica.» (Apartado III, 13)

Un gran déficit del funcionamiento del Estado de las Autonomías es la escasa participación de las Comunidades en las instituciones del Estado. Ante todo hay que resaltar que las Comunidades Autonómicas carecen de una instancia para participar en las decisiones del Estado, ya que el Senado– por mucho que en la CE sea definido (incorrectamente) como «Cámara de representación territorial» (Artículo 69,1 CE) –no cumple esta función y tampoco hay un foro de negociación general. La consecuencia es que todos los conflictos son trasladados al Tribunal Constitucional.

VI. Reflexiones finales: ¿tiene viabilidad una reforma constitucional?

El *procés* soberanista catalán ha tenido toda una serie de consecuencias negativas; pero junto a éstas, resalta una positiva: haber acelerado la apertura de un procedimiento para la reforma constitucional, reclamada por muchos ciudadanos y expertos constitucionalistas desde hace tiempo. La Constitución debe ser actualizada, no porque haya sido un fracaso, sino justo por lo contrario, por haber sido un éxito. Y para que este éxito perdure y se prolongue al futuro, el texto constitucional debe ser sintonizado mejor a los tiempos actuales. Cuando la Constitución se aprobó, en 1978, España era un país completamente diferente del actual en prácticamente todos los sentidos.

Muchos analistas son de la opinión, que la reforma de la Constitución no solo es inevitable, sino que el momento actual es el de una «ventana de oportunidad» para poner al día el texto constitucional. Los analistas que insisten en la necesidad de una reforma constitucional, resaltan también que sería una reforma acotada, que no tendría por qué afectar a los principios estructurales sobre los que se asienta el Estado español. La reforma solo estaría orientada a mejorar las disposiciones constitucionales que presentan deficiencias o insuficiencias.

En 2016, una clara mayoría del 63% de los españoles encuestados entonces por Metroscopia era de la opinión que la Constitución aprobada en 1978 tenía cosas buenas y cosas malas; solo un 26% opinaba que la Carta Magna española era una «buena Constitución». Una mayoría del 54% decía que la Constitución necesitaba reformas y retoques profundos, pues en relación con la realidad de entonces había quedado desfasada.[19] Si bien la sensación fue y sigue siendo que la Ley Fundamental no podía seguir tal y como estaba, tampoco había consenso en la población sobre qué y cómo debía ser cambiada. Y hoy, a los 40 años de aprobarse la Constitución, hay que reconocer que la amplísima aprobación de la CE en el año 1978, ya no existe ni de lejos, desde que el independentismo catalán ha optado por la desobediencia al Derecho y el partido Podemos por la necesidad de iniciar un proceso constituyente. Hoy por hoy, no es seguro que las fuerzas políticas actúen con lealtad constitucional, lo que sería preciso para proceder a una reforma. Es decir: Uno de los grandes obstáculos para una reforma constitucional es la desconfianza actual entre los partidos. Ante todo el Partido Popular ve deslealtad por parte de diversos partidos (no solo catalanistas), y eso para los conservadores es un obstáculo insalvable para cualquier tipo de reforma.

La consulta en las urnas, obligada en caso de que la reforma afecte a las partes «especialmente protegidas» del texto constitucional, es facultativa en caso de que los cambios no afecten a los problemas difíciles del Título preliminar (nación o soberanía, etc.), a los derechos fundamentales y a la monarquía. Ahora bien: introducir cambios en la Ley Fundamental remite a la necesidad de anteponer los necesarios acuerdos políticos al despliegue de proyectos de articulado. Pero justo en eso reside el problema. En los últimos años, se ha vuelto cada vez más difícil llegar a acuerdos políticos fundamentales («de Estado»), pues los partidos divergen cada vez más. Desde el mundo académico, periodístico y de la sociedad civil, han fluido muchas propuestas, pero falta el impulso político para iniciar la necesaria revisión. Y a corto plazo no es de esperar que esta situación cambie.

19 Una tarea que exige el máximo apoyo, en: El País, 10.12.2016, 15.

La Constitución española, la monarquía de Felipe VI y el proceso independentista en Cataluña (2014–2018)

Jordi Canal

En la parte final del discurso pronunciado en Oviedo, en la trigésimo octava edición de los Premios Princesa de Asturias, el 19 de octubre de 2018, el rey Felipe VI hizo una sentida reivindicación de la Constitución de 1978. El 6 de diciembre, día de su ratificación en referéndum, constituía, en palabras del monarca, «una fecha verdaderamente inolvidable de nuestra historia.» La de 1978 era, aseguraba a continuación, una Constitución «fruto de la concordia entre españoles, unidos por un profundo deseo de reconciliación y de paz; unidos por la firme voluntad de vivir en democracia.» Concluía el rey su parlamento, en el Teatro Campoamor, afirmando que «democracia y libertad es lo que representa y significa para España, para el pueblo español, nuestra Constitución».[1] La Carta magna cumplía en 2018 cuarenta años. Una nueva etapa constitucional había echado a andar en España a fines de 1978. Se pusieron entonces las bases para la construcción de un país democrático, en paz y en libertad, moderno y europeo. Reza el artículo 1.1 del título preliminar de la Constitución que España «se constituye en un Estado social y democrático de Derecho, que propugna como valores superiores de su ordenamiento jurídico la libertad, la justicia, la igualdad y el pluralismo político». Mientras que en el artículo 1.2 se especifica que la soberanía nacional reside en el pueblo español, en el siguiente se afirma que la monarquía parlamentaria es «la forma política del Estado español». En las páginas que siguen se analiza la Constitución española de 1978 y la monarquía parlamentaria, centrándose sobre todo en los años de 2014 a 2018, los primeros del reinado de Felipe VI, marcados, entre algunas otras cuestiones, por los desafíos populistas, en especial el proceso independentista en Cataluña.[2]

I. La monarquía democrática parlamentaria

El 15 de junio de 1977 se celebraron elecciones generales y legislativas en España. Eran las primeras de formato democrático en más de cuarenta años. A nadie se le ocultaba el carácter que poseían también de constituyentes. Los nuevos parlamentarios iban a tener como encargo principal la elaboración y discusión de una nueva ley fundamental. Las votaciones dieron la victoria en el Congreso a Unión de Centro Democrático (UCD), la formación liderada por Adolfo Suárez, con 165 escaños, seguida por el Partido Socialista Obrero Español (PSOE) de Felipe González con 118. Otros 4 grupos obtuvieron resultados destacables: el Partido Comunista de España (PCE) y el Partit Socialista Unificat de Catalunya (PSUC) a

1 Palabras de Su Majestad el Rey en la ceremonia de entrega de los Premios Princesa de Asturias, 19.10.2018, URL: http://www.casareal.es/ES/Actividades/Paginas/actividades_discursos_detalle.aspx?data=6059 [26.03.2020].

2 Algunas de las cuestiones que se abordan a continuación han sido objeto de tratamiento específico en dos de mis libros, publicados en 2018 y 2019. *Jordi Canal*, Con permiso de Kafka. El proceso independentista en Cataluña. Barcelona 2018; *Jordi Canal*, La monarquía en el siglo XXI. Madrid 2019.

la izquierda, con 20 diputados; Alianza Popular (AP) a la derecha, con 16; y, por último, los nacionalistas del Pacte Democràtic per Catalunya (PDC)– una coalición encabezada por la Convergència Democràtica de Catalunya (CDC) de Jordi Pujol –y el Partido Nacionalista Vasco (PNV), con 11 y 8 escaños, respectivamente.

En las Cortes se nombraron una comisión constituyente y una ponencia de 7 personas a las que se encargó la redacción de un anteproyecto constitucional. Ambas incluían a miembros de los grandes partidos nacionales y regionales con representación parlamentaria. A diferencia de épocas pasadas de la historia hispánica, existía una clara voluntad de elaborar una carta magna no exclusiva ni partidaria. Debía ser, por encima de todo, una ley fundamental para todos los españoles. Integraban la Comisión de asuntos constitucionales un total de 36 políticos: UCD (17), PSOE (13), PCE (2), AP (2), PDC (1), PNV (1). La ponencia a la que se encargó la redacción del anteproyecto constitucional estaba formada por Gabriel Cisneros, José Pedro Pérez-Llorca y Miguel Herrero y Rodríguez de Miñón, de UCD; Gregorio Pérez-Barba, en representación del PSOE; el ex ministro Manuel Fraga Iribarne, por AP; Jordi Solé Tura, perteneciente al comunista PSUC; y, por último, Miquel Roca Junyent, electo por el PDC y que, asimismo, representó informalmente, en un primer momento, a los nacionalistas vascos. Estos políticos son conocidos como los «padres de la Constitución».

El consenso presidió los trabajos de elaboración, discusión y aprobación de la nueva Carta magna. Consenso no significa, evidentemente, falta de disensiones y debates, sino, por encima de todo, voluntad de ponerse de acuerdo para avanzar. Todos tuvieron que ceder o hacer concesiones en algún momento. Se discutió mucho y también se intercambiaron acuerdos. Algunas renuncias, como la de socialistas y comunistas al modelo republicano, o algunas aceptaciones que crearon problemas internos, como la de UCD y AP al término «nacionalidades», merecen ser destacadas. En las discusiones la monarquía no fue, ni mucho menos, uno de los temas estrella. Se impuso el pragmatismo. La díada clave, en aquella coyuntura, no era monarquía-república, sino democracia-dictadura. En algunos puntos controvertidos los constituyentes optaron por soluciones no carentes de ambigüedad, que iban a tener que ser desarrollados ulteriormente. Ello resulta evidente en temas como la enseñanza, el aborto o, en especial, las autonomías. Tras el trámite parlamentario, con el estudio de centenares de enmiendas y muchas horas de negociaciones, el último día de octubre de 1978 la flamante Constitución fue aprobada por amplísimas mayorías en el Congreso y en el Senado. Resulta reseñable la división de voto en el seno de AP y la calculada apuesta por la abstención del PNV, que pretendía hacer compatible, como bien ha explicado José María Portillo, la vinculación estatal y la independencia constitucional.[3]

La nueva Carta magna fue sometida a consulta popular. La pregunta del referéndum del 6 de diciembre de 1978 era la siguiente: «¿Aprueba el proyecto de Constitución?». La participación media fue de 67,11%. Destacaron los datos de abstención del País Vasco y Galicia. Los votos emitidos se repartieron entre el sí (88,54%), el no (7,89%) y las papeletas en blanco (3,57%). En algunas regiones, como Andalucía, Canarias, Murcia o Cataluña, más de 9 de cada 10 electores se inclinó por el sí. Los porcentajes más modestos, por debajo del 70%, se obtuvieron en el País Vasco, en donde la violencia de ETA y el maximalismo peneuvista iban a condicionar el voto. La Constitución fue sancionada por el rey Juan Carlos I el 27 de diciembre de 1978. Dos días después, el texto se publicó, en cuatro lenguas (castellano, catalán,

3 *José M. Portillo Valdés*, Entre tiros e historia. La constitución de la autonomía vasca (1976–1979). Barcelona 2018, 63–103.

vasco y gallego), en el *Boletín Oficial de Estado*. En palabras de Roberto L. Blanco Valdés, la de 1978 puede ser considerada como la mejor Constitución de la historia de España.[4]

La Constitución de 1978 no es ni la primera ni la más longeva de la historia de España. Corresponde una característica a la de 1812 y otra a la de 1876. Las constituciones escritas están vinculadas, en el mundo occidental, a la modernidad política, abierta por la independencia norteamericana y la Revolución francesa. En el caso español, la de Cádiz (1812) inauguró la época constitucional. Al igual que otros países vecinos, como Francia o Portugal, España ha tenido numerosas cartas magnas a lo largo de la era contemporánea, en especial en el Ochocientos. La más perdurable, hasta el momento presente, es la de 1876, con cerca de medio siglo, que mantuvo su vigencia hasta la dictadura de Primo de Rivera (1923–1930). Tampoco el de 1978 constituye el primer experimento democrático. No puede olvidarse ni el texto de 1869, ni algunos proyectos que no acabaron de cuajar, ni sobre todo la Constitución de 1931. Esta última, sin embargo, prosiguió en buena medida el carácter más o menos partidario de sus predecesoras: las progresistas de 1837 o 1869, la moderada de 1845, la conservadora de 1876. Aquello que distingue claramente los textos de 1931 y 1978 es el consenso. Mientras que la Constitución de 1931 fue pensada por y para los republicanos y las izquierdas, excluyendo a las derechas, la de 1978 pretendía ser una ley fundamental para todos los españoles.[5]

El texto aprobado en la Transición, en el que se puede apreciar el peso de las experiencias constitucionales europeas posteriores a la Segunda Guerra Mundial, garantiza las libertades individuales, así como la separación de poderes, la actividad de sindicatos, patronales y partidos políticos, la economía de mercado o el derecho de huelga. Delimita, asimismo, las competencias del sistema bicameral, con un Congreso de mayor peso que el Senado. También reconoce la aconfesionalidad del Estado, aunque subrayando el peso de la Iglesia católica, y hace posible el divorcio. Los derechos y libertades superan a las obligaciones, casi reducidas al servicio militar y el pago de impuestos. La voluntad de perduración y la prudencia de los constituyentes hicieron de toda posible reforma constitucional futura un procedimiento rígido y muy complejo. Se configuraba, a partir del texto constitucional, un Estado autonómico integrado por nacionalidades y regiones autónomas, al mismo tiempo que se incidía en «la indisoluble unidad de la nación española, patria común e indivisible de todos los españoles» (artículo 2 de la Constitución de 1978). La Carta magna consagra tres principios: unidad, autonomía, solidaridad. El Estado de las autonomías, que ha acabado suponiendo unos grados entonces inimaginables de descentralización política y un modelo casi federal, respondía a la voluntad de implementar soluciones al gran problema de España desde principios del siglo XX: la cuestión nacional.

España es una monarquía parlamentaria, según la Constitución de 1978. No existe, en este sentido, continuidad con la tradición monárquica hispánica, ni tampoco con la legalidad del régimen dictatorial del general Franco. La única legitimidad– legal, valga la redundancia –del rey deriva del texto constitucional. La monarquía parlamentaria es una forma democrática de gobierno en la que el jefe del Estado es el rey, que no ejerce ningún poder político, pero sí funciones y deberes. A la jefatura del Estado se la denomina Corona. El rey no es elegido por el pueblo (conjunto de ciudadanos), en el cual reside la soberanía, sino

4 *Roberto L. Blanco Valdés*, La Constitución de 1978. Madrid 2003; *Roberto L. Blanco Valdés*, Luz tras las tinieblas. Vindicación de la España constitucional. Madrid 2018.

5 *Jordi Canal*, En la senda de la Constitución, en: La Aventura de la Historia 242, 2018, 51–71.

designado, por lo que carece de poder y responsabilidad políticas. De esta manera, sucesión hereditaria en la jefatura del Estado y principio democrático devienen compatibles política y teóricamente. Las diferencias entre monarquías parlamentarias y constitucionales resultan bastante claras. En estas últimas, no plenamente democráticas, el rey o la reina participan de los poderes constituyentes y/o constituidos– una diferencia entre las constituciones moderadas y progresistas españolas. De la soberanía exclusiva del rey en la vieja monarquía absoluta del Antiguo régimen se pasó, en las constitucionales, a una soberanía compartida entre rey y parlamento; en las monarquías llamadas parlamentarias, en cambio, la soberanía reside en el pueblo o la nación. Las evoluciones del caso español no coinciden en lo cronológico, aunque sí en la tendencia, con las de otras monarquías europeas. Las tensiones entre monarquía y democracia dieron lugar a dos soluciones en la Europa de los siglos XIX y XX: la transición hacia una monarquía parlamentaria, como en Gran Bretaña, Bélgica, Holanda o los países nórdicos, a veces impulsada por la propia institución o su titular; o bien, la caída de la monarquía y el paso a una república, como en Francia, Alemania o España (en 1931). La principal excepcionalidad española se encuentra en el hecho de la singular recuperación, en la segunda mitad del siglo XX, de la forma monárquica, ya en su variante parlamentaria. El arraigo de la monarquía en España, por consiguiente, no puede compararse con la de otros países más arriba citados, en donde, según algunos autores, esta forma parte de su «Constitución material».

La Corona es un órgano constitucional. El título segundo de la Constitución de 1978, integrado por una decena de artículos (56-65), le está enteramente dedicado. El artículo 56, en su primer punto, define al rey como jefe del Estado y como símbolo de su unidad y permanencia. Y le asigna, acto seguido, el arbitraje y moderación del funcionamiento regular de las instituciones, además de asumir la más alta representación del Estado en las relaciones internacionales– sobre todo, se especifica, con las naciones de su comunidad histórica. Finalmente, el rey ejerce las funciones que le atribuyen expresamente la Constitución y las leyes. Estos elementos resultan fundamentales para entender el papel de los reyes en la monarquía parlamentaria española de los últimos cuarenta años: simbolismo, neutralidad, carencia de poderes políticos propios, moderación. Según el artículo 56.3, la persona del rey de España– este es el título preciso que le corresponde (art. 56.2) –«es inviolable y no está sujeta a responsabilidad. Sus actos estarán siempre refrendados en la forma establecida en el artículo 64, careciendo de validez sin dicho refrendo, salvo en lo dispuesto en el artículo 65.2.» El referido artículo 64, en el primer punto, alude a la figura del refrendo: «Los actos del rey serán refrendados por el presidente del gobierno y, en su caso, por los ministros competentes.» Y, en el segundo, se añade, en consecuencia, que de los actos del rey «serán responsables las personas que los refrenden». El artículo siguiente, en cambio, se refiere a la Casa del rey: Este recibe una cantidad global de los presupuestos del Estado para su familia y su Casa, que distribuye libremente (art. 65.1), y, en lo que supone la excepción más arriba citada, nombra y releva a los miembros de su Casa (art. 65.2). La irresponsabilidad jurídica del rey alude únicamente, sostiene Francesc de Carreras, a los actos sometidos a refrendo, pero no se extiende a los demás. En estos, la responsabilidad jurídica del titular de la Corona es la misma que la del resto de ciudadanos españoles, tal como se especifica en los artículos 9 y 14 de la Constitución.[6]

6 *Francesc de Carreras*, Un demócrata cercado por Franco y liberado por la Constitución, en: José Luis García Delgado (ed.), Rey de la democracia. Barcelona 2017, 106–108.

Deberes y funciones reales– no poderes –se explicitan en los artículos 62 y 63. Reza el primero que le corresponde al rey: sancionar y promulgar las leyes; convocar y disolver las Cortes generales y convocar elecciones en los términos previstos en la Constitución; convocar a referéndum en los casos previstos en la Constitución; proponer el candidato a presidente del gobierno y, en su caso, nombrarlo, así como poner fin a sus funciones en los términos previstos en la Constitución; nombrar y separar a los miembros del gobierno, a propuesta de su presidente; expedir los decretos acordados en el Consejo de ministros, conferir los empleos civiles y militares y conceder honores y distinciones con arreglo a las leyes; ser informado de los asuntos de Estado y presidir, a estos efectos, las sesiones del Consejo de ministros, cuando lo estime oportuno, a petición del presidente del gobierno; el mando supremo de las fuerzas armadas; ejercer el derecho de gracia con arreglo a la ley, que no puede autorizar indultos generales, y, finalmente, el alto patronazgo de las reales academias. Se añade, en el artículo 63, que el rey acredita a los embajadores y otros representantes diplomáticos, manifiesta el consentimiento del Estado para obligarse internacionalmente por medio de tratados– de conformidad, evidentemente, con la Constitución y las leyes –y le corresponde «declarar la guerra y hacer la paz», previa autorización de las Cortes generales. El rey, en palabras de Manuel Jiménez de Parga, no gobierna, pero reina.[7] De su manera de reinar y de administrar su autoridad e influencia depende la legitimidad popular, esencial en las monarquías parlamentarias de hoy.

Los artículos constitucionales 57 al 60 abordan cuestiones vinculadas con la sucesión del rey, así como las abdicaciones o renuncias (art. 57); el papel de la reina consorte o del consorte de la reina, que no pueden asumir funciones constitucionales (art. 58), y, también, la minoridad del rey, la figura de la regencia y la de tutor (art. 59-60). Media decena de puntos integran el artículo 57, en el primero de los cuales se puede leer: «La Corona de España es hereditaria en los sucesores de S. M. Don Juan Carlos I de Borbón, legítimo heredero de la dinastía histórica. La sucesión en el trono seguirá el orden regular de primogenitura, siendo preferida siempre la línea anterior a las posteriores; en la misma línea, el grado más próximo al más remoto; en el mismo grado, el varón a la mujer, y en el mismo sexo, la persona de más edad a la de menos.» La primera frase es declarativa. No puede deducirse de ella, en ningún caso, que la razón de la monarquía española sea la continuidad de la tradición histórica. Por lo que al tema sucesorio se refiere, tan conflictivo a lo largo del Ochocientos[8], la preferencia masculina sobre la femenina genera debate en la España del siglo XXI. Algunas cosas han cambiado sustancialmente desde 1978, tanto en las sensibilidades individuales y colectivas como en la situación real: desde 2014, con el acceso al trono de Felipe VI tras la abdicación de Juan Carlos I, un príncipe de Asturias ha dejado paso a una princesa.[9] Aunque todo apunta a que la Corona se mantuvo formalmente al margen de la elaboración del texto constitucional, en esta cuestión sí existió intervención. Cuenta Miguel Herrero y Rodríguez de Miñón que recibió una llamada de Sabino Fernández Campos, en aquel entonces secretario general de la Casa Real, para advertirle que la eliminación de la prevalencia del varón podía provocar un grave problema, puesto que tanto don Juan de Borbón como el rey Juan

7 *Manuel Jiménez de Parga*, El arbitraje constitucional del Rey, en: Diario 16, 1.06.1981.

8 *Jordi Canal*, El carlismo. Dos siglos de contrarrevolución en España. Madrid 2000.

9 *Francisco Javier Díaz Revorio*, La monarquía parlamentaria, entre la historia y la Constitución, en: Pensamiento Constitucional 20, 2015, 65–106; *Antonio Torres del Moral*, Articulo 57, en: Santiago Muñoz Machado (ed.), Comentario mínimo a la Constitución española. Barcelona 2018, 234–237.

Carlos habían tenido hermanas mayores. Es posible que otras personas fueran contactadas. La enmienda que había preparado la diputada ucedista María Teresa Revilla, miembro de la Comisión constitucional, fue retirada por presiones de su propio grupo.[10]

Los puntos siguientes del artículo 57 se ocupan del príncipe de Asturias, el supuesto de la extinción de todas las líneas de la dinastía, la exclusión a efectos sucesorios de aquellas personas «que teniendo derecho a la sucesión en el trono contrajeren matrimonio contra la expresa prohibición del rey y de las Cortes generales» y las abdicaciones o renuncias. En el tema de la abdicación del rey, el texto constitucional apunta que debe resolverse a través de una ley orgánica. Es lo que iba a ocurrir, efectivamente, en 2014.[11] El juramento del rey al ser proclamado ante las Cortes– y también del príncipe heredero –está especificado en el artículo 61: «prestará juramento de desempeñar fielmente sus funciones, guardar y hacer guardar la Constitución y las leyes y respetar los derechos de los ciudadanos y de las comunidades autónomas». La redundancia que se percibe en este punto, al desglosarse en la última parte lo que ya acaba de ser dicho, respondía a la voluntad de insistir en el carácter democrático y en la decisiva importancia, en la arquitectura del régimen que se estaba construyendo, de ciudadanos y comunidades autónomas.

Decir monarquía parlamentaria es como decir monarquía democrática. De hecho, algunos autores prefieren hablar de monarquía democrática parlamentaria (MDP).[12] Cierto es que, desde un punto de vista exclusivamente teórico o ideológico, monarquía y democracia no son coincidentes. El principio hereditario constituye el principal escollo evocado por los que así razonan. Si de la teoría o la ideología pasamos, sin embargo, a las formulaciones reales y a la práctica, afirmar que monarquía y democracia son compatibles y hermanables no solamente resulta posible, sino imprescindible. Monarquía no implica necesariamente democracia– las monarquías del Golfo, por ejemplo, –pero tampoco república, como sabían los habitantes de la RDA y la URSS y saben los venezolanos que sufren la dictadura de Nicolás Maduro. Todo depende de cómo sean la república o la monarquía. La España de Juan Carlos I y Felipe VI es una monarquía parlamentaria democrática. Otros países al margen de los estados de la Commonwealth, con Australia y Canadá a la cabeza, y algún que otro microestado, como Luxemburgo –lo son igualmente: Gran Bretaña, Suecia, Noruega, Holanda, Dinamarca, Bélgica o Japón. *The Economist* publica anualmente un índice de calidad democrática, que constituye uno de los más prestigiosos en este terreno. En el índice de 2018 se identifica un total de veinte «democracias completas» en el mundo. Las principales monarquías forman parte de este selecto grupo. Noruega figura en el puesto 1, mientras que Suecia en el 3 y Dinamarca en el 5; Holanda, Luxemburgo, Gran Bretaña y España están entre los puestos 11 y 19. Japón, en cambio, ocupa el puesto 22 y Bélgica el 31, ya en el bloque de las «democracias imperfectas», en el que comparten espacio con repúblicas como Estados Unidos, Portugal, Francia o Italia. También la organización no gubernamental estadounidense Freedom House informa anualmente del estado de la democracia en el mundo. En el documento *Freedom in the World 2018*, los resultados no son muy disímiles de los de *The Economist*. Sobre un total de 100, España obtiene 94 puntos– como Alemania y

10 *Pablo Ordaz/Javier Casqueiro*, La Casa del Rey avisó a UCD del problema que era eliminar la prevalencia del varón, en: El País, 2.12.2018.

11 Nieves Herrero (ed.), Yo abdico. Todas las claves. Barcelona 2014; *Fernando Ónega*, Juan Carlos I. El hombre que pudo reinar. Barcelona 2015; *Jordi Canal*, La monarquía.

12 *Alfred Stepan/Juan J. Linz/Juli F. Minoves*, Democratic Parliamentary Monarchies, en: Journal of Democracy 25 H.2, 2014, 35–51.

Austria, –por encima de repúblicas como Francia (90), Italia (89) o Estados Unidos (86). Por delante se hallan otras monarquías: Noruega y Suecia, los países del mundo con mejor valoración (100 sobre 100), junto con la republicana Finlandia (100), pero también, por este orden, Holanda (99), Dinamarca (97), Bélgica (95) y Gran Bretaña (94). Canadá y Australia obtienen, respectivamente, 99 y 98 puntos sobre un total de 100.[13]

Los ciudadanos europeos de países con sistema monárquico muestran mayor satisfacción y afección al régimen democrático y a sus instituciones. En un artículo de 2013, el politólogo Lluís Orriols mostraba, con datos de la primera década del siglo XXI, que la satisfacción con la democracia, la confianza en el parlamento y la percepción de que los políticos se preocupan por los ciudadanos era mayor, en Europa, en las monarquías que en las repúblicas. En cambio, en las repúblicas había más personas de acuerdo con la idea de que la política es demasiado complicada. Corresponden, las valoraciones más positivas, a las monarquías nórdicas.[14] Resulta evidente, en consecuencia, que negar el carácter democrático a las monarquías parlamentarias de nuestros días, o bien otorgarles un displicente trato de democracias incompletas, imperfectas o de baja calidad, resulta impertinente. Sin embargo, en la España del siglo XXI, esto se ha escuchado muchas veces en la boca o pluma de independentistas catalanes y vascos o de dirigentes de Podemos e Izquierda Unida, e, incluso, de algún que otro dirigente socialista. Constituye, en cualquier caso, un craso error. Buena parte de las democracias más avanzadas y modernas son, en la actualidad, monarquías. El prejuicio de anacronismo salta, en definitiva, por los aires. Democracia y monarquía parlamentaria no solamente no se excluyen, sino que incluso se fortalecen y consolidan mutuamente. Estudiosos como Juan J. Linz y otros han demostrado que las monarquías transitan más fácilmente a la democracia que las repúblicas.[15] En un documento del prestigioso think tank español Círculo Cívico de Opinión, de noviembre de 2017, se sostiene que las monarquías parlamentarias convierten la democracia en más eficiente. Aportan valiosos elementos de racionalidad diferencial. Los autores insisten en el apartidismo y la neutralidad políticas– en contraste con la transitoriedad y el inmediatismo electoral de la díada presidente de la república-jefe de gobierno, así como en la estabilidad y la capacidad de representación simbólica que proporcionan en el horizonte de largo plazo. La monarquía parlamentaria deviene, en este sentido, una eficiente facilitadora del cambio social y cultural ordenado.[16]

Las monarquías de Juan Carlos I y Felipe VI han sido y son monarquías republicanas. De hecho, ya Philippe Nourry tituló su libro sobre el primero de los monarcas, «un rey para los republicanos».[17] Buena parte de los republicanos de corazón acabaron convirtiéndose, en el último cuarto del siglo XX, en juancarlistas de cabeza. La monarquía republicana– o república coronada –y la república monárquica conviven, en nuestra época, sin demasiadas

13 Democracy Index 2018, en: The Economist: Democracy Index 2019. URL: https://www.eiu.com/topic/democracy-index [26.03.2020]; *Michael J. Abramowitz*, Freedom in the World 2018. Democracy in Crisis. URL: https://freedomhouse.org/report/freedom-world/freedom-world-2018_[26.03.2020].

14 *Lluís Orriols*, ¿Cuán democrática puede ser una monarquía?, en: eldiario.es, 8.10.2013. URL: https://www.eldiario.es/piedrasdepapel/Monarquia-democracia_6_182391768.html_[26.03.2020].

15 *John M.T. Balmer/Stephen A. Greyser/Mats Urde*, Monarchies as Corporate Brands. Boston 2004; Emilio Lamo de Espinosa, Monarquía parlamentaria y democracia. Algo más que 'conllevanza', en: Anales de la Real Academia de Ciencias Morales y Políticas 94, 2017, 415–440; *Stepan/Linz/Minoves*, Democratic Parliamentary Monarchies.

16 Círculo Cívico de Opinión, España y las otras monarquías parlamentarias del siglo XXI. Madrid 2017.

17 *Philippe Nourry*, Juan Carlos. Un roi pour les républicains. París 1980.

diferencias entre una y otra. España y Francia constituyen dos claros casos. Georg Jellinek apuntaba, en su *Teoría general del Estado*, de 1900, que la monarquía era una república con jefe hereditario.[18] Maurice Duverger dio a la luz, en 1974, un libro interesante y muy discutido: *La monarchie républicaine. Comment les démocraties se donnent des rois*. En esta obra argumentaba que la Francia de la segunda mitad del Novecientos era una monarquía republicana, con un monarca elegido democráticamente. Sostenía Duverger que el poder de Estado se había reforzado en las democracias occidentales en detrimento de los parlamentos. Aunque en el fondo del razonamiento estaban Charles de Gaulle, la Constitución de 1958 y la V República, el autor extendía la reflexión a las otras «monarquías republicanas occidentales», lo que resultaba válido tanto para repúblicas– la norteamericana como para monarquías –la británica.[19]

La monarquía republicana a la Duverger se da la mano, en el caso de Francia, con la república monárquica. Las identificaciones de François Mitterrand como rey, en las décadas finales del siglo XX, o, más recientemente, de Nicolás Sarkozy o Emmanuel Macron en el mismo sentido han hecho correr mucha tinta. El lujo y boato de la república francesa nada tienen que envidiar a una monarquía, ni tampoco el costo económico de la institución. Muchos han tildado a Macron, por sus gestos y acciones, monarca sin corona.[20] Hace algunos años, el novelista Patrick Rambaud publicó, en varios volúmenes, una crónica sarcástica del reinado de Nicolás I. La revista *Le Nouvel Observateur*, dirigida por Jean Daniel, ilustraba la portada del número del jueves 11 de septiembre de 2008 con Sarkozy disfrazado de rey absoluto, a la Luis XIV, junto con algunos de sus «cortesanos», que no eran otros que los supuestos «amigos del Presidente», desde el actor Christian Clavier hasta los empresarios Vincent Bolloré y Martin Bouygues, pasando por el siempre inclasificable Bernard Tapie. Otro semanario francés, *Le Point*, titulaba uno de sus números de agosto del mismo año «La monarchie». Las palabras introductorias del primer artículo del dosier eran reveladoras: «*La monarchie, qui mit un siècle à mourir, a laissé dans notre façon d'être quelques traces indélébiles qui surprennent les observateurs étrangers. D'où notre indulgence pour les privilèges des puissants ou leurs abus de pouvoir.*» Sobre esta marca monárquica insistía, en el mismo número, el escritor Jean Teulé. A la pregunta sobre si Nicolas Sarkozy era el Rey-Sol, contestaba: «*Absolument. D'ailleurs, ne parle-t-on pas du 'Château' pour qualifier l'Elysée ? J'ajoute qu'il y a incontestablement du Louis XIV chez Sarkozy.*»[21]

Asimismo, el México republicano tiene mucho de monárquico. Cuenta Enrique Krauze que un día Octavio Paz le confió lo siguiente: «México nunca se consolará suficiente de no haber sido una monarquía». Muchos son los autores que han hecho alusión a la larga eta-

18 *Georg Jellinek*, Teoría general del Estado (1900). Ciudad de México 2000.

19 *Maurice Duverger*, La monarchie républicaine. Comment les démocraties se donnent des rois. París 1974; *Gil Delannoi*, République monarchique et royauté élective, en: Commentaire 117, 2007, 141–146; *Jacques de Saint Victor*, La 'monarchie républicaine', une vieille tradition française?, en: Revue des Deux Mondes, 10/2016, 39–49.

20 *Patrick Rambaud*, Chronique du règne de Nicolas Ier. París 2008; *Guillaume Bagard*, Macron à Versailles, l'héritage monarchique de la Ve République, en: La Tribune, 22.01.2018; *Philippe Bouvard*, La Ve République peut-elle se passer d'une famille royale?, en: Le Figaro Magazine, 8.06.2018, 134; *Marc Bassets*, Un monarca sin corona, en: El País, 21.10.2018.

21 Le Nouvel Observateur, 11.09.2008; *Violaine de Montclos*, La monarchie, en: Le Point, 21.08.2008; *Saïd Mahrane*, Interview Jean Teulé, en: Le Point, 21.08.2008; *Jordi Canal*, El futuro del republicanismo en España, en: Fernando Martínez López/Maribel Ruiz Martínez (eds.), El republicanismo de ayer y hoy. Culturas políticas y retos de futuro. Madrid 2012, 263–268.

pa de dominio del PRI, el Partido Revolucionario Institucional, como «monarquía sexenal mexicana». El escritor Carlos Fuentes fue uno de ellos, como puede verse en la novela *La voluntad y la fortuna* (2008). El historiador Daniel Cossío Villegas decía que en México gobernaba una «monarquía, absoluta, sexenal, hereditaria por vía transversal».[22] No existen, en ninguna parte, líneas nítidas de separación entre república y monarquía, sino hibridismos múltiples. Comoquiera que sea, la monarquía de España es una monarquía republicana. Y ello, en un aspecto fundamental: integra, defiende y garantiza los valores fundamentales de la libertad y la democracia, que son elementos atribuidos en lo teórico y abstracto al republicanismo. Los valores republicanos, que están en esencia en la Declaración de los derechos del hombre y del ciudadano de 1789, ha afirmado Juan Luis Cebrián en un artículo de octubre de 2018 en el diario *El País*, forman igualmente parte de la república como de la monarquía parlamentaria.[23]

II. El reinado de Felipe VI

En junio de 2014 Juan Carlos I abdicó la Corona de España y su hijo Felipe VI se convirtió en el nuevo rey. El último lustro estuvo marcado por múltiples asuntos tremendamente desgastantes de cara a la opinión pública en el seno de la familia reinante, desde el caso de corrupción que afectaba a Iñaki Urdangarin, marido de la infanta Cristina, hasta las cacerías de elefantes y las amantes del rey. Aunque con el paso del tiempo Juan Carlos I y su reinado van a considerarse un momento histórico excepcional, en el que se consolidó una España democrática, moderna, estable y abierta al mundo, resulta inevitable, en una sociedad tan presentista como la actual, que sean las imágenes del lustro final las más recordadas. El aprecio y la valoración positiva del paso de Juan Carlos de Borbón y Borbón por el trono de España van a mejorar con el paso de los años. En *La monarquía del siglo XXI* he señalado media docena de elementos que contribuyen, a mi parecer, a explicar el mayúsculo escándalo político desatado entre 2010 y 2014 y la caída en picado de la popularidad del rey, así como los distintos grados de perplejidad e indignación ciudadana contra la monarquía: los efectos de las profundas crisis de principios del siglo XXI en España, los cambios en el tratamiento mediático de la Corona, el factor generacional, los peligros de la excesiva confianza regia en épocas turbulentas, la salud de don Juan Carlos y, por último, la soledad familiar y política del rey. A pesar del compromiso de los dos grandes partidos y la cúpula empresarial, de las muestras de apoyo de los monárquicos convencidos y de los esfuerzos hechos por el equipo de comunicación de la Zarzuela, la imagen del rey de España, al margen de algún episódico repunte, no remontó. Juan Carlos I optó por dar paso a su hijo. El 6 de enero de 2014– la víspera cumplió 76 años, –en las celebraciones de la Pascua Militar, la salud y el cansancio le jugaron malas pasadas y se perdió leyendo el discurso. La decisión de abdicar se tomó en las siguientes semanas. Pasar el relevo podía ser una feliz manera de apuntalar la institución. Lo habían hecho, a lo largo de 2013, la reina Beatriz de Holanda y el rey de los belgas, Alberto II. Incluso Benedicto XVI sorprendió al mundo, por aquel entonces, con una renuncia en el Papado. La idea rondaba por la cabeza del monarca desde hacía algún tiempo.

22 *Enrique Krauze*, El disfraz republicano, en: Reforma, 25.10.2015; *Enrique Krauze*, El Pueblo soy yo. Barcelona 2018, 94. *Carlos Fuentes*, La voluntad y la fortuna. Madrid 2008, 457.

23 *Juan Luis Cebrián*, La Monarquía y los valores republicanos, en: El País, 15.10.2018.

Una vez decididas las cosas, en enero-febrero de 2014, la maquinaria para hacer efectivo el deseo del monarca se puso en marcha. De las abdicaciones, como vimos anteriormente, se trata en el punto quinto del artículo 57 de la Constitución. No parece que haya dudas sobre el hecho de que cada abdicación debe ser objeto de una ley orgánica específica, no resuelta sino aprobada. Y así se hizo. Se buscó la brevedad y la concreción, así como el estricto acondicionamiento a los términos constitucionales. No era el momento de forzar grandes debates sobre la monarquía, sino de constatar un hecho, esto es, la voluntad del rey de abdicar la Corona. La fecha para la firma por parte del monarca de la ley sobre su abdicación quedó fijada para el 18 de junio y, para el día siguiente, la proclamación del nuevo rey de España.[24]

El 19 de junio de 2014 se inauguraba una nueva época para la monarquía española. La ley orgánica de abdicación, sancionada la víspera por Juan Carlos I, había sido publicada en el *Boletín Oficial del Estado*. El día 19 se inició con una ceremonia en el palacio de la Zarzuela: el rey padre impuso al hijo el fajín rojo de capitán general de las fuerzas armadas. Simbolizaba el cambio de reinado y disimulaba la ausencia voluntaria del ya rey emérito en la proclamación de su sucesor. Al acto central de la jornada del 19 de junio de 2014, en el Congreso, acudieron doña Sofía, la infanta Elena y las dos hermanas de don Juan Carlos, Pilar y Margarita, y, evidentemente, la nueva reina Letizia– vestía abrigo y vestido blanco roto de Felipe Varela –y las dos hijas de la pareja real, Leonor y Sofía. Las tres acompañaron a Felipe VI en el estrado dispuesto para la ocasión. Habían entrado por la puerta de los Leones, abierta para tan solemne evento. Felipe de Borbón y Grecia, con uniforme militar de gran gala, juró la Constitución y fue proclamado rey de España. El discurso pronunciado ante las Cortes generales es una pieza impecable, una pequeña gran obra de orfebrería de la palabra. Todo el programa de la Corona para la época que comenzaba se encuentra en las 4 partes y en los 56 párrafos del texto, así como en los poco más de 25 minutos que invirtió el monarca en su lectura ante las dos cámaras reunidas, Congreso y Senado, además de otras autoridades. Los aplausos interrumpieron la alocución en varias ocasiones.[25]

Empezaba el parlamento con una ineludible mirada al pasado reciente. Felipe VI rendía homenaje a sus padres: primeramente, a Juan Carlos I– y, con él, al conde de Barcelona, don Juan de Borbón –y a su «reinado excepcional», que constituían «los mejores años de nuestra historia contemporánea»; en segundo lugar, a la reina Sofía: «Su dedicación y lealtad al rey Juan Carlos, su dignidad y sentido de la responsabilidad, son un ejemplo que merece un emocionado tributo de gratitud que hoy– como hijo y como rey –quiero dedicarle.» El especial vínculo con la madre, sufrida y profesional, resultaba más que evidente. La fidelidad a la Constitución y el compromiso con los valores de libertad, responsabilidad, solidaridad y tolerancia, sostenía Felipe VI, guiaron su etapa de príncipe y lo iban a seguir haciendo. La segunda parte del discurso estaba consagrada a las exigencias de la Corona, sobre todo las constitucionales. Desgranaba el monarca sus obligaciones, no separándose ni un milímetro de la Carta magna. En él iban a hallar, les aseguraba a los representantes reunidos, «a un jefe del Estado leal y dispuesto a escuchar, a comprender, a advertir y a aconsejar; y también a defender siempre los intereses generales». Aquí recurrieron los redactores del texto a verbos que, como decía Francisco Tomás y

24 *Canal*, La monarquía, 45–65.

25 Mensaje de Su Majestad el Rey en su proclamación ante Las Cortes Generales, 19.06.2014, URL: http://www.casareal.es/ES/Actividades/Paginas/actividades_discursos_detalle.aspx?data=5359 [26.03.2020]; Discurso íntegro del rey Felipe VI en la ceremonia de proclamación ante las Cortes, 19.06.2014, URL: http://www.rtve.es/alacarta/videos/especiales-informativos/discurso-integro-del-rey-felipe-vi-ceremonia-proclamacion-ante-cortes/2622935/ [26.03.2020].

Valiente, el rey puede conjugar.[26] Felipe VI hacía explícita su convicción de que «la monarquía parlamentaria puede y debe seguir prestando un servicio fundamental a España».

El cumplimiento de las funciones constitucionales, sin embargo, resultaba insuficiente. La monarquía parlamentaria contraía un decisivo compromiso con su sociedad; por consiguiente, aseguraba: «La Corona debe buscar la cercanía con los ciudadanos, saber ganarse continuamente su aprecio, su respeto y su confianza; y para ello, velar por la dignidad de la institución, preservar su prestigio y observar una conducta íntegra, honesta y transparente, como corresponde a su función institucional y a su responsabilidad social. Porque, solo de esa manera se hará acreedora de la autoridad moral necesaria para el ejercicio de sus funciones. Hoy, más que nunca, los ciudadanos demandan con toda razón que los principios morales y éticos inspiren– y la ejemplaridad presida –nuestra vida pública. Y el rey, a la cabeza del Estado, tiene que ser no solo un referente sino también un servidor de esa justa y legítima exigencia de (todos) los ciudadanos.» Y, acto seguido, agregaba: «Estas son, señorías, mis convicciones sobre la Corona que, desde hoy, encarno: una monarquía renovada para un tiempo nuevo. Y afronto mi tarea con energía, con ilusión y con el espíritu abierto y renovador que inspira a los hombres y mujeres de mi generación.» Las dos citas anteriores son fundamentales y la clave del discurso. Por una parte, todo lo que la Corona debe hacer, al margen de su estricto y pulcro cumplimiento de la Constitución: cercanía, conducta íntegra, honestidad, transparencia, responsabilidad social, autoridad moral, principios morales y éticos, ejemplaridad. De otra, la idea esencial de una monarquía renovada para los años a venir. Un tiempo nuevo de ejemplaridad.

Una rápida mirada al pasado, en la que no faltaban un recuerdo a las víctimas del terrorismo, solidaridad con los ciudadanos golpeados por las crisis y un mensaje de esperanza a los jóvenes, dejaba paso a unas consideraciones sobre el futuro. Destacaban, entre ellas: aprovechar las oportunidades ofrecidas por las transformaciones en curso, dar respuesta a los desafíos que afectaban a la convivencia, transmitir a los jóvenes el éxito colectivo de las últimas décadas, acrecentar el patrimonio colectivo de libertades y derechos, revitalizar las instituciones y recuperar la confianza en ellas, conceder primacía a los intereses generales, fortalecer la cultura democrática y los puntos del entendimiento. En esta parte, la perspectiva generacional estaba muy presente. De hecho, los retos del futuro y el papel de los jóvenes en la sociedad constituyen temas recurrentes en casi todos los discursos del rey de España entre 2014 y 2018. Del interés por la juventud es buena muestra, por ejemplo, el mensaje de Navidad de 2018.[27] La preocupación excede la lógica responsabilidad de un gobernante. Las crisis del siglo XXI han sido especialmente lacerantes en estas franjas de edad. El futuro de la monarquía a medio y largo plazo depende, en gran medida, de la capacidad de legitimarse– el carácter meritocrático, en palabras de Juan Francisco Fuentes[28] –ante las nuevas generaciones de españoles, algo ajenas a las vicisitudes del pasado y al relato fundacional de una democracia estrechamente unida a la monarquía parlamentaria. Sin duda alguna, se trata del mayor de los desafíos de hoy y para mañana que el universo monárquico tiene planteado.

Felipe VI reafirmaba a continuación, en el discurso del 19 de junio de 2014, «mi fe en la unidad de España, de la que la Corona es símbolo». Unidad no significaba uniformidad,

26 *Francisco Tomás y Valiente*, Juzgar, arbitrar, legislar, en: El País, 11.02.1994.

27 Mensaje de Navidad de Su Majestad el Rey, 24.12.2018, URL: http://www.casareal.es/ES/Actividades/Paginas/actividades_discursos_detalle.aspx?data=6085 [26.03.2020].

28 *Juan Francisco Fuentes*, Una Monarquía meritocrática, en: El País, 30.01.2018.

puesto que la diversidad definía «nuestra propia identidad». Afirmaba el rey, en esta línea: «En esa España, unida y diversa, basada en la igualdad de los españoles, en la solidaridad entre sus pueblos y en el respeto a la ley, cabemos todos; caben todos los sentimientos y sensibilidades, caben las distintas formas de sentirse español. Porque los sentimientos, más aún en los tiempos de la construcción europea, no deben nunca enfrentar, dividir o excluir, sino comprender y respetar, convivir y compartir.» Los llamamientos a la convivencia y a trabajar todos juntos no resultaron infrecuentes a lo largo de la pieza. Sin duda, las particulares circunstancias de 2014, con el desafío independentista catalán de fondo, lo requerían. Una nación, aseveraba, «no es solo su historia, es también un proyecto integrador, sentido y compartido por todos, que mire hacia el futuro». El siglo XXI, sostenía el flamante monarca, iba a ser muy distinto al anterior. Se estaba asistiendo ya a profundas transformaciones en la vida de los españoles. La nueva centuria era la del conocimiento, la cultura y la educación, pero también la del medio ambiente, el afianzamiento del rol de la mujer, la promoción de la paz y la cooperación internacional. Concluía el rey Felipe VI el parlamento iterando las 7 palabras clave del mensaje: «una monarquía renovada para un tiempo nuevo».

A la salida del Congreso, los reyes se dirigieron al Palacio real en un Rolls Royce Phantom IV descubierto, perteneciente a Patrimonio nacional. Salieron al balcón palaciego, junto con sus hijas y con don Juan Carlos y doña Sofía, para saludar a las personas allí concentradas. La imagen de unidad era importante a la hora de intentar pasar página de las disfuncionalidades pasadas e inaugurar un nuevo modelo familiar regio. Una recepción para unas dos mil personas concluyó las celebraciones del día 19 de junio de 2014 en el mismo Palacio real de Madrid. Aseguraron algunos de los asistentes al evento que se notaban algunos cambios, tanto en el catering como en la selección de los invitados, menos elitista y más abierta, que indicaban la llegada de un tiempo nuevo.[29]

El rey Felipe VI nació en Madrid el 30 de enero de 1968. Sus padres, don Juan Carlos y doña Sofía, le pusieron Felipe por Felipe V, el primero de los Borbones de España. Actuaron como padrinos del bautizo, en el palacio de la Zarzuela, el abuelo don Juan y la bisabuela Victoria Eugenia, viuda de Alfonso XIII. Cursó estudios en la capital de España, en el colegio Santa María de los Rosales, una institución prestigiosa en la que se codeaban vástagos de la aristocracia y la alta burguesía. Durante un año académico, en el nivel equivalente del COU, estuvo matriculado en Canadá, en donde profundizó el dominio del inglés y el francés. En 1977 se convirtió, oficialmente, en príncipe de Asturias y, al llegar a la mayoría de edad, en 1986, juró ante las Cortes fidelidad al rey y a la Constitución. Había pronunciado su primer parlamento público a los trece años, en 1981, con motivo de la entrega de los Premios Príncipe de Asturias. Entre su padre el rey y el presidente del gobierno Leopoldo Calvo Sotelo, leyó un discurso de un minuto y medio, recibido con fuertes aplausos.[30]

Entre 1985 y 1988 se formó en las mismas escuelas y academias militares que su progenitor. Licenciado en Derecho, en 1993, por la Universidad Autónoma de Madrid, realizó a continuación un máster en Relaciones internacionales en la Universidad de Georgetown, en Washington DC. Se trata, sin lugar a dudas, del rey de la familia de Borbón con más estudios

29 *Daniel Forcada/Alberto Lardiés*, La Corte de Felipe VI. Amigos, enemigos y validos: las claves de la nueva monarquía. Madrid 2015, 31–40.

30 Discurso de su Alteza Real el Príncipe de Asturias durante la ceremonia de los Premios Príncipe de Asturias 1981, 3.10.1981, URL: https://www.fpa.es/es/sm-el-rey/discursos/1981.html [26.03.2020] y https://www.fpa.es/multimedia-es/videos/premios-principe-de-asturias-1981285.html [26.03.2020].

y más preparado de la historia de España. Gran aficionado a los deportes, como su padre y sus dos hermanas, desfiló como abanderado del equipo español en los Juegos olímpicos de Barcelona (1992). Competía en la modalidad de vela en la clase soling y su embarcación quedó en sexto lugar. A su regreso a España, una vez finalizados los estudios en Estados Unidos, se creó, dentro de la Casa Real, una secretaría del príncipe de Asturias. Al frente colocaron a un brillante abogado del Estado, Jaime Alfonsín, caracterizado por su inteligencia, discreción y prudencia. Iba a convertirse en persona de máxima confianza de don Felipe. El heredero de la Corona desarrolló una actividad especialmente relevante en el terreno internacional. Desde finales de la centuria asumió la representación de España en las tomas de posesión de los presidentes iberoamericanos. Las vistas a las distintas comunidades autónomas menudearon. Los tres títulos de príncipe de Asturias, Gerona y Viana hicieron que estos territorios merecieran una singular atención. El aprendizaje del catalán constituye una buena prueba de ello. No faltaron voces, a medida que pasaba el tiempo, para criticar la poca capacidad de delegación de tareas de su padre el rey Juan Carlos I.

El príncipe de Asturias contrajo matrimonio el 22 de mayo de 2004, en la catedral madrileña de La Almudena, con la periodista Letizia Ortiz. Celebró el enlace, que tuvo la consideración de boda de Estado– la última había sido la de Alfonso XIII, –el arzobispo de Madrid, Antonio María Rouco Varela. La lluvia fue, aquel día, la invitada de honor. La novia, vestida por Manuel Pertegaz, llevaba una cola de cuatro metros y medio y la tiara de estilo imperio, en platino y diamantes, usada por la reina Sofía en su boda. Tras la ceremonia y previo paso por la basílica de Atocha para depositar el ramo a los pies de la Virgen, los recién casados se dirigieron al Palacio real. Desde uno de los balcones saludaron a las muchas personas concentradas en la plaza de Oriente. Al banquete, preparado por el jefe de cocina del restaurante Jockey, asistieron unos dos mil invitados. En los brindis, Felipe de Borbón tuvo palabras de homenaje para las víctimas del 11 de marzo de 2004 (11-M). Según datos de Televisión Española (TVE), siguieron la boda en sus televisores, en algún momento de la retransmisión, más de veinticinco millones de espectadores. El compromiso había sido anunciado el 1 de noviembre del año anterior. De la comparecencia de los novios ante los medios de comunicación se recuerda, sobre todo, el momento en el que Letizia Ortiz, ante el intento de su prometido de interrumpirla, le espetó, cariñosa aunque firme, un «Déjame terminar...» que provocó las carcajadas de los presentes e innumerables comentarios de todo tipo. La espontaneidad jugó una mala pasada a la periodista, poco ducha aún en la realidad real. En esta ocasión, a diferencia de lo ocurrido con el intento anterior de casamiento igualmente morganático con la modelo sueca Eva Sannum, la oposición del rey Juan Carlos I a la boda no consiguió imponerse. El resto de la familia, con doña Sofía al frente, no le secundó. Don Felipe se reafirmó en su decisión de maridarse frente a todas las consideraciones relacionadas con la tradición, la imagen y el prestigio de la Corona. La disputa en la familia real fue muy importante y se llegó a evocar, en algún momento, la posible renuncia principesca si no se respetaba su voluntad.

La pareja Ortiz-Rocasolano, divorciada a finales de la década de 1990, había tenido tres hijas: Letizia, la mayor, que vino al mundo en Oviedo, en 1972; Telma, economista, un año menor; y Érika, nacida en 1975 y trágicamente fallecida en 2007. Letizia Ortiz se licenció en Ciencias de la información en la Universidad Complutense de Madrid y cursó, asimismo, un máster de Periodismo audiovisual. Desde muy joven trabajó en varios periódicos y en la Agencia EFE, antes de incorporarse a la cadena Bloomberg TV y, más adelante, a CNN Plus. En 2000 empezó a trabajar en Televisión Española, en donde iba a copresentar el Telediario segunda edición. En verano de 2002 empezó su relación con el príncipe de Asturias, que se intentó, exitosamente, con la ayuda de amigos y de la seguridad de la Casa Real, mantener en gran secreto. Letizia Ortiz estaba divorciada de un enlace civil precedente. Los periodistas hurgaron en su vida a la búsqueda de noviazgos, aventuras y escándalos. Por las redacciones circularon algún que otro vídeo e, incluso, documentos médicos personales y confidenciales –en algún caso, el nivel de bajeza moral mostrado resulta difícilmente superable.[31] Desde la entrada en palacio de doña Letizia no han cesado las controversias. Estas se estructuran, en resumen, en torno a dos oposiciones: la del modelo de monarquía (modernidad y apertura versus tradición) y la del modelo de reina, que la contrapone a su suegra, doña Sofía. Por esta razón, todo lo que le atañe se convierte en objeto de inmisericorde escrutinio. Una personalidad fuerte e independiente como la de doña Letizia no deja indiferente. Las humillaciones sufridas en los primeros tiempos al lado del futuro rey –de algunos viejos amigos de él, pijos y ricos, que la menospreciaban; de una parte de la aristocracia hispánica, reunida en la Plataforma Anti Letizia Ortiz (PALO), que aborrecía a la plebeya intrusa; o incluso de determinados comunicadores del mundo rosa[32], contribuyeron a forjar, asimismo, el carácter aparentemente duro y desconfiado de la futura reina.

Comoquiera que sea, la flamante pareja se instaló en la residencia privada de don Felipe, una casa inaugurada en 2002 en el interior del complejo de la Zarzuela. Han sido padres de dos hijas: Leonor (2005), actual princesa de Asturias, y la infanta Sofía (2007). El sexo de las hijas comportó que los proyectos de reforma de la Constitución de 1978, a fin de modificar la preferencia masculina en el acceso al trono (véase *supra*), no fueran considerados urgentes– si bien nadie duda que necesarios, en pos de la igualdad. Este aspecto requiere únicamente cambios puntuales de la regulación constitucional y no la tan temida– y, tal vez, no imprescindible –magna reforma. Aunque durante muchos años sus progenitores intentaran mantener a las infantas Leonor y Sofía alejadas de los focos mediáticos, a partir de 2015 su presencia en actos públicos se ha hecho más habitual. En 2018, la princesa de Asturias estrenó su agenda oficial, con visita a Covadonga en septiembre y, el 31 de octubre, fecha de su decimotercer cumpleaños, con su primera intervención oficial, consistente en la lectura del artículo 1 de la Constitución de 1978. El 30 de enero de aquel mismo año su padre el rey le había impuesto ya el collar de la orden del Toisón de oro, recordándole que debía «guiarse permanentemente por la Constitución». Y, asimismo, en este acto, Felipe VI le dijo a la princesa de Asturias: «Recibir este Toisón implica para ti unas responsabilidades especiales, que habrás de asumir inspirada por los valores e ideales más profundos; valores que deberás albergar y fortalecer día a día en tu corazón. Porque tus acciones– todas –deberán guiarse por el mayor sentido de la dignidad y la ejemplaridad, por la honestidad y la integridad, por la capacidad de renuncia y de sacrificio, por el permanente espíritu de superación, y por tu entrega sin reservas a tu país y a tu pueblo.»[33]

31 *David Rocasolano,* Adiós, Princesa. Madrid 2013.

32 *Forcada/Lardiés,* La Corte de Felipe VI, 41–64.

33 *Miquel Alberola,* La princesa Leonor hace su primera lectura pública para conmemorar la Constitución, en: El País, 1.11.2018; Palabras de S.M. el Rey en el acto de imposición del collar de la insigne Orden del Toisón de Oro a Su Alteza Real la Princesa de Asturias, 30.01.2018, URL: http://www.casareal.es/CA/Actividades/Paginas/actividades_discursos_detalle.aspx?data=5740 [26.03.2020]; *Mariángel Alcázar,* Felipe VI: 'Leonor, tu vida debe ser de entrega sin reservas a tu país y a tu pueblo', en: La Vanguardia, 31.01.2018; *Miquel Alberola,* El Rey, a la Princesa: 'Te guiarás permanentemente por la Constitución', en: El País, 31.01.2018; *Carmen Remírez de Ganuza,* Leonor. El futuro condicionado de la Monarquía. Barcelona 2018.

Desde el primer instante del nuevo reinado los cambios iban a resultar evidentes. La ejemplaridad y la transparencia presiden todas las actuaciones de esta monarquía parlamentaria. Ello resulta imprescindible para asegurar su existencia y continuidad en un nuevo siglo, el XXI, que en pocas cosas resulta parecido al Novecientos. Felipe VI parece ser claramente consciente de ello. Hoy, en España, más todavía si cabe que en un ayer no lejano, la monarquía necesita plebiscitarse y relegitimarse cada día. El nuevo monarca ha hecho de la ejemplaridad, junto con la transparencia y la utilidad, la clave del reinado. Muchas son las personas que aseguran que Felipe VI tiene más de Grecia que de Borbón. Seguramente aciertan. La etapa de la historia de España abierta con su proclamación debe, en cualquier caso, reunir la utilidad de la monarquía y la Corona que Juan Carlos I consiguió mostrar, durante algunas décadas, a ojos de los españoles y del mundo, con la ejemplaridad de la monarquía y la Corona que supo representar, en todo momento, la reina Sofía.[34] La monarquía parlamentaria del siglo XXI precisa, en España, un metafórico techo de cristal. La reconstrucción real y simbólica emprendida, lenta pero sólidamente, está dando buenos resultados. Lo muestran algunas encuestas de opinión disponibles, como veremos al final de este trabajo. Tanto la imagen de la Corona como la valoración de los miembros de la familia real han mejorado sensiblemente con respecto a 2014. La acción pública de los soberanos Felipe VI y Letizia y las reformas en la propia institución monárquica han permitido, en los primeros años del reinado, recuperar una parte importante de la dignidad y popularidad perdidas. La transición de un reinado a otro ha acabado siendo, a la postre, algo menos delicado de lo que augurara, en 2004, uno de los padres de la Constitución de 1978, Gregorio Peces-Barba.[35]

El nuevo rey y su manera de reinar son muy distintos a los anteriores. Si la palabra más asociada a Juan Carlos I fue «campechanía», Felipe VI, en cambio, está más asociado al término «rigor». Es bien conocida, por ejemplo, la minuciosidad con la que prepara audiencias y discursos. El expresidente del Senado y director de la Cátedra Monarquía parlamentaria de la Universidad Rey Juan Carlos, Juan José Laborda, declaraba, en una entrevista de 2017: «El rey Juan Carlos, como en otra dimensión Adolfo Suárez o Felipe González, son personajes de momentos fundacionales y por ello políticos carismáticos, por utilizar la terminología de Max Weber. Felipe VI no podía seguir en ese camino. Por seguir con la misma terminología, el Rey es un Rey racional. Tiene perfectamente claro una cosa importante: los límites.»[36] Los límites a los que se refiere Laborda no son otros que los de la Constitución española. El rey actual es un monarca parlamentario para su tiempo, que ha hecho de los principios éticos una bandera; y ha convertido en carta de presentación, asimismo, la síntesis entre la tradición y la modernidad, un punto en el que las contribuciones de la reina Letizia merecen ser destacadas. Todo ello queda plasmado en una notable actividad, claramente superior a la de otras monarquías europeas, como por ejemplo la belga, que se materializa en las audiencias y los actos celebrados por todo el territorio nacional y en los viajes de los reyes al extranjero. A muchos comentarios dio lugar, pongamos por caso, el que realizaron en 2017 al Reino Unido de Isabel II. Las buenas sensaciones que dejó la asistencia del rey a la toma de posesión de Andrés Manuel López Obrador como presidente de México, a fines de 2018,

34 *Canal*, La monarquía, 16, 67–68.

35 *José García Abad*, La soledad del Rey. ¿Está la monarquía consolidada 25 años después de la Constitución?. Madrid 2004, 407.

36 *Miquel Alberola*, Entrevista. Juan José Laborda: 'El Rey va por delante de la clase política', en: El País, 2.05.2017.

contrastan, sin embargo, con la no bien justificada ausencia en la de Jair Bolsonaro, pocas semanas después, en Brasil.

Felipe VI mantuvo en público, inicialmente, relaciones algo distantes con su padre, buscando desmarcarse de los escándalos que salpicaron el final del reinado y que, en algunos casos, han seguido coleando –a causa, sobre todo, de las famosas grabaciones del excomisario José Manuel Villarejo y Corinna Larsen. Los reyes eméritos han mantenido, aunque reducidas, sus agendas oficiales, que han compaginado con otras actividades particulares. En el caso de don Juan Carlos, que cumplió 80 años en enero de 2018, la pasión por el mar y las regatas, por el buen comer y por los buenos amigos le ha ocupado muchas horas. Siguen sin estar bien definidas, en cambio, la figura y las funciones del rey abdicado. Su ausencia en la sesión solemne celebrada en el Congreso por el 40 aniversario de las primeras elecciones democráticas, en junio de 2017, presidida por los reyes de España, y el malestar mostrado por el afectado, causaron inquietud y no pocas críticas. Al año siguiente, por el contrario, iba a ocupar un lugar de honor en las conmemoraciones dedicadas a la Carta magna. La nítida distinción entre familia del rey y familia real, reducida a los monarcas, sus dos hijas y Juan Carlos I y Sofía, constituye un acierto. Como ha apuntado Francesc de Carreras, «en una sociedad posindustrial avanzada, como lo es la española, la perpetuación de una monarquía depende, en gran medida, de la *auctoritas* del rey y de la familia real».[37] De cualquier modo, la aparente harmonía en la nueva familia real no siempre consigue esconder las tensiones entre sus miembros. El caso más notorio fue el encontronazo entre las dos reinas a la salida de la misa de Pascua en la catedral de Palma de Mallorca, en 2018, cuando doña Letizia intentó impedir reiteradamente que su suegra se fotografiara con las dos nietas. Las imágenes se convirtieron en virales y causaron un gran malestar en la Casa Real. Con posterioridad, las relaciones entre la reina Letizia y los reyes eméritos han mejorado sustancialmente.[38] Las familias reales, al margen del papel cuché, el protocolo y las apariencias, son también, inevitablemente, reales.

Con el inicio de la nueva etapa se produjeron cambios importantes en la Casa Real (oficialmente, Casa de Su Majestad el Rey). Al frente de ella fue nombrado Jaime Alfonsín, el hombre de confianza de Felipe VI desde hacía ya algunos lustros. Para la importante dirección de Comunicación, clave para pilotar el cambio de imagen de la Corona, se recuperó al eficiente Jordi Gutiérrez, que ya trabajó en esta área hasta 2009 y que mantenía excelentes relaciones con los entonces príncipes. La labor realizada en la web de la institución (casareal.es) merece ser destacada. Completaban el equipo, a principios de 2019, los siguientes militares y civiles: Domingo Martínez Palomo (Secretaría general), Juan Ruiz Casas (Cuarto militar), Emilio Tomé de la Vega (gabinete de Planificación y Coordinación), Miguel Ángel Herráiz (servicio de Seguridad), Isaías Peral (Administración, infraestructura y servicios), Alfredo Martínez Serrano (Protocolo) y Beatriz Rodríguez Alcobendas (Intervención). Como jefes de las secretarías de la reina Letizia y del rey Juan Carlos I fungían, respectivamente, José Manuel Zuleta y Alejandro y Alfonso Sanz Portolés. Alrededor de medio millar de personas trabajaban a diario en Zarzuela a sus órdenes, sin contar a los miembros de la Guardia real.

Pocas semanas después de la proclamación de Felipe VI, la Casa Real encargó una auditoría externa de sus cuentas y solicitó al gobierno ser incluida en la nueva ley de transparencia que debía entrar en vigor en enero de 2015. Asimismo, se rebajó el sueldo del monarca

37 *Carreras*, Un demócrata cercado, 113.
38 *Mariángel Alcázar*, Sofía, la reina que lo sigue siendo, en: La Vanguardia, suplemento Vivir, 2.11.2019.

en un veinte por ciento y se prohibió a los miembros de su familia trabajar para empresas, tener negocios en el sector privado o empleos otros que la representación institucional. El principio de austeridad y la contención del gasto, acorde a un tiempo todavía marcado por los coletazos de las crisis de principios del siglo XX, guiaban estas decisiones. La ejemplaridad y la pulcra gestión económica de la Corona contribuyen, sostiene Luis María Cazorla, a la legitimidad funcional o de ejercicio de la monarquía. Desde la entronización de 2014 se dieron pasos rápidos y decisivos en la incorporación de las pautas rectoras de la gestión económica del sector público, en los controles internos y externos y en la transparencia. En comparación con sus homólogas europeas y las repúblicas vecinas, la monarquía española no resulta demasiado costosa. La ley de Presupuestos generales del Estado fijaba, en 2018, una dotación de casi 7,9 millones de euros para la Casa Real, casi trece veces menos que la jefatura del Estado republicano francés y muy por debajo de la del Gran ducado de Luxemburgo.[39]

A pesar de la nueva política de transparencia y apertura implementada, desde algunos medios de comunicación se sigue acusando a la Casa del rey de secretismo u opacidad informativa. El principal terreno de disputa corresponde a las vacaciones reales y, en concreto, a la negativa a desvelar el lugar en donde estas transcurren. El argumento según el cual se trata de la vida privada de los miembros de la familia del monarca recibe como respuesta que esta no es una familia como las otras, o bien que dichas escapadas las pagan los españoles con sus impuestos. El tema es complejo y se mezclan en su formulación intereses y consideraciones de distinta índole. Algunas interrogaciones resultan, no obstante, pertinentes: ¿tienen derecho los reyes, como toda persona, a disfrutar de unos días al año fuera de los focos y del seguimiento cotidiano que se hace de sus vidas? ¿la indignación de algunos periodistas responde más a un prurito de transparencia y deber de información o bien a los beneficios pecuniarios que podrían generar fotografías y reportajes vacacionales? ¿deberían los reyes de España, como hacen otros *royals* europeos, privilegiar y, en consecuencia, fomentar los destinos turísticos nacionales? La cuestión no permite, en un mundo como el de hoy, entrever soluciones a gusto de todas las partes.

III. La monarquía y los desafíos populistas

El rompedor comienzo del reinado de Felipe VI topó con dificultades inesperadas, que pusieron a prueba el rigor, la lealtad constitucional, la imparcialidad, la neutralidad, la prudencia, la paciencia y la firmeza, por separado o juntos, del flamante monarca y de la Corona. Sobresalen, en particular, dos núcleos políticos que han convertido el ataque al rey y a la monarquía en objetivo privilegiado y cuatro momentos especialmente complicados entre 2014 y 2018. En la España de Felipe VI, los ataques recibidos por la Corona y la monarquía no han sido pocos. Cierto es que con anterioridad a 2014 y, especialmente, en el sexenio más o menos «horrible» precedente, las críticas eran frecuentes. Existe, sin embargo, una diferencia entre el antes y el después, aunque a veces los actores sean los mismos. En el último lustro se han consolidado dos núcleos, distintos a pesar de alguna convergencia, ambos populistas, que hacen del derribo de la monarquía un auténtico objetivo, usando todas las posibilidades ofrecidas por los espacios político, mediático y virtual: el independentismo catalán y la izquierda populista.

39 *Luis María Cazorla Prieto*, Legitimidad monárquica y gestión económica de la Corona. Cizur Menor 2018.

El auge de ambos campos tiene mucho que ver con los efectos, en el terreno de la política, del escenario de policrisis vivido desde 2008.[40]

Nacionalismo catalán no siempre ha rimado con república. Francesc Cambó y Francesc Macià ejemplifican dos opciones disímiles: uno se movió, en el primer tercio del siglo XX, entre el accidentalismo y la defensa de la monarquía –por ejemplo, Cambó escribió en su dietario, en noviembre de 1937, que «no soy monárquico de sentimiento», pero «la reflexión me ha hecho ver que en España– la España de hoy –no puede haber orden y paz sin monarquía», mientras que el otro estuvo al frente de ERC y proclamó la República en 1931. Tanto Jordi Pujol como los nacionalistas moderados se sintieron cómodos, en el último cuarto del siglo XX, en el juancarlismo. El proceso independentista, el llamado «procés», se llevó por delante, desde principios del siglo XXI, toda tentación accidentalista y convirtió a los creyentes en la república prometida en contrarios acérrimos de la monarquía.[41] De hecho, si la odiada Constitución española de 2018 reza que el rey es el símbolo de la unidad y permanencia del Estado español (art. 56.1), este deviene, lógicamente, el pilar del sistema a abatir. El objetivo final justifica vulnerar la legalidad y despreciar a los que piensan distinto. El mensaje de Felipe VI, el 3 de octubre de 2017, como veremos más adelante, convirtió al monarca en el enemigo por excelencia de la Cataluña fracturada del independentismo. El presidente de la Generalitat, el supremacista Quim Torra, ha reclamado al rey en varias ocasiones que «pida disculpas al pueblo de Cataluña» por el discurso de marras.[42]

El combate del nacionalismo catalán contra la monarquía está repleto de acciones simbólicas y actuaciones contundentes– las experiencias del independentismo de la *kale borroka* vasca no han sido desaprovechadas, –pero carece de argumentario. Las emociones se imponen, en todo momento, a la razón. La nefasta monarquía supone, simplemente, lo contrario de la buena república idealizada. La realidad, sin embargo, es tozuda y día tras día nos muestra que existe mucha más libertad y democracia en la España de Felipe VI que en la república catalana imaginada de los dirigentes independentistas. En Cataluña se siguen quemando ocasionalmente fotos del rey, como antaño, pero en los últimos tiempos han proliferado otros variopintos actos anti-monárquicos, jaleados por las bases independentistas y oportunamente publicitados en la televisión y radio públicas al servicio de la Generalitat independentista: carteles, pegatinas y pintadas– con lemas del tipo «Cataluña no tiene rey» –o fotografías del monarca boca abajo; retirada de nombres del callejero vinculados a la monarquía– el ayuntamiento barcelonés presidido por Ada Colau constituye un buen ejemplo[43]; –declaración del rey como persona *non grata* en algunos municipios y reprobación en el *Parlament*, en donde se pidió la abolición de la monarquía en octubre de 2018; desprecios y desplantes por parte de las autoridades catalanas– en la manifestación de agosto de 2017 contra los atentados de Barcelona-Cambrils, en los Juegos del Mediterráneo de 2018 o bien en el Mobile World Congress de 2019; –ofensas y descalificaciones de toda índole, o, entre

40 *Jordi Canal*, Epílogo. La difícil salida de las crisis, 2010–2017: una lectura política, en: Jordi Canal (ed.), Historia contemporánea de España Vol. 2. Barcelona 2017, 531–579.

41 *Francesc Cambó*, Meditacions. Dietari (1936–1940). Barcelona 1982, 219; *Jordi Canal*, Con permiso de Kafka; *Xavier Salvador*, ¿Qué pasa en Cataluña con la monarquía?, en: Crónica Global, 29.10.2018, URL: https://cronicaglobal.elespanol.com/pensamiento/zona-franca/cataluna-monarquia_195245_102.html. [26.03.2020].

42 Torra torna a exigir les disculpes del Rei, en: e-notícies, 20.06.2018, URL: https://politica.e-noticies.cat/torra-torna-a-exigir-les-disculpes-del-rei-118244.html [26.03.2020].

43 *Xavier Roig*, Barcelona y la Corona, en: El País, suplemento Cataluña, 25.02.2019.

otros más, boicots y vetos a entidades como la Fundación Princesa de Gerona. Todo aquello que pueda contribuir al desprestigio de los reyes o la monarquía es, asimismo, difundido y magnificado. Refiriéndose a Felipe VI, el expresidente de la Generalitat, Carles Puigdemont, fugado en Bélgica desde finales de 2017, ha declarado recientemente: «A este señor (…) no hay que ponerle las cosas fáciles.»[44] Como escribiera el periodista Xavier Rius, el rey de España se ha convertido en la gran bestia negra del independentismo –más aún, si cabe, tras la retirada política de Mariano Rajoy.[45]

El segundo núcleo identificado, la izquierda populista organizada en torno a Podemos y sus confluencias y, asimismo, a Izquierda Unida, en cambio, sin rehuir lo simbólico– reprobaciones en ayuntamientos o referéndums universitarios, –se ha centrado en la elaboración de un conjunto de tesis y diatribas contra la monarquía, débiles en su formulación y sustento, pero muy efectivas. Destacan, en este sentido, las intervenciones públicas o los artículos de Pablo Iglesias, Juan Carlos Monedero, Pablo Echenique y Alberto Garzón. Las iniciativas parlamentarias, en especial para pedir comisiones de investigación o la comparecencia del rey emérito en el Congreso, tampoco han faltado. Para estos grupos, la monarquía constituye la pieza fundamental del denostado «régimen del 78» y, en consecuencia, el elemento que debe ser debilitado y desprestigiado en aras de un cambio radical en la configuración de la democracia española. A diferencia del independentismo catalán, con el que comparten planteamientos populistas, no contemplan, como mínimo inicialmente, un enfrentamiento que vulnere ninguna legalidad, sino una pugna en el seno del marco democrático y constitucional. La inmadurez política, sin embargo, no disculpa una cierta irresponsabilidad. El filósofo Manuel Cruz, siempre agudo e inteligente, ha hablado en este sentido de «republicanismo de mercadillo».[46]

Pablo Echenique publicó en diciembre de 2017, en *El Confidencial*, un artículo titulado «¿Para qué sirve la monarquía?», que agrupaba buena parte de los reproches izquierdistas a esta institución: existen pocas monarquías en el mundo, tener un rey es anacrónico, la monarquía es antidemocrática, el rey les sale muy caro a los españoles, la monarquía española es partidista y no soluciona problemas sino que los agrava, esta monarquía tiene orígenes franquistas, Juan Carlos I ha llevado siempre un «escandaloso tren de vida», en la situación actual ya no hace falta un rey. En definitiva, sostiene el dirigente de la formación morada, «resulta obvio que la monarquía es una institución de otro tiempo que es muy difícil de explicar en términos democráticos en un país moderno en pleno siglo XXI». Tras los enunciados, no obstante, brillan por su ausencia los comentarios explicativos o las demostraciones. Las afirmaciones carecen de sustento, como si la razón populista no los necesitara. Terminaba el texto con una airada crítica a Felipe VI por su discurso del 3 de octubre, calificado de durísimo, estrepitosamente fracasado, idéntico al del PP, partidista y falto de autocrítica.[47] Meses después, a fines de julio

44 Puigdemont culpa el Rei, en: e-notícies, 24.05.2019, URL: https://politica.e-noticies.cat/puigdemont-culpa-el-rei-124292.html [26.03.2020].

45 El Rei substitueix Rajoy com a bèstia negra del sobiranisme, en: e-notícies, 19.06.2018, URL: https://comunicacio.e-noticies.cat/el-rei-substitueix-rajoy-com-a-bestia-negra-del-sobiranisme-118211.html [26.03.2020]; Ara, el 'dolent' és El Rei, en: e-notícies, 24.07.2018, URL: https://confidencial.e-noticies.cat/ara-el-dolent-es-el-rei-118862.html [26.03.2020]; L'enemic número u del procés, en*: e-notícies*, 10.10.2018, URL: https://politica.e-noticies.cat/lenemic-numero-u-del-proces-120098.html [26.03.2020].

46 *Manuel Cruz*, Republicanismo de mercadillo, en: El Confidencial, 26.01.2019, URL: https://blogs.elconfidencial.com/espana/filosofo-de-guardia/2019-01-26/republicanismo-de-mercadillo_1783354/ [26.03.2020].

47 *Pablo Echenique*, ¿Para qué sirve la monarquía, en: El Confidencial, 25.12.2017, URL: https://blogs.

de 2018, Echenique daba a la luz, en el mismo periódico digital, otro escrito. Allí lanzaba graves acusaciones de corrupción, tráfico de influencias y enriquecimiento a Juan Carlos I y Felipe VI, mezclándolo todo con las «cloacas del Estado», los pactos de silencio y un supuesto bloqueo de PSOE, PP y Ciudadanos a que los españoles conozcan «la verdad». El ejercicio de demagogia resulta flagrante y– quizás lo que más inquietud provoca –nada parece requerir la más mínima justificación por parte del autor, que usa la forma interrogativa para sembrar dudas sin tener que entrar en el fondo de ningún tema.[48]

Más comedido parece el líder de Podemos Pablo Iglesias en sus textos, sobre todo en los más recientes. Algunos analistas lo atribuyen a los efectos de la paternidad y a la evolución de las encuestas.[49] Una cuestión recurrente en sus intervenciones es la contraposición entre Juan Carlos I, «un personaje difícil de querer», y Felipe VI, «un señor muy formado políticamente» y «un tipo cordial, amable, sensato».[50] En noviembre de 2018 apareció un artículo de este líder populista en *El País*, encabezado por la interrogación siguiente: «¿Para qué sirve hoy la monarquía?». Pretendía ser, en parte, una respuesta a un editorial del diario de 4 del mismo mes. Tras reconocer que en la Transición democrática española la monarquía había tenido su utilidad, aunque a un alto precio, en la actualidad, sostenía, ya no era así: «Desde el momento en que la monarquía ya no es el precio a pagar para contar con un sistema de libertades (…) su función histórica para la democracia española ha perdido su sentido.» Mientras que el 23-F (1981) reforzó al rey Juan Carlos I, aseguraba Iglesias, el 3-O (2017) había debilitado a Felipe VI.[51] Los argumentos para poder afirmar que una república sería mejor que una monarquía para la democracia española no aparecen en ninguno de los párrafos del texto –si dejamos al margen la simpática alusión al acceso a la jefatura del Estado vía elección en lugar de «por fecundación». De nuevo, el vacío tras los grandes enunciados. El artículo de Iglesias, como afirmó acertadamente Javier Cercas unas semanas después, está «plagado de medias verdades, que son las peores mentiras» y fomenta «problemas ficticios en vez de intentar resolver problemas reales».[52]

El debate monarquía-república no es ni debería ser una suerte de tabú en España. La cuestión no resulta, en absoluto, baladí. Sin embargo, un par de condiciones tienen que presidirlo. Ante todo, resulta imprescindible convertirlo en una discusión seria, con argumentos fuertes y sin prejuicios, sin demagogias y con voluntad integradora. La teoría y las abstracciones sobre ambas formas han de ser combinadas con el ejercicio y las prácticas y, evidentemente, con las experiencias y los resultados. Una exigencia de responsabilidad intelectual y moral a los participantes en dicha controversia, tanto desde los medios de comunicación y las redes, como desde la tribuna y el ámbito académico, deviene indispensable. No todo vale. Los argumentos y la razón necesitan imponerse a las acusaciones y las simples emociones. Junto a

elconfidencial.com/espana/tribuna/2017-12-25/para-que-sirve-monarquia_1498078/ [26.03.2020].

48 *Pablo Echenique*, 32 preguntas muy serias sobre la monarquía, en: El Confidencial, 29.07.2018, URL: https://blogs.elconfidencial.com/espana/tribuna/2018-07-29/32-preguntas-muy-serias-sobre-la-monarquia_1598870/ [26.03.2020].

49 *Iván Gil*, El año que transformó la vida política y personal de Pablo Iglesias, en: El Confidencial, 31.12.2018, URL: https://www.elconfidencial.com/espana/2018-12-31/el-ano-transformo-vida-pablo-iglesias-podemos_1731726/ [26.03.2020].

50 *Pablo Iglesias/Enric Juliana*, Nudo España. Barcelona 2018, 159.

51 *Pablo Iglesias*, ¿Para qué sirve hoy la república?, en: El País, 22.11.2018; Regímenes de libertades, en: El País, 4.11.2018.

52 *Javier Cercas*, ¿Para qué sirve hoy la república?, en: El País Semanal, 13.01.2019.

altas dosis de consenso y generosidad, un debate de estas características requiere mucho rigor y honestidad, poco cortoplacismo y tacticismo, y, por encima de todo, responsabilidad. En segundo lugar, resulta imprescindible que el debate tenga lugar en un ambiente lo más sereno posible, en una situación lo más estable posible y en un país lo más recuperado de las crisis posible. No es una disputa, me parece, para hoy, sino para mañana. Desde la izquierda excomunista, pongamos por caso, Joan Saura ha defendido nítidamente esta posición.[53] La situación actual, en la que algunos problemas graves condicionan a la sociedad española– desde el paro y la precariedad entre las nuevas generaciones hasta el desafío independentista catalán, sin olvidar un durísimo enfrentamiento político y una excesiva desconfianza ciudadana ante las instituciones, –no parece ser el escenario más conveniente. Cosas no muy disímiles se pueden decir, al fin y al cabo, de la reforma de la Constitución, más allá de unos retoques puntuales o una lectura más abierta. Una mejora de la situación general podría permitir el desarrollo de un gran debate.

Se anunciaban, más arriba, al lado del par de núcleos políticos que han convertido el ataque al rey y a la monarquía en objetivo privilegiado, un total de cuatro momentos especialmente complicados para la monarquía de Felipe VI entre 2014 y 2018. En primer lugar, el bloqueo provocado desde finales de 2015 hasta octubre del año siguiente por la imposibilidad de formar un gobierno en España. Tras las elecciones generales del 20 de diciembre de 2015, la situación era nueva. El Partido Popular venció en los comicios, con 123 escaños– incluidas las candidaturas regionales con PAR, Foro y UPN, –pero lejos de la mayoría absoluta. Eran 3,5 millones de votos menos que en 2011: de 186 a 123 diputados en el Congreso. Con 90 escaños, 20 menos que en las anteriores elecciones, el PSOE se posicionó en segundo lugar. Podemos obtuvo 42 diputados, a los que hay que añadir los de las formaciones con las que había establecido acuerdos, las llamadas confluencias, como Compromís, En Comú o En Marea, lo que hacía un total de 69. Ciudadanos se hizo con 40 escaños. Los independentistas catalanes de ERC sumaron 9 escaños, 8 la marca de Convergència (Democracia y Libertad), 6 el PNV, 2 Izquierda Unida, 2 EH Bildu y 1 Coalición Canaria-PNC. Por vez primera, en la España de la monarquía parlamentaria posfranquista, se resquebrajaba, aunque fuera solamente de forma relativa, el bipartidismo, lo que iba a significar enormes dificultades para formar una mayoría que facilitase la elección de un candidato como presidente del futuro gobierno de España. De las tres rondas de consultas del rey Felipe VI con las formaciones políticas acabaron resultando un par de negativas de Mariano Rajoy (PP) a someterse a la investidura por falta de apoyos suficientes y un intento fallido de Pedro Sánchez (PSOE), a principios de marzo, al no lograr la mayoría parlamentaria requerida. En los meses finales de 2015 y toda la primera parte del año 2016 funcionó un gobierno interino encabezado por Rajoy, con las limitaciones subsiguientes– en toma de iniciativas, gasto e inversiones o política exterior, –en unos momentos todavía muy delicados como consecuencia de las crisis.

La imposibilidad para construir una mayoría parlamentaria para formar gobierno acabó obligando a convocar unas nuevas elecciones para el 26 de junio de 2016. No hubo cambios demasiado significativos. Ni se disparó la abstención, como algunos vaticinaban, ni el Partido Popular perdió fuerza, sino más bien lo contrario. Esta formación pasó de 123 a 137 escaños en el Congreso. Los otros principales partidos, en cambio, se quedaron prácticamente igual o bien empeoraron los resultados del año anterior. Lo más significativo fue, sin duda, la nueva caída del PSOE, que perdía 5 escaños, de 90 a 85. Las semanas siguientes

53 *Joan Saura*, Transición, Monarquía y Constitución, en: El Periódico, 6.12.2018.

iban a ser especialmente movidas en el seno de esta formación. El acuerdo entre grupos se reveló nuevamente difícil. Mientras que Albert Rivera estaba dispuesto a alcanzar un pacto para investir al candidato del partido ganador de las elecciones, al que deseaba sumar al PSOE, Pedro Sánchez anunció por activa y por pasiva que sus diputados no iban a apoyar ni abstenerse en una investidura del candidato del PP. Podemos, mientras tanto, presionaba a los socialistas para que no cedieran e insistía en la posibilidad de un gobierno de izquierdas, siempre con calculada estrategia y la idea de fondo del *sorpasso* final al socialismo. La tensión, tras tantos meses de interinidades, llegó a niveles preocupantes. Tener que ir de nuevo a las urnas inquietaba no solamente a los españoles, sino también a las instituciones europeas y a los mercados mundiales. Rajoy fue propuesto por el rey Felipe VI, pero la investidura no fue otorgada por el pleno del Congreso el 2 de septiembre. El radical «no es no» de Pedro Sánchez acabó por fracturar al socialismo. Los cruces de acusaciones y reproches y, al final, la dimisión de 17 miembros de la ejecutiva para presionar al secretario general para que con la abstención favoreciese la elección de un presidente del gobierno, hicieron del congreso federal del 1 de octubre uno de los más agitados de la historia centenaria del PSOE. Los hechos de aquel día en la sede central socialista de la calle Ferraz terminaron con la dimisión de Sánchez. Una comisión gestora, presidida por el dirigente asturiano Javier Fernández iba a pilotar la formación. El 29 de octubre de 2016, casi en el último momento que marcaban los plazos legales, Rajoy se convirtió nuevamente, en segunda votación, gracias al voto favorable de Ciudadanos y de Coalición Canaria, así como la abstención de 68 diputados socialistas–15 optaron por el no, 7 de los cuales en las filas del PSC, –en presidente del gobierno español.

Fueron, en total, trescientos días de provisionalidad. La gestión del problema por parte del rey fue estrictamente correcta e impecablemente constitucional, desoyendo algunos no neutros cantos de sirena que intentaban impulsar a la Corona a una intervención más política. El artículo 99 de la Constitución, como en su momento ya advirtiera el republicano Heribert Barrera, no era siempre fácilmente aplicable.[54] La falta de gobierno paralizó, al mismo tiempo, la agenda exterior, lo que privó a Felipe VI de unos de sus principales terrenos de actuación. En 2019 se ha vuelto a repetir esta situación y el 10 de noviembre de este año van a repetirse las elecciones legislativas. Los debates sobre la pertinencia, interpretación o posible reforma del artículo 99 se han multiplicado. Alguna formación política, como Podemos y su líder Pablo Iglesias, ha vuelto a intentar implicar más a fondo al rey, contraviniendo la letra constitucional. El desprecio o ignorancia de la ley se junta, en este caso, con la voluntad de fondo de forzar el desgaste de la Corona. Sea como fuere, los auténticos responsables del desaguisado, esto es, la no formación de gobierno y la incapacidad para establecer pactos no son ni el monarca ni la Carta magna, sino la clase política española.[55]

54 *Miguel Revenga Sánchez*, La funcionalidad del artículo 99 de la Constitución ante el caso de un resultado electoral fragmentado: ¿mejorar su aplicación o proponer su reforma, en: Revista Española de Derecho Constitucional 109, 2017, 97–120; *Jesús María Corona Ferrero*, A vueltas con la investidura del Presidente del Gobierno y el artículo 99 de la Constitución Española, en: Corts: Anuario de Derecho Parlamentario, 31, 2018, 345–366; *Javier Tajadura*, Articulo 99, en: Santiago Muñoz Machado (ed.), Comentario mínimo a la Constitución española. Barcelona 2018, 385–388.

55 *Eduardo Álvarez*, El artículo 99 de la Constitución, un avispero para Felipe VI en la formación de Gobierno, en: El Mundo, 23.08.2019; *José Antonio Zarzalejos*, Ni coalición, ni absolución (y el Rey de fondo), en: El Periódico, 15.09.2019; *Ignacio Varela*, Por qué los partidos maltratan al Rey, en: El Confidencial, 16.09.2019, URL: https://blogs.elconfidencial.com/espana/una-cierta-mirada/2019-09-16/por-que-partidos-maltratan-al-rey-espana_2232539/ [26.03.202]; *Pedro Cruz Villalón*, Parlamentarismo y principio de transparencia, en: El País, 24.09.2019.

Corresponde el segundo momento a los efectos de la sentencia del caso Nóos, en febrero de 2017. Este caso constituye un asunto de corrupción que abrió el juez José Castro, a mediados de 2010, como pieza separada del caso Palma Arena, a fin de investigar el presunto desvío de varios millones de euros hacia el Instituto Nóos, creado en 2003 y dirigido por Iñaki Urdangarin y su socio Diego Torres. Esto se hacía a través de convenios suscritos por la entidad, supuestamente sin ánimo de lucro, y la red societaria que habían creado alrededor de ella con entidades públicas, en especial los gobiernos autonómicos de Baleares y la Comunidad Valenciana, en la primera década del siglo. Se les imputaron cargos de malversación, fraude, prevaricación y blanqueo de capitales. Una de las sociedades era Aizoon, propiedad a partes iguales de los duques de Palma. Pese a que Urdangarin desvinculara a la infanta y a la Casa Real de sus manejos, el juez acabó encausando también a doña Cristina: primero, sin éxito, en 2013, y, definitivamente, al año siguiente, por blanqueo y delito fiscal– la Audiencia de Palma de Mallorca confirmó, en noviembre, este último, pero sobreseyó el blanqueo. Todos los intentos de los abogados de Cristina de Borbón no consiguieron librarla del banquillo. El escándalo fue mayúsculo e incalculable el daño para la Corona y la monarquía española.

En la etapa iniciada en 2014, la distinción entre familia del rey y familia real era más necesaria que nunca. Así lo entendió la nueva Casa Real. La desvinculación de los monarcas de la pareja Urdangarin-Borbón, fuente de disgustos y quebraderos de cabeza, era un elemento clave en la afirmación de la ejemplaridad de la Corona. Felipe VI les retiró, en 2015, el título de duques de Palma, concedido por Juan Carlos I, en 1997, con motivo de su boda en la ciudad condal. El juicio del caso Nóos tuvo lugar en la capital balear a partir de enero de 2016, 5 años y medio después del inicio de la instrucción, y se hizo pública la sentencia en febrero de 2017, con un total de 7 condenas y 10 absoluciones. La infanta Cristina era absuelta de colaboración en 2 delitos de su marido, aunque se le imponía una multa de 265.000 euros en calidad de corresponsable civil a título lucrativo. Se condenaba a Urdangarin a 6 años y 3 meses de prisión. Desde la Casa Real se expresó un estricto respeto por las decisiones judiciales. Los implicados interpusieron recursos contra la sentencia– no lo hizo doña Cristina. El Tribunal supremo confirmó la condena del exdeportista, en junio de 2018, aunque la rebajó en 5 meses al absolverle de falsedad en documento público. Quedaba claramente demostrado que este se había aprovechado de su «situación de privilegio», que derivaba de la pertenencia a la antigua familia real. Urdangarin ingresó, el 18 de junio de aquel año, en la cárcel abulense de Brieva. Desoyendo los consejos del entorno regio, la infanta Cristina le visita regularmente en este centro penitenciario. Esta ha sido reintegrada lentamente, tras su absolución, a la agenda de la familia del rey, de la que fue apartada desde principios de la década.

Los días posteriores a los atentados yihadistas en Barcelona y Cambrils del 17-18 de agosto de 2017 constituyen el tercero de los momentos. Las acciones terroristas dejaron, en total, 16 víctimas y numerosos heridos, además de 8 terroristas muertos. La condena a los atentados fue, tanto en España como a nivel internacional, unánime. El 20 de agosto se celebró una misa solemne en la Sagrada Familia en memoria de los fallecidos, con la presencia de los reyes Felipe VI y Letizia y las principales autoridades catalanas y españolas. El cardenal y arzobispo de Barcelona Juan José Omella pronunció una homilía en defensa de la paz y de la unión y contra las divisiones en la sociedad. Al terminar el acto, ya en la sacristía, el presidente de la Generalitat Carles Puigdemont abroncó a Omella al considerar inaceptables sus palabras. Ni el uso del castellano ni la defensa de la unidad para ser más fuertes, en una época en la que lo que estaba en primer plano para los independentistas catalanes era la separación, fueron del gusto de Puigdemont. El 26 tuvo lugar una gran manifestación en Barcelona de repulsa contra los atentados y el terrorismo y a favor de la paz y la convivencia, con el lema «*No tinc por*» (No tengo miedo). Los reyes regresaron a la ciudad condal para participar en ella– era la primera vez que un monarca español participaba en un acto de este tipo. La cabecera de la manifestación estuvo ocupada de forma honorífica por miembros de los diversos cuerpos de seguridad y emergencias que participaron en el dispositivo de ayuda a las víctimas, mientras que en una segunda cabecera se situaron las autoridades, encabezadas por el rey Felipe VI, los presidentes Rajoy y Puigdemont y la alcaldesa Colau, junto con políticos y autoridades de toda España. La convocatoria se vio pronto enrarecida por los pitidos y abucheos destinados al rey Felipe VI y al presidente del gobierno, así como la significativa y calculada presencia de banderas independentistas– «*estelades*», estrelladas –y pancartas que vinculaban al gobierno español y a la Corona con la violencia en Oriente Próximo. Tanto el independentismo, desde el gobierno autonómico y desde las asociaciones Assemblea Nacional Catalana (ANC) y Ómnium Cultural, como la extrema izquierda– sin alusiones al islamismo radical y a los terroristas, pero sí muchísimas a la supuesta islamofobia –intentaron convertir una manifestación contra unos atentados terroristas en un altavoz y puesta en escena de sus propias reivindicaciones. La cara más institucional de la monarquía fue reforzada por la paciencia de su titular. Las polémicas se extendieron varios días, en los medios de comunicación y sobre todo en las redes sociales, alrededor de distintos temas: la actuación de los Mossos, la policía autonómica; la poca colaboración entre los distintos cuerpos de seguridad y la incapacidad para haber detectado los manejos islamistas en Cataluña; la pasiva reacción– e, incluso, satisfacción –de las autoridades catalanas ante los abucheos recibidos por el rey y otras personalidades; o, asimismo, la no instalación en las Ramblas barcelonesas de bolardos, a pesar de las recomendaciones hechas desde el Ministerio del Interior. El enrarecido ambiente en Cataluña hizo que los verdaderos problemas de la amenaza islamista y su penetración en la región, tantas veces denunciada, pasasen a un segundo plano.

Finalmente, el cuarto de los momentos nos traslada de nuevo a Cataluña, en septiembre y octubre del mismo año 2017, con motivo del desafío y golpe independentista. El «procés» ha constituido una de las más graves crisis del Estado en la época democrática. La situación iba a impulsar a Felipe VI a pronunciar un importante y algo controvertido discurso la noche del 3 de octubre. Comenzaba asegurando que se estaban viviendo «momentos muy graves para nuestra vida democrática», refiriéndose a la pretensión de la Generalitat de proclamar ilegalmente la independencia de Cataluña, lo que justificaba su pretensión de dirigirse a todos los españoles. Y, acto seguido, añadía:

> «Desde hace ya tiempo, determinadas autoridades de Cataluña, de una manera reiterada, consciente y deliberada, han venido incumpliendo la Constitución y su Estatuto de Autonomía, que es la Ley que reconoce, protege y ampara sus instituciones históricas y su autogobierno.
>
> Con sus decisiones han vulnerado de manera sistemática las normas aprobadas legal y legítimamente, demostrando una deslealtad inadmisible hacia los poderes del Estado. Un Estado al que, precisamente, esas autoridades representan en Cataluña.
>
> Han quebrantado los principios democráticos de todo Estado de Derecho y han socavado la armonía y la convivencia en la propia sociedad catalana, llegando– desgraciadamente –a dividirla. Hoy la sociedad catalana está fracturada y enfrentada. Esas autoridades han menospreciado los afectos y los sentimientos de solidaridad que

han unido y unirán al conjunto de los españoles, y con su conducta irresponsable incluso pueden poner en riesgo la estabilidad económica y social de Cataluña y de toda España.

En definitiva, todo ello ha supuesto la culminación de un inaceptable intento de apropiación de las instituciones históricas de Cataluña. Esas autoridades, de una manera clara y rotunda, se han situado totalmente al margen del derecho y de la democracia. Han pretendido quebrar la unidad de España y la soberanía nacional, que es el derecho de todos los españoles a decidir democráticamente su vida en común.

Por todo ello y ante esta situación de extrema gravedad, que requiere el firme compromiso de todos con los intereses generales, es responsabilidad de los legítimos poderes del Estado asegurar el orden constitucional y el normal funcionamiento de las instituciones, la vigencia del Estado de Derecho y el autogobierno de Cataluña, basado en la Constitución y en su Estatuto de Autonomía.»

Hasta aquí la primera parte del discurso. Cumplía el monarca al pie de la letra el texto constitucional, que le asigna, como vimos en el primer apartado de este trabajo, el arbitraje y moderación del funcionamiento regular de las instituciones. Era una intervención extraordinaria provocada por unos hechos gravísimos, que alteraban sustancialmente el funcionamiento institucional y atentaban contra la legalidad y la unidad española. La segunda parte estaba, en cambio, dedicada a mandar tres mensajes con distinto destinatario. En primer lugar, a todos los ciudadanos de Cataluña: desde hacía décadas España constituía un Estado democrático, que «ofrece las vías constitucionales para que cualquier persona pueda defender sus ideas dentro del respeto a la ley». Sin este respeto a la ley, sostenía, «no hay convivencia democrática posible en paz y libertad». El segundo mensaje estaba dirigido a los catalanes preocupados e inquietos con la conducta de sus autoridades autonómicas: Felipe VI les decía que no estaban ni estarían solos y que «tienen el apoyo y la solidaridad del resto de los españoles, y la garantía absoluta de nuestro Estado de Derecho en la defensa de su libertad y de sus derechos». Finalmente, todos los españoles, que «viven con desasosiego y tristeza estos acontecimientos», eran destinatarios de un tercer mensaje, de tranquilidad, confianza y esperanza. Tras asegurar que los complejos momentos actuales iban a ser superados y que en la España del futuro también iba a estar Cataluña, añadía como despedida, dirigiéndose a todo el pueblo español, «el firme compromiso de la Corona con la Constitución y con la democracia, mi entrega al entendimiento y a la concordia entre españoles, y mi compromiso como Rey con la unidad y la permanencia de España». [56]

El mensaje real no solo era constitucionalmente impecable, sino también muy oportuno, tanto para señalar responsabilidades (e irresponsabilidades) e integrar a los catalanes invisibilizados– en un conflicto que no enfrentaba a Cataluña con España, sino a dos Cataluñas, –como para hacer posible el consenso de los demócratas y forzar el abandono de la táctica pasiva del gobierno, parcialmente culpable del deterioro de la situación desde 2012. Mariano Rajoy dio el visto bueno a la intervención, aunque era evidente su desacuerdo, en una reunión celebrada a mediodía del mismo 3 de octubre.[57] No puede obviarse la carga de

56 Mensaje de Su Majestad el Rey, 3.10.2017, URL: http://www.casareal.es/ES/Actividades/Paginas/actividades_discursos_detalle.aspx?data=5716 [26.03.2020].

57 *Pilar Santos/Juan Ruiz Sierra*, El Rey pronunció el discurso del 3-O pese a las dudas del Gobierno, en: El Periódico, 3.10.2018.

decepción y de tristeza de algunas de las palabras de monarca, que desde joven ha sido muy sensible a todo lo catalán. El discurso de Felipe VI ha sido comparado con el pronunciado por su padre en la madrugada del 24 de febrero de 1981: en unos casos, para destacar el valor fundacional y legitimador de ambos; en otros, de la mano de populistas e independentistas, para criticar al rey, afeándole la acción e intentando desprestigiarle. Dos momentos políticos, dos monarquías, dos Españas y dos golpes distintos, es cierto, pero, por encima de todo, unas cuestiones que en ambos casos tocan de lleno las funciones de un monarca que no gobierna, pero que sí reina. Puede afirmarse que, en general, el discurso fue bien recibido entre los españoles, excepto en algunos sectores de la izquierda más anti-monárquica. Lo fue, asimismo, por los catalanes no independentistas, que respiraron con algo más de tranquilidad en pleno asedio procesista. Entre los nacionalistas catalanes– y de otros nacionalismos subestatales, –en cambio, el discurso cayó como un mazazo. Tres argumentos se escucharon o leyeron en aquel entonces: no había utilizado el catalán en el discurso, no tenía palabras para los heridos– o supuestos heridos, en la inmensa mayoría de los casos –del 1 de octubre y no había hablado de diálogo. Los dos últimos argumentos nada tenían que ver con el objeto central de la alocución y no eran en aquel marco procedentes. El rey se dirigió a todos los españoles y por ello el uso exclusivo de la lengua castellana– una lengua, bueno es recordarlo, tan catalana como el propio catalán –era lógico. Los independentistas se fabricaron entonces, si les faltaba uno más, otro buen motivo para ser republicanos y anti-monárquicos.

Teniendo en cuenta todas las dificultades anteriores, el balance de los cuatro primeros años del reinado de Felipe VI resulta altamente positivo. A pesar de los ataques que recibe y el ruido mediático y en las redes, la monarquía no constituye un problema para España, como muestran las encuestas del Centro de Investigaciones Sociológicas entre 2014 y 2018, sino todo lo contrario. La recuperación de la imagen de la monarquía y de la familia real resulta nítida. La encuesta publicada por *Vanitatis* y el periódico digital *El Confidencial*, en junio de 2019, ofrece los resultados siguientes: un 50,8% de los españoles se declaran monárquicos y un 46,1% prefieren la república; Cataluña y el País Vasco son las regiones menos monárquicas; el 67,3% aprueban la actuación de Felipe VI como rey de España y destacan la profesionalidad como su principal atributo de imagen; y, asimismo, valoran a Felipe VI con un 6,3 sobre 10, mientras que la reina Sofía recibe un 6,7 y don Juan Carlos un 4,9 En una encuesta de Sigma Dos para el diario *El Mundo*, publicada poco después de la anterior, la labor de Felipe VI en su primer lustro de reinado es valorada positivamente por más de 6 de cada 10 ciudadanos– 24% muy bien y 38,3% bien, –mientras que lo es negativamente por 2 de cada 10-10'8 muy mal y 10% mal.[58] España, aunque no explícitamente monárquica, empieza a ser sólidamente felipista. El estricto respeto y cumplimiento de la Constitución de 1978 ha sido, sin duda, uno de sus principales aciertos.

58 *Canal*, La monarquía, 89; *Roberto Benito*, El Rey recupera la imagen de la Corona y logra el apoyo general de los españoles, en: El Mundo, 1.07.2019; *Cote Villar/Núria Tiburcio/Nacho Gay*, Adiós al juancarlismo: los datos demuestran que España ya es felipista, en: Vanitatis-El Confidencial, 19.06.2019, URL: https://www.vanitatis.elconfidencial.com/casas-reales/2019-06-19/monarquia-encuesta-vanitatis-espana-felipista_2076535/ [26.03.2020].

DIE SPANISCHE VERFASSUNG

Gebilligt durch die Cortes in den am 31. Oktober 1978 abgehaltenen Vollversammlungen des Kongresses der Abgeordneten und des Senats

Ratifiziert vom spanischen Volk durch Referendum vom 6. Dezember 1978

Sanktioniert durch seine Majestät den König vor den Cortes am 27. Dezember 1978

Inhaltsverzeichnis

Schlussbestimmung

Juan Carlos I, König von Spanien, gibt allen, die hiervon Kenntnis erlangen mögen, zu wissen: Dass die nachstehende Verfassung durch die Cortes gebilligt und durch das spanische Volk ratifiziert wurde:

PRÄAMBEL

DIE spanische Nation, von dem Wunsch beseelt, Gerechtigkeit, Freiheit und Sicherheit herzustellen und dem Wohl aller ihrer Bürger förderlich zu sein, verkündet in Ausübung ihrer Souveränität ihren Willen,
DAS demokratische Zusammenleben im Schutze der Verfassung und der Gesetze und im Rahmen einer gerechten Wirtschafts- und Sozialordnung zu gewährleisten;
EINEN Rechtsstaat zu konsolidieren, der die Herrschaft des Gesetzes als Ausdruck des Willens des Volkes gewährleistet;
ALLE Spanier und Völker Spaniens bei der Ausübung der Menschenrechte und bei der Pflege ihrer Kultur und Traditionen, Sprache und Institutionen zu schützen;
DEN Fortschritt von Wirtschaft und Kultur zu fördern, um würdige Lebensverhältnisse für alle zu sichern;
EINE fortgeschrittene, demokratische Gesellschaft zu errichten;
BEI der Vertiefung friedlicher und von guter Zusammenarbeit gekennzeichneter Beziehungen zwischen allen Völkern der Erde mitzuwirken.
KRAFT dessen beschließen die Cortes und ratifiziert das spanische Volk die folgende:

VERFASSUNG

VORTITEL

Artikel 1.
(1) Spanien konstituiert sich als demokratischer und sozialer Rechtsstaat und bekennt sich zu Freiheit, Gerechtigkeit, Gleichheit und politischem Pluralismus als obersten Werten seiner Rechtsordnung.
(2) Das spanische Volk, von dem alle Staatsgewalt ausgeht, ist Träger der nationalen Souveränität.
(3) Die Staatsform des spanischen Staates ist die parlamentarische Monarchie.

Artikel 2.
Die Verfassung stützt sich auf die unauflösliche Einheit der spanischen Nation, gemeinsames und unteilbares Vaterland aller Spanier, und anerkennt und gewährleistet das Recht auf Autonomie der Nationalitäten und Regionen, die Bestandteil der Nation sind, und auf die Solidarität zwischen ihnen.

Artikel 3.
(1) Das Kastilische ist die offizielle spanische Amtssprache. Alle Spanier haben die Pflicht, sie zu kennen, und das Recht, sie zu benutzen.
(2) Die weiteren spanischen Sprachen sind in den Autonomen Gemeinschaften und gemäß ihren jeweiligen Statuten ebenfalls offiziell.
(3) Der Reichtum der sprachlichen Verschiedenheiten Spaniens ist ein Kulturgut, das besonders zu achten und zu schützen ist.

Artikel 4.
(1) Die spanische Flagge besteht aus drei Querstreifen: rot, gelb rot; der gelbe Streifen hat die doppelte Breite jedes der roten.
(2) In den Statuten können eigene Flaggen und Kennzeichen der Autonomen Gemeinschaften anerkannt werden. Sie werden auf und in öffentlichen Gebäuden und bei offiziellen Anlässen zusammen mit der spanischen Fahne gehisst.

Artikel 5.
Hauptstadt des Staates ist die Stadt Madrid.

Artikel 6.
Die politischen Parteien sind Ausdruck des politischen Pluralismus, wirken bei der Willensbildung des Volkes und deren Äußerung mit und sind Hauptinstrument der politischen Beteiligung. Ihre Gründung und die Ausübung ihrer Tätigkeit sind im Rahmen der Achtung der Verfassung und des Gesetzes frei. Ihre innere Struktur und ihre Arbeitsweise müssen demokratisch sein.

Artikel 7.
Die Gewerkschaften und Unternehmerverbände verteidigen und fördern die ihnen eigenen wirtschaftlichen und sozialen Interessen. Ihre Gründung und die Ausübung ihrer Tätigkeit sind im Rahmen der Achtung der Verfassung und des Gesetzes frei. Ihre innere Struktur und ihre Arbeitsweise müssen demokratisch sein.

Artikel 8.
(1) Den Streitkräften, bestehend aus Heer, Flotte und Luftwaffe, obliegt es, die Souveränität und Unabhängigkeit Spaniens zu gewährleisten und seine territoriale Integrität und verfassungsmäßige Ordnung zu verteidigen.
(2) Ein Organgesetz (Verfassungsgesetz) regelt die Grundlagen der Militärorganisation im Rahmen der vorliegenden Verfassung.

Artikel 9.
(1) Die Bürger und die öffentlichen Gewalten sind an die Verfassung und die übrige Rechtsordnung gebunden.
(2) Den öffentlichen Gewalten obliegt es, die Bedingungen dafür zu schaffen, dass Freiheit und Gleichheit des Einzelnen und der Gruppe, in die er sich einfügt, real und wirksam sind, die Hindernisse zu beseitigen, die ihre volle Entfaltung unmöglich machen oder erschweren, und die Teilnahme aller Bürger am politischen, wirtschaftlichen, kulturellen und sozialen Leben zu erleichtern.

(3) Die Verfassung gewährleistet das Prinzip der Legalität, die normative Rangordnung, die Öffentlichkeit der Normen, die Nichtrückwirkung der Sanktionsnormen, die sich ungünstig oder restriktiv auf die Rechte des Einzelnen auswirken, die Rechtssicherheit, die Verantwortlichkeit und das Verbot der Willkür seitens der öffentlichen Gewalten.

TITEL I
Die Grundrechte und -pflichten

Artikel 10.
(1) Die Würde des Menschen, die ihm zustehenden unverletzlichen Menschenrechte, die freie Entfaltung der Persönlichkeit, die Achtung des Gesetzes und der Rechte anderer sind Grundlage der politischen Ordnung und des sozialen Friedens.
(2) Die auf die in der Verfassung anerkannten Grundrechte und -freiheiten bezüglichen Normen werden in Übereinstimmung mit der Allgemeinen Erklärung der Menschenrechte und den von Spanien ratifizierten internationalen Verträgen und Abkommen über die gleiche Materie ausgelegt.

KAPITEL I
Spanier und Ausländer

Artikel 11.
(1) Die spanische Staatsangehörigkeit wird gemäß den Bestimmungen des Gesetzes erworben, beibehalten und entzogen.
(2) Keinem gebürtigen Spanier darf die Staatsangehörigkeit entzogen werden.
(3) Der Staat kann mit den iberoamerikanischen Ländern oder solchen, die durch besondere Beziehungen mit Spanien verbunden waren oder sind, Verträge über doppelte Staatsangehörigkeit abschließen. In diesen selben Ländern können Spanier ohne den Verlust ihrer durch Geburt erworbenen Staatsbürgerschaft das Bürgerrecht erhalten, selbst wenn die betreffenden Länder ihren Bürgern kein Recht auf Gegenseitigkeit einräumen.

Artikel 12.
Die Spanier werden im Alter von 18 Jahren mündig.

Artikel 13.
(1) Ausländer genießen in Spanien nach Maßgabe der Verträge und Gesetze die öffentlichen Freiheiten, die dieser Titel gewährleistet.
(2) Nur Spanier sind der in Art. 23 anerkannten Rechte teilhaftig, mit Ausnahme dessen, was auf der Grundlage von Gegenseitigkeitskriterien für das aktive und passive Wahlrecht bei Gemeindewahlen vertrags- oder gesetzmäßig niedergelegt werden könnte.
(3) Einer Auslieferung wird nur in Erfüllung eines Vertrages oder eines Gesetzes und gemäß dem Gegenseitigkeitsprinzip stattgegeben. Die Auslieferung erstreckt sich nicht auf politische Delikte, wobei Terrorakte nicht als solche betrachtet werden.
(4) Das Gesetz legt die Bedingungen fest, nach denen Bürger anderer Länder und Staatenlose Asylrecht in Spanien genießen können.

KAPITEL II
Rechte und Freiheiten

Artikel 14.
Die Spanier sind vor dem Gesetz gleich, und niemand darf wegen seiner Abstammung, seiner Rasse, seines Geschlechtes, seiner Religion, seiner Anschauungen oder jedweder anderer persönlicher oder sozialer Umstände diskriminiert werden.

ABSCHNITT 1
Die Grundrechte und die öffentlichen Freiheiten

Artikel 15.
Alle haben das Recht auf Leben und körperliche und moralische Unversehrtheit, und niemand darf jemals der Folterung oder unmenschlichen und entwürdigenden Strafen oder Behandlungen ausgesetzt werden. Die Todesstrafe ist abgeschafft, mit Ausnahme der Bestimmungen, die die militärischen Strafgesetze für Kriegszeiten festlegen können.

Artikel 16.
(1) Die Freiheit des ideologischen Bekenntnisses, der Religion und des Kultes wird dem Einzelnen und den Gemeinschaften gewährleistet; sie wird in ihren Ausdrucksformen lediglich durch die vom Gesetz geschützte Notwendigkeit der Wahrung der öffentlichen Ordnung begrenzt.
(2) Niemand darf gezwungen werden, sich zu seiner Ideologie, seiner Religion oder seinem Glauben zu äußern.
(3) Es gibt keine staatliche Konfession. Die öffentlichen Gewalten berücksichtigen die religiösen Anschauungen der spanischen Gesellschaft und unterhalten die entsprechenden, auf Zusammenarbeit ausgerichteten Beziehungen zur katholischen Kirche und den übrigen Konfessionen.

Artikel 17.
(1) Jeder hat das Recht auf Freiheit und Sicherheit. Ein Freiheitsentzug darf nur unter Berücksichtigung der Bestimmungen dieses Artikels und nur nach Maßgabe der vom Gesetz bestimmten Fälle und Form stattfinden.
(2) Die vorläufige Festnahme darf die für die Ermittlungen, die zur Klärung des Sachverhaltes führen sollen, unbedingt notwendige Zeit nicht überschreiten; in jedem Fall muss der Festgenommene nach einer Höchstfrist von zweiundsiebzig Stunden freigelassen oder der Justizbehörde übergeben werden.
(3) Jede festgenommene Person muss unverzüglich und auf für sie verständliche Art und Weise über ihre Rechte und die Gründe ihrer Festnahme informiert werden. Gemäß den gesetzlichen Bestimmungen wird dem Festgenommenen die Unterstützung eines Anwalts bei den polizeilichen oder richterlichen Ermittlungen gewährleistet.
(4) Das Gesetz wird ein Habeascorpus-Verfahren vorsehen, nach dem jede illegal festgenommene Person unverzüglich dem Richter vorzuführen ist. Das Gesetz bestimmt ebenso die Höchstfrist der Dauer der Untersuchungshaft.

Artikel 18.
(1) Das Recht auf Ehre, auf die persönliche und familiäre Intimsphäre und auf das eigene Image wird gewährleistet.
(2) Die Wohnung ist unverletzlich. Betretungen oder Durchsuchungen dürfen nicht ohne die Einwilligung des Inhabers oder ohne Gerichtsentscheidung vorgenommen werden, mit Ausnahme der Fälle, bei denen es sich um in flagranti festgestellte Delikte handelt.
(3) Das Kommunikationsgeheimnis sowie insbesondere das Post- und Fernmeldegeheimnis werden außer im Falle einer Gerichtsentscheidung gewährleistet.
(4) Das Gesetz beschränkt den Einsatz der Informatik zwecks Gewährleistung der Ehre sowie der persönlichen und familiären Intimsphäre der Bürger und der vollen Ausübung ihrer Rechte.

Artikel 19.
Die Spanier haben das Recht auf freie Wahl des Wohnsitzes und auf Freizügigkeit im Hoheitsgebiet des Staates.
Ebenso haben sie das Recht, gemäß den gesetzlichen Bestimmungen frei von und nach Spanien aus- oder einzureisen. Dieses Recht darf nicht aus politischen oder ideologischen Gründen eingeschränkt werden.

Artikel 20.
(1) Folgende Rechte werden anerkannt und geschützt:
a) das Recht auf freie Meinungsäußerung und Verbreitung von Gedanken und Meinungen in Wort, Schrift oder jedwedem anderen Medium;
b) das Recht auf literarische, künstlerische, wissenschaftliche und technische Produktion und Schöpfung;
c) das Recht auf Lehrfreiheit;
d) das Recht auf freie und wahre Berichterstattung sowie deren Empfang über jedwedes Verbreitungsmedium. Das Gesetz regelt das Recht auf die Gewissensklausel und das Berufsgeheimnis bei der Ausübung dieser Freiheiten.
(2) Die Ausübung dieser Rechte darf durch keinerlei Vorzensur eingeschränkt werden.
(3) Das Gesetz regelt die Organisation und die parlamentarische Kontrolle der vom Staate oder irgendeiner öffentlichen Einrichtung abhängigen sozialen Kommunikationsmedien und gewährleistet den sozial und politisch relevanten Gruppen den Zugang zu denselben unter Wahrung des Pluralismus der Gesellschaft und der verschiedenen Sprachen Spaniens.
(4) Diese Freiheiten werden begrenzt durch die Achtung der in diesem Titel anerkannten Rechte, durch die Vorschriften der sie regelnden Gesetze und besonders durch das Recht auf die Ehre, die Intimsphäre, das eigene Image und den Schutz der Jugend und der Kindheit.
(5) Die Beschlagnahme von Veröffentlichungen, Tonbandaufnahmen und anderen Informationsmedien darf nur kraft Gerichtsentscheidung vorgenommen werden.

Artikel 21.
(1) Das Recht auf friedliche Versammlung ohne Waffen wird anerkannt. Die Ausübung dieses Rechtes bedarf keiner vorherigen Genehmigung.
(2) Von Versammlungen an öffentlichen Stätten und von Demonstrationen ist die zuständige Behörde zuvor in Kenntnis zu setzen. Diese darf selbige nur verbieten, falls berechtigter Anlass zur Annahme einer Störung der öffentlichen Ordnung mit Gefahr für Personen und Güter gegeben ist.

Artikel 22.
(1) Das Recht, Vereine zu bilden, wird anerkannt.
(2) Vereinigungen, deren Zwecke oder Mittel als Delikte zu klassifizieren sind, werden als illegal betrachtet.
(3) Vereinigungen, die im Rahmen dieses Artikels gegründet werden, müssen sich mit dem alleinigen Zweck der Veröffentlichung in ein entsprechendes Register eintragen.
(4) Die Vereinigungen können nur kraft einer begründeten Gerichtsentscheidung aufgelöst oder in ihrer Tätigkeit unterbrochen werden.
(5) Geheimverbände und paramilitärische Vereinigungen sind verboten.

Artikel 23.
(1) Die Bürger haben das Recht, an den öffentlichen Angelegenheiten direkt oder durch in periodischen, allgemeinen Wahlen frei gewählte Vertreter teilzunehmen.
(2) Ebenso haben sie das Recht, unter gleichen Bedingungen und gemäß den gesetzlichen Bestimmungen Zugang zu öffentlichen Ämtern und Funktionen zu nehmen.
Artikel 24.
(1) Jede Person hat bei der Ausübung ihrer legitimen Rechte und Interessen Anspruch auf wirksamen Schutz durch Richter und Gerichte. In keinem Fall darf es zu Verteidigungslosigkeit kommen.
(2) Ebenso hat jedermann das Recht auf einen vom Gesetz bestimmten ordentlichen Richter, auf die Verteidigung und Vertretung durch einen Rechtsanwalt, auf Information über die gegen ihn vorliegende Anklage, auf einen öffentlichen Prozess ohne unzulässige Verzögerungen und mit allen Garantien, auf den Einsatz der für seine Verteidigung angebrachten Beweismittel, auf die Weigerung, gegen sich selbst auszusagen und sich für schuldig zu erklären sowie auf die Vermutung der Unschuld.
Das Gesetz regelt die Fälle, in denen auf Grund der Verwandtschaft oder des Berufsgeheimnisses keine Verpflichtung zur Aussage über mutmaßliche Straftaten vorliegt.

Artikel 25.
(1) Niemand darf auf Grund von Taten oder Unterlassungen bestraft oder verurteilt werden, die zum Zeitpunkt ihrer Ausführung und gemäß der geltenden Gesetzgebung kein Delikt und keine Übertretung oder Verletzung von Verwaltungsbestimmungen darstellen.
(2) Die Strafen, die in Freiheitsentzug bestehen, sowie die getroffenen Sicherheitsmaßnahmen müssen auf Umerziehung und soziale Wiedereingliederung ausgerichtet sein und dürfen nicht in Zwangsarbeit bestehen. Jeder zu einer Gefängnisstrafe Verurteilte, der diese verbüßt, genießt die in diesem KAPITEL vorgesehenen Grundrechte, mit Ausnahme derer, die ausdrücklich durch den Inhalt des Urteils, durch den Sinn der Strafe und die Strafanstaltsgesetze beschränkt werden. In jedem Fall hat er das Recht auf bezahlte Arbeit und auf die entsprechenden Leistungen der sozialen Sicherheit sowie auf den Zugang zur Kultur und auf die Gesamtentwicklung seiner Persönlichkeit.
(3) Die Zivilverwaltung darf weder direkt noch subsidiär Sanktionen auferlegen, die in Freiheitsentzug bestehen.

Artikel 26.
Ehrengerichte sind im Bereich der Zivilverwaltung und der Berufsverbände unzulässig.

Artikel 27.
(1) Alle haben das Recht auf Erziehung. Die Freiheit des Unterrichts wird anerkannt.
(2) Ziel der Erziehung ist die freie Entfaltung der Persönlichkeit des Menschen unter Achtung der demokratischen Prinzipien des Zusammenlebens und der Grundrechte und -freiheiten.
(3) Die öffentlichen Gewalten gewährleisten den Eltern das Recht auf die religiöse und moralische Erziehung ihrer Kinder, die mit ihren eigenen Überzeugungen übereinstimmt.
(4) Die Grundschulausbildung ist obligatorisch und unentgeltlich.
(5) Die öffentlichen Gewalten gewährleisten das Recht aller auf Erziehung mittels einer allgemeinen Lehrplanung, an der alle betroffenen Bereiche teilnehmen, sowie mittels der Errichtung von Lehranstalten.
(6) Natürlichen und juristischen Personen wird die Freiheit anerkannt, unter Wahrung der Verfassungsgrundsätze Lehranstalten zu gründen.
(7) Die Lehrer, Eltern und gegebenenfalls die Schüler beteiligen sich gemäß den gesetzlichen Bestimmungen an der Kontrolle und Leitung aller mit öffentlichen Mitteln unterhaltenen staatlichen Lehranstalten.
(8) Die öffentlichen Gewalten führen die Kontrolle und Ausgestaltung des Schulwesens durch, um die Erfüllung der Gesetze zu gewährleisten.
(9) Die öffentlichen Gewalten unterstützen die Lehranstalten, welche die vom Gesetz festgelegten Bedingungen erfüllen.
(10) Die Selbstverwaltung der Universitäten gemäß den Bestimmungen des Gesetzes wird anerkannt.

Artikel 28.
(1) Alle haben das Recht, sich frei einer Gewerkschaft anzuschließen. Die Ausübung dieses Rechtes durch die Streitkräfte oder militärischen Institutionen oder die übrigen der Militärdisziplin unterstehenden Einheiten kann durch Gesetz Einschränkungen oder Ausnahmen unterworfen werden. Das Gesetz regelt ebenso die Sonderbestimmungen zur Ausübung dieses Rechtes durch Angehörige des Öffentlichen Dienstes. Die Gewerkschaftsfreiheit schließt das Recht auf Gründung von Gewerkschaften und auf freien Anschluss an dieselben ein, sowie das Recht der Gewerkschaften, Konföderationen zu bilden und internationale Gewerkschaftsorganisationen zu gründen oder sich solchen anzuschließen. Niemand darf zum Eintritt in eine Gewerkschaft gezwungen werden.
(2) Das Recht der Arbeitnehmer auf Streik zur Verteidigung ihrer Interessen wird anerkannt. Das Gesetz zur Regelung der Ausübung dieses Rechtes wird die erforderlichen Garantien zur Sicherung der für die Gemeinschaft wesentlichen Dienste vorsehen.

Artikel 29.
(1) Alle Spanier haben das Recht, Petitionen schriftlich in der Form und mit der Wirkung, die das Gesetz vorsieht, individuell oder kollektiv vorzubringen.
(2) Die Mitglieder der Streitkräfte, der Militärinstitute oder anderer der Militärdisziplin unterworfenen Einheiten dürfen dieses Recht nur individuell und gemäß ihren Sondergesetzen ausüben.

ABSCHNITT 2
Die Bürgerrechte und -pflichten

Artikel 30.
(1) Die Spanier haben das Recht und die Pflicht, Spanien zu verteidigen.
(2) Das Gesetz wird die militärischen Pflichten der Spanier festsetzen und unter Wahrung der entsprechenden Garantien die Militärdienstverweigerung aus Gewissensgründen sowie alle anderen Ursachen der Wehrpflichtbefreiung regeln. Das Gesetz kann gegebenenfalls einen sozialen Ersatzdienst auferlegen.
(3) Zur Erfüllung von Zielen, die im Interesse der Allgemeinheit liegen, kann ein Zivildienst eingerichtet werden.
(4) Durch Gesetz können die Pflichten der Bürger bei schweren Risiken, Katastrophen oder öffentlichen Unglücksfallen geregelt werden.

Artikel 31.
(1) Alle tragen gemäß ihren wirtschaftlichen Möglichkeiten mittels eines gerechten und auf den Prinzipien der Gleichheit und Progression beruhenden Steuersystems, das in keinem Fall bis zur Beschlagnahme führen darf, zur Bestreitung der öffentlichen Lasten bei.
(2) Die Staatsausgabe nimmt nach dem Grundsatz der Billigkeit eine Verteilung der öffentlichen Mittel vor, und ihre Planung und Ausführungen entsprechen den Kriterien der Wirksamkeit und Wirtschaftlichkeit.
(3) Persönliche oder Vermögensleistungen öffentlichen Charakters dürfen nur auf Grund eines Gesetzes festgelegt werden.

Artikel 32.
(1) Mann und Frau haben das Recht, in voller Gleichberechtigung die Eheschließung zu begehen.
(2) Das Gesetz wird die Formen der Ehe, das Alter und die Fähigkeit zur Eheschließung, die Rechte und Pflichten der Ehegatten, die Ursachen der Trennung und Auflösung und deren Wirkungen regeln.

Artikel 33.
(1) Das Recht auf Privateigentum und das Erbrecht werden anerkannt.
(2) Die soziale Funktion dieser Rechte grenzt ihren Inhalt nach Maßgabe der Gesetze ab.
(3) Niemand darf seiner Güter und seiner Rechte enteignet werden, es sei denn aus gerechtfertigten Gründen des öffentlichen Nutzens oder des Interesses der Allgemeinheit sowie gegen entsprechende Entschädigung und nach Maßgabe der Gesetze.

Artikel 34.
(1) Das Stiftungsrecht für im Interesse der Allgemeinheit liegende Zwecke und gemäß dem Gesetz wird anerkannt.
(2) Ebenso sind für Stiftungen die in Artikel 22, Abs. 2 und 4 festgelegten Bestimmungen gültig.

Artikel 35.
(1) Alle Spanier haben die Pflicht zu arbeiten und das Recht auf Arbeit, auf die freie Wahl des Berufes oder Gewerbes, auf sozialen Aufstieg mittels der Arbeit und auf ausreichende

Vergütung zur Deckung ihrer Bedürfnisse und derjenigen ihrer Familie. In keinem Fall darf es zu einer Diskriminierung auf Grund des Geschlechts kommen.
(2) Das Gesetz wird ein Arbeitnehmerstatut vorsehen.

Artikel 36.
Das Gesetz wird die Besonderheiten der Rechtsordnung der Berufskammern und die Ausübung der mit Titel versehenen Berufe regeln. Die interne Struktur und Arbeitsweise der Kammern müssen demokratisch sein.

Artikel 37.
(1) Das Gesetz gewährleistet das Recht auf kollektive Verhandlung zwischen den Vertretern der Arbeitnehmer und der Arbeitgeber sowie die Verbindlichkeit der getroffenen Abkommen.
(2) Das Recht der Arbeitnehmer und Arbeitgeber auf kollektive Arbeitskonfliktmaßnahmen wird anerkannt. Das Gesetz zur Regelung der Ausübung dieses Rechtes wird ungeachtet eventueller Beschränkungen die erforderlichen Garantien zur Sicherung der für die Gemeinschaft wesentlichen Dienste vorsehen.

Artikel 38.
Die Freiheit des Unternehmens im Rahmen der Marktwirtschaft wird anerkannt. Die öffentlichen Gewalten gewährleisten und schützen die Ausübung dieser Freiheit und die Verteidigung der Produktivität gemäß den Erfordernissen der allgemeinen Wirtschaft und gegebenenfalls der Planung.

KAPITEL III
Die Leitprinzipien der Sozial- und Wirtschaftspolitik

Artikel 39.
(1) Die öffentlichen Gewalten sichern der Familie einen sozialen, wirtschaftlichen und rechtlichen Schutz zu.
(2) Die öffentlichen Gewalten sichern ebenso den vollen Schutz der Kinder, die ungeachtet ihrer Abstammung vor dem Gesetz gleich sind, und den der Mütter ohne Berücksichtigung ihres Zivilstandes zu. Das Gesetz wird die Nachprüfung der Vaterschaft ermöglichen.
(3) Die Eltern müssen sowohl ihren ehelichen als auch ihren außerehelichen Kindern bis zu deren Volljährigkeit und in allen weiteren gesetzmäßig begründeten Fällen jede Art von Beistand gewähren.
(4) Die Kinder genießen den in den internationalen Abkommen, welche die Wahrung ihrer Rechte zum Ziel haben, vorgesehenen Schutz.

Artikel 40.
(1) Die öffentlichen Gewalten sorgen im Rahmen einer wirtschaftlichen Stabilitätspolitik für die für den sozialen und wirtschaftlichen Fortschritt günstigen Voraussetzungen und eine gerechtere Verteilung des regionalen und persönlichen Einkommens. Ganz besonders führen sie eine auf die Vollbeschäftigung ausgerichtete Politik durch.
(2) Die öffentlichen Gewalten fördern gleichfalls eine auf die Gewährleistung der Berufsausbildung und -umschulung zielende Politik; sie sorgen für Arbeitssicherheit und

-hygiene und garantieren die notwendige Ruhezeit durch Arbeitszeitbegrenzung sowie regelmäßigen bezahlten Urlaub und die Förderung entsprechender Erholungsstätten.

Artikel 41.
Die öffentlichen Gewalten unterhalten ein System der Sozialversicherung für alle Bürger, das im Bedarfsfalle ausreichenden Beistand und soziale Leistungen gewährleistet, insbesondere im Falle der Arbeitslosigkeit. Zusätzliche Leistungen sind frei.

Artikel 42.
Der Staat überwacht besonders die Wahrung der wirtschaftlichen und sozialen Rechte der spanischen Arbeitnehmer im Ausland und richtet seine Politik auf deren Rückführung aus.

Artikel 43.
(1) Das Recht auf den Schutz der Gesundheit wird anerkannt.
(2) Es obliegt den öffentlichen Gewalten, die Gesundheitsfürsorge mittels Präventivmaßnahmen und der erforderlichen Leistungen und Dienste zu organisieren und zu (3) Die öffentlichen Gewalten fördern die sanitäre Erziehung, die Leibeserziehung und den Sport sowie eine angebrachte Nutzung der Freizeit.

Artikel 44.
(1) Die öffentlichen Gewalten fördern und unterstützen den Zugang zur Kultur, auf den jedermann ein Recht hat.
(2) Die öffentlichen Gewalten fördern die Wissenschaften sowie die wissenschaftliche und technische Forschung im Interesse der Allgemeinheit.

Artikel 45.
(1) Alle haben das Recht, eine der Entwicklung der Person förderliche Umwelt zu genießen sowie die Pflicht, sie zu erhalten.
(2) Die öffentlichen Gewalten überwachen die rationelle Nutzung aller natürlichen Hilfsquellen mit dem Ziel, die Lebensqualität zu schützen und zu verbessern und die Umwelt zu verteidigen und wiederherzustellen. Dafür ist die Solidarität der Volksgemeinschaft unerlässliche Grundlage.
(3) Das Gesetz sieht gegenüber denen, die gegen die Bestimmungen von Absatz 2 verstoßen, Strafsanktionen oder gegebenenfalls von der Verwaltung auferlegte Sanktionen sowie die Pflicht zur Wiedergutmachung entstandenen Schadens vor.

Artikel 46.
Die öffentlichen Gewalten gewährleisten die Pflege und fördern die Bereicherung des historischen, kulturellen und künstlerischen Erbes der Völker Spaniens und der darin enthaltenen Güter ungeachtet ihres Rechtsstatus und ihrer Trägerschaft. Das Strafgesetz verfolgt jeden Verstoß gegen dieses Kulturgut.

Artikel 47.
Alle Spanier haben das Recht auf eine würdige und angemessene Wohnung. Die öffentlichen Gewalten fördern die notwendigen Voraussetzungen und setzen die entsprechenden Vorschriften für die Ausübung dieses Rechtes fest. Sie regeln die Bodennutzung im Interesse

der Allgemeinheit und zur Verhinderung der Spekulation. Die Gemeinschaft ist am Mehrwert beteiligt, den die Städtebautätigkeit der öffentlichen Einrichtungen erzeugt.

Artikel 48.
Die öffentlichen Gewalten fördern die Voraussetzungen für eine freie und wirksame Teilnahme der Jugend am politischen, sozialen, wirtschaftlichen und kulturellen Leben.

Artikel 49.
Die öffentlichen Gewalten setzen sich für die Fürsorge, Behandlung, Rehabilitierung und Integrierung der körperlich und geistig Geschädigten ein. Sie gewähren ihnen die benötigte Sonderbehandlung und schützen sie besonders bei Inanspruchnahme der Rechte, die dieser Titel allen Bürgern gewährt.

Artikel 50.
Die öffentlichen Gewalten gewährleisten den Bürgern im vorgerückten Alter mittels angemessener und in regelmäßigem Abstand angepasster Renten ein wirtschaftlich gesichertes Auskommen. Außerdem werden sie mittels eines Systems sozialer Leistungen, die sich auf ihre spezifischen Probleme auf den Gebieten der Gesundheit, Wohnung, Kultur und Muße richten, ungeachtet der familiären Verpflichtungen ihr Wohl fördern.

Artikel 51.
(1) Die öffentlichen Gewalten gewährleisten den Schutz der Verbraucher und Benutzer durch den Einsatz wirksamer Maßnahmen auf den Gebieten der Sicherheit, der Gesundheit und der Verteidigung der legitimen wirtschaftlichen Interessen derselben.
(2) Die öffentlichen Gewalten fördern die Information und Erziehung der Verbraucher und Benutzer sowie ihre Organisationen; letztere werden in allen Fragen, die sie betreffen, nach
(3) Das Gesetz regelt im Rahmen der Bestimmungen von Absatz 1 und 2 den Binnenhandel und das System der Genehmigung von Handelsprodukten.

Artikel 52.
Das Gesetz regelt die Berufsverbände, die sich für die Verteidigung der ihnen eigenen wirtschaftlichen Interessen einsetzen. Ihre innere Struktur und ihre Arbeitsweise müssen demokratisch sein.

KAPITEL IV
Die Garantien der Grundfreiheiten und -rechte

Artikel 53.
(1) Die im zweiten KAPITEL dieses Titels anerkannten Rechte und Freiheiten sind für alle öffentlichen Gewalten bindend. Nur durch Gesetz, das in jedem Fall ihr Grundgehalt achten muss, kann die Ausübung dieser Rechte und Freiheiten geregelt werden, die gemäß den Bestimmungen von Art. 161 Abs. 1a) geschützt sind.
(2) Jeder Bürger kann mittels eines auf dem Vorzugs- und Schnelligkeitsprinzip beruhenden Verfahrens vor den ordentlichen Gerichten und gegebenenfalls mittels einer Verfassungsbeschwerde (recurso de amparo) vor dem Verfassungsgericht um den Schutz der in Art. 14 und dem ersten Teil des zweiten KAPITELs anerkannten Freiheiten und Rechte ersuchen.

Letztere Beschwerde ist auf die in Art. 30 anerkannte Wehrpflichtverweigerung aus Gewissensgründen anwendbar.
(3) Die Anerkennung und Achtung sowie der Schutz der in Kapitel III anerkannten Prinzipien liegen der positiven Gesetzgebung, der Rechtspraxis und dem Verhalten der öffentlichen Gewalten zugrunde. Sie können vor der ordentlichen Gerichtsbarkeit nur nach Maßgabe der diesbezüglichen Gesetze geltend gemacht werden.

Artikel 54.
Durch ein Organgesetz wird die Einrichtung des Volksverteidigers (Defensor del pueblo) geregelt, der als hoher Beauftragter der Cortes Generales von diesen zur Verteidigung der in diesem Titel enthaltenen Rechte ernannt wird, und der zu diesem Zweck die Tätigkeit der Verwaltung überwachen kann und den Cortes Generales darüber Bericht zu erstatten hat.

KAPITEL V
Die Aufhebung der Rechte und Freiheiten

Artikel 55.
(1) Die in Art. 17, 18 Abs. 2 und 3, Art. 19, 20 Abs. 1 a) und d), und 5, Art. 21, 28 Abs. 2 und Art. 37 Abs. 2 anerkannten Rechte können aufgehoben werden, wenn die Erklärung des Ausnahme- oder Belagerungszustandes gemäß der in der Verfassung vorgesehenen Verfahrensweise beschlossen wird. Art. 17 Abs. 3 wird von dieser Bestimmung für den Fall der Erklärung des Ausnahmezustandes ausgenommen.
(2) Ein Organgesetz kann die Art und Weise und die Fälle festlegen, in denen es für bestimmte Personen im Zusammenhang mit Nachforschungen bezüglich der Aktivitäten bewaffneter Gruppen oder Terrorelementen individuell und unter der erforderlichen gerichtlichen Intervention sowie der angebrachten parlamentarischen Kontrolle zu einer Aufhebung der in Art. 17 Abs. 2 und 18 Abs. 2 und 3 anerkannten Rechte kommt.
Die ungerechtfertigte oder missbräuchliche Ausübung der kraft dieses Organgesetzes zugestandenen Befugnisse führt als Verletzung der von den Gesetzen anerkannten Rechte und Freiheiten zu strafrechtlicher Haftung.

TITEL II
Die Krone

Artikel 56.
(1) Der König ist Oberhaupt des Staates, Symbol seiner Einheit und Beständigkeit. Er überwacht und lenkt als Schiedsrichter den regelmäßigen Gang der Institutionen, übernimmt die höchste Vertretung des spanischen Staates auf dem Gebiet der internationalen Beziehungen, besonders mit den Nationen, die mit Spanien eine historische Gemeinschaft bilden, und übt die Funktionen aus, die ihm die Verfassung und die Gesetze ausdrücklich zuschreiben.
(2) Er trägt den Titel König von Spanien und kann die übrigen der Krone zustehenden Titel benutzen.
(3) Die Person des Königs ist unverletzlich und an keine Verantwortung gebunden. Die Akte des Königs werden stets in der in Art. 64 vorgesehenen Form gegengezeichnet und

sind ohne diese Gegenzeichnung ungültig, mit Ausnahme der in Art. 65 Abs. 2 enthaltenen Bestimmung.

Artikel 57.
(1) Die Krone Spaniens wird an die Nachfolger Seiner Majestät Juan Carlos I de Borbón, legitimer Erbe der historischen Dynastie, vererbt. Die Thronfolge richtet sich nach der gewöhnlichen Ordnung der Erstgeburt und Vertretung; hierbei ist die frühere der späteren Linie vorzuziehen, innerhalb derselben Linie der nähere dem ferneren Grad, innerhalb desselben Grades der männliche dem weiblichen Thronfolger und innerhalb desselben Geschlechtes die ältere der jüngeren Person.
(2) Der Kronprinz führt von seiner Geburt oder von dem Zeitpunkt an, in dem die Gegebenheiten seine Berufung veranlassen, den Titel Prinz von Asturien sowie alle weiteren Titel, die traditionsgemäß dem Anwärter auf den Thron von Spanien zustehen.
(3) Im Falle des Erlöschens aller zu Recht erkannten Linien sehen die Cortes Generales die Art der Thronfolge vor, die die Interessen Spaniens am besten wahrt.
(4) Die Personen, welche Anrecht auf die Thronfolge haben und gegen das ausdrückliche Verbot des Königs und der Cortes Generales eine Ehe schließen, werden von der Anwartschaft auf die Krone ausgeschlossen. Dies gilt für sie selbst und für ihre Nachfolger.
(5) Abdankungen, Verzichte und jede Art von Zweifeln, die de facto oder de jure innerhalb der Anwartschaft auf die Krone auftreten können, werden durch ein Organgesetz entschieden.

Artikel 58.
Die Gemahlin des Königs oder der Prinzgemahl dürfen keine verfassungsmäßigen Aufgaben wahrnehmen, mit Ausnahme der für die Regentschaft vorgesehenen Bestimmungen.

Artikel 59.
(1) Im Falle der Minderjährigkeit des Königs übernehmen gemäß der in der Verfassung vorgesehenen Ordnung unverzüglich der Vater oder die Mutter des Königs oder, im Ermangelung dieser Personen, der in der Thronfolge nächststehende volljährige Verwandte die Regentschaft und üben sie während der Minderjährigkeitsdauer des Königs aus.
(2) Im Falle der Untauglichkeit des Königs für die Ausübung seines Amtes und der Anerkennung dieses Unvermögens durch die Cortes Generales übernimmt der Kronprinz unverzüglich die Regentschaft, sofern er volljährig ist. Wenn er es nicht ist, wird auf die in Absatz 1 vorgesehene Art und Weise verfahren, bis der Kronprinz die Volljährigkeit erreicht hat.
(3) Falls es keine Person gibt, der die Regentschaft zusteht, wird diese von den Cortes Generales ernannt; diese Regentschaft kann aus einer, drei oder fünf Personen bestehen.
(4) Für die Ausübung der Regentschaft ist es erforderlich, Spanier und volljährig zu sein.
(5) Die Regentschaft wird auf Grund eines Verfassungsmandats und stets im Namen des Königs ausgeübt.

Artikel 60.
(1) Vormund des minderjährigen Königs ist die Person, die der verstorbene König in seinem Testament ernannt hat, vorausgesetzt, dass dieser Vormund volljährig und von Geburt Spanier ist. Im Falle der Nichternennung übernehmen der Vater oder die Mutter die Vormundschaft, solange sie im Witwenstand verbleiben. In Ermangelung derselben ernennen die Cortes Generales den Vormund; jedoch können nur der Vater, die Mutter oder die direkten

Vorfahren des Königs gleichzeitig das Amt des Regenten und des Vormundes einnehmen.
(2) Die Ausübung der Vormundschaft ist ebenfalls unvereinbar mit jedem politischen Amt oder jeder politischen Vertretung.

Artikel 61.
(1) Der König schwört bei seiner Proklamation vor den Cortes Generales den Eid auf die getreue Ausübung seines Amtes, auf die Einhaltung sowie den Einsatz für die Wahrung der Verfassung und der Gesetze und auf die Achtung der Rechte der Bürger und der Autonomen Gemeinschaften.
(2) Der Kronprinz schwört bei Erreichen der Volljährigkeit und der Regent oder die Regenten schwören bei Übernahme ihres Amtes denselben Eid sowie den der Treue gegenüber dem König.

Artikel 62.
Dem König obliegt es,
a) die Gesetze zu billigen und zu erlassen;
b) die Cortes Generales einzuberufen und aufzulösen und gemäß den von der Verfassung vorgesehenen Bestimmungen Wahlen anzusetzen;
c) eine Volksabstimmung in den von der Verfassung vorgesehenen Fällen einzuberufen;
d) den Kandidaten für das Amt des Regierungspräsidenten vorzuschlagen und ihn gegebenenfalls zu ernennen sowie ihn nach Maßgabe der Verfassung des Amtes zu entheben;
e) die Mitglieder der Regierung auf Vorschlag des Präsidenten zu ernennen und zu entlassen;
f) die im Ministerrat beschlossenen Dekrete zu erlassen, die zivilen und militärischen Ämter zu erteilen sowie in Übereinstimmung mit den Gesetzen Ehrenbeweise und Auszeichnungen zu verleihen;
g) über die Staatsangelegenheiten informiert zu sein und zu diesem Zweck auf Antrag des Regierungspräsidenten, und wenn es ihm angebracht erscheint, die Sitzungen des Ministerrates zu präsidieren;
h) die oberste Befehlsgewalt über die Streitkräfte auszuüben;
i) von dem Begnadigungsrecht gemäß dem Gesetz Gebrauch zu machen; letzteres kann keine allgemeinen Gnadenerlasse genehmigen.
j) die Schirmherrschaft über die Königlichen Akademien zu übernehmen.

Artikel 63.
(1) Der König akkreditiert die Botschafter und anderen diplomatischen Vertreter. Die ausländischen Vertreter in Spanien sind vor ihm akkreditiert.
(2) Dem König obliegt es gemäß der Verfassung und den Gesetzen die Zustimmung des Staates zu internationalen Verpflichtungen mittels Verträgen zum Ausdruck zu bringen.
(3) Dem König obliegt es nach Einholung der Genehmigung der Cortes Generales, den Krieg zu erklären und Frieden zu schließen.

Artikel 64.
(1) Die Akte des Königs werden vom Regierungspräsidenten und gegebenenfalls von den zuständigen Ministern gegengezeichnet. Der Vorschlag und die Ernennung des Regierungspräsidenten sowie die in Artikel 99 vorgesehene Auflösung werden vom Präsidenten des Kongresses gegengezeichnet.

(2) Die Verantwortung für die Akte des Königs liegt bei den gegenzeichnenden Personen.

Artikel 65.
(1) Der König erhält aus dem Staatshaushalt eine Pauschalsumme für den Unterhalt seiner Familie und den des Königshauses. Er verfügt frei über diese Summe.
(2) Der König ernennt und entlässt frei die zivilen und militärischen Mitglieder seines Hauses.

TITEL III
Die Cortes Generales

KAPITEL I
Die Kammern

Artikel 66.
(1) Die Cortes Generales vertreten das spanische Volk und setzen sich aus dem Kongress der Abgeordneten und dem Senat zusammen.
(2) Die Cortes Generales üben die gesetzgebende Gewalt des Staates aus, bewilligen den Staatshaushalt, kontrollieren die Regierungstätigkeit und haben alle weiteren Zuständigkeiten inne, die ihnen die Verfassung zuweist.
(3) Die Cortes Generales sind unverletzlich.

Artikel 67.
(1) Niemand kann gleichzeitig Mitglied beider Kammern sein oder den Sitz in einer Abgeordnetenversammlung einer Autonomen Gemeinschaft mit dem des Abgeordneten im Kongress verbinden.
(2) Die Mitglieder der Cortes Generales sind nicht durch ein Zwangsmandat gebunden.
(3) Versammlungen von Parlamentariern, die ohne ordentliche Einberufung abgehalten werden, sind für die Kammern nicht bindend und können weder deren Funktionen erfüllen noch ihre Privilegien genießen.

Artikel 68.
(1) Der Kongress besteht aus mindestens 300 und höchstens 400 Abgeordneten, die in allgemeiner, freier, gleicher, direkter und geheimer Wahl gemäß dem Gesetz gewählt werden.
(2) Wahlkreis ist die Provinz. Die Bevölkerungen von Ceuta und Melilla sind durch je einen Abgeordneten vertreten. Die Verteilung der Gesamtzahl der Abgeordneten erfolgt gemäß Gesetz; jedem Wahlkreis steht eine ursprüngliche Mindestvertretung zu, und die Aufteilung der übrigen Abgeordneten erfolgt im Verhältnis zur Bevölkerungszahl.
(3) Die Wahl wird in jedem Wahlkreis unter Beachtung von Verhältniswahlkriterien durchgeführt.
(4) Der Kongress wird auf vier Jahre gewählt. Das Abgeordnetenmandat läuft vier Jahre nach der Wahl oder am Tage der Auflösung der Kammer ab.
(5) Wahlberechtigt und wählbar sind alle Spanier, die im Vollbesitz ihrer politischen Rechte sind. Die Ausübung des Wahrechtes seitens der Spanier, die sich außerhalb des Staatsgebietes Spaniens befinden, wird vom Gesetz anerkannt und vom Staat ermöglicht.

(6) Die Wahlen finden zwischen dreißig und sechzig Tagen nach Beendigung des Mandates statt. Der neugewählte Kongress muss innerhalb von 25 Tagen nach Abhaltung der Wahlen zu seiner ersten Sitzung einberufen werden.

Artikel 69.
(1) Der Senat ist die Kammer, welche die territoriale Vertretung innehat.
(2) In jeder Provinz wählen die Stimmberechtigten in allgemeiner, freier, gleicher, direkter und geheimer Wahl gemäß einem Organgesetz jeweils vier Senatoren.
(3) In den Inselprovinzen bildet jede Insel oder Inselgruppe, die über einen Cabildo Insular oder einen Inselrat verfügt, einen Wahlkreis zum Zwecke der Senatorenwahl; den großen Inseln, Gran Canaria, Mallorca und Tenerife, stehen je drei Senatoren und folgenden Inseln oder Inselgruppen jeweils einer zu: Ibiza-Formentera, Menorca, Fuerteventura, Gomera, Hierro, Lanzarote und La Palma.
(4) Die Bevölkerungen von Ceuta und Melilla wählen je zwei Senatoren.
(5) Die Autonomen Gemeinschaften ernennen außerdem einen Senator sowie einen weiteren pro Million Einwohner ihres entsprechenden Gebietes. Die Ernennung obliegt der gesetzgebenden Versammlung oder, in Ermangelung derselben, dem obersten Kollegialorgan der Autonomen Gemeinschaft, und zwar gemäß den Statuten, die in jedem Fall die angemessene Verhältniswahl gewährleisten.
(6) Der Senat wird auf vier Jahre gewählt. Das Mandat der Senatoren läuft vier Jahre nach ihrer Wahl oder am Tag der Auflösung der Kammer ab.

Artikel 70.
(1) Das Wahlgesetz legt die Gründe für die Unwählbarkeit und Unvereinbarkeit von Abgeordneten und Senatoren nieder, die in jedem Fall die folgenden Personen betreffen:
a) die Mitglieder des Verfassungsgerichtes;
b) die hohen Beamten der Staatsverwaltung, gemäß dem Gesetz und mit Ausnahme der Regierungsmitglieder;
c) den Volksverteidiger;
d) die aktiv tätigen Richter und Staatsanwälte;
e) die aktiv tätigen Berufsmilitärangehörigen und Mitglieder der Sicherheitskräfte und -einheiten und der Polizei,
f) die Mitglieder der Wahlausschusse.
(2) Die Gültigkeit der Vollmachts- und Ernennungsurkunden der Mitglieder beider Kammern unterliegt gemäß den Bestimmungen des Wahlgesetzes der richterlichen Kontrolle.

Artikel 71.
(1) Die Abgeordneten und Senatoren genießen Unverletzlichkeit bezüglich der während ihrer Amtsperiode geäußerten Meinungen.
(2) Ebenso genießen die Abgeordneten und Senatoren während ihrer Mandatszeit Immunität und dürfen nur bei Begehung eines in flagranti festgestellten Vergehens festgenommen werden. Sie dürfen nur mit vorheriger Genehmigung der entsprechenden Kammer beschuldigt oder gerichtlich verfolgt werden.
(3) Strafverfahren gegen Abgeordnete und Senatoren fallen unter die Zuständigkeit der Strafkammer des Obersten Gerichtshofes.

(4) Die Abgeordneten und Senatoren erhalten eine Zuwendung, die von den entsprechenden Kammern festgesetzt wird.

Artikel 72.
(1) Die Kammern setzen ihre eigene Geschäftsordnung fest, verabschieden autonom ihren Haushaltsplan und regeln in gemeinsamem Einvernehmen die Personalordnung der Cortes Generales. Die Geschäftsordnungen sowie ihre Änderung werden in ihrer Gesamtheit einer abschließenden Wahl unterzogen, bei welcher die absolute Mehrheit erforderlich ist.
(2) Die Kammern wählen ihren jeweiligen Präsidenten und die
weiteren Mitglieder ihrer Präsidien. Bei gemeinsamen Sitzungen führt der Präsident des Kongresses den Vorsitz; diese Sitzungen verlaufen gemäß einer mit absoluter Mehrheit jeder der Kammern gebilligten Geschäftsordnung der Cortes Generales.
(3) Die Präsidenten der Kammern üben im Namen derselben das Hausrecht und die Polizeigewalt in ihren jeweiligen Gebäuden aus.

Artikel 73.
(1) Die Kammern halten jährlich zwei ordentliche Sitzungsperioden ab: die erste von September bis Dezember und die zweite von Februar bis Juni.
(2) Die Kammern können auf Verlangen der Regierung, des Ständigen Ausschusses oder der absoluten Mehrheit der Mitglieder jedweder Kammer außerordentliche Sitzungsperioden abhalten. Diese außerordentlichen Sitzungsperioden müssen auf Grund einer bestimmten Tagesordnung einberufen werden, nach deren Behandlung sie für beendet erklärt werden.

Artikel 74.
(1) Die Kammern halten für die Wahrnehmung der nicht gesetzgebenden Kompetenzen, die Titel II den Cortes Generales ausdrücklich zuschreibt, gemeinsame Sitzungen ab.
(2) Die in Artikel 94 Abs. 1, 145 Abs. 2 und 158 Abs. 2 vorgesehenen Beschlüsse der Cortes Generales werden mit der Mehrheit jeder der Kammern gefasst. Im ersten Fall leitet der Kongress und in den beiden anderen der Senat das Verfahren ein. In beiden Fällen wird bei fehlender Übereinstimmung zwischen Senat und Kongress versucht, diese mittels eines aus der gleichen Anzahl von Abgeordneten und Senatoren zusammengesetzten Ausschusses zu erzielen. Der Ausschuss legt einen Text vor, über den beide Kammern abstimmen. Wenn er in der aufgesetzten Form nicht gebilligt wird, so entscheidet der Kongress mit absoluter Mehrheit.

Artikel 75.
(1) Die Kammern üben ihr Amt im Plenum und in den Ausschüssen aus.
(2) Die Kammern können die Annahme von Gesetzesentwürfen oder Gesetzesvorlagen den ständigen gesetzgebenden Ausschüssen übertragen. Das Plenum kann jedoch jederzeit eine Debatte und Abstimmung über einen Entwurf oder einen Antrag fordern, die Gegenstand dieser Übertragung gewesen sind.
(3) Ausgenommen von den in Abschnitt 2 vorgesehenen Bestimmungen sind die Verfassungsänderungen, internationale Fragen, Organ- und Rahmengesetze sowie der Staatshaushalt.

Artikel 76.
(1) Der Kongress und der Senat und gegebenenfalls beide Kammern gemeinsam können Untersuchungsausschüsse über Angelegenheiten von öffentlichem Interesse einsetzen. Die Ergebnisse sind für die Gerichte nicht bindend und haben keinen Einfluss auf richterliche Beschlüsse, ungeachtet der Mitteilung der Untersuchungsergebnisse an die Staatsanwaltschaft zwecks Einleitung entsprechender Schritte, falls diese begründet sind.
(2) Es ist Pflicht, auf Ersuchen der Kammern zu erscheinen. Das Gesetz regelt die Sanktionen, die wegen Nichterfüllung dieser Pflicht auferlegt werden können.

Artikel 77.
(1) Die Kammern können individuelle und Kollektivpetitionen, die stets schriftlich vorzubringen sind, entgegennehmen; die direkte Eingabe mittels Bürgerkundgebung ist unzulässig.
(2) Die Kammern können die eingehenden Petitionen an die Regierung weiterleiten. Die Regierung ist verpflichtet, jederzeit eine Erklärung über ihren Inhalt abzugeben, wenn die Kammern dies verlangen.

Artikel 78.
(1) Jede Kammer verfügt über einen Ständigen Ausschuss (Diputación Permanente), der sich mindestens aus einundzwanzig Mitgliedern zusammensetzt, welche die Fraktionen im Verhältnis zu deren Mitgliederzahl vertreten.
(2) Jedem Ständigen Ausschuss steht der Präsident der entsprechenden Kammer vor. Die Aufgaben des jeweiligen Ständigen Ausschusses sind die in Artikel 73 enthaltenen sowie diejenigen der Übernahme der gemäß Artikel 86 und 116 den Kammern zustehenden Befugnisse für den Fall ihrer Auflösung oder des Ablaufs ihres Mandates und die der Wahrung der Vollmachten der Kammern, wenn letztere keine Sitzungen abhalten.
(3) Die Ständigen Ausschüsse üben nach Ablauf des Mandates oder im Falle der Auflösung der Cortes ihr Amt bis zur Konstituierung der neuen Cortes Generales aus.
(4) In den Sitzungen der entsprechenden Kammer berichtet der Ständige Ausschuss über die behandelten Angelegenheiten und seine Beschlüsse.

Artikel 79.
(1) Zur Beschlussfassung müssen die Kammern ordnungsgemäß und unter Teilnahme der Mehrheit der Mitglieder zusammengetreten sein.
(2) Die Mehrheit der anwesenden Mitglieder muss den Beschlüssen zustimmen, damit diese gültig sind, ungeachtet der Sondermehrheiten, die von der Verfassung oder den Organgesetzen vorgesehen sind, und denen, welche die Geschäftsordnung der jeweiligen Kammer für die Personenwahl bestimmt.
(3) Die Stimme der Senatoren und Abgeordneten ist persönlich und nicht übertragbar.

Artikel 80.
Die Vollversammlungen der Kammern sind öffentlich, es sei denn, dass die jeweilige Kammer mit absoluter Mehrheit und gemäß der Geschäftsordnung einen gegenteiligen Beschluss fasst.

KAPITEL II
Die Ausarbeitung der Gesetze

Artikel 81.
(1) Organgesetze sind solche Gesetze, die sich auf die Entwicklung der Grundrechte und der öffentlichen Freiheiten beziehen, solche, die die Autonomiestatuten und das allgemeine Wahlsystem billigen, sowie die übrigen Gesetze, die in der Verfassung vorgesehen sind.
(2) Die Billigung, Änderung oder Aufhebung der Organgesetze erfordert die absolute Mehrheit des Kongresses bei einer endgültigen Abstimmung über den Gesamtentwurf.

Artikel 82.
(1) Die Cortes Generales können der Regierung die Befugnis erteilen, Normen mit Gesetzesrang über bestimmte in Artikel 81 nicht enthaltene Materien zu erlassen.
(2) Die Gesetzgebungsermächtigung muss mittels eines Rahmengesetzes erfolgen, wenn es sich um die Abfassung von Texten in Artikeln handelt, oder mittels eines ordentlichen Gesetzes, wenn es um die Zusammenlegung verschiedener Rechtstexte zu einem einzigen geht.
(3) Die Gesetzgebungsermächtigung muss der Regierung ausdrücklich für konkrete Sachgebiete und unter Angabe der für die Ausführung festgesetzten Frist übertragen werden. Die Ermächtigung erlischt, sobald die Regierung die entsprechende Norm veröffentlicht hat. Sie darf nicht als stillschweigend oder als auf unbegrenzte Zeit erteilt verstanden werden. Sie erlaubt ebenso wenig eine Weiterübertragung an behördliche Instanzen, die nicht mit der Regierung identisch sind.
(4) Die Rahmengesetze grenzen das Ziel und die Reichweite der Gesetzgebungsermächtigung sowie die Grundsätze und Kriterien, denen bei ihrem Gebrauch zu folgen ist, genau ab.
(5) Die Genehmigung für die Zusammenlegung von Rechtstexten bestimmt den normativen Bereich, auf den sich der Inhalt der Ermächtigung bezieht, und legt im Besonderen fest, ob sie sich auf die bloße Formulierung eines einzigen Textes erstreckt oder ob sie auch die Regelung, Klärung und Harmonisierung der Rechtstexte einschließt, die zusammenzulegen sind.
(6) Unbeschadet der Zuständigkeit der Gerichte können die Ermächtigungsgesetze in jedem Fall zusätzliche Kontrollmöglichkeiten festlegen.
Artikel 83.
Die Rahmengesetze dürfen in keinem Fall:
a) eine Abänderung des Rahmengesetzes selbst billigen,
b) die Befugnis für den Erlass von rückwirkenden Normen erteilen.

Artikel 84.
Wenn eine Gesetzesvorlage oder ein Abänderungsantrag im Gegensatz zu einer in Kraft befindlichen Gesetzgebungsermächtigung steht, ist die Regierung befugt, sich der Behandlung derselben zu widersetzen. In diesem Fall kann eine Gesetzesvorlage über die völlige oder teilweise Aufhebung des Ermächtigungsgesetzes eingereicht werden.

Artikel 85.
Die Verfügungen der Regierung, die eine delegierte Gesetzgebung beinhalten, werden als gesetzgebende Verordnungen (Decretos legislativos) bezeichnet.

Artikel 86.
(1) Im Falle einer außerordentlichen und dringenden Notwendigkeit kann die Regierung provisorische gesetzgebende Verfügungen in Form von Gesetzesverordnungen (Decretos leyes) erlassen, die sich jedoch nicht auf die Ordnung der grundlegenden Institutionen des Staates, auf die in Titel 1 geregelten Rechte, Pflichten und Freiheiten der Bürger, auf die Ordnung der Autonomen Gemeinschaften oder auf das allgemeine Wahlrecht beziehen dürfen.
(2) Die Gesetzesverordnungen müssen unverzüglich dem Kongress vorgelegt werden, der hierzu einberufen wird, sofern er sich nicht in einer Sitzungsperiode befindet, und müssen innerhalb von 30 Tagen nach ihrer Verkündigung einer Debatte und Gesamtabstimmung unterworfen werden. Der Kongress muss sich innerhalb dieser Frist ausdrücklich über die Bestätigung oder Aufhebung äußern. Zu diesem Zweck sieht die Geschäftsordnung ein summarisches Sonderverfahren vor.
(3) Innerhalb der in Absatz 2 festgesetzten Frist können die Cortes die Gesetzesverordnungen im Eilverfahren wie Gesetzesentwürfe behandeln.

Artikel 87.
(1) Die Gesetzesinitiative steht gemäß der Verfassung und den Geschäftsordnungen beider Kammern der Regierung, dem Kongress und dem Senat zu.
(2) Die Versammlungen der Autonomen Gemeinschaften können die Regierung um die Annahme eines Gesetzesentwurfes ersuchen oder dem Präsidium des Kongresses eine Gesetzesvorlage einreichen und maximal drei Mitglieder der Versammlung mit der Verteidigung derselben vor dieser Kammer beauftragen.
(3) Ein Organgesetz regelt die Formen der Durchführung und die Voraussetzungen der Volksinitiative zur Einreichung von Gesetzesvorlagen. In jedem Fall ist eine Mindestzahl von 500.000 beglaubigten Unterschriften erforderlich. In den durch Organgesetz zu regelnden Materien, in Steuersachen und internationalen Fragen sowie bezüglich des Begnadigungsrechts ist eine Volksinitiative nicht zulässig.

Artikel 88.
Die Gesetzesentwürfe werden vom Ministerrat gebilligt, der sie zusammen mit einer Begründung und der Darstellung aller Gegebenheiten, die für eine Äußerung hierzu erforderlich sind, dem Kongress vorlegt.

Artikel 89.
(1) Die Geschäftsordnungen der Kammern regeln die Behandlung der Gesetzesvorlagen, ohne dass die den Gesetzesentwürfen zustehende Priorität die Ausübung der in Artikel 87 geregelten Gesetzesinitiative verhindert.
(2) Die Gesetzesvorlagen, die der Senat gemäß Artikel 87 berücksichtigt, werden dem Kongress zur Behandlung als solche zugestellt.

Artikel 90.
(1) Nach der Annahme des Entwurfs eines ordentlichen Gesetzes oder eines Organgesetzes durch den Kongress setzt der Präsident desselben unverzüglich den Senatspräsidenten darüber in Kenntnis, welcher den Text dem Senat zur Beratung vorlegt.
(2) Im Zeitraum von zwei Monaten nach Erhalt des Textes kann der Senat mittels einer begründeten Erklärung sein Veto einlegen oder Änderungsanträge einbringen. Der Entwurf

kann dem König nicht zur Billigung vorgelegt werden, ohne dass der Kongress im Falle eines Vetos den ursprünglichen Text mit absoluter Mehrheit oder nach Ablauf von zwei Monaten nach der Einlegung desselben mit einfacher Mehrheit ratifiziert oder sich über die mit einfacher Mehrheit beschlossene Annahme oder Ablehnung der Änderungen geäußert hat.
(3) Bei den von der Regierung oder dem Kongress als dringlich erklärten Entwürfen wird die Frist von zwei Monaten, über die der Senat zur Einlegung eines Vetos oder eines Änderungsantrags verfügt, auf zwanzig Tage verkürzt.

Artikel 91.
Der König billigt in einem Zeitraum von fünfzehn Tagen die von den Cortes Generales verabschiedeten Gesetze, verkündet sie und ordnet ihre unverzügliche Veröffentlichung an.

Artikel 92.
(1) Politische Entscheidungen von besonderer Tragweite können einer beratenden Volksabstimmung unterworfen werden.
(2) Die Volksabstimmung wird nach vorheriger Genehmigung seitens des Kongresses auf Vorschlag des Regierungspräsidenten vom König einberufen.
(3) Ein Organgesetz regelt die Voraussetzungen und die Verfahrensweise der verschiedenen Arten von Volksabstimmung, die in dieser Verfassung vorgesehen sind.

KAPITEL III
Die internationalen Verträge

Artikel 93.
Durch Organgesetz kann der Abschluss von Verträgen genehmigt werden, durch die einer internationalen Organisation oder Institution die Ausübung von aus der Verfassung abgeleiteten Kompetenzen zugestanden wird. Die Gewährleistung der Erfüllung dieser Verträge und der von den internationalen oder supranationalen Organen, die Träger der abgetretenen Kompetenzen sind, ausgehenden Resolutionen obliegt je nach Fall den Cortes Generales oder der Regierung.

Artikel 94.
(1) Die Gewährung oder Zustimmung des Staates zur Bindung durch Verträge oder Abkommen bedarf in folgenden Fällen der vorherigen Genehmigung seitens der Cortes Generales:
a) Verträge politischen Inhalts;
b) Verträge oder Abkommen militärischen Charakters;
c) Verträge oder Abkommen, welche die territoriale Integrität des Staates oder die in Titel 1 festgelegten Grundrechte und -pflichten berühren;
d) Verträge oder Abkommen, die Verpflichtungen für die öffentlichen Finanzen einschließen;
e) Verträge oder Abkommen, welche die Änderung oder Aufhebung eines Gesetzes voraussetzen, oder solche, für deren Durchführung legislative Maßnahmen erforderlich sind.
(2) Der Kongress und der Senat werden unverzüglich über den Abschluss der übrigen Verträge oder Abkommen informiert.

Artikel 95.
(1) Der Abschluss eines internationalen Vertrages, der verfassungswidrige Bestimmungen enthält, bedarf der vorherigen Revision der Verfassung.
(2) Die Regierung oder beide Kammern können das Verfassungsgericht auffordern, eine Erklärung darüber abzugeben, ob dieser Widerspruch besteht oder nicht.

Artikel 96.
(1) Gültig abgeschlossene internationale Verträge werden nach ihrer offiziellen Veröffentlichung in Spanien Teil der innerstaatlichen Rechtsordnung. Ihre Verfügungen können nur in der von den Verträgen selbst vorgesehenen Form oder gemäß den allgemeinen Regeln des Völkerrechts aufgehoben, suspendiert oder abgeändert werden.
(2) Für die Kündigung der internationalen Verträge und Abkommen gilt das gleiche Verfahren, das in Artikel 95 für deren Billigung vorgesehen ist.

TITEL IV
Regierung und Verwaltung

Artikel 97.
Die Regierung leitet die Innen- und Außenpolitik, die Zivil- und Militärverwaltung und die Verteidigung des Staates. Ihr obliegt die exekutive Funktion und die Verordnungsgewalt gemäß der Verfassung und den Gesetzen.

Artikel 98.
(1) Die Regierung setzt sich aus dem Präsidenten, gegebenenfalls den Vizepräsidenten, den Ministern und den weiteren vom Gesetz bestimmten Mitgliedern zusammen.
(2) Der Präsident leitet die Regierungsgeschäfte und koordiniert die Funktionen der übrigen Regierungsmitglieder ungeachtet der direkten Zuständigkeit und Verantwortung dieser für ihre Tätigkeit.
(3) Die Regierungsmitglieder können nur die repräsentativen Aufgaben ausführen, die sich aus dem parlamentarischen Mandat ergeben. Sie dürfen keine andere nicht aus ihrem Amt abgeleitete öffentliche Funktion noch irgendeine berufliche oder kaufmännische Tätigkeit ausüben.
(4) Das Gesetz regelt das Statut und die Unvereinbarkeiten der Regierungsmitglieder.

Artikel 99.
(1) Nach jeder Neuwahl des Kongresses der Abgeordneten und in allen übrigen verfassungsmäßig begründeten Fällen schlägt der König nach Rücksprache mit den Repräsentanten, die von den im Parlament vertretenen politischen Fraktionen ernannt sind, über den Präsidenten des Kongresses einen Kandidaten für das Amt des Regierungspräsidenten vor.
(2) Der gemäß Absatz 1 vorgeschlagene Kandidat trägt dem Kongress der Abgeordneten das politische Programm der von ihm vorgesehenen Regierung vor und ersucht die Kammer um ihr Vertrauen.
(3) Wenn der Kongress der Abgeordneten diesem Kandidaten mit der absoluten Mehrheit der Mitglieder das Vertrauen ausspricht, ernennt der König ihn zum Regierungspräsidenten. Falls diese Mehrheit nicht zustandekommt, wird der gleiche Vorschlag achtundvierzig

Stunden nach der vorherigen Abstimmung einer neuen unterzogen, und das Vertrauen gilt als ausgesprochen, wenn die einfache Mehrheit dafür stimmt.
(4) Wenn nach Durchführung der erwähnten Abstimmungen das Vertrauen für die Investitur nicht ausgesprochen ist, so werden weitere Vorschläge in der in den vorhergehenden Absätzen vorgesehenen Form behandelt.
(5) Falls im Zeitraum von zwei Monaten nach der ersten Investiturabstimmung kein Kandidat das Vertrauen des Kongresses erhalten hat, löst der König beide Kammern auf und beruft mit der Gegenzeichnung des Präsidenten des Kongresses Neuwahlen ein.

Artikel 100.
Die weiteren Regierungsmitglieder werden auf Vorschlag ihres Präsidenten vom König ernannt und entlassen.

Artikel 101.
(1) Die Regierung tritt nach Abhaltung allgemeiner Wahlen, in den in der Verfassung vorgesehenen Fällen des Vertrauensverlustes seitens des Parlaments oder bei Demission oder Ableben ihres Präsidenten zurück.
(2) Die scheidende Regierung verbleibt bis zum Amtsantritt der neuen Regierung im Amt.

Artikel 102.
(1) Die strafrechtliche Haftung des Präsidenten und der übrigen Regierungsmitglieder kann, gegebenenfalls, vor der Strafkammer des Obersten Gerichtshofes gefordert werden.
(2) Wenn es bei der Anklage um Verrat oder irgendein Vergehen gegen die Sicherheit des Staates bei der Amtsausübung geht, kann sie nur auf Initiative eines Viertels der Kongressmitglieder und mit Zustimmung der absoluten Mehrheit des Kongresses vorgebracht werden.
(3) Das königliche Privileg der Begnadigung ist auf keine der Voraussetzungen dieses Artikels anwendbar.

Artikel 103.
(1) Die öffentliche Verwaltung dient in objektiver Weise dem Interesse der Allgemeinheit und handelt in Übereinstimmung mit den Prinzipien der Wirksamkeit, Hierarchie, Dezentralisierung, Entkonzentrierung und Koordination, wobei sie voll dem Gesetz und dem Recht unterliegt.
(2) Die Organe der Staatsverwaltung werden gemäß dem Gesetz gegründet, geleitet und koordiniert.
(3) Das Gesetz regelt das Statut der öffentlichen Beamten, den Zugang zu öffentlichen Ämtern gemäß den Prinzipien der Verdienste und der Befähigung, die Besonderheiten der Ausübung ihres Rechtes, sich einer Gewerkschaft anzuschließen, das System der Unvereinbarkeiten und die Gewährleistung der Unparteilichkeit bei der Ausübung ihrer Ämter.

Artikel 104.
(1) Die Sicherheitskräfte und -einheiten, die der Regierung unterstehen, haben die Aufgabe, die freie Ausübung der Rechte und Freiheiten zu schützen und die Sicherheit der Bürger zu gewährleisten.
(2) Ein Organgesetz legt die Funktionen, die Grundprinzipien des Einsatzes und die Statuten der Sicherheitskräfte und -einheiten fest.

Artikel 105.
Das Gesetz regelt:
a) die Anhörung der Bürger – direkt oder mittels der vom Gesetz anerkannten Organisationen und Verbände – bei der Ausarbeitung sie betreffender Verwaltungsbestimmungen;
b) den Zugang der Bürger zu den Verwaltungsarchiven und -registern, außer in denjenigen Fällen, die die Sicherheit und Verteidigung des Staates, die Ermittlung strafbarer Handlungen und die Intimsphäre der Personen betreffen;
c) das Verfahren nach dem Verwaltungsakte vor sich gehen müssen; falls begründet, wird die Anhörung der betroffenen Person gewährleistet.

Artikel 106.
(1) Die Gerichte kontrollieren die Verordnungsgewalt und Gesetzmäßigkeit der Verwaltungshandlungen sowie die Unterwerfung der letzteren unter die Zwecke, die sie rechtfertigen.
(2) Privatpersonen haben gemäß den Gesetzesbestimmungen, außer in Fällen höherer Gewalt, das Recht auf Entschädigung eines jeden Schadens, der ihren Gütern und Rechten zugefügt wird, vorausgesetzt, dass der Schaden Folge der Tätigkeit der öffentlichen Dienste ist.

Artikel 107.
Der Staatsrat ist das höchste Beratungsorgan der Regierung. Ein Organgesetz regelt seine Zusammensetzung und Zuständigkeiten.

TITEL V
Die Beziehungen zwischen der Regierung und den Cortes Generales

Artikel 108.
Die Regierung ist für ihre Politik dem Kongress der Abgeordneten gegenüber solidarisch verantwortlich.

Artikel 109.
Die Kammern und ihre Ausschüsse können über ihre jeweiligen Präsidenten alle erforderliche Information und Hilfe von der Regierung und ihren Ressorts sowie von allen Behörden des Staates und der Autonomen Gemeinschaften einholen.

Artikel 110.
(1) Die Kammern und ihre Ausschüsse können die Anwesenheit der Mitglieder der Regierung fordern.
(2) Die Mitglieder der Regierung haben Zugang zu den Sitzungen der Kammern und ihrer Ausschüsse und die Befugnis, das Wort zu ergreifen; sie können verlangen, dass Beamte ihrer Ressorts in diesen Sitzungen informieren.

Artikel 111.
(1) Die Regierung und jedes ihrer Mitglieder haben sich allen von den Kammern an sie gestellten Interpellationen und Fragen zu unterwerfen. Für diese Art Debatten setzen die Geschäftsordnungen eine Mindestzeit pro Woche fest.

(2) Jede Interpellation kann zu einem Antrag führen, in dem die Kammer ihren Standpunkt zum Ausdruck bringt.

Artikel 112.
Der Regierungspräsident kann nach vorheriger Erörterung im Ministerrat vor dem Kongress der Abgeordneten die Vertrauensfrage bezüglich seines Regierungsprogramms oder einer allgemeinpolitischen Erklärung stellen. Das Vertrauen gilt als ausgesprochen, wenn die einfache Mehrheit der Abgeordneten dafür stimmt.

Artikel 113.
(1) Der Kongress der Abgeordneten kann durch einen mit absoluter Mehrheit angenommenen Misstrauensantrag die Regierung politisch zur Verantwortung ziehen.
(2) Der Misstrauensantrag muss von mindestens einem Zehntel der Abgeordneten vorgeschlagen werden und einen Kandidaten für das Amt der Regierungspräsidentschaft enthalten.
(3) Über den Misstrauensantrag kann nicht vor Ablauf von fünf Tagen nach seiner Vorlage abgestimmt werden. An den ersten zwei Tagen dieser Frist können Alternativanträge gestellt werden.
(4) Im Falle der Ablehnung des Misstrauensantrags durch den Kongress können die Unterzeichnenden in der gleichen Sitzungsperiode keinen weiteren vorlegen.

Artikel 114.
(1) Wenn der Kongress der Regierung das Vertrauen entzieht, reicht diese dem König ihren Rücktritt ein; anschließend wird gemäß den Bestimmungen von Artikel 99 der Regierungspräsident ernannt.
(2) Wenn der Kongress einen Misstrauensantrag annimmt, reicht die Regierung dem König ihren Rücktritt ein, und der in ersterem vorgeschlagene Kandidat besitzt von diesem Zeitpunkt an das Vertrauen der Kammer in allen in Artikel 99 festgelegten Punkten. Der König ernennt ihn anschließend zum Regierungspräsidenten.

Artikel 115.
(1) Der Regierungspräsident kann nach vorheriger Erörterung im Ministerrat und unter seiner alleinigen Verantwortung die Auflösung des Kongresses, des Senats oder der Cortes Generales vorschlagen, die vom König verfügt wird. Das Auflösungsdekret setzt das Datum der Wahlen fest.
(2) Der Vorschlag der Auflösung kann nicht vorgelegt werden, solange ein Misstrauensantrag läuft.
(3) Eine erneute Auflösung kann, mit Ausnahme der Bestimmungen von Artikel 99 Abs. 5, erst ein Jahr nach der vorherigen erfolgen.

Artikel 116.
(1) Ein Organgesetz regelt den Alarm-, den Ausnahme- und den Belagerungszustand und die entsprechenden Zuständigkeiten und Begrenzungen.
(2) Der Alarmzustand wird von der Regierung mittels eines vom Ministerrat beschlossenen Dekrets für einen Höchstzeitraum von fünfzehn Tagen erklärt. Der Kongress, der darüber unterrichtet werden muss, wird unverzüglich zu diesem Zweck einberufen; ohne dessen

Billigung kann diese Frist nicht verlängert werden. Im Dekret wird der territoriale Bereich bestimmt, auf den sich die Erklärung erstreckt.
(3) Der Ausnahmezustand wird von der Regierung mittels eines vom Ministerrat nach vorheriger Billigung des Kongresses der Abgeordneten beschlossenen Dekrets erklärt. Die Billigung und Ausrufung des Ausnahmezustandes müssen ausdrücklich die Auswirkungen, den territorialen Bereich, auf den er sich erstreckt, und seine Dauer bestimmen; letztere darf dreißig Tage nicht überschreiten, die jedoch um die gleiche Frist und unter den gleichen Bedingungen verlängert werden können.
(4) Der Belagerungszustand wird auf ausschließlichen Vorschlag der Regierung von der absoluten Mehrheit des Kongresses der Abgeordneten erklärt. Der Kongress bestimmt den territorialen Bereich, die Dauer und die Bedingungen desselben.
(5) Die Auflösung des Kongresses der Abgeordneten kann nicht erfolgen, solange irgendeiner der in diesem Artikel enthaltenen Zustände erklärt ist; die Kammern gelten als automatisch einberufen, wenn sie sich nicht in einer Sitzungsperiode befinden. Ihre Tätigkeit sowie die der übrigen konstitutionellen Staatsgewalten dürfen während der Dauer dieser Zustände nicht unterbrochen werden. Falls es nach Auflösung des Kongresses oder Ablauf seines Mandates zu einer Situation kommt, die zu einem dieser Zustände führt, werden die Zuständigkeiten des Kongresses von seinem Ständigen Ausschuss übernommen.
(6) Die Erklärung des Alarm-, des Ausnahme- und des Belagerungszustandes ändert das in der Verfassung und den Gesetzen anerkannte Prinzip der Verantwortlichkeit der Regierung und ihrer Träger nicht.

TITEL VI
Die rechtsprechende Gewalt

Artikel 117.
(1) Die Justiz geht vom Volke aus und wird von den Richtern, die Bestandteil der rechtsprechenden Gewalt, unabhängig, unabsetzbar verantwortlich und nur dem Gesetz unterworfen sind, im Namen des Königs ausgeübt.
(2) Die Richter können nur aus Gründen und mit den Garantien, die das Gesetz bestimmt, vor Ablauf ihrer Amtszeit entlassen, ihres Amtes enthoben, versetzt oder in den Ruhestand gesetzt werden.
(3) Die Ausübung der Jurisdiktionsgewalt durch Urteilssprechung und -vollstreckung in allen Arten von Prozessen obliegt ausschließlich den in den Gesetzen vorgesehenen Gerichten, und zwar gemäß den Normen über die Zuständigkeiten und Verfahrensweisen, die diese Gesetze festlegen.
(4) Die Gerichte üben nur die in Absatz 3 festgelegten Funktionen sowie diejenigen aus, welche ihnen ausdrücklich zur Gewährleistung irgendeines Rechtes vom Gesetz zugeschrieben werden.
(5) Das Prinzip der Einheit der Gerichtsbarkeit ist die Grundlage der Organisation und Tätigkeit der Gerichte. Das Gesetz regelt die Ausübung der Militärgerichtsbarkeit im strikt militärischen Bereich und unter den Voraussetzungen des Belagerungszustandes gemäß den Verfassungsprinzipien.
(6) Ausnahmegerichte sind unzulässig.

Artikel 118.
Den Urteilssprüchen und allen anderen rechtskräftigen Beschlüssen der Richter und Gerichte ist Folge zu leisten; ebenso muss die von diesen im Verlauf eines Prozesses und bei der Vollstreckung des Urteils verlangte Zusammenarbeit geleistet werden.

Artikel 119.
Die Justiz ist kostenfrei, wenn das Gesetz dies verfügt, und grundsätzlich im Falle von Personen, die ihren Mangel an Mitteln zur Prozessführung nachweisen.

Artikel 120.
(1) Gerichtsverhandlungen sind öffentlich, mit Ausnahme derer, die in den Prozessgesetzen vorgesehen sind.
(2) Das Gerichtsverfahren wird vorwiegend mündlich geführt, vor allem in Strafsachen.
(3) Die Urteile müssen immer begründet sein und werden in öffentlicher Verhandlung bekannt gegeben.

Artikel 121.
Der auf Grund eines Justizirrtums oder als Folge anormaler Ausübung der Justizverwaltung entstandene Schaden berechtigt gemäß dem Gesetz zu einer Entschädigung zu Lasten des Staates.

Artikel 122.
(1) Das Organgesetz über die rechtsprechende Gewalt regelt die Zusammensetzung, Tätigkeit und Leitung der Gerichte sowie das Rechtsstatut der Berufsrichter, die eine einzige Körperschaft bilden, und die des Personals im Dienste der Justizverwaltung.
(2) Der Generalrat der rechtsprechenden Gewalt ist das leitende Organ derselben. Das Organgesetz wird sein Statut und die Unvereinbarkeiten seiner Mitglieder und ihrer Funktionen, insbesondere in Fragen der Ernennungen, Beförderungen, Kontrolle und Disziplinarverfahren regeln.
(3) Der Generarat der rechtsprechenden Gewalt setzt sich zusammen aus dem Präsidenten des Obersten Gerichtshofes, der ihm vorsteht, und zwanzig vom König für einen Zeitraum von fünf Jahren ernannten Mitgliedern: zwölf Richter aller Justizkategorien gemäß den Bestimmungen des Organgesetzes, vier auf Vorschlag des Kongresses und vier auf Vorschlag des Senats; in beiden Fällen werden sie mit der Mehrheit von drei Fünfteln der Mitglieder beider Kammern unter Anwälten und anderen Juristen mit anerkannter Kompetenz und über fünfzehnjähriger Berufserfahrung ausgewählt.

Artikel 123.
(1) Der Oberste Gerichtshof, dessen Gerichtsbarkeit sich auf ganz Spanien erstreckt, ist das in jeder Hinsicht oberste rechtsprechende Organ, mit Ausnahme in Sachen der Verfassungsgarantien.
(2) Der Präsident des Obersten Gerichtshofes wird auf Vorschlag des Generalrates der rechtsprechenden Gewalt vom König in der vom Gesetz vorgesehenen Form ernannt.

Artikel 124.
(1) Die Staatsanwaltschaft hat unbeschadet der anderen Organen übertragenen Funktionen die Aufgabe, die Tätigkeit der Justiz zugunsten der Legalität, der Bürgerrechte und des vom

Gesetz gewahrten öffentlichen Interesses von Amts wegen oder auf Antrag der betroffenen Personen zu fördern sowie über die Unabhängigkeit der Gerichte zu wachen und sich vor diesen für das soziale Interesse einzusetzen.
(2) Die Staatsanwaltschaft übt ihre Funktionen durch eigene Organe gemäß den Prinzipien der Handlungseinheit und der hierarchischen Abhängigkeit und in jedem Fall unter Achtung der Grundsätze der Legalität und Unparteilichkeit aus.
(3) Das Organstatut der Staatsanwaltschaft wird durch Gesetz geregelt.
(4) Der Generalstaatsanwalt wird vom König auf Vorschlag der Regierung und nach Anhörung des Generalrates der rechtsprechenden Gewalt ernannt.

Artikel 125.
Die Bürger können die Popularklage einbringen und durch die Einrichtung der Geschworenen in der Form und in jenen Strafprozessen, die das Gesetz bestimmt, sowie an gewohnheitsrechtlichen und traditionellen Gerichten an der Justizausübung teilnehmen.

Artikel 126.
Die Kriminalpolizei unterliegt in ihren Funktionen der Feststellung strafbarer Handlungen und des Auffindens und der Festnahme des Täters gemäß den Bestimmungen des Gesetzes den Richtern, den Gerichten und der Staatsanwaltschaft.

Artikel 127.
(1) Die Richter und Staatsanwälte können während ihrer Amtszeit keine anderen öffentlichen Ämter bekleiden noch politischen Parteien oder Gewerkschaften angehören. Das System und die Formen des beruflichen Zusammenschlusses der Richter und Staatsanwälte werden durch Gesetz festgelegt.
(2) Das Gesetz bestimmt das System der Unvereinbarkeiten der Mitglieder der rechtsprechenden Gewalt, welches ihre völlige Unabhängigkeit gewährleisten muss.

TITEL VII
Wirtschaft und Finanzen

Artikel 128.
(1) Der gesamte Reichtum des Landes in seinen verschiedenen Formen und unbeschadet seiner Trägerschaft ist dem allgemeinen Interesse untergeordnet.
(2) Die öffentliche Initiative im Wirtschaftsleben wird anerkannt. Durch Gesetz können der öffentlichen Hand wesentliche Mittel oder Dienste gesichert werden, besonders im Falle eines Monopols; ebenso kann das Eingreifen in Unternehmen beschlossen werden, wenn das allgemeine Interesse dies erforderlich machen sollte.

Artikel 129.
(1) Das Gesetz legt die Formen der Beteiligung der Interessierten an der Sozialen Sicherheit und an der Tätigkeit derjenigen öffentlichen Organen fest, deren Funktion sich direkt auf die Lebensqualität oder das Allgemeinwohl richtet.
(2) Die öffentlichen Gewalten fördern die verschiedenen Formen der Beteiligung innerhalb der Unternehmen sowie die Genossenschaften mittels der entsprechenden Gesetzgebung.

Sie sehen ebenfalls die Mittel vor, die den Arbeitnehmern den Zugang zum Besitz der Produktionsmittel ermöglichen.

Artikel 130.
(1) Die öffentlichen Gewalten sorgen für die Modernisierung und Entwicklung aller Wirtschaftsbereiche, insbesondere der Landwirtschaft, Viehzucht, Fischerei und des Handwerks wegens, um den Lebensstandard aller Spanier einander anzugleichen.
(2) Dem gleichen Zweck dient eine Sonderbehandlung der Gebirgszonen.

Artikel 131.
(1) Der Staat kann mittels Gesetz die allgemeine Wirtschaftstätigkeit planen, um die kollektiven Bedürfnisse zu decken, die Entwicklung der Regionen und Sektoren auszugleichen und zu harmonisieren und das Wachstum des Einkommens und des Reichtums sowie deren gerechtere Verteilung zu fördern.
(2) Die Regierung arbeitet gemäß den ihr von den Autonomen Gemeinschaften vorgelegten und aus der Beratung und Zusammenarbeit mit den Gewerkschaften und anderen Berufs-, Unternehmer- und Wirtschaftsverbänden hervorgegangenen Vorschlägen die Planungsprojekte aus. Zu diesem Zweck wird ein Rat gegründet, dessen Zusammensetzung und Funktionen durch Gesetz geregelt werden.

Artikel 132.
(1) Das Gesetz regelt die Rechtslage des Staats- und des Gemeindebesitzes, und zwar unter Achtung der Prinzipien der Unveräußerlichkeit, Unverjährbarkeit und Unpfändbarkeit, sowie seine Entwidmung.
(2) Zum Staatsbesitz gehört, was das Gesetz bestimmt; in jedem Fall die Küstenzone, Strände, Hoheitsgewässer und die natürlichen Hilfsmittel des Wirtschaftsgebietes und des Festlandsockels.
(3) Das Gesetz regelt das Staats- und das Nationalvermögen, ihre Verwaltung, ihren Schutz und ihre Erhaltung.

Artikel 133.
(1) Die ursprüngliche Befugnis für die Erhebung von Steuern obliegt ausschließlich durch Gesetz dem Staat.
(2) Die Autonomen Gemeinschaften und die Gebietskörperschaften können in Übereinstimmung mit der Verfassung und den Gesetzen Steuern erheben und ihre Entrichtung verlangen.
(3) Jeder Steuergewinn, welcher die Staatsabgaben betrifft, muss kraft Gesetzes festgelegt werden.
(4) Die öffentlichen Verwaltungen können nur den Gesetzen gemäß finanzielle Verpflichtungen eingehen und Ausgaben machen.

Artikel 134.
(1) Der Regierung obliegt die Ausarbeitung des Staatshaushalts und den Cortes Generales seine Prüfung, Abänderung und Verabschiedung.
(2) Der Staatshaushaltsplan wird für ein Jahr aufgestellt; er erstreckt sich auf die Gesamtheit der Ausgaben und Einnahmen der öffentlichen Hand und bestimmt den Betrag der Steuergewinne, welche die Staatsabgaben betreffen.

(3) Die Regierung muss dem Kongress der Abgeordneten mindestens drei Monate vor Ablauf des vorjährigen den neuen Staatshaushalt vorlegen.
(4) Wenn das Haushaltsgesetz nicht vor dem ersten Tag des entsprechenden Rechnungsjahres gebilligt ist, so gilt der Staatshaushalt des Vorjahres bis zum Inkrafttreten des neuen als automatisch verlängert.
(5) Nach Inkrafttreten des Staatshaushaltes kann die Regierung Gesetzentwürfe vorlegen, die eine Erhöhung der öffentlichen Ausgaben oder eine Verringerung der Einnahmen im entsprechenden Rechnungsjahr vorsehen.
(6) Jede Behandlung von Anträgen oder Änderungen, die eine Krediterhöhung oder Einnahmenverringerung voraussetzen, bedarf der Zustimmung der Regierung.
(7) Das Haushaltsgesetz kann keine Steuern errichten. Es kann sie modifizieren, wenn ein materielles Steuergesetz dies vorsieht.

Artikel 135.
(1) Alle öffentlichen Verwaltungen unterwerfen ihr Gebaren dem Grundsatz der Haushaltsstabilität.
(2) Der Staat und die Autonomen Gemeinschaften dürfen kein strukturelles Defizit aufweisen, das die gegebenenfalls von der Europäischen Union für deren Mitgliedstaaten festgelegten Grenzen übersteigt.
Ein Organgesetz legt das dem Staat und den Autonomen Gemeinschaften im Verhältnis zu ihrem Bruttoinlandsprodukt maximal erlaubte strukturelle Defizit fest. Die lokalen Körperschaften müssen einen ausgeglichenen Haushalt aufweisen.
(3) Der Staat und die Autonomen Gemeinschaften müssen gesetzlich dazu befugt werden, öffentliche Schuldtitel auszugeben oder Kredite aufzunehmen.
Kredite zur Zinsbegleichung und Kapitaltilgung der öffentlichen Schulden der Verwaltungen fließen stets in die Ausgabenrechnung des betreffenden Haushalts ein und ihre Begleichung besitzt absoluten Vorrang. Kredite dieser Art dürfen keinen Änderungen unterliegen, solange sie den Bedingungen laut dem Gesetz über die Ausgabe öffentlicher Schuldtitel genügen.
Der Gesamtschuldenstand der öffentlichen Verwaltungen darf im Verhältnis zum Bruttoinlandsprodukt des Staates den Referenzwert laut dem Vertrag über die Arbeitsweise der Europäischen Union nicht übersteigen.
(4) Die Grenzen für das strukturelle Defizit und den öffentlichen Schuldenstand dürfen nur dann überschritten werden, wenn eine Naturkatastrophe, eine wirtschaftliche Rezession oder eine außerordentliche Notfallsituation vorliegt, die nach Einschätzung der absoluten Mehrheit des Kongresses der Abgeordneten durch den Staat nicht beherrschbar ist und dessen Finanzlage oder dessen wirtschaftliche oder soziale Nachhaltigkeit erheblich beeinträchtigt.
(5) Ein Organgesetz regelt die Grundsätze, auf die dieser Artikel Bezug nimmt, sowie die jeweilige Verfahrensbeteiligung der Organe zur institutionellen Koordination zwischen den öffentlichen Verwaltungen in politischer, steuerlicher und finanzieller Hinsicht. In jedem Fall regelt es die folgenden Belange:
a) Die Verteilung der Defizit- und Verschuldungsgrenzen zwischen den öffentlichen Verwaltungen, die außergewöhnlichen Umstände für deren Überschreitung sowie die Form und Frist für die Berichtigung etwaiger Abweichungen.
b) Die Methodik und das Verfahren für die Berechnung des strukturellen Defizits.

c) Die jeweilige Haftung der öffentlichen Verwaltungen, falls die Haushaltsstabilitätsziele verfehlt werden.
(6) In Übereinstimmung mit ihren jeweiligen Statuten und innerhalb der Grenzen laut diesem Artikel verabschieden die Autonomen Gemeinschaften die sachdienlichen Bestimmungen für die wirksame Umsetzung des Stabilitätsgrundsatzes in ihren haushaltsbezogenen Vorschriften und Entscheidungen.

Artikel 136.
(1) Der Rechnungshof ist das oberste Organ der Rechnungskontrolle und der Prüfung der Wirtschaftsführung des Staates sowie der öffentlichen Hand.
Er hängt direkt von den Cortes Generales ab und übt seine Prüfungs- und Kontrollfunktionen bezüglich des staatlichen Rechnungswesens in Vertretung derselben aus.
(2) Die Staatsrechnungen und die der öffentlichen Hand werden dem Rechnungshof zur Prüfung vorgelegt. Der Rechnungshof legt den Cortes Generales unbeschadet seiner eigenen Zuständigkeit einen Jahresbericht vor, in dem er gegebenenfalls über seiner Ansicht nach vorgekommene Fälle von Verstößen oder Verantwortlichkeiten informiert.
(3) Die Mitglieder des Rechnungshofes sind ebenso unabhängig und unabsetzbar und den gleichen Unvereinbarkeiten unterworfen wie die Richter.
(4) Ein Organgesetz regelt die Zusammensetzung, Organisation und Funktionen des Rechnungshofes.

TITEL VIII
Die territoriale Gliederung des Staates

KAPITEL I
Allgemeine Grundsätze

Artikel 137.
Das Staatsgebiet wird in Gemeinden, Provinzen und Autonome Gemeinschaften gegliedert. Sie alle genießen Autonomie bezüglich der Verfolgung ihrer entsprechenden Interessen.

Artikel 138.
(1) Der Staat gewährleistet die Verwirklichung des in Artikel 2 der Verfassung festgelegten Prinzips der Solidarität durch den Einsatz für die Herstellung eines angemessenen und gerechten wirtschaftlichen Gleichgewichtes zwischen den verschiedenen Teilen des spanischen Gebietes; er berücksichtigt insbesondere die Gegebenheit des insularen Charakters.
(2) Die Unterschiede zwischen den Statuten der einzelnen Autonomen Gemeinschaften dürfen keinesfalls zu wirtschaftlichen oder sozialen Privilegien führen.

Artikel 139.
(1) Alle Spanier haben im gesamten Staatsgebiet die gleichen Rechte und Pflichten.
(2) Keine Behörde darf Maßnahmen ergreifen, die direkt oder indirekt die Freizügigkeit und Niederlassungsfreiheit der Personen sowie den freien Güterverkehr in ganz Spanien behindern.

KAPITEL II
Die Lokalverwaltung

Artikel 140.
Die Verfassung gewährleistet die Autonomie der Gemeinden. Diese verfügen über volle Rechtspersönlichkeit. Ihre Regierung und Verwaltung obliegen den entsprechenden Gemeindevertretungen, die sich aus dem Bürgermeister und den Ratsmitgliedern zusammensetzen. Die Ratsmitglieder werden in allgemeiner, gleicher, freier, direkter und geheimer Wahl in der Form, die das Gesetz vorsieht, von den Bürgern der Gemeinde gewählt. Die Bürgermeister werden von den Ratsmitgliedern oder den Bürgern gewählt. Das Gesetz regelt die Voraussetzungen, unter welchen die Einrichtung der Bürgerversammlung angebracht ist.

Artikel 141.
(1) Die Provinz ist eine durch den Zusammenschluss von Gemeinden gekennzeichnete lokale Körperschaft mit eigener Rechtspersönlichkeit und Gebietsunterteilung für die Ausführung der Staatsgeschäfte. Jedwede Veränderung der Grenzen der Provinzen muss mittels Organgesetz von den Cortes Generales gebilligt werden.
(2) Die autonome Regierung und Verwaltung der Provinzen obliegen Provinzialräten (Diputaciones) oder anderen repräsentativen Körperschaften.
(3) Der von den Provinzen unabhängige Zusammenschluss von Gemeinden ist zulässig.
(4) In den Archipelen verfügen die Inseln außerdem über eine eigene Verwaltung in Form der Inselparlamente (Cabildos) oder -räte (Consejos).

Artikel 142.
Die lokalen Finanzverwaltungen müssen über ausreichende Mittel verfügen, um die den entsprechenden Körperschaften vom Gesetz zugeschriebenen Funktionen erfüllen zu können; diese Mittel stammen im Wesentlichen aus den eigenen Steuereinnahmen sowie aus dem Anteil an denen des Staates und denen der Autonomen Gemeinschaften.

KAPITEL III
Die Autonomen Gemeinschaften

Artikel 143.
(1) Bei der in Artikel 2 der Verfassung anerkannten Ausübung des Rechtes auf Autonomie können die aneinandergrenzenden Provinzen mit gemeinsamen historischen, kulturellen und wirtschaftlichen Gegebenheiten, die Inselgebiete und die Provinzen, welche eine historisch begründete regionale Gemeinsamkeit bilden, die Selbstregierung erlangen und sich nach Maßgabe der Bestimmungen dieses Titels und der entsprechenden Statuten als Autonome Gemeinschaften konstituieren.
(2) Die Initiative des Autonomieprozesses obliegt allen interessierten Provinzialräten oder dem entsprechenden interinsularen Organ und zwei Dritteln der Gemeinden, deren Bevölkerung mindestens die Mehrheit der Wählerliste jeder Provinz oder Insel darstellt. Diese Voraussetzungen müssen in der Frist von sechs Monaten nach dem ersten diesbezüglichen Beschluss seitens einer der betreffenden lokalen Körperschaften erfüllt werden.
(3) Im Falle des Misserfolges der Initiative kann diese erst nach fünf Jahren wiederholt werden.

Artikel 144.
Die Cortes Generales können aus Gründen des nationalen Interesses mittels Organgesetz:
a) die Konstituierung einer Autonomen Gemeinschaft genehmigen, wenn der entsprechende territoriale Bereich den einer Provinz nicht überschreitet und die Voraussetzungen von Artikel 143 Abs. 1 nicht erfüllt;
b) ein Autonomiestatut für die Gebiete genehmigen oder gegebenenfalls beschließen, welche in keine Provinz eingegliedert sind;
c) die Initiative der lokalen Körperschaften, auf die sich Artikel 143 Abs. 2 bezieht, übernehmen.

Artikel 145.
(1) Die Föderation Autonomer Gemeinschaften ist keinesfalls zulässig.
(2) Die Statuten können die Voraussetzungen, Bedingungen und Formalitäten regeln, unter denen die Autonomen Gemeinschaften untereinander Verträge über die Ausführung und Gewährung von Leistungen, die ihnen eigen sind, abschließen können, sowie die Art und die Wirkungen der entsprechenden Mitteilung an die Cortes Generales festlegen. Bei allen übrigen Voraussetzungen bedarf es der Genehmigung der Cortes Generales für den Abschluss von Kooperationsverträgen zwischen den Autonomen Gemeinschaften.

Artikel 146.
Der Statutenentwurf wird von einer Versammlung ausgearbeitet, die sich aus den Mitgliedern des Provinzialrates oder des interinsularen Organs der betreffenden Provinzen und den in ihnen gewählten Abgeordneten und Senatoren zusammensetzt; der Entwurf wird den Cortes Generales vorgelegt, die ihn wie ein Gesetz behandeln.

Artikel 147.
(1) Im Rahmen der Bestimmungen dieser Verfassung sind die Statuten die grundsätzliche institutionelle Norm der jeweiligen Autonomen Gemeinschaft; der Staat erkennt sie an und schützt sie als Bestandteil seiner Rechtsordnung.
(2) Die Autonomiestatuten müssen enthalten:
a) den Namen der Gemeinschaft, der ihrer historischen Identität am besten entspricht;
b) die Abgrenzung ihres Gebietes;
c) den Namen, die Organisation und den Sitz der eigenen autonomen Institutionen;
d) die im Rahmen der Verfassung übernommenen Zuständigkeiten und die Grundlagen für die Übernahme der ihnen zukommenden Dienste.
(3) Eine Statutenänderung erfolgt gemäß der darin vorgesehenen Verfahrensweise und bedarf in jedem Falle der Zustimmung der Cortes Generales mittels eines Organgesetzes.

Artikel 148.
(1) Die Autonomen Gemeinschaften können auf folgenden Gebieten Zuständigkeiten übernehmen:
1. Organisation ihrer Institutionen für die Selbstregierung;
2. Veränderungen der in ihrem Gebiet enthaltenen Gemeindegrenzen und allgemein die Funktionen, die der Staatsverwaltung bezüglich der lokalen Körperschaften obliegen und deren Übertragung von der Gesetzgebung über Kommunalverwaltung genehmigt wird;

3. Gebietsordnung, Städte- und Wohnungsbau;
4. Öffentliche Bauten, deren Errichtung in ihrem Gebiet von Interesse für die Autonome Gemeinschaft ist;
5. Eisenbahnen und Straßen, deren Verlauf sich in seiner Gesamtheit auf das Gebiet der Autonomen Gemeinschaft erstreckt, sowie der von diesen Mitteln oder per Kabelverkehr durchgeführte Transport;
6. Nothäfen, Sport- und Sportflughäfen und im Allgemeinen solche, die keine kommerziellen Tätigkeiten ausüben;
7. Landwirtschaft und Viehzucht im Rahmen der allgemeinen Wirtschaftsordnung;
8. Waldländereien und Forstwirtschaft;
9. Durchführung des Umweltschutzes;
10. Projekte, Bau und Betrieb der Wassernutzungswerke, Kanäle und Bewässerungsanlagen, die von Interesse für die Autonome Gemeinschaft sind; Mineral- und Thermalquellen;
11. Binnenfischerei, Schalen- und Krustentierzucht und Aquakultur, Jagdwesen und Flussfischfang;
12. Lokale Messen und Ausstellungen;
13. Förderung der wirtschaftlichen Entwicklung der Autonomen Gemeinschaft innerhalb der von der staatlichen Wirtschaftspolitik gesetzten Ziele;
14. Handwerkswesen;
15. Museen, Bibliotheken und Musikkonservatorien, die von Interesse für die Autonome Gemeinschaft sind;
16. Pflege der Bau- und Kunstdenkmäler, die von Interesse für die Autonome Gemeinschaft sind;
17. Förderung der Kultur, der Forschung und gegebenenfalls der Lehre der Sprache der Autonomen Gemeinschaft;
18. Förderung und Gestaltung des Tourismus innerhalb ihres Territorialbereiches;
19. Förderung von Sport und Freizeitgestaltung;
20. Sozialfürsorge;
21. Gesundheit und Hygiene;
22. Bewachung und Schutz ihrer Gebäude und Einrichtungen. Koordination und weitere Befugnisse bezüglich der Lokalpolizei nach Maßgabe eines Organgesetzes.
(2) Die Autonomen Gemeinschaften können nach einem Zeitraum von 5 Jahren und mittels einer Statutenänderung ihre Zuständigkeiten innerhalb des im Artikel 149 vorgesehenen Rahmens allmählich erweitern.

Artikel 149.
(1) Der Staat besitzt die ausschließliche Zuständigkeit für:
1. die Regelung der grundlegenden Bedingungen, die die Gleichheit aller Spanier bei der Ausübung ihrer Rechte und der Erfüllung ihrer verfassungsmäßigen Pflichten gewährleisten;
2. die Staatsangehörigkeit, die Ein- und Auswanderung sowie das Fremden- und Asylrecht;
3. die internationalen Beziehungen;
4. Verteidigung und Streitkräfte;
5. Justizverwaltung;
6. Handels-, Strafrechts- und Strafanstaltsgesetzgebung; Prozessrechtsgesetzgebung unbeschadet der notwendigen Besonderheiten, die sich in dieser Hinsicht aus den Eigenheiten des materiellen Rechtes der Autonomen Gemeinschaften ergeben;

7. Arbeitsgesetzgebung unbeschadet ihrer Durchführung seitens der Organe der Autonomen Gemeinschaften;
8. Zivilgesetzgebung unbeschadet der Erhaltung, Modifizierung und Entwicklung der gegebenenfalls vorhandenen Zivil-, Foral- und Sonderrechte durch die Autonomen Gemeinschaften; in jedem Fall die Regeln zur Anwendung und Wirksamkeit der Rechtsnormen, zivilrechtliche Verhältnisse hinsichtlich der Eheformen, Ordnung der öffentlichen Register und Urkunden, Grundlagen der Vertragspflichten, Normen für die Lösung von Gesetzeskonflikten und Festlegung der Rechtsquellen, in letzterem Fall unter Wahrung der Normen des Foral- und Sonderrechtes;
9. Gesetzgebung über Urheberrecht und Patentrecht;
10. Zoll- und Tarifwesen; Außenhandel;
11. Währungssystem: Devisen, Geldwechsel und Konvertibilität; Grundlagen des Kredit-, Bank- und Versicherungswesens;
12. Gesetzgebung über Gewichte und Maße, Festlegung der offiziellen Zeit;
13. Grundlagen und Koordination der allgemeinen Wirtschaftsplanung;
14. allgemeines Finanzwesen und Staatsschuld;
15. Förderung und allgemeine Koordination der wissenschaftlichen und technischen Forschung;
16. äußeres Gesundheitswesen; Grundlagen und allgemeine Koordination des Gesundheitswesens; Gesetzgebung über pharmazeutische Produkte;
17. grundlegende Gesetzgebung und wirtschaftliche Ordnung der Sozialen Sicherheit unbeschadet der Ausführung ihrer Leistungen durch die Autonomen Gemeinschaften;
18. Grundlagen der Rechtsordnung der öffentlichen Verwaltung und der statutsmäßigen Ordnung ihrer Beamten, wobei den der Verwaltung Unterstehenden auf jeden Fall gleiche Behandlung gewährleistet wird; gemeinsames Verwaltungsverfahren unbeschadet der aus der eigenen Organisation der Autonomen Gemeinschaften hervorgehenden Besonderheiten; Gesetzgebung über Zwangsenteignung; grundlegende Gesetzgebung über Verwaltungsverträge und -konzessionen und Haftungssystem aller öffentlichen Verwaltungen;
19. Meeresfischerei unbeschadet der Zuständigkeiten, die bei der Ordnung dieses Bereiches den Autonomen Gemeinschaften zuerkannt werden;
20. Handelsmarine und Schiffsflaggenverleihung, Beleuchtung von Küsten und Seezeichen; Häfen von allgemeinem Interesse; Kontrolle des Luftraumes, Luftverkehrs und Lufttransportes; Wetterdienst und Eintragung von Luftfahrzeugen;
21. Eisenbahnen und Straßentransporte, die durch das Gebiet von mehr als einer Autonomen Gemeinschaft führen; allgemeines Verkehrswesen; Kraftfahrzeugverkehr; Post- und Fernmeldewesen; Luftkabel, Unterseekabel und Funkwesen;
22. Gesetzgebung, Ordnung und Konzession der hydraulischen Quellen und Nutzung in den Fällen, in denen der Wasserlauf durch das Gebiet von mehr als einer Autonomen Gemeinschaft führt, und Genehmigung elektrischer Einrichtungen in den Fällen, in denen die Nutzung sich auf eine andere Gemeinschaft erstreckt oder der Energietransport über den eigenen Territorialbereich hinausgeht;
23. grundlegende Gesetzgebung über den Umweltschutz unbeschadet der Befugnisse der Autonomen Gemeinschaften zum Erlass zusätzlicher Schutzvorschiften; Grundgesetzgebung über Waldländereien und Forstwirtschaft sowie Viehtrifte;
24. öffentliche Bauten, die von allgemeinem Interesse sind oder deren Errichtung sich auf mehr als eine Autonome Gemeinschaft auswirkt;

25. Grundlagen des Bergbau- und Energiewesens;
26. Herstellung, Handel, Besitz und Gebrauch von Waffen und Sprengkörpern;
27. grundlegende Normen für Presse, Rundfunk und Fernsehen und im Allgemeinen für alle sozialen Kommunikationsmedien, unbeschadet der den Autonomen Gemeinschaften bei ihrer Entwicklung und Handhabung zustehenden Befugnisse;
28. Schutz des spanischen kulturellen, künstlerischen und architektonischen Gutes vor Ausfuhr und Plünderung; staatliche Museen, Bibliotheken und Archive unbeschadet ihrer Verwaltung durch die Autonomen Gemeinschaften;
29. öffentliche Sicherheit unbeschadet der Möglichkeit der Schaffung eigener Polizeikräfte durch die Autonomen Gemeinschaften in der Form, die in den entsprechenden Statuten im Rahmen der Bestimmungen eines Organgesetzes vorgesehen wird;
30. Regelung der Bedingungen der Erlangung, Ausstellung und Bestätigung akademischer und beruflicher Titel und grundsätzliche Normen für die Entwicklung von Artikel 27 der Verfassung mit dem Zwecke, die Erfüllung der Verpflichtungen der öffentlichen Gewalten auf diesem Gebiet zu gewährleisten;
31. Statistik für Staatszwecke;
32. Genehmigung zur Einberufung einer Volksbefragung auf dem Wege des Referendums.

(2) Unbeschadet der Zuständigkeiten, die die Autonomen Gemeinschaften übernehmen können, betrachtet der Staat den Dienst an der Kultur als eine Pflicht und wesentliche Aufgabe und erleichtert in Übereinstimmung mit den Autonomen Gemeinschaften den Kulturaustausch zwischen ihnen.

(3) Die dem Staat von dieser Verfassung nicht ausdrücklich zugeschriebenen Materien können kraft ihrer entsprechenden Statuten den Autonomen Gemeinschaften zustehen. Die Zuständigkeit in Materien, welche die Autonomiestatuten nicht übernehmen, obliegt dem Staat, dessen Normen im Konfliktfall in allem, was nicht der ausschließlichen Kompetenz der Autonomen Gemeinschaften zuerkannt ist, den Vorrang gegenüber den Normen der letzteren haben. Das staatliche Recht ergänzt in jedem Fall das der Autonomen Gemeinschaften.

Artikel 150.

(1) Die Cortes Generales können allen oder irgendeiner der Autonomen Gemeinschaften in Materien staatlicher Zuständigkeit die Befugnis erteilen, für sich selbst im Rahmen der von einem Organgesetz festgelegten Prinzipien, Grundlagen und Richtlinien gesetzgebende Normen zu erlassen. Ungeachtet der Zuständigkeit der Gerichte wird in jedem Rahmengesetz die Form der Kontrolle vorgesehen, die die Cortes Generales über diese gesetzgebenden Normen der Autonomen Gemeinschaften ausüben.

(2) Der Staat kann den Autonomen Gemeinschaften mittels Organgesetz Befugnisse in Materien staatlicher Zuständigkeit übertragen, die ihrer eigenen Natur gemäß übertragbar oder delegierbar sind. Das Gesetz sieht in jedem Falle die entsprechende Zuweisung finanzieller Mittel sowie die Formen der Kontrolle vor, die der Staat sich vorbehält.

(3) Der Staat kann Gesetze erlassen, welche die zur Angleichung der normativen Bestimmungen der Autonomen Gemeinschaften erforderlichen Grundsätze festlegen – selbst im Falle von Materien, die der Zuständigkeit der letzteren unterstellt sind – wenn es das Interesse der Allgemeinheit erfordert. Es obliegt den Cortes Generales, mit absoluter Mehrheit jeder der Kammern diese Notwendigkeit festzustellen.

Artikel 151.

(1) Der Zeitraum von fünf Jahren, den Art. 148 Abs. 2 vorsieht, muss nicht eingehalten werden, wenn die Initiative des Autonomieprozesses innerhalb der von Art. 143 Abs. 2 festgesetzten Frist außer von den entsprechenden Provinzialräten oder interinsularen Organen von drei Vierteln der Gemeinden aller betroffenen Provinzen beschlossen wird, die mindestens die Mehrheit der Wählerlisten jeder derselben darstellen, und wenn diese Initiative im Wege eines Referendums mit Zustimmung der absoluten Mehrheit der Wähler jeder Provinz nach Maßgabe eines Organgesetzes ratifiziert wird.

(2) Unter den im vorhergehenden Absatz festgelegten Voraussetzungen wird das folgende Verfahren zur Ausarbeitung des Statuts angewandt:

1. Die Regierung beruft alle Abgeordneten und Senatoren, die in den Wahlkreisen jenes territorialen Bereiches gewählt worden sind, das die Selbstregierung anstrebt, zu einer Versammlung mit dem alleinigen Zweck der Ausarbeitung des entsprechenden Entwurfes eines Autonomiestatuts ein, dem die absolute Mehrheit der Mitglieder zustimmen muss.
2. Nach Billigung des Statutsentwurfes durch die Parlamentarierversammlung wird derselbe an den Verfassungsausschuss des Kongresses weitergeleitet, der ihn innerhalb von zwei Monaten unter Anwesenheit und Beistand einer Delegation der vorschlagenden Versammlung prüft, um in gegenseitigem Einvernehmen die endgültige Formulierung festzulegen.
3. Wenn besagtes Einvernehmen erzielt ist, wird der entsprechende Text einer Volksabstimmung seitens der Wähler der Provinzen unterworfen, die sich in dem vom Entwurf erfassten Territorialbereich befinden.
4. Wenn der Statutsentwurf in jeder Provinz von der Mehrheit der gültig abgegebenen Stimmen genehmigt worden ist, wird er den Cortes Generales vorgelegt. Das Plenum jeder der Kammern entscheidet sodann, über den Text mittels einer Abstimmung zwecks Ratifizierung. Nach Billigung des Statuts wird es vom König sanktioniert und als Gesetz verkündet.
5. Wenn das in Absatz 2 erwähnte Einvernehmen nicht erreicht wird, so wird der Statutsentwurf in Form einer Gesetzesvorlage in den Cortes Generales behandelt. Der von diesen gebilligte Text wird einer Volksabstimmung seitens der Wählerschaft der Provinzen unterworfen, die sich in dem vom Statutsentwurf erfassten territorialen Bereich befinden. Im Falle der Billigung durch die Mehrheit der in jeder Provinz gültig abgegebenen Stimmen wird das Statut gemäß den Bestimmungen des vorhergehenden Absatzes verkündigt.

(3) Die Nichtannahme des Statutsentwurfes durch eine oder mehrere Provinzen in den in Paragraph 4 und 5 des vorhergehenden Absatzes vorgesehenen Fällen hindert die übrigen nicht an der Konstituierung der geplanten Autonomen Gemeinschaft in der Form, die das im ersten Absatz dieses Artikels vorgesehene Organgesetz bestimmt.

Artikel 152.

(1) In den gemäß der in Artikel 151 beschriebenen Verfahrensweise gebilligten Statuten stützt sich die autonome institutionelle Organisation auf eine gesetzgebende Versammlung, die nach einem Verhältniswahlsystem, das außerdem die Vertretung der verschiedenen Gebietszonen gewährleistet, aus allgemeinen Wahlen hervorgegangen ist, einen Regierenden Rat mit exekutiven und administrativen Funktionen sowie einen Präsidenten, den die Versammlung unter ihren Mitgliedern wählt und den der König ernennt. Dem Präsidenten obliegt die Leitung des Regierenden Rates, die höchste Vertretung der betreffenden Gemeinschaft und die ordentliche Vertretung des Staates in derselben. Der Präsident und die Mitglieder des Regierenden Rates sind der Versammlung politisch verantwortlich.

Ein Hoher Gerichtshof ist, ungeachtet der dem Obersten Gerichtshof zustehenden Jurisdiktion, höchste Instanz der Gerichtsbarkeit im territorialen Bereich der Autonomen Gemeinschaft. In den Statuten der Autonomen Gemeinschaften können die Voraussetzungen und Formen der Beteiligung derselben an der Organisation der gerichtlichen Abgrenzungen des Gebietes vorgesehen werden, und zwar in Übereinstimmung mit dem Organgesetz über die rechtsprechende Gewalt und innerhalb der Einheitlichkeit und Unabhängigkeit derselben. Unbeschadet der Bestimmungen von Art. 123 erschöpfen sich gegebenenfalls die aufeinanderfolgenden prozessualen Instanzen gegenüber gerichtlichen Organen, die im gleichen Gebiet der Autonomen Gemeinschaft wie das in erster Instanz zuständige Organ gelegen sind.
(2) Nach Billigung und Verkündigung der entsprechenden Statuten können diese nur im Wege der von ihnen selbst festgelegten Verfahrensweisen und mittels Volksabstimmung unter den in den entsprechenden Wählerlisten geführten Bürgern geändert werden.
(3) Durch den Zusammenschluss aneinandergrenzender Gemeinden können die Statuten eigene Gebietskreise schaffen, die volle Rechtspersönlichkeit besitzen.

Artikel 153.
Die Kontrolle der Tätigkeit der Organe der Autonomen Gemeinschaften wird wie folgt ausgeübt:
a) vom Verfassungsgericht die der Verfassungsmäßigkeit ihrer rechtskräftigen normativen Bestimmungen;
b) von der Regierung nach erfolgtem Gutachten seitens des Staatsrates die der übertragenen Funktionen, auf welche sich Art. 150 Abs. 2 bezieht;
c) von der Verwaltungsgerichtsbarkeit die der autonomen Verwaltung und ihrer Satzungsnormen;
d) vom Rechnungshof die von Wirtschaft und Haushalt.

Artikel 154.
Ein von der Regierung ernannter Delegierter leitet die Staatsverwaltung im Gebiet der Autonomen Gemeinschaft und koordiniert sie gegebenenfalls mit der Verwaltung der Gemeinschaft.

Artikel 155.
(1) Wenn eine Autonome Gemeinschaft die ihr von der Verfassung oder anderen Gesetzen auferlegten Verpflichtungen nicht erfüllt oder so handelt, dass ihr Verhalten einen schweren Verstoß gegen das allgemeine Interesse Spaniens darstellt, so kann die Regierung nach vorheriger an den Präsidenten der Autonomen Gemeinschaft gerichteten Aufforderung, und falls dieser nicht Folge geleistet wird, mit Billigung der absoluten Mehrheit des Senates die erforderlichen Maßnahmen ergreifen, um die Autonome Gemeinschaft zu der zwangsweisen Erfüllung dieser Verpflichtungen anzuhalten oder um das erwähnte Interesse der Allgemeinheit zu schützen.
(2) Zum Zwecke der Ausführung der in Absatz 1 vorgesehenen Maßnahmen kann die Regierung allen Behörden der Autonomen Gemeinschaften Weisungen erteilen.

Artikel 156.
(1) Die Autonomen Gemeinschaften genießen, gemäß den Grundsätzen der Koordination mit der staatlichen Finanzverwaltung und der Solidarität zwischen allen Spaniern, bei der Entfaltung und Ausübung ihrer Zuständigkeiten finanzielle Autonomie.

(2) Die Autonomen Gemeinschaften können entsprechend den Gesetzen und Statuten bei der Erhebung und Eintreibung der Staatssteuern als Delegierte oder Mitarbeiter des Staates auftreten.

Artikel 157.
(1) Die Mittel der Autonomen Gemeinschaften setzen sich zusammen aus.
a) ganz oder teilweise vom Staat überlassenen Steuern; Staatssteueraufschlägen und anderen Anteilen an den Einnahmen des Staates;
b) ihren eigenen Steuern, Gebühren und Sonderabgaben;
c) Überweisungen aus einem interterritorialen Ausgleichsfonds und anderen zu Lasten des Staatshaushalts gehenden Zuwendungen;
d) aus ihrem Vermögen stammenden Erträgen und privatrechtlichen Einnahmen;
e) dem Erlös aus den Kreditgeschäften.
(2) Die Autonomen Gemeinschaften können keinesfalls Maßnahmen über die Besteuerung von außerhalb ihres Gebiets befindlichen Gütern treffen oder solche, die eine Behinderung des freien Verkehrs von Waren oder Diensten bedeuten.
(3) Mittels Organgesetz können die Ausübung der im vorstehenden Absatz 1 aufgezählten finanziellen Zuständigkeiten, die Normen für die Lösung möglicher Konflikte und die verschiedenen Formen der finanziellen Zusammenarbeit zwischen den Autonomen Gemeinschaften und dem Staat geregelt werden.

Artikel 158.
(1) Im Staatshaushalt kann den Autonomen Gemeinschaften entsprechend dem Umfang der von ihnen übernommenen staatlichen Dienste und Tätigkeiten und zur Garantie eines Mindestleistungsstandes der grundlegenden öffentlichen Dienste im ganzen spanischen Gebiet eine Zuwendung gewährt werden.
(2) Mit dem Zwecke des Ausgleichs von interterritorialen wirtschaftlichen Unausgewogenheiten und der effektiven Verwirklichung des Solidaritätsprinzips wird ein Ausgleichsfonds für Investitionsausgaben eingerichtet, dessen Mittel von den Cortes Generales unter den Autonomen Gemeinschaften und gegebenenfalls den Provinzen aufgeteilt werden.

TITEL IX
Das Verfassungsgericht

Artikel 159.
(1) Das Verfassungsgericht setzt sich aus zwölf Mitgliedern zusammen, die vom König ernannt werden, und zwar vier von ihnen auf Vorschlag des Kongresses mit 3/5-Mehrheit seiner Mitglieder, vier auf Vorschlag des Senats bei gleicher Mehrheit, zwei auf Vorschlag der Regierung und zwei auf Vorschlag des Allgemeinen Rates der rechtsprechenden Gewalt.
(2) Die Mitglieder des Verfassungsgerichtes müssen unter Kollegialrichtern, Staatsanwälten, Universitätsprofessoren, Staatsbeamten und Rechtsanwälten ausgewählt werden, und alle müssen anerkannt kompetente Juristen mit mehr als fünfzehnjähriger Berufserfahrung sein.
(3) Die Mitglieder des Verfassungsgerichtes werden für einen Zeitraum von neun Jahren ernannt, und ein Drittel von ihnen wird alle drei Jahre erneuert.

(4) Die Mitgliedschaft am Verfassungsgericht ist unvereinbar mit jeder Art von repräsentativem Mandat, mit politischen oder Verwaltungsämtern, mit der Ausübung einer leitenden Funktion in einer politischen Partei oder einer Gewerkschaft und mit einer Anstellung bei denselben, mit der Ausübung der Richter oder Staatsanwaltslaufbahn sowie mit jeder Art beruflicher oder gewerblicher Tätigkeit.
Darüber hinaus unterstehen die Mitglieder des Verfassungsgerichtes den gleichen Unvereinbarkeiten, die für alle Mitglieder der rechtsprechenden Gewalt gelten.
(5) Die Mitglieder des Verfassungsgerichtes sind unabhängig und unabsetzbar bei der Ausübung ihres Mandats.

Artikel 160.
Der Präsident des Verfassungsgerichtes wird auf Vorschlag des Plenums, das ihn unter den Mitgliedern auswählt, und für den Zeitraum von drei Jahren vom König ernannt.

Artikel 161.
(1) Das Verfassungsgericht ist für das gesamte spanische Gebiet zuständig und besitzt Entscheidungsbefugnis in folgenden Fällen:
a) Verfassungsbeschwerden wegen Verfassungswidrigkeit von Gesetzen und rechtskräftigen normativen Bestimmungen. Die Erklärung der Verfassungswidrigkeit einer Rechtsnorm mit Gesetzesrang, die von der Rechtsprechung ausgelegt worden ist, besitzt Wirkung auf letztere; ergangene Entscheidungen verlieren jedoch nicht den Wert einer rechtskräftig entschiedenen Sache.
b) Verfassungsbeschwerden wegen Verletzung der in Artikel 53.2 dieser Verfassung enthaltenen Rechte und Freiheiten (recurso de amparo), und zwar in den vom Gesetz vorgesehenen Fällen und Formen.
c) Zuständigkeitskonflikte zwischen dem Staat und den Autonomen Gemeinschaften oder zwischen letzteren.
d) In den übrigen Materien, die ihm von der Verfassung oder den Organgesetzen zugeschrieben werden.
(2) Die Regierung kann die Bestimmungen und Beschlüsse der Autonomen Gemeinschaften vor dem Verfassungsgericht anfechten. Die Anfechtung führt zur Aufhebung der Bestimmung oder des Beschlusses, jedoch muss das Gericht diese gegebenenfalls innerhalb einer Frist von höchstens fünf Monaten ratifizieren oder annullieren.

Artikel 162.
(1) Ermächtigt sind:
a) für die Einlegung der Verfassungsbeschwerde der Regierungspräsident, der Volksverteidiger, fünfzig Abgeordnete, fünfzig Senatoren, die ausführenden Kollegialorgane der Autonomen Gemeinschaften und gegebenenfalls die Versammlungen derselben;
b) für die Einbringung der Verfassungsbeschwerde wegen Verletzung von Rechten und Freiheiten (recurso de amparo) alle natürlichen oder juristischen Personen, die ein legitimes Interesse anführen, sowie der Volksverteidiger und die Staatsanwaltschaft.
(2) In den übrigen Fällen bestimmt ein Organgesetz die legitimierten Personen und Organe.

Artikel 163.
Wenn ein rechtsprechendes Organ in einem Verfahren der Ansicht ist, dass eine auf den entsprechenden Fall anwendbare Norm mit Gesetzesrang, von deren Gültigkeit der Urteils-

spruch abhängt, verfassungswidrig sein könnte, bringt es die Frage vor das Verfassungsgericht, und zwar gemäß den Voraussetzungen, in der Form und mit den Auswirkungen, die das Gesetz vorsieht und die keinesfalls aufhebenden Charakter haben können.

Artikel 164.
(1) Die Urteile des Verfassungsgerichtes werden zusammen mit den eventuellen abweichenden Stimmen im offiziellen Staatsanzeiger (Boletin Oficial del Estado) veröffentlicht. Sie haben vom Tage nach ihrer Veröffentlichung an den Wert einer rechtskräftig entschiedenen Sache, und Einsprüche gegen sie sind unzulässig. Urteile, welche die Verfassungswidrigkeit eines Gesetzes oder einer rechtskräftigen Norm erklären, und alle die, welche sich nicht auf die subjektive Einschätzung eines Rechtes beschränken, sind gegenüber allen voll wirksam.
(2) Die Gültigkeit des Gesetzes in dem von der Verfassungswidrigkeit nicht betroffenen Teil wird gewahrt, es sei denn, dass der Urteilsspruch etwas anderes verfügt.

Artikel 165.
Ein Organgesetz regelt die Tätigkeit des Verfassungsgerichtes, das Statut seiner Mitglieder, das vor diesem Gericht anzuwendende Verfahren und die Bedingungen für die Einbringung von Klagen.

TITEL X
Die Verfassungsreform

Artikel 166.
Die Initiative zur Verfassungsreform wird gemäß den Bestimmungen von Art. 87 Abs. 1 und 2 vorgenommen.

Artikel 167.
(1) Die Vorschläge zur Verfassungsreform müssen durch eine Mehrheit von 3/5 der Abgeordneten jeder der Kammern gebilligt werden. Wenn es zu keinem Einvernehmen zwischen ihnen kommt, wird die Erreichung desselben mittels Gründung eines paritätisch aus Abgeordneten und Senatoren bestehenden Auschusses versucht, der einen von beiden Kammern zu beschließenden Text vorlegt.
(2) Wenn die Billigung im Wege der in Abs. 1 festgelegten Verfahrensweise nicht zustande kommt, und vorausgesetzt, dass der Text von der absoluten Mehrheit des Senats angenommen ist, so kann der Kongress die Verfassungsreform mit 2/3-Mehrheit billigen.
(3) Nach Billigung der Reform durch die Cortes Generales wird diese zur Ratifizierung einer Volksabstimmung unterworfen, wenn innerhalb von 15 Tagen nach der Billigung ein entsprechender Antrag von einem Zehntel der Mitglieder einer der beiden Kammern vorliegt.

Artikel 168.
(1) Im Falle des Vorschlags der Gesamtrevision der Verfassung oder einer Teilrevision derselben, die sich auf den Vortitel, auf Titel I, KAPITEL II, Abschnitt 1 oder auf Titel II bezieht, muss ihre prinzipielle Billigung durch 2/3-Mehrheit jeder der Kammern sowie die sofortige Auflösung der Cortes erfolgen.

(2) Die neugewählten Kammern haben den Beschluss zu ratifizieren und den neuen Verfassungstext zu erörtern, der mit 2/3-Mehrheit beider Kammern gebilligt werden muss.
(3) Nach Billigung der Reform durch die Cortes Generales wird sie zur Ratifizierung einem Referendum unterworfen.

Artikel 169.
Die Verfassungsreform kann in Kriegszeiten oder während der Dauer eines der in Artikel 116 vorgesehenen Zustände nicht eingeleitet werden.

ZUSATZBESTIMMUNGEN

Erste.
Die Verfassung schützt und achtet die historischen Rechte der Foralgebiete.
Die allgemeine Anpassung dieser Foralordnung wird gegebenenfalls im Rahmen der Verfassung und der Autonomiestatuten vorgenommen.

Zweite.
Die in Artikel 12 dieser Verfassung enthaltene Volljährigkeitserklärung beeinträchtigt nicht die im privatrechtlichen Bereich von den Foralrechten geschützten Situationen.

Dritte.
Die Änderung der Wirtschafts- und Steuerordnung des Kanarischen Archipels bedarf eines vorherigen Berichtes seitens der Autonomen Gemeinschaft oder gegebenenfalls des provisorischen autonomen Organs.

Vierte.
In den Autonomen Gemeinschaften, in denen sich mehr als ein Oberlandesgericht befindet, können die entsprechenden Autonomiestatuten die bestehenden beibehalten und gemäß den Bestimmungen des Organgesetzes über die rechtsprechende Gewalt und innerhalb der Einheitlichkeit und Unabhängigkeit derselben eine Kompetenzverteilung vornehmen.

ÜBERGANGSBESTIMMUNGEN

Erste.
In den Gebieten mit provisorischer Autonomie können ihre obersten Kollegialorgane durch absoluten Mehrheitsbeschluss ihrer Mitglieder die in Art. 143 Abs. 2 den Provinzialräten oder den interinsularen Organen zuerkannte Initiative selbst übernehmen.

Zweite.
Die Gebiete, in denen in der Vergangenheit Autonomiestatutenentwürfe durch Volksabstimmung gebilligt wurden, und die zum Zeitpunkt der Verkündigung dieser Verfassung eine provisorische Autonomie genießen, können unverzüglich in der in Art. 148 Abs. 2 festgelegten Form vorgehen, wenn ihre obersten vor Autonomen Kollegialorgane dies mit absoluter Mehrheit beschließen; gleichzeitig muss die Regierung darüber informiert werden.

Der Statutenentwurf wird gemäß den Bestimmungen von Art. 151 Nr. 2 auf Einberufung des vorautonomen Organs hin ausgearbeitet.

Dritte.
Die in Art. 145 Abs. 2 vorgesehene Initiative des Autonomieprozesses seitens der lokalen Körperschaften oder ihrer Mitglieder gilt bis zur Abhaltung der ersten Lokalwahlen nach Inkrafttreten der Verfassung mit voller Wirkung als aufgeschoben.

Vierte.
(1) Im Falle von Navarra und zum Zwecke seiner Eingliederung in den Allgemeinen Rat des Baskenlandes oder in die diesen ersetzende baskische Autonomieordnung obliegt die Initiative, entgegen den Bestimmungen des Artikels 143 der Verfassung, dem zuständigen Foralorgan, das die Entscheidung durch Mehrheitsbeschluss seiner Mitglieder trifft. Für die Gültigkeit dieser Initiative ist außerdem die Ratifizierung der Entscheidung des zuständigen Foralorgans durch ein ausdrücklich hierzu einberufenes Referendum mit der Mehrheit der gültig abgegebenen Stimmen erforderlich.
(2) Wenn die Initiative keinen Erfolg hat, kann sie nur in einer anderen Mandatsperiode des zuständigen Foralorgans und in jedem Fall nach Ablauf der in Art. 143 festgelegten Mindestfrist wiederholt werden.

Fünfte.
Die Städte Ceuta und Melilla können sich als Autonome Gemeinschaften konstituieren, wenn die entsprechenden Gemeindevertretungen dies mit absoluter Mehrheit ihrer Mitglieder beschließen und es von den Cortes Generales gemäß den Bestimmungen von Art. 144 mittels Organgesetz genehmigt wird.

Sechste.
Wenn dem Verfassungsausschuss des Kongresses mehrere Statutenentwürfe vorgelegt werden, sind diese nach der Reihenfolge ihres Eingangs zu begutachten; die Frist von zwei Monaten, auf die Art. 151 verweist, zählt von dem Moment an, in dem der Ausschuss die Erörterung des Entwurfes oder der nachfolgend vorgelegten Entwürfe beendet hat.
Siebte.
Die provisorischen Autonomieorgane gelten in folgenden Fällen als aufgelöst:
a) nach Konstituierung der Organe, die in den gemäß dieser Verfassung gebilligten Autonomiestatuten vorgesehen sind;
b) im Falle, dass die Initiative des Autonomieprozesses wegen Nichterfüllung der in Art. 145 vorgesehenen Bedingungen keinen Erfolg hat;
c) wenn das Organ im Laufe von drei Jahren das ihm in der ersten Übergangsbestimmung zugestandene Recht nicht ausgeübt hat.

Achte.
(1) Die Kammern, welche die vorliegende Verfassung gebilligt haben, übernehmen nach Inkrafttreten derselben die Funktionen und Kompetenzen, die darin dem Kongress und dem Senat zugewiesen sind; in keinem Fall verlängert sich ihr Mandat über den 15. Juni 1981 hinaus.
(2) Bezüglich der in Art. 99 enthaltenen Bestimmungen gilt die Verkündigung der Verfas-

sung als verfassungsmäßige Voraussetzung für die Anwendung dieser Bestimmungen. Zu diesem Zweck beginnt mit der Verkündigung eine Frist von dreißig Tagen, innerhalb welcher die Anwendung der Bestimmungen des genannten Artikels zu erfolgen hat.
Innerhalb dieser Frist kann der gegenwärtige Regierungspräsident, der die für dieses Amt in der Verfassung vorgesehenen Funktionen und Kompetenzen übernimmt, entweder von der ihm in Art. 115 zugestandenen Befugnis Gebrauch machen oder durch seinen Rücktritt die Anwendung der Bestimmungen des Artikels 99 herbeiführen; in letzterem Fall verbleibt er in der in Art. 101 Abs. 2 vorgesehenen Lage.
(3) Im Falle der gemäß Artikel 115 vorgesehenen Auflösung, und wenn die Bestimmungen von Art. 68 und 69 nicht gesetzmäßig ausgeführt worden sind, gelangen bei den Wahlen die zuvor gültigen Normen zur Anwendung. Die einzigen Ausnahmen sind hinsichtlich der Unwählbarkeiten und Unvereinbarkeiten die direkte Anwendung der Bestimmung von Art. 70, Ende von Abs. lb), sowie die Ausführung der Bestimmungen dieser Verfassung über das Wahlalter und der in Art. 69 Abs. 3 enthaltenen Verfügungen.

Neunte.
Drei Jahre nach der Erstwahl der Mitglieder des Verfassungsgerichtes wird eine Gruppe von vier Mitgliedern derselben Wahlherkunft durch das Losverfahren zum Rücktritt veranlasst und eine entsprechende Erneuerung vorgenommen. Nur zu diesem Zweck gelten als Gruppe derselben Wahlherkunft die zwei auf Vorschlag der Regierung und die zwei auf Vorschlag des Allgemeinen Rates der rechtsprechenden Gewalt ernannten Mitglieder. Nach weiteren drei Jahren wird das gleiche Verfahren zwischen den beiden von der zuvor durchgeführten Auslosung nicht betroffenen Gruppen angewandt. Von diesem Zeitpunkt an wird die Bestimmung von Art. 159 Abs. 3 eingehalten.

AUFHEBENDE BESTIMMUNG

(1) Das Gesetz 1/1977 vom 4. Januar über die Politische Reform gilt als aufgehoben: ebenso, und soweit sie nicht schon durch das vorerwähnte Gesetz aufgehoben wurden, das Gesetz über die Prinzipien der Nationalen Bewegung vom 17. Mai 1958, der «Fuero de los Españoles» vom 17. Juli 1945, der «Fuero del Trabajo» vom 9. März 1938, das Gesetz über die Konstituierung der Cortes vom 17. Juli 1942, sowie das Gesetz über die Nachfolge in der Staatsführung vom 26. Juli 1947, Gesetze, die alle durch das Organgesetz des Staates (Ley Orgánica del Estado) vom 10. Januar 1967 abgeändert wurden, das ebenso wie das Gesetz über die Volksabstimmung (Ley de Referéndum Nacional) vom 22. Oktober 1945 als aufgehoben gilt.
(2) Soweit das Gesetz vom 25. Oktober 1839 noch irgendeine Gültigkeit haben könnte, gilt es bezüglich der Provinzen Alava, Guipuzcoa und Vizcaya als endgültig aufgehoben.
In gleicher Weise gilt das Gesetz vom 21. Juli 1876 als endgültig aufgehoben.
(3) Ebenso werden alle den Bestimmungen dieser Verfassung zuwiderlaufenden Verfügungen aufgehoben.

SCHLUSSBESTIMMUNG

Diese Verfassung tritt am Tage der Veröffentlichung ihres offiziellen Textes im «Boletin Oficial del Estado» in Kraft. Sie wird auch in den übrigen Sprachen Spaniens veröffentlicht.

AUF GRUND DESSEN ORDNE ICH AN, DASS ALLE SPANIER, PRIVATPERSONEN UND AUTORITÄTEN, DIESE VERFASSUNG ALS GRUNDLEGENDE NORM DES STAATES ACHTEN SOWIE IHRE ACHTUNG VERANLASSEN.
PALAST DER CORTES, DEN SIEBENUNDZWANZIGSTEN DEZEMBER NEUNZEHNHUNDERTACHTUNDSIEBZIG.

JUAN CARLOS

Autorinnen und Autoren

Birgit Aschmann ist seit 2011 Professorin für Europäische Geschichte des 19. Jahrhunderts an der Humboldt-Universität zu Berlin. Sie studierte Deutsch, Geschichte und Spanisch in Kiel und wurde 1998 mit einer Arbeit zu den deutsch-spanischen Beziehungen der Adenauerära promoviert. Nach der Promotion war sie als wissenschaftliche Mitarbeiterin am Lehrstuhl für Neuere und Neueste Geschichte an der Universität Kiel tätig. Im Jahr 2006 folgte die Habilitation zum Thema *Preußens Ruhm und Deutschlands Ehre. Zum nationalen Ehrdiskurs im Vorfeld der französisch-preußischen Kriege im 19. Jahrhundert* (2013). Nach einer Lehrstuhlvertretung nahm sie 2010 den Ruf an die Humboldt-Universität an. Ihre Forschungsschwerpunkte sind die Geschichte Deutschlands und Spaniens im 19. und 20. Jahrhundert, Religions- und Monarchiegeschichte sowie Emotionsgeschichte. Sie ist Mitherausgeberin der Spanischen Forschungen der Görres-Gesellschaft. Zu ihren Publikationen zählen u.a. *Der Traum der Vernunft und seine Monster. Goyas Perspektiven auf das 19. Jahrhundert* (2013), sowie *Durchbruch der Moderne? Neue Perspektiven auf das 19. Jahrhundert* (2019). Aktuell arbeitet sie an einer Emotionsgeschichte des katalanischen Nationalismus (19.-21. Jahrhundert).

Walther L. Bernecker ist pensionierter Inhaber des Lehrstuhls Auslandswissenschaft Romanischsprachige Kulturen an der Friedrich-Alexander-Universität Erlangen-Nürnberg. Seine venia lautet auf Neuere und Neueste Geschichte. Er studierte Germanistik, Geschichtswissenschaft und Iberoromanische Philologie. 1973 wurde er mit einer sozialhistorischen Arbeit zum Anarchismus im Spanischen Bürgerkrieg promoviert, 1986 mit einer Studie über den europäisch-mexikanischen Handel im 19. Jahrhundert habilitiert. Einzelne Stationen seines akademischen Werdegangs waren die Universitäten Erlangen-Nürnberg, Augsburg, Chicago, Bielefeld, Bern, México; hinzu kamen zahlreiche Gastprofessuren in Spanien, Lateinamerika und der Schweiz. Seine Forschungsschwerpunkte waren und sind die (primär Politik-, Sozial- und Wirtschafts-) Geschichte des romanischsprachigen Raums in Europa und Lateinamerika. Zu seinen Publikationen zählen *Anarchismus und Bürgerkrieg* (1976, spanisch 1978), *Die Handelskonquistadoren* (1988), *Geschichte Spaniens seit dem Bürgerkrieg* (2018).

Jordi Canal i Morell ist seit 2001 Professor für Geschichte der Moderne an der École des Hautes Études en Sciences Sociales (EHESS) in Paris. Nach einem Studium der Geschichte an der Universität Autònoma de Barcelona wurde er dort 1994 mit einer Arbeit über den katalanischen Karlismus im Spanien der Restaurationszeit (1875-1900) promoviert. Nach einer Tätigkeit als Geschichtsprofessor an der Universität von Gerona ging er 2001 nach Paris. Dort ist er Teil der Forschungsgruppe „Iberische Studien" (Groupe d'etudes ibériques). Als Gastprofessor hat er an verschiedenen europäischen und amerikanischen Universitäten gelehrt. Seine Forschungsinteressen gelten dem Karlismus, Nationalismus, der Exilforschung, der Historiographiegeschichte und der politischen Gewalt. Zu seinen Publikationen gehören *El carlismo. Dos siglos de contrarrevolución en España* (2000), *La historia es un árbol de historias. Historiografía, política, literatura* (2014), *Con permiso de Kafka. El proceso independentista en Cataluña* (2018) und *La monarquía en el siglo XXI* (2019).

Pedro Cruz Villalón ist emeritierter Professor für Verfassungsrecht an der Universität Autónoma de Madrid und „Senior research affiliate" am Max-Planck-Institut für ausländisches öffentliches Recht und Völkerrecht (Heidelberg). Nach dem Studium der Rechtswissenschaften an den Universitäten in Sevilla und Freiburg wurde er 1975 an der Universität Sevilla promoviert. Dort lehrte er zunächst als Assistenzprofessor für Recht und Politik, bevor er 1986 in Sevilla auf den Lehrstuhl für Verfassungsrecht berufen wurde. 1992 wechselte er an das Spanische Verfassungsgericht, wo er zunächst als Richter tätig war, bevor er dem Spanischen Verfassungsgericht von 1998 bis 2001 als Präsident vorstand. 2002 übernahm er den Lehrstuhl für Verfassungsrecht an der Autonomen Universität Madrid. In dieser Zeit (2004-2009) war er zudem gewähltes Mitglied des Spanischen Staatsrats. Von 2009 bis 2015 arbeitete er als Generalanwalt am Europäischen Gerichtshof in Luxemburg. Seit dem Studium steht er in enger Verbindung mit dem deutschen Wissenschaftssystem. 2001/2002 war er Fellow am Wissenschaftskolleg zu Berlin und 2017-2019 forschte er als Preisträger des Humboldt-Forschungspreises am Max-Planck-Institut für Völkerrecht in Heidelberg.
Zu seinen Publikationen gehören *El estado de sitio y la Constitución* (1980), *La formación del sistema europeo de control de constitucionalidad* (1987), *La curiosidad del jurista persa y otros estudios sobre la Constitución* (1999), *La Constitución inédita* (2004). Er ist Mitherausgeber des *Ius Publicum Europaeum* (Bogdandy/Cruz Villalón/Huber), Bd. I u. II, 2007.

Itziar Gómez Fernández ist seit 2011 wissenschaftliche Mitarbeiterin am Spanischen Verfassungsgericht und Professorin am Institut für Vergleichendes Öffentliches Recht an der Universität Carlos III. in Madrid. Sie studierte Rechtswissenschaft an der Universität der Extremadura in Cáceres und wurde dort 2004 mit einer Arbeit zum Verhältnis zwischen der Verfassung und dem Internationalen Recht promoviert. Bis 2008 forschte und unterrichtete sie im Bereich Verfassungsrecht am Institut für Öffentliches Recht der Universität Carlos III. in Madrid. Nachdem sie bereits 2008-2010 am Spanischen Verfassungsgericht gearbeitet hatte, kehrte sie 2011 dorthin als wissenschaftliche Mitarbeiterin zurück. Ihre Forschungsinteressen gelten der Verfassungsgerichtsbarkeit, dem vergleichenden Verfassungsrecht sowie insbesondere den Grundrechten. Zu ihren Publikationen gehören *A Feminist Constituent. Reforming the Constitution with a Gender Perspective* (2017); *The Right to Have Rights: Jurisprudential Definition of the Status of Foreigners* (2017); *The Free Movement of Persons in Economic Integration Systems. Modelos Comparados Unión Europea, Mercosur y Comunidad Andina* (2012); (Dir.); *Conflicto y cooperación entre la Constitución Española y el Derecho Internacional* (2005).

Luis López Guerra ist emeritierter Professor für Verfassungsrecht an der Universität Carlos III. in Madrid. Er studierte Rechtswissenschaften und Politikwissenschaften in Madrid und den USA. 1975 wurde er an der Universität Complutense in Madrid in Rechtswissenschaften promoviert. Von 1978-1994 war er Professor an der Universität der Extremadura, Cáceres, bevor er 1994 den Ruf auf den Lehrstuhl für Verfassungsrecht an der Universität Carlos III. von Madrid erhielt. Von 1986-1995 arbeitete er als wissenschaftlicher Mitarbeiter am Spanischen Verfassungsgericht. Darüber hinaus war er 1996-2001 Vizepräsident am „Consejo General del Poder Judicial". 2003 wurde er zum ersten Vorsitzenden der Vereinigung der spanischen „Constitutionalistas" gewählt. 2004-2007 wechselte er als Staatssekretär im Justizministerium in die spanische Politik unter der Regierung von José Luis Rodriguez Zapatero (PSOE). Im Jahr 2008 begann eine zehnjährige Tätigkeit als Richter am Europäischen Gerichtshof für Menschenrechte. Er ist Verfasser zahlreicher Beiträge zum Verfassungsrecht, darunter *Introducción al Derecho Constitucional* (1992); *Derecho Constitucional* (2018 11ª edición); *El Poder Judicial en el Estado Constitucional* (2001); *Los sistemas interamericano y europeo de protección de los derechos humanos,* en colaboración con A. Saiz Arnaiz (2015). *La Constitución de España* (2019).

Andreu Mayayo i Artal ist seit 2008 Professor für Zeitgeschichte an der Universität von Barcelona. Er studierte Geschichte in Barcelona und in Bologna. Er wurde mit einer Arbeit über die Transformationen des ländlichen Katalonien im Umbruch vom 19. zum 20. Jahrhundert promoviert. In den 1990er Jahren amtierte er für die linkssozialistische Partei Iniciativa per Catalunya als Bürgermeister der katalanischen Stadt Montblanc. Er gibt die Zeitschrift Segle XX: Revista Catalana d'Història heraus und ist seit 2016 Vizedirektor des 1949 von Jaume Vicens Vives gegründeten sozialhistorischen Forschungsinstituts Centre d'Estudis Històrics Internacionals. 2018/2019 hielt er sich als Gastprofessor an der Universität *La Sapienza* in Rom auf. Seine Forschungsinteressen gelten sozialen Entwicklungen im ländlichen Raum sowie der Politik- und Kulturgeschichte des Kommunismus. Er hat vor allem zur Diktatur des Franquismus und der Transition, dem Übergang von der Diktatur zur Demokratie, publiziert. Zu seinen Veröffentlichungen zählen *La ruptura catalana* (2002), *La voz del PSUC. Josep Solé Barberà, abogado* (2008), *Restoring collective memory or making moral reparations to the victims? (Transfer Journal of Contemporany Culture, 2008), con Paola Lo Cascio y José Manuel Rúa Economía franquista y corrupción. Para no economistas, ni franquistas* (2010), *con Alberto Pellegrini y Antoni Segura (eds.) Centenary of the Russian Revolution, 1917-2017* (2018), con Manel Risques *Catalunya 1980-2015. Història en fotografies* (2018).

Xosé M. Núñez Seixas ist seit 2007 Inhaber des Lehrstuhls für Geschichte des 20. Jahrhunderts an der Universität Santiago de Compostela. Zwischen 2012 und 2017 war er Professor für Europäische Geschichte des 19. und 20. Jahrhunderts an der Ludwig-Maximilians-Universität München. Er studierte Geschichte und Neueste Geschichte in Santiago de Compostela und Dijon und promovierte am Europäischen Hochschulinstitut Florenz. Er hatte zudem Gastprofessuren u. a. an den Universitäten Bielefeld, Verona, Paris VII, Paris X, City University of New York und Stanford University inne sowie am Europakolleg Warschau. Seine wichtigsten Forschungsgebiete sind die Geschichte der europäischen Nationalbewegungen in vergleichender Perspektive; die nationale Frage im Europa der Zwischenkriegszeit; Spanischer Nationalismus im 20. Jahrhundert; Kulturgeschichte der Gewalt und Neue Militärgeschichte; Spanische Migration nach Lateinamerika im 19. und 20. Jahrhundert. Unter seinen jüngsten Veröffentlichungen befinden sich *Die spanische Blaue Division an der Ostfront 1941-1945* (2016); mit A. Stynen u. M. van Ginderachter, Hg., *Emotions and Everyday Nationalism in Modern European History* (London 2020). Für sein Buch *Suspiros de España. El nacionalismo español, 1808-2018* (Barcelona, 2018; deutsche Ausgabe: *Die bewegte Nation. Der spanische Nationalgedanke, 1808-2019,* Hamburg 2019) wurde er mit dem Spanischen Literaturpreis für Essays 2019 ausgezeichnet.

Alejandro Saiz Arnaiz ist Professor für Verfassungsrecht an der Universität Pompeu Fabra in Barcelona. Nach dem Studium der Rechtswissenschaften an der baskischen Universität Deusto (Bilbao) wurde er an der Universität des Baskenlandes (ebenfalls Bilbao) im Jahr 1987 promoviert. Er lehrte dort Verfassungsrecht, bevor er den Ruf nach Barcelona annahm.

Er unterrichtete zudem europäisches Recht und Verfassungsrecht an der Escuela Judicial del Consejo General del Poder Judicial. Für seine 2018 veröffentlichte Studie *Procesos constitucionales y garantías convencionales. La aplicación del artículo 6.1 CEDH a la jurisdicción constitucional* wurde ihm im Jahr 2017 der Forschungspreis „Francisco Tomás y Valiente" des Verfassungsgerichts und des Zentrums für politische und Verfassungsstudien (Centro de Estudios Políticos y Constitucionales, CEPC) zuerkannt. Von 2008-2015 war er als Richter am Europäischen Gerichtshof für Menschenrechte tätig. Seit 2015 ist er Mitglied des Management Boards der Agentur für Grundrechte bei der Europäischen Union.

José Manuel Sánchez Saudinós ist seit 2000 Professor für Verfassungsrecht an der Universität Carlos III. in Madrid. Er hat Rechts- und Politikwissenschaften an den Universitäten Complutense und Carlos III. in Madrid studiert. Weitere Forschungen und Lehrtätigkeiten führten ihn an zahlreiche Universitäten in Europa und Lateinamerika. Zu seinen Publikationen zählen *Los colegios profesionales en el ordenamiento constitucional: Colegios profesionales y ejercicio de las profesiones tituladas en el Derecho público español.* (1997); *La obra legislativa. El perfeccionamiento formal del Estado liberal y democrático* (en colaboración con Luis Aguiar de Luque), en José María Jover Zamora (dir.): *La época de la Restauración (1875-1902). Historia de España Menéndez Pidal*, tomo XXXVI (2000); sowie diverse Arbeiten über die Geschichte und Bedeutung des *Defensors del Pueblo*, u.a. *El Defensor del Pueblo*, en: *La Administración Pública española* (2002); *El control parlamentario indirecto: el Defensor del Pueblo*, en *La gestión de los fondos públicos: control y responsabilidades* (2013); *Comentario a los artículos 2.1.f), 35, 36, 37 y 40 de la Ley de Transparencia, Acceso a la Información Pública y Buen Gobierno* (en colaboración con Enrique Orduña Prada) (2017).

Karl-Peter Sommermann ist seit 1998 Inhaber des Lehrstuhls für Öffentliches Recht, Staatslehre und Rechtsvergleichung an der Deutschen Universität für Verwaltungswissenschaften in Speyer. Nach dem Studium der Rechtswissenschaft und Geschichte in Bonn und Genf sowie einem Auslandsaufenthalt in Madrid war er wissenschaftlicher Mitarbeiter am Institut für Völkerrecht der Universität Bonn; dort erfolgte 1984 auch die Promotion mit der Arbeit „Der Schutz der Grundrechte in Spanien nach der Verfassung von 1978. Ursprünge, Dogmatik, Praxis". Anschließend wurde Sommermann geschäftsführender Institutsreferent am Forschungsinstitut für öffentliche Verwaltung bei der Hochschule Speyer. Die Habilitation erfolgte an der Humboldt-Universität zu Berlin 1996 mit der Schrift „Staatsziele und Staatszielbestimmungen". Sommermann wurde 2010 die Ehrendoktorwürde der Staatlichen Ivane Javakhishvili Universität Tiflis verliehen; 2018/19 war er Vorsitzender der Vereinigung der Deutschen Staatsrechtslehrer. Seine Forschungsinteressen sind die Europäisierung des Staats- und Verwaltungsrechts, die Rechtsvergleichung, Fragen von Staatlichkeit und Globalisierung, der internationale Menschenrechtsschutz sowie die Entwicklungszusammenarbeit.

Christian Waldhoff ist seit 2012 Inhaber des Lehrstuhls für Öffentliches Recht und Finanzrecht an der Juristischen Fakultät der Humboldt-Universität zu Berlin. Nach dem Studium der Rechtswissenschaft in Bayreuth, Fribourg und München folgten Referendarstationen u.a. an der Verwaltungshochschule Speyer und am Bundesverfassungsgericht. Der Promotion 1996 in München lag die Arbeit „Verfassungsrechtliche Vorgaben für die Steuergesetzgebung im Vergleich Deutschland-Schweiz" zugrunde; er habilitierte sich 2002 ebenfalls in

München mit der Arbeit „Der Verwaltungszwang. Historische und dogmatische Studien zu Vollstreckung und Sanktion als Mittel der Rechtsdurchsetzung der Verwaltung". Von 2003 bis 2012 war Waldhoff Inhaber eines Lehrstuhls für Öffentliches Recht an der Universität Bonn und dort zugleich Direktor des Kirchenrechtlichen Instituts der Rechts- und Staatswissenschaftlichen Fakultät. Er ist heute Richter im Nebenamt am Oberverwaltungsgericht Berlin-Brandenburg, war 2018/19 Vorstandsmitglied der Vereinigung der deutschen Staatsrechtslehrer und ist seit 2019 Mitglied des Ausschusses unabhängiger Persönlichkeiten des Europäischen Parlaments und des Rates über das Statut und die Finanzierung europäischer politischer Parteien und Stiftungen. Seine Forschungsinteressen liegen in den Bereichen Öffentliches Finanzrecht, Verhältnis Staat-Religion, Parlamentsrecht und der Verfassungsgeschichte.